Docker

Container

도커,
컨테이너
빌드업!

Build-up!

도커, 컨테이너 빌드업!

1쇄 발행 2021년 12월 28일
3쇄 발행 2024년 4월 30일

지은이 이현룡
펴낸이 장성두
펴낸곳 주식회사 제이펍

출판신고 2009년 11월 10일 제406-2009-000087호
주소 경기도 파주시 회동길 159 3층 / **전화** 070-8201-9010 / **팩스** 02-6280-0405
홈페이지 www.jpub.kr / **투고** submit@jpub.kr / **독자문의** help@jpub.kr / **교재문의** textbook@jpub.kr

소통기획부 이상복, 김은미, 송영화, 권유라, 송찬수, 안수정, 박재인, 배인혜, 나준섭
소통지원부 민지환, 이승환, 김정미, 서세원 / **디자인부** 이민숙, 최병찬

진행 김정준 / **교정·교열** 김성남 / **내지디자인** 이민숙 / **내지편집** 최병찬 / **표지디자인** 미디어픽스
용지 타라유통 / **인쇄** 해외정판사 / **제본** 일진제책사

ISBN 979-11- 91600-46-9 (93000)
책값은 뒤표지에 있습니다.

제이펍은 여러분의 아이디어와 원고를 기다리고 있습니다. 책으로 펴내고자 하는 아이디어나 원고가 있는 분께서는
책의 간단한 개요와 차례, 구성과 지은이/옮긴이 약력 등을 메일(submit@jpub.kr)로 보내주세요.

도커,
컨테이너
빌드업!

Docker
Container
Build-up!

이현룡 지음

Jpub
제이펍

차례

머리말

"IT 기술 업계에서 경쟁력을 유지하려면 끊임없이 배워야 합니다.

항상 더 효율적으로 일을 처리할 수 있는 방법과 기술을 찾으십시오.

우리 업계에서 발전하지 않는 자에게 보상이란 없습니다."

이것은 20여 년 전 미국에서 열린 대형 IT 콘퍼런스에서 연설한 어느 외국기업 부사장이 한 발언입니다. 지금도 그 시절과 마찬가지이지만, 큰 차이는 IT 기술 변화의 속도가 마치 강물의 급류처럼 빠르다는 것입니다.

더 이상 IT 기술은 정보통신 분야로 국한되지 않습니다. 모든 산업이 IT 기술을 활용한 무언가를 만들며 경쟁하고 있습니다. 신기술의 적용이 기업의 이익과 경쟁력에 큰 영향을 주기 때문입니다.

최근 기업이 제공하는 IT 서비스 시장의 큰 주류는 클라우드화와 컨테이너화일 것입니다. 시장의 수요와 공급이 커지면서 빠르고 안정적인 서비스를 요구하는 고객들을 위해 많은 기업이 클라우드로 이전하는 것을 고민하고, 좀 더 빠르고 품질 좋은 서비스 배포를 위해 컨테이너화를 선택하고 있습니다. 도커 컨테이너는 개발팀과 운영팀의 이견을 좁힐 수 있는 방법을 제공하고, 서버에 할애했던 수많은 유지관리 시간을 줄여 개발에 집중할 수 있게 합니다. 또한, 커널 자원의 계승을 통해 훨씬 가볍고 성능 측면에서 뛰어난 애플리케이션 서비스를 제공해 줍니다.

이러한 흐름과 요구사항을 충족할 수 있도록 수많은 개발자와 엔지니어들이 도커와 쿠버네티스, 그리고 클라우드 진입을 위해 공부하고 있습니다. 이유는 기업과 공공기관의 프로젝트에서도 이 흐름에 맞춰 기업과 인력을 찾고 있으며, 그 흐름 속에서 더 많은 IT 인재들이 기회를 놓치고 싶지 않기 때문입니다. 그중 도커가 제공하는 기회는 마이크로서비스와 서버리스 환경을 모색하기에 충분하며, 나아가 클라우드 환경에서 컨테이너화의 주축이 되고 있다는 것입니다.

이 책은 컨테이너 기술을 통해 다양한 서비스 및 애플리케이션 배포를 준비하는 도커 입문자들에게 탄탄한 실력을 쌓게 하고자 집필의 방향을 기초 실습에 맞췄습니다. 기초는 발전의 밑거름입니다. 이에 기본적이며 기초적인 도커 명령어의 문법을 이야기하는 것이 아닌, 그 명령어의 활용을 실습하고 어떤 상황에서 의미가 있는지를 설명하고자 했습니다. 즉, 좀 더 효율적인 도커 활용 방법과 기술을 보여주는 것을 담기 위해 노력했습니다.

다만, 독자에게 당부하고 싶은 것은 쉬운 기초 단계라고 건너뛰지 말고, 처음부터 끝까지 연결된 흐름이 있기에 멈추지 않고 A부터 Z까지 실습을 완수해 달라는 것입니다. 탄탄한 실력이 바로 여러분의 경쟁력이 되기 때문입니다.

이 책이 도커 컨테이너를 본인의 IT 기술력에 장착하는 빌드업의 계기가 되길 바라며, 다음에는 컨테이너 기술자들의 벌크업을 위해 쿠버네티스와 클라우드 환경에서의 컨테이너 서비스 기술을 담아볼 것입니다.

끝으로 도움 주신 많은 분께 감사드리며, 1년간의 집필을 마무리하는 나 자신에 대해 아쉬움과 부족함을 또 한 번 느낍니다. 과연 이 공부가 언제 끝날까 하는 생각과 함께…

— kevin.lee (이현룡)

추천사

대학에서 데이터베이스 시스템 과목을 가르칠 때 데이터 독립성을 많이 강조합니다. 즉, 데이터가 응용 프로그램에 영향을 주지 않도록 하는 개념입니다. 과거에는 운영체제가 모든 컴퓨터의 기본이고 운영체제를 변경하면 응용 프로그램을 새로 손봐야 하는 상황이 필수적이었습니다. 데이터 독립성에 비유될 수 있는 플랫폼 독립성 개념인 컨테이너는 이제 앞으로 더욱 많이 사용될 것입니다. 최근 몇 년간 도커에 관한 이론이나 실습서들이 많이 출판되었습니다. 이 책은 도커 컨테이너의 설치, 활용, 배포를 학습하고 AWS에서 사용해 보는 방법이 포함된 이론 및 실습서입니다. 저자의 오랜 강의를 통한 개념 전달 경험과 전문성이 반영되어 있습니다. 도커 컨테이너의 개념과 실무를 원하는 도전적인 IT인들에게 많은 도움이 되리라 생각합니다.

— 덕성여자대학교 컴퓨터공학과 교수 **박우창**

기존 온프레미스 환경에서의 베어메탈을 거쳐 하이퍼바이저 환경에서의 컴퓨팅을 기반으로 운영되던 서비스가 컨테이너로 구동되기 시작한 지 많은 시간이 흘렀습니다. 이제는 모르는 사람이 없을 정도로 컨테이너는 많은 분야에서 활용되고 있습니다. 그중에서도 도커를 기반으로 컨테이너를 배포하고 관리하는 환경이 압도적으로 많기 때문에 도커는 선택이 아닌 필수가 되었습니다. 이 책은 도커를 체계적으로 학습할 수 있도록 구성되어 있어 컨테이너를 학습하기 위한 첫 번째 단계로 적합합니다. 저자의 오랜 강의 경험으로 잘 구성된 콘텐츠가 돋보이며, 도커의 설치부터 활용, 코드로 관리할 수 있는 기능에 대한 내용까지 다루고 있습니다. 다음 단계를 위한 연결 과정으로 컨테이너 오케스트레이션을 위해 도커 스웜 활용과 AWS의 Elastic Container Service 서비스 배포 경험을 통해 다양한 오케스트레이션 기능을 접해 볼 수 있습니다. 도커 컨테이너를 학습하기 원하는 모든 이들에게 적절한 학습을 할 수 있도록 방향을 제시하는 필독서로 자리 잡길 바랍니다.

— 메가존클라우드 테크니컬 트레이너 **문경수**

MSA_{MicroService Architecture}와 클라우드 네이티브_{Cloud Native}를 가능하게 하는 도커와 쿠버네티스. 최근 비즈니스 환경의 변화에 따른 모바일화와 IT 기술의 발전은 IT 기술 수요의 폭발적인 증가를 가져왔습니다. 수요의 증가는 수많은 기술이 등장하고 활용되는 기폭제가 되었습니다. 이러한 기술의 증가에도 불구하고 각 서비스가 손쉽게 사용하기에 편한 하나의 서비스로 동작할 수 있는 이면에는 컨테이너 기술의 발전이 있었다고 생각합니다. 저자는 국내의 대표적인 DB, 빅데이터, 인프라 등 IT 전문가로서 수많은 경험과 지식을 가지고 있는 분입니다. 사실, 저자의 이 책이 이제서야 나온 게 아쉬울 정도입니다. 저자는 클라우드 네이티브 환경에서 필수적으로 알아야 하는 도커, 쿠버네티스를 꼭 필요한 내용만 알기 쉽게 서술했습니다. 이 책은 현 IT 환경의 서비스를 공부하는 학생부터 스타트업, 기업 등의 인프라 개발 담당자까지 모두에게 최고의 선물이 될 것입니다.

— (주)에이치제이 매그놀리아 용평호텔앤리조트 IT 부문 책임, 덕성여자대학교 컴퓨터공학과 겸임교수 **남송휘**

지금은 시중에 도커와 컨테이터 관련 도서가 많아졌습니다. 제가 기술사 시험을 준비할 때는 도커와 컨테이너가 본격적으로 시작되기 전이라 실제 적용되는 내용을 이해하기 쉽게 정리한 국내 책을 찾기가 어려워서 해외 자료를 많이 참고했습니다. 이 책은 해외자료를 찾아서 습득해야만 했던 노력을 덜어줄 수 있습니다. 특히, 책의 순서대로 제공되는 실습을 통해 도커에 대한 기반을 탄탄하게 다져, 도커를 활용한 컨테이너 서비스를 개발하기 위한 핵심 포인트와 실제 운영환경에 적합한 실무 노하우를 습득할 수 있을 것으로 생각합니다. 도커 설치와 활용은 물론, AWS 클라우드를 활용한 컨테이너 서비스를 배포하는 방법 및 도커 스윔 모드까지 이해하고 체득할 수 있는 워크숍을 제공하고 있습니다. 아직 도커 엔진과 컨테이너가 무엇인지 모르는 개발자나 실제 운영환경에 도입해도 될지 망설이는 분들에게 개발 실무를 익힐 수 있도록 해줄 것입니다. 지난 20여 년간 데이터베이스, 클라우드, 빅데이터, 도커, 쿠버네티스 교육 및 컨설팅 경험을 보유한 저자의 실무 경험이 반영된 이 책은 도커 컨테이너 전문가로 성장할 수 있도록 도와주는 필독서라 할 수 있으며, 컨테이너 서비스 구축 전문가로 퀀텀 점프할 수 있도록 이끌어줄 것입니다.

— EY한영 트랜스포메이션 테크놀러지 컨설팅 이사, 정보관리기술사 **박지선**

최근 모든 기업에서 Digital Transformation을 진행하고 있으며, 이를 위해 클라우드로의 전환이 활발하게 이루어지고 있습니다. 그리고 클라우드 환경에서 Application Modernization 요구사항이 많아지고 있고, 이를 구현하기 위해 컨테이너 기술이 많이 사용되고 있습니다. 그중에서도 많이 사용되고 있는 도커는 많은 기업에서 사용하고 있으며, 앞으로도 많이 사용될 것으로 생각합니다. 이 책은 가장 많이 활용되고 있는 도커를 중심으로 이론과 실습 내용이 잘 정리되어 있어 컨테이너를 처음 시작하는 분들에게 많은 도움을 줄 수 있을 것입니다. 사용자 PC 환경뿐만 아니라 AWS 환경에서 도커를 활용하는 방법도 소개하고 있어 활용도는 더 높을 것입니다. 도커를 처음 시작하는 분이시라면, 그리고 AWS 환경에서 컨테이너를 사용하려는 분이시라면 이 책을 꼭 읽어보시길 추천합니다.

— 메가존클라우드 Cloud SA 총괄 **박상욱**

베타리더 후기

 김진영(야놀자)

도커에 대해서는 개념과 기본 명령어 정도를 알고 있던 수준이었고, 책은 조금 어렵다 느껴졌지만 낯선 개념들을 함께 구글링해 가며 따라 해 보는 재미가 있는 책이었습니다. AWS를 사용해 보지 않았던 분이나 YAML 파일이 낯선 분, 인프라 실무 경험이 적은 분은 다소 어렵게 느껴질 것도 같지만, 토이 프로젝트를 진행할 때나 개발 환경에서 테스트를 진행할 때 유용하게 참고할 수 있는 서적이라 생각합니다.

 이태영(신한은행)

도커와 쿠버네티스의 출현 배경을 다루면서 다양한 예제에 대한 실습을 통해 실무에 바로 적용 가능한 역량을 확보할 수 있고, 또한 리눅스와의 PID 연결고리에 대한 확인을 통해 도커 개념에 대해 심도 있게 이해할 수 있는 계기가 되었습니다.

 정태일(삼성SDS)

클라우드 컴퓨팅에 대한 개념을 시작으로 도커 기본 명령어와 Dockerfile 작성법을 익히고 컨테이너 환경을 구성하여 서비스를 올려보는 것까지 차근차근 다룹니다. 실습을 통해 클라우드 환경을 구축하고 운영하는 데 필요한 기초지식을 쌓고자 하는 분들께 권해 드립니다.

개념부터 실습을 통한 명령어 이해까지 많은 부분을 다루지만, 그리 많지 않은 분량으로 콤팩트하게 담아내어 좋았던 것 같습니다. 클라우드 환경과 도커에 대해 모르는 분들이 빠르게 개념을 익히고 더 높은 수준으로 도약하기 위한 기본서 역할을 잘 해낼 책이라 생각합니다.

정현준

도커 명령어를 예제와 함께 자세히 설명해서 매우 좋았습니다. (개인적으로) 어색하다고 생각하는 외국어 사용 몇 가지만 제외하면 문장도 전반적으로 대부분 마음에 들었습니다. 다만 대상 독자가 초보~초·중급자일 텐데, 정작 리눅스로 주요 예제를 설명하다 보니 윈도우에서 가끔 추가 설치를 해야 실습 가능한 명령어가 나오는 게 아쉬웠습니다(예: nmcli).

 황시연(SW개발자)

인프라 개발에 크게 변화를 준 것은 클라우드와 컨테이너 기반의 도커라고 볼 수 있습니다. 이 책은 도커에 대한 역사, 이미지, 파일, 컴포즈와 쿠버네티스 및 클라우드 연동순으로 구성됩니다. 맥 개발 환경에서의 코드도 잘 실행됩니다. 책은 가급적 차례대로 읽는 것을 추천해 드리며, 미리 접한 부분은 건너뛰어도 무방합니다. 인프라 개발자, 백엔드(서버) 개발자들이 전반적인 인프라 구조를 잡는 데 큰 도움이 될 것 같습니다.

CHAPTER

01

클라우드 컴퓨팅

1.1 클라우드 컴퓨팅 개요

클라우드는 인프라에 사용되는 서버, 저장소, 데이터베이스, 네트워크, 소프트웨어, 데이터 분석 등을 포함해 사용자가 언제든지 인터넷과 모바일 등을 통해 IT 서비스를 제공받을 수 있도록 하는 컴퓨팅 기술이다. 애자일_{Agile} 방법론을 활용한 민첩한 서비스 도입과 탄력적인 확장과 축소, 자동화된 서비스 유지관리를 통해 운영 비용을 낮추고, 비즈니스 요구사항의 변화를 빠르게 적용할 수 있는 환경을 제공한다. 이 장에서는 클라우드 컴퓨팅 개념에 대한 이해를 통해 도커_{Docker}와 쿠버네티스_{Kubernetes}의 전체적인 이해를 돕고자 한다.

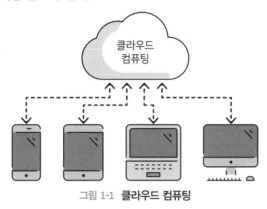

그림 1-1 **클라우드 컴퓨팅**

1.1.1 클라우드 컴퓨팅이란?

최근 화두가 되는 제4차 산업혁명[1]의 데이터 처리 플랫폼으로서 클라우드 컴퓨팅_{cloud computing}이 인프라 플랫폼으로 제시되고 있다. 가트너_{Gartner}(미국의 정보기술 연구 및 자문회사)에서는 클라우드 컴퓨팅을 다음과 같이 정의한다.

> 인터넷 기술을 이용해서 다수의 사용자에게 하나의 **서비스로서** 방대한 IT 능력을 제공하는 컴퓨팅 방식
>
> (A style of computing in which massively scalable IT-enabled capabilities are delivered **as a service** to multiple customer using internet technologies)

그렇다면 클라우드는 신기술일까? 기술에 대한 역사적 고찰보다는 클라우드가 어떤 컴퓨팅 모델을 근간으로 하는지를 중심으로 알아보자.

---

1   '제4차 산업혁명'은 세계경제포럼의 창시자 중 한 명인 클라우스 슈바브(Klaus Schwab)가 2015년에 《Foreign Affairs》에 기고한 글에서 처음 사용하였으며, 정보통신기술(ICT)의 융합으로 이루어지는 차세대 산업혁명이라는 의미로 다양한 산업 분야에서 인공지능을 통한 자동화와 연결성이 극대화되는 산업 환경의 변화를 의미한다.

그 시작은 바로 유틸리티 컴퓨팅utility computing이다. 이것은 기업 내의 IT 부서나 외부의 서비스 제공자provider가 고객에게 컴퓨팅에 사용되는 여러 자원과 기반 시설 등의 관리를 제공하는 형태로, 정액제 대신 사용량에 따라 요금을 부과하는 종량제 방식이다. 쉽게 생각해서 우리가 전기나 수도 요금을 사용한 만큼만 지불하는 방식으로, IT 서비스의 각 요소를 유틸리티utility(도구)로 인식하는 것이다.

이 기술의 주요 기능으로는 클러스터cluster, 가상화virtualization, 분할partitioning, 프로비저닝provisioning,[2] 자율 컴퓨팅autonomic computing, 그리드 컴퓨팅grid computing 등이 있다. 이러한 기능의 특징은 자원 활용의 효율성을 높이고 관련 비용을 최소화하는 것이다. 더 자세한 내용은 필자가 운영하는 네이버 커뮤니티의 글(*https://cafe.naver.com/ocmkorea/1944*)을 참고하기 바란다.

'클라우드 컴퓨팅 = 그리드 컴퓨팅 + 유틸리티 컴퓨팅'이다. 각각의 의미는 표 1-1을 참고하자.

표 1-1 **컴퓨팅 기술 비교**

기술 기반	설명
그리드 컴퓨팅	가상 네트워크를 이용하여 분산된 컴퓨팅 자원을 공유하도록 하는 기술 방식(인터넷의 유휴 자원을 활용)
유틸리티 컴퓨팅	다양한 컴퓨팅 자원에 대한 사용량에 따라 요금을 부과하는 종량제 방식의 기술 기반으로, 필요할 때 가져다 쓴다는 온-디맨드(on-demand) 컴퓨팅 방식(기업 중심의 서비스)
클라우드 컴퓨팅	기술적으로는 그리드 컴퓨팅을 따르고, 비용적으로는 유틸리티 컴퓨팅을 혼합한 포괄적인 패러다임이다. 약간의 차이점은 다음과 같다. • 기업과 개인이 모두 사용 가능한 서비스 • 클라우드 서비스를 제공하는 사업자의 컴퓨팅 자원 이용

클라우드 컴퓨팅은 다음과 같은 특징을 갖는다.

- **주문형 셀프서비스**on-demand self-service: 고객이 IT 서비스 제공자의 개입 없이 원하는 시점에 바로 서비스를 사용할 수 있다.
- **광대역 네트워크 접근**broad network access: 각 클라우드 서비스 업체Cloud Service Provider, CSP가 제공하는 광대역 네트워크를 이용하여 다양한 클라이언트 플랫폼이 빠르게 접속할 수 있다.
- **신속한 탄력성과 확장성**rapid elasticity and scalability: 자동 조정auto-scaling 기능을 통해 몇 분 안에 신속한 확장과 축소를 조정할 수 있다.
- **자원의 공동관리**resource pooling: 물리적 및 가상화된 자원을 풀pool로 관리하며, 탄력적으로 (업무 상황에 맞게) 사용자 요구에 따라 동적으로 할당 또는 재할당된다.

---

2 프로비저닝이란 사용자(고객)의 요구에 맞게 시스템 자원을 할당, 배치, 배포해 두었다가 필요시 시스템을 즉시 사용할 수 있는 상태로 미리 준비해 두는 것을 의미한다. 대표적인 프로비저닝 도구에는 앤서블(Ansible), 셰프(Chef), 베이그런트(Vagrant), 퍼핏(Puppet) 등이 있다.

- **측정 가능한 서비스**measured service: 자원 사용량이 실시간으로 수집되는 요금산정metering 기능을 통해 비용이 발생한다.

이와 같은 특징을 갖는 클라우드 컴퓨팅을 도입함으로써 기업 및 사용자(고객) 요구사항에 최적화된 클라우드 환경을 만들 수 있다. 이를 위해서는 일반적인 클라우드 컴퓨팅 구조와 제공되는 서비스 방식에 대한 이해가 선행되어야 한다.

1.1.2 클라우드 컴퓨팅 구조

클라우드 컴퓨팅 구조cloud computing architecture는 최하위 계층으로 자원resources 활용과 관련된 물리적 시스템 계층, 가상화 계층, 프로비저닝 계층이 있고, 클라우드 서비스와 관련된 클라우드 서비스 관리 계층, 클라우드 서비스 계층으로 구분한다. 그 위로는 사용자와 관련된 클라우드 접근access 계층과 사용자 역할에 따른 연결성 구분을 설정할 수 있다.

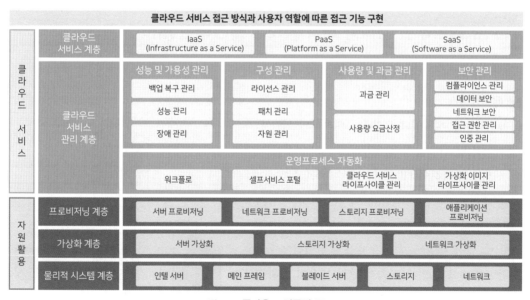

그림 1-2 **클라우드 컴퓨팅 구조**

출처 K-ICT 클라우드혁신센터(*http://cloud.or.kr*)

클라우드 컴퓨팅의 물리적 시스템 계층은 여러 형태의 서버 계열을 활용하여 서버에 탑재된 수평적으로 확장 가능한scale out 스토리지 및 네트워크 등의 물리적 요소를 의미한다. 이를 기반으로 서버, 스토리지, 네트워크 가상화는 클라우드의 주요 이점 중 하나인 민첩성agility을 제공하고, 이를 통해 IT 서비스 공급자는 클라우드 서버 프로비저닝 또는 프로비저닝 해제를 신속히 수행하여 서비스 사용자의 요구를 충족하게 된다.

클라우드 컴퓨팅 서비스 관리 계층은 물리적 시스템 계층에서 제공되는 자원에 대한 전반적인 라이프사이클 관리와 모니터링을 지원한다. 따라서 안정적인 클라우드 서비스를 위한 성능 및 고가용성, 소프트웨어 라이선스와 패치 관리, 사용량 요금 산정을 통한 과금 관리, 기본적인 클라우드 보안 관리 요소가 결합되어 있다.

이렇게 구성된 클라우드 구성 요소가 **서비스로서**as a service 제공되는 확장 가능한 컴퓨팅 자원을 사용한 양에 따라 비용을 지불하며, 클라우드 환경에 있는 모든 자원에 인터넷과 모바일을 통해 언제든 접근할 수 있다. 또한, 서비스로서의 대상별로 인프라, 플랫폼, 소프트웨어, 데스크톱, 보안 등에 유연성 있는 제어와 관리를 제공한다. 클라우드 서비스에는 IaaS, PaaS, SaaS, DaaS, SecaaS 등이 있으며, 뒤에서 좀 더 상세히 설명한다.

사용자는 주어진 역할(사용자, 관리자, 파트너 등)에 따라 다양한 웹 애플리케이션 프로그램 인터페이스Application Programming Interface, API(RESTful HTTP 호출, XML, SOAP 등)를 통해 클라우드 서비스를 호출할 수 있다.

1.1.3 클라우드 컴퓨팅 제공 방식과 클라우드 서비스 종류

|||||| 클라우드 컴퓨팅 제공 방식

1 온프레미스

클라우드 개념이 도입되기 전에는 대부분의 기업이 자체 데이터 및 솔루션 등을 저장하기 위해 자사에 데이터 센터를 구축하여 IT 서비스를 수행하였는데, 이를 온프레미스on-premise라고 한다. 하지만 이 방식은 하드웨어부터 모든 자원(CPU, 메모리, 디스크, OS, 네트워크, 라이선스 등)에 대한 초기 투자 비용과 탄력적이지 않은 제한된 용량으로 인해 지속적 관리 비용이 증가하는 단점이 있다. 물론, 기업에 내재화된 서비스를 통해 품질 및 보안에 대한 신뢰도는 높이 평가된다.

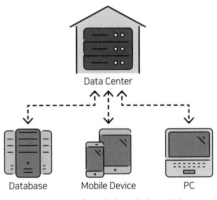

그림 1-3 **온프레미스 서비스 방식**

최근 많은 기업이 온프레미스 방식에서 벗어나 클라우드 서비스 전환을 고민하고 있다. 그 이유는 높은 초기 도입 비용과 운용에 따른 추가 비용 때문이다. 온프레미스 방식으로 설계 시 자원 사용량은 가급적 최대 사용량을 근거로 하고, 네트워크 트래픽 또한 최대 순간 트래픽peak traffic을 가정하기 때문에 고사양의 설계를 하게 된다. 또한, 증설에 따른 시간적, 인적 비용도 무시할 수 없다. 물론, 클라우드가 무조건 온프레미스보다 비용이 낮은 것은 아니다. 동일 사양으로 1~5년간의 고정적 비용을 따져본다면 어느 시점부터는 클라우드 비용이 더 커질 수 있다. 클라우드 도입은 비용 측면보다는 서비스의 가용성과 품질을 높여서 기업의 이익을 높일 수 있다.

앞에서 언급한 것처럼 클라우드 접근 방식은 사용한 만큼 지불하는 정산 방식을 통해 필요에 따라 민첩하고 탄력적elastic으로 사용할 수 있다. 따라서 클라우드 컴퓨팅 및 서비스에 대한 정확한 관리 및 조정 능력이 필요하고, 현 상황에 적합한 클라우드 세팅값을 찾는 것이 서비스의 안정화와 비용 절약의 시작이 될 것이다.

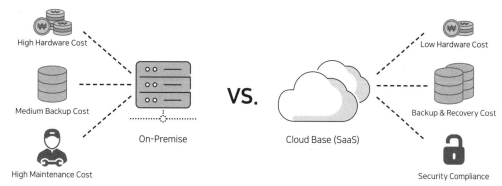

그림 1-4 온프레미스 서비스 방식과 클라우드 서비스 방식 비교

그렇다면 클라우드 방식에는 어떤 것들이 있는지 먼저 살펴보자.

2 퍼블릭 클라우드

퍼블릭 클라우드public cloud(또는 external cloud) 방식은 인터넷을 통해 다수의 사용자에게 서버 및 스토리지 등의 클라우드 자원을 AWS, GCP, Azure와 같은 클라우드 서비스 공급자로부터 제공받는 방식이다. 앞서 언급한 유틸리티 컴퓨팅 방식으로서 사용량에 따라 비용을 지불하는 요금산정 방식을 사용한다. 사용자 및 그룹 단위로 권한 관리를 통해 서비스 격리를 하기 때문에 사용자 간의 간섭이 발생하지 않는다. 대표적인 서비스로는 IaaS/PaaS/SaaS가 있다.

그림 1-5 퍼블릭 클라우드 서비스 방식

3 프라이빗 클라우드

프라이빗 클라우드private cloud(또는 internal cloud) 방식은 제한된 네트워크에서 특정 사용자나 기업만을 대상으로 하는 클라우드 서비스 방식으로, 클라우드 자원과 데이터는 기업 내부에 저장되고 유지관리에 대한 책임 또한 기업이 갖는다. 인터넷이 아닌 인트라넷intranet 방식(내부 개인인증 및 VPN 등)으로 서비스에 접근하게 되므로 보안성이 높다.

회사 A   프라이빗 클라우드

그림 1-6 **프라이빗 클라우드 서비스 방식**

4 하이브리드 클라우드

하이브리드 클라우드hybrid cloud 방식은 퍼블릭 클라우드와 프라이빗 클라우드를 네트워크를 통해 결합하여 두 가지 서비스의 장점을 활용할 수 있도록 만든 클라우드 서비스 방식이다. 서로 다른 클라우드 간에 데이터와 애플리케이션 공유 및 이동이 유연하게 처리될 수 있고, 용도에 맞는 서비스 구현에 유리하다. 예를 들어, 기업 내부의 민감하고 중요한 데이터 처리 작업은 통제력을 강화하기 위해 프라이빗 클라우드를 사용하고, 일반 업무 데이터 처리 같은 보안 요구사항이 낮은 작업이나 워크로드가 지속해서 증가하는 작업에는 리소스 자동 조정이 가능한 퍼블릭 클라우드를 사용할 수 있다. 최근에는 단순히 가상 서버와 물리 서버의 결합으로 보기도 한다.

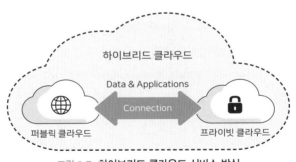

하이브리드 클라우드

Data & Applications

Connection

퍼블릭 클라우드   프라이빗 클라우드

그림 1-7 **하이브리드 클라우드 서비스 방식**

ⅢⅢ 클라우드 서비스의 종류

클라우드 서비스란 언제 어디서나 별도의 소프트웨어 등을 설치하지 않고 인터넷 접속을 통해 저장해 놓은 데이터에 접근하여 사용할 수 있는 서비스를 말한다. 사용자는 이러한 데이터를 간단한 조작 및 클릭만으로 쉽게 공유하고 전달할 수 있다. 또한, 동시에 여러 사용자가 자료를 공유하면서 작업을 진행할 수도 있다.

그림 1-8은 대표적인 클라우드 서비스다. 서비스별로 묶여 있는 것은 클라우드에서 제공하는 것을 의미한다. 예를 들어, IaaS에서는 하드웨어와 가상화를 클라우드에서 제공하고 나머지는 관리자, 개발자에게 직접 제공한다.

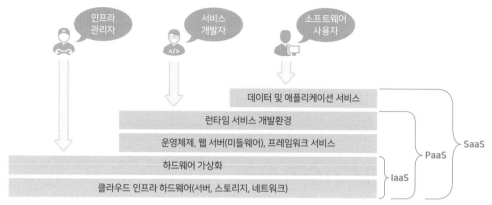

그림 1-8 **클라우드 서비스 종류**

1 서비스로서의 인프라스트럭처 Infrastructure as a Service, IaaS

서버, 스토리지, 네트워크와 같은 인프라 하드웨어 자원을 가상화하여 사용자 요구에 따라 인프라 자원을 사용할 수 있게 제공하는 클라우드 서비스 방식이다. IaaS는 자동화되고 신속한 확장성을 갖고 있는 IT 인프라를 의미하며, 비용은 사용량에 따라 지불하는 방식이다. 대표적으로 국내의 KT, LG U+ 등의 서비스와 외국의 AWS(아마존), GCP(구글), Azure(마이크로소프트), 오라클 클라우드 플랫폼 등에서 IaaS를 제공한다.

서비스로서의 인프라스트럭처의 개념도 중요하지만, 물리적으로 인프라에 사용되는 각각의 자원 (CPU, 메모리, 디스크, 네트워크 등)의 특징에 대한 지식이 유지관리 차원에서 반드시 필요하다. 서버 관리자가 아니라면 실제 정확한 지식이 부족할 것이다. 예로, 기존의 온프레미스를 AWS로 이관하는 작업을 수행하는 과정 중 AWS 네트워크 subnet 구성이 필요할 수 있다. 이때 subnet이라는 네트워크 기능이 정확히 무엇인지를 모른다면 아무리 잘 만들어진 AWS를 사용하더라도 정확하고 정교한 설정 에 어려움을 겪게 될 것이다.

2 서비스로서의 플랫폼 Platform as a Service, PaaS

서비스 개발자가 애플리케이션 개발, 실행, 관리 등을 할 수 있도록 안정적인 플랫폼(환경) 또는 프레임워크를 제공하는 클라우드 서비스 방식이다. 따라서 개발자가 서비스 개발을 위한 복잡한 설치 과정이나 환경 설정을 하지 않고 완성된 개발 소스만 제공하면 바로 서비스를 올릴 수 있는 플랫폼 서비스를 말한다. 대표적으로 ·네이버 클라우드 플랫폼과 IaaS를 제공하는 AWS, GCP, Azure 등의 대표적인 클라우드 공급자가 있다.

3 서비스로서의 소프트웨어 Software as a Service, SaaS

소프트웨어 사용자가 자신의 컴퓨터에 소프트웨어를 설치하지 않고 인터넷을 통해 클라우드에 접속하여 클라우드 기반 소프트웨어의 기능을 사용할 수 있게 해주는 클라우드 서비스 방식이다. 소프트웨어 버전업, 패치, 재설치 등의 작업 없이도 해당 기능을 사용할 수 있다. 대표적으로 이메일, CRMCustomer Relationship Management 소프트웨어, 구글Google 앱 서비스 등이 있다.

1.2 컨테이너 기술과 도커

1.2.1 가상머신과 컨테이너

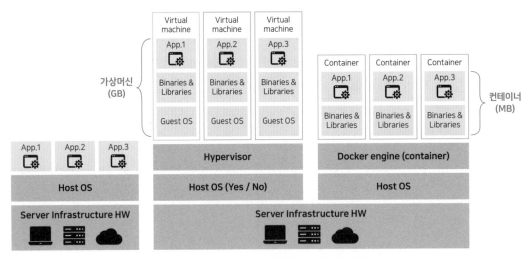

그림 1-9 로컬 서버 vs. 가상머신 vs. 컨테이너 비교

클라우드 컴퓨팅에서 가상화는 하드웨어 기능을 시뮬레이션하여 애플리케이션 서버, 스토리지, 네트워크와 같은 유용한 IT 서비스를 생성하는 소프트웨어 아키텍처 기술이다. 모든 규모의 비즈니스에서 IT 비용을 절감하면서 효율성과 대응력(민첩성, 탄력성), 가용성 향상과 운영 자동화를 통해 IT 관리를 간소화하고, 소유 및 운영 비용을 낮출 수 있다. 이처럼 클라우드는 기업이 추가하는 비용 효율적인 부분을 만족시킨다.

최근 사용하고 있는 가상화는 **하이퍼바이저**를 이용한 가상머신과 **컨테이너**를 이용한 도커 방식이다. 가상머신은 호스트 운영체제 위에 가상화 소프트웨어를 이용하여 여러 개의 게스트 OS(Ubuntu, CentOS 등)를 구동하는 방식이다. 하이퍼바이저hypervisor는 가상머신Virtual Machine, VM을 생성하고 실행하는 역할과 가상화된 하드웨어와 각각의 가상머신을 모니터링[3]하는 중간 관리자다. 대표적인 가상화 프로그램인 **VMWare**의 **VMware** 제품과 오라클의 **VirtualBox**를 이용하여 게스트 OS가 사용할 수 있는 물리적 공간을 격리하는 기술이다.

각각의 게스트 OS는 호스트 운영체제로부터 독립된 자원을 할당받아 가상화된 서비스를 제공하기 때문에 수 기가바이트GB의 용량을 차지하는 이미지를 만들어 사용한다. 이러한 타입을 호스트형hosted 하이퍼바이저(또는 호스트형 서버 가상화)라고 한다. 따라서 가상머신은 하드웨어 가상화다.

컨테이너를 이용한 가상화는 리눅스 기반의 물리적 공간 격리가 아닌 프로세스 격리를 통해 경량의 이미지를 실행하고 서비스할 수 있는 **컨테이너**container 기술이다. 사전적 의미로 보면, 컨테이너는 특정 대상을 격리하는 공간을 뜻한다. 따라서 클라우드 서비스의 컨테이너는 애플리케이션을 구동하는 환경을 격리한 공간을 의미한다.

도커 엔진이 차용하고 있는 컨테이너 기술은 본래 리눅스 자체 기술인 chroot, 네임스페이스, cgroup을 조합한 리눅스 컨테이너Linux Container, LXC에서 출발한다.

- **chroot**change root: 특정 디렉터리를 최상위 디렉터리 root로 인식하게끔 설정하는 리눅스 명령
- **네임스페이스**namespace: 프로세스 자원을 관리하는 기능으로, mnt, pid, net, ipc, user 등의 자원을 그룹화하여 할당하는 기능
- **cgroup**control group: CPU, 메모리, 디스크 I/O, 네트워크 등의 자원 사용량 제어를 통해 특정 애플리케이션의 과도한 자원 사용을 제한하는 기능

물리적 요소에 대한 가상화인 가상머신과 다르게 컨테이너 가상화는 프로세스 가상화다. 컨테이너 엔진인 도커와 오케스트레이션orchestration[4] 도구인 쿠버네티스[5]는 호스트 운영체제의 커널을 공유하고 그 위에 실행 파일 및 라이브러리Bins/Libs, 기타 구성 파일 등을 이미지로 빌드image build하여 패키지로 배포image run하는 방식이다.

---

3   VMM(Virtual Machine Monitor)이라고도 한다.
4   오케스트레이션은 구동되고 있는 다양한 컨테이너를 포함하여 컴퓨터 시스템과 애플리케이션, 서비스의 자동화된 설정과 관리 및 조정을 의미하며, 대표적으로 쿠버네티스, 도커 스윔(Docker Swarm), 아파치 메소스(Apache Mesos)가 있다. 또한, IT 팀이 복잡한 태스크와 워크플로를 보다 쉽게 관리할 수 있도록 돕는다(레드햇 도큐먼트 참고).
5   쿠버네티스는 컨테이너화된 애플리케이션을 자동으로 배포, 스케일링, 관리해 주는 오픈 소스 시스템이다. 줄여서 k8s라고도 불리는데, 이는 앞 글자 k와 마지막 글자 s를 제외한 나머지 글자 수 8을 결합하여 만든 용어다.

컨테이너 기술의 장점은 다음과 같다.

- 하이퍼바이저와 게스트 OS가 없기 때문에 가볍다(수십 메가바이트).
- 경량이기 때문에 만들어진 이미지 복제, 이관, 배포가 쉽다.
- 게스트 OS를 부팅하지 않기 때문에 애플리케이션(App1 등) 시작 시간이 빠르다.
- 가상머신보다 경량이므로 더 많은 애플리케이션을 실행할 수 있다.

1.2.2 도커

 컨테이너는 최신 기술이 아니다. 오랜 시간 동안의 변화를 통해 리눅스 컨테이너LinuX Container, LXC 기술로 완벽해졌고, LXC 기술을 차용한 도커를 통해 컨테이너의 생성과 배포를 위한 완벽한 가상화 솔루션, 컨테이너 표준화로 자리 잡았다.

컨테이너는 코드와 모든 종속성을 패키지화하는 표준 소프트웨어 단위로, 애플리케이션이 한 컴퓨팅 환경에서 다른 컴퓨팅 환경으로 빠르고 안정적으로 실행되도록 한다. 도커 컨테이너 이미지는 애플리케이션을 실행하는 데 필요한 모든 것(코드, 런타임, 라이브러리 등)을 포함하는 경량의 독립형 실행 가능 소프트웨어 패키지라고 정의할 수 있다.

도커 컨테이너 이미지는 도커 허브docker hub[6]로부터 내려받거나pull Dockerfile을 통해 생성build하여 도커 엔진[7]을 이용해 실행하면 컨테이너 서비스가 된다.

도커의 주요 기능은 다음과 같다.

- **LXC를 이용한 컨테이너 구동**: containerd는 리눅스 및 윈도우용 데몬daemon으로, 이미지 전송 및 스토리지에서 컨테이너 실행 및 감독, 네트워크 연결까지 호스트 시스템 전체 컨테이너의 라이프사이클을 관리한다.
- **통합 Buildkit**: 빌드킷buildkit은 도커 파일의 설정 정보를 이용하여 도커 이미지를 빌드하는 오픈소스 도구이며, 빠르고 정확하게 여러 가지 아키텍처 향상 기능을 제공한다.
- **도커 CLI 기반**: 도커 명령을 수행하는 기본적인 방법은 CLICommand Line Interface로 제공한다.

도커를 사용하기 위해서는 두 가지 구성 요소를 다룰 수 있어야 한다. 우선은 컨테이너, 이미지를 다룰 수 있는 **도커 엔진**이 필요하고, 다음으로 이미지 업로드push/다운로드pull을 통해 컨테이너 서비스

---

6   도커 허브(*https://hub.docker.com*)는 도커에서 제공하는 컨테이너 이미지 배포를 위한 클라우드 서비스다.
7   도커 엔진은 리눅스, 윈도우, macOS에 쉽게 설치할 수 있고, 설치 환경에 상관없이 동일하게 실행된다.

에 필요한 이미지 배포를 지원하는 **도커 허브**에서 서비스를 제공받아야 한다.

```
user@docker-host:~$ docker pull ubuntu:18.04

# push를 하려면 사전에 도커 허브에 가입이 되어 있어야 하고, docker login을 통해 접속한 후 수행할 수 있다.
user@docker-host:~$ docker push dbgurum/test_image:1.0
```

위의 예시는 도커 허브로부터 Ubuntu(우분투) 18.04 버전을 호스트로 다운로드를 수행하고, test_image라는 새로운 이미지를 생성한 경우, 이 이미지를 dbgurum(필자의 도커 hub 저장소명)에 test_image:1.0이라는 태그tag로 업로드를 수행한 것이다. 별도의 도커 컨테이너 이미지 서버를 지정하지 않으면 자동으로 도커 허브로 지정된다. 자세한 내용은 3장에서 다룬다.

큰 개념의 클라우드 서비스와 연결해서 생각해 본다면, 도커 컨테이너 기술은 PaaS 서비스를 가능하게 하는 소프트웨어 개발환경을 제공하는 것이다. 다만, 컨테이너 서비스에 대한 자동화된 관리, 트래픽 라우팅, 로드 밸런싱 등을 쉽게 하려면 오케스트레이션 기능이 추가로 요구된다.

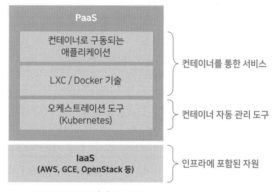

그림 1-10 **도커와 PaaS**

애플리케이션 테스트를 해야 하는 상황을 예로 들어보자. Node.js로 만든 샘플 코드를 테스트하고자 한다. 하지만 현재 로컬에 node.js 소스 코드를 실행하기 위한 npm이라는 모듈이 필요하다.[8]

'그냥 설치하면 되겠지'라고 생각하겠지만, 하나의 애플리케이션이 아닌 여러 가지 의존성 있는 애플리케이션이나 데이터베이스까지 필요한 상황이라면 어떨까? 환경 설정과 함께 각 애플리케이션을 설치하는 데 많은 시간을 투자해야 하는 상황이 벌어질 수도 있다. 하지만 도커 환경에서는 다음과 같이 간단하게 만들어진 샘플 소스 코드를 테스트할 수 있다.

---

8   node.js는 자바스크립트 기반으로 구성된 서버 사이드 서비스를 자바스크립트로 구현할 수 있게 만든 런타임이고, npm은 node.js 기반의 모듈을 모아 둔 집합 저장소다. npm은 Node Package Manager(Modules)라고도 한다.

```
# docker hub으로부터 node 도커 이미지를 다운로드함.
# 이미지명 뒤에 버전을 지정하지 않으면 자동으로 latest(최신) 버전으로 지정.
user@docker-host:~$ docker pull node

# 다운로드한 이미지를 실행하여 컨테이너화(containerized)함.
user@docker-host:~$ docker run -d -it --name=nodejs_test node:latest

# 컨테이너 실행 확인.
user@docker-host:~$ docker ps

# 미리 작성해 둔 소스 코드를 컨테이너 내부로 복사. (nodejs_test.js)
# 내부에서 작성해도 되지만 별도 편집 프로그램(vi 등) 설치가 필요하여 복사함.
user@docker-host:~$ docker cp nodejs_test.js nodejs_test:/nodejs_test.js

# 실행 중인 npm이 설치된 nodejs_test 컨테이너에 bash 셸(shell)로 접속.
user@docker-host:~$ docker exec -it nodejs_test /bin/bash

# 전달된 소스 코드 확인.
root@579bcaa0d4d0:/# ls
bin  boot  dev  etc  home  lib  lib64  media  mnt  nodejs_test.js

# 설치된 npm 모듈 버전 확인.
root@579bcaa0d4d0:/# node -v
v13.5.0

# node 프로그램을 이용하여 샘플 소스 코드 테스트 수행.
root@579bcaa0d4d0:/# node nodejs_test.js
```

위 과정이 도커를 처음 사용해 본 사용자에게는 오히려 더 부담스럽게 보일 수도 있지만, 도커에 어느 정도 익숙한 사용자에게는 1분 이내로 끝낼 수 있는 간단한 테스트일 것이다. 도커가 가지고 있는 구조적 특징으로 사전에 만들어진 이미지를 이용하여 애플리케이션 테스트가 가능한 것이다. 3장에서 실제 코드를 이용하여 실습해 볼 것이다.

도커에는 위에서 언급한 기본적인 도커 엔진, 도커 허브 외에 활용도가 높은 많은 구성 요소가 있다.

- **Docker Engine**: 도커를 이용한 애플리케이션 실행 환경 제공을 위한 핵심 요소
- **Docker Hub**: 전 세계 도커 사용자들과 함께 도커 컨테이너 이미지를 공유하는 클라우드 서비스
- **Docker-compose**: 의존성 있는 독립된 컨테이너에 대한 구성 정보를 야믈YAML 코드로 작성하여 일원환된 애플리케이션 관리를 가능하게 하는 도구
- **Docker Kitematic**: 컨테이너를 이용한 작업을 수행할 수 있는 GUIGraphic User Interface 제공

- **Docker Registry**[9]: 도커 허브 사이트를 공개된public 레지스트리라고 보면 됨. 사내에 도커 컨테이너 이미지를 push/pull 할 수 있는 독립된 레지스트리 구축 시 사용
- **Docker Machine**: 가상머신 프로그램(VMware, Virtualbox) 및 AWS EC2, MS Azure 환경에 도커 실행 환경을 생성하기 위한 도구
- **Docker Swarm**: 여러 도커 호스트를 클러스터로 구축하여 관리할 수 있는 도커 오케스트레이션 도구

1.2.3 도커 맛보기: PWD

3장에서 도커 엔진을 설치해서 본격적으로 알아보기 전에 docker.com 사이트에서 제공하는 대화형 웹 인터페이스를 통해 도커를 이용한 CentOS 7 컨테이너를 실행해 보는 맛보기를 해볼 것이다.[10]

① *https://hub.docker.com*에 접속하여 본인 계정을 만든다.

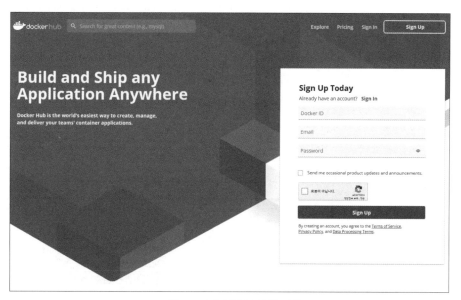

그림 1-11 **도커 허브 사이트 가입**

---

9   도커에서 레지스트리(registry)는 이미지가 등록된 저장소를 의미한다. 공개 저장소(public registry: 도커 레지스트리, 레드햇 레지스트리 등)와 개인이나 기업이 개별적으로 구성하여 제공하는 개별 저장소(private registry)가 있다.
10   PWD(Play With Docker)에서 4시간의 세션 타임을 이용하여 도커 테스트를 수행할 수 있다.

❷ 본인 계정에 저장소Repository를 만든다.

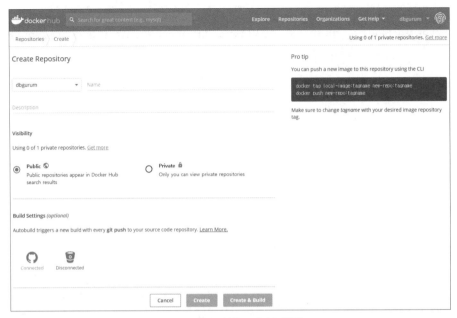

그림 1-12 **도커 허브 저장소 생성**

❸ 도커 튜토리얼 사이트(*https://www.docker.com/101-tutorial*)에 접속한다.

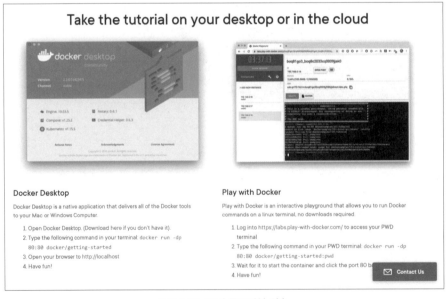

그림 1-13 **도커 튜토리얼 접속**

④ 도커 튜토리얼의 Play with Docker 설명에 있는 1번 URL을 클릭한다(*https://labs.play-with-docker.com*). 화면 중앙에 처음에는 [Login]이 나오고, 이미 접속된 상태라면 바로 [Start]로 변경된다.

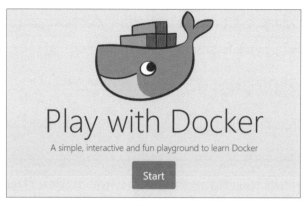

그림 1-14 **Play with Docker**

⑤ 접속이 되면 playground에 [+ ADD NEW INSTANCE]를 이용하여 가상의 도커 터미널이 제공된다. 세션당 연습할 수 있는 제한 시간은 4시간이다.

그림 1-15 **PWD 가상 터미널**

⑥ PWD가 제공하는 작업 환경에서 간단하게 도커를 가지고 놀아보자.

그림 1-16 **PWD 작업 환경**

환경을 살펴보자.

- 가상 IP 주소와 함께 자원(메모리, CPU)에 대한 리소스 현황을 볼 수 있다.

- SSH~Secure Shell~로 접속할 수 있는 주소를 지원한다.

- [OPEN PORT]는 도커 컨테이너를 외부로 노출 시 바인드되는 포트 번호를 보여준다.

추가적인 환경 구성은 직접 살펴보도록 한다.

도커는 리눅스를 기반으로 하는 컨테이너 서비스이므로 기본 리눅스 환경에 익숙해야 컨테이너를 다루기가 쉽다.

⑦ 특정 테스트를 하기 위해 CentOS 7 버전이 필요한 상황을 가정한다. 다음과 같이 제공된 터미널 환경에서 따라 해본다. 자세한 명령에 대한 의미는 3장에서 다룬다.

```
# 제공된 환경에 이미지와 컨테이너가 있는지 조회해 본다. 아무것도 없을 것이다.
$ docker image ls
$ docker ps

# 도커 허브 사이트로부터 CentOS 7 버전의 도커 컨테이너 이미지를 다운로드한다.
$ docker pull centos:7
7: Pulling from library/centos
ab5ef0e58194: Pull complete
Digest: sha256:4a701376d03f6b39b8c2a8f4a8e499441b0d567f9ab9d58e4991de4472fb813c
Status: Downloaded newer image for centos:7
docker.io/library/centos:7

# 다운로드한 이미지를 확인해 본다.
$ docker image ls
REPOSITORY          TAG           IMAGE ID          CREATED          SIZE
centos              7             5e35e350aded      4 months ago     203MB

# 이미지가 가지고 있는 CentOS 7 능력을 구경해 볼까? 컨테이너를 시작한다.
$ docker run -it --name=centos7_test centos:7 /bin/bash

# 프롬프트(prompt)가 변경, CentOS 7 컨테이너 환경으로 들어온 것을 확인해 본다.
[root@9b6c19fbc397 /]# cat /etc/os-release
```

```
NAME="CentOS Linux"
VERSION="7 (Core)"
ID="centos"
ID_LIKE="rhel fedora"
VERSION_ID="7"
PRETTY_NAME="CentOS Linux 7 (Core)"
ANSI_COLOR="0;31"
```

```
CPE_NAME="cpe:/o:centos:centos:7"
HOME_URL="https://www.centos.org/"
BUG_REPORT_URL="https://bugs.centos.org/"

CENTOS_MANTISBT_PROJECT="CentOS-7"
CENTOS_MANTISBT_PROJECT_VERSION="7"
REDHAT_SUPPORT_PRODUCT="centos"
REDHAT_SUPPORT_PRODUCT_VERSION="7"

[root@9b6c19fbc397 /]# exit
exit
[node1] (local) root@192.168.0.8 ~
$
```

다운로드한 CentOS 7 이미지 용량을 살펴보자. 203MB에 지나지 않는다. 실제 환경 또는 가상머신 VM에서 설치했다면 아마도 3~5GB 정도의 물리적 공간을 차지했을 것이다.

⑧ 이번에는 도커 튜토리얼 사이트에서 제공하는 2번 내용을 실행해 보자.

→ PWD Terminal에 **docker run -dp 80:80 docker/getting-started:pwd** 입력

```
# 마찬가지로 도커 허브로부터 docker 저장소에 저장된 getting-started:pwd 다운로드
# -d(backgroud에서 실행), -p 80:80(호스트의 80번 포트와 컨테이너의 80번 포트 연결)
$ docker run -d -p 80:80 docker/getting-started:pwd
Unable to fin' imag/ /docker/getting-sta'ted:p/d/ locally
pwd: Pulling from docker/getting-started
89d9c30c1d48: Pull complete
24f1c4f0b2f4: Pull complete
16542569a10d: Pull complete
08396939143d: Pull complete
Digest: sha256:9156d395e7e41498d5348e95513d61fc7929db720393448306c5d7263d7f2696
Status: Downloaded newer image for docker/getting-started:pwd
3907789c5731b8e82ffea7f611925cf3fb166919650d85a58c1613e1f717c64c
```

상단 [OPEN PORT] 옆에 포트 번호 80이 생긴 것을 확인할 수 있다.

그림 1-17 **PWD 예제 결과: 포트 확인**

80 을 클릭해 보면 제공된 SSH 주소에 해당 컨테이너 내부에 저장된 웹 화면을 80번 포트로 연결해서 웹 페이지에서 보여주는 것을 확인할 수 있다.

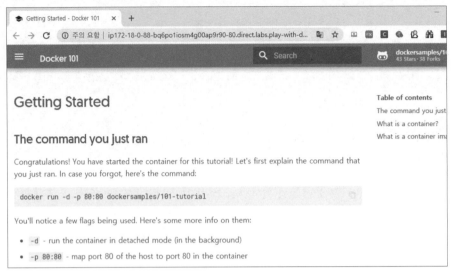

그림 1-18 **PWD 예제: 연결된 웹 사이트**

호기심이 든다면 호스트 포트 번호를 변경해 보는 것도 재미있을 것이다. 80:80(호스트 포트:컨테이너 포트) 값을 8888:80으로 변경해 본다. 상단에 [OPEN PORT] (8888)(80) 포트가 추가로 생기고, (8888)을 클릭해 보면 처음에 봤던 같은 페이지를 볼 수 있다.

어느 정도 도커에 대한 감을 잡았다면 끈기 있게 각 장을 이어가기 바란다. 2장에서 docker desktop을 이용하여 리눅스 환경에 설치해 보고, 3장에서는 다양한 컨테이너 런타임 세계로 들어가 본다.

1.3 쿠버네티스

앞에서 컨테이너를 사용한 애플리케이션 서비스에 대해 살펴봤다. 2013년에 발표된 도커는 컨테이너화된 애플리케이션을 패키징하고 배포하기 위한 공개 표준을 제공했다. 기존의 컨테이너 생태계에 큰 변화를 가져온 것은 사실이다. 하지만 100개, 1,000개 이렇게 지속적으로 수요가 급증하는 컨테이너에 대한 관리는 어떻게 조정해야 할까? 애플리케이션 컨테이너 간의 네트워킹은 어떤 방식을 사용해야 할까? 컨테이너 인스턴스는 확장할 수 있을까?

이러한 문제를 해결하기 위한 컨테이너 오케스트레이션 도구[11] 중 하나가 쿠버네티스다.

쿠버네티스는 대규모 클러스터 환경의 수많은 컨테이너를 쉽고 빠르게 확장, 배포, 관리하는 작업을 자동화해 주는 오픈 소스 플랫폼이다.

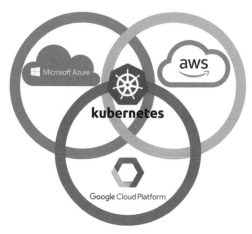

그림 1-19 **Kubernetes Managed Service**

도커를 이용한 컨테이너 기술이 증가하면서 컨테이너 관리를 위한 도구가 발표되기 시작했다. 도커 스웜, 아파치 메소스, AWS의 ECS~Elastic Container Service~ 등 많은 오케스트레이션 도구가 나왔고, 그중 하나가 2014년 구글이 자사 서비스 개발을 위한 보그~Borg~ 프로젝트를 통해 얻은 경험을 토대로 만든 쿠버네티스다.

2015년 정식 1.0 버전이 출시되었고, 현재 클라우드 시장은 쿠버네티스 중심으로 진행 중이며, 마이크로서비스 아키텍처~MicroService Architecture, MSA[12]~의 기준도 쿠버네티스 사용 여부에 초점을 맞추고 있다. 사실상 컨테이너화된 애플리케이션에 대한 대규모 배포 작업에 가장 적합한 오케스트레이션 도구의 표준이라 할 수 있다. 이미 대형 퍼블릭 클라우드 공급자들은 'Kubernetes Managed Service'를 사용하고 있다.

- **Amazon Elastic Container Service for Kubernetes(Amazon EKS)**:
  https://aws.amazon.com/ko/eks

- **Azure Kubernetes Services(AKS)**:
  https://azure.microsoft.com/ko-kr/services/kubernetes-service

---

11 컨테이너 오케스트레이션 도구는 다양한 머신을 하나의 클러스터로 결합하여 오케스트라의 연주자처럼 서로 다른 각자의 역할을 쉽게 조정하고 관리할 수 있도록 설계된 소프트웨어를 말한다.

12 마이크로서비스 아키텍처(MSA)는 각 애플리케이션 프로세스를 서비스로 실행하는 독립적 구성 요소로 구축하는 것을 말한다.

- **Google Kubernetes Engine**(GKE):
  https://cloud.google.com/kubernetes-engine

그럼, 쿠버네티스는 왜 유용할까? 이유는 다음과 같다.

- 온프레미스 환경에서 수행하는 서버 업그레이드, 패치, 백업 등의 작업을 자동화(오토 스케일링, 서비스 디스커버리, 로드 밸런싱 등)하여 인프라 관리보다는 서비스 관리에 집중할 수 있다.
- 서비스 사용자는 애플리케이션이 24/7/365 지속되기를 원한다. 컨테이너에 장애 발생 시 자가 회복self-healing 기능을 통해 곧바로 복제replica 컨테이너를 생성하여 서비스를 지속할 수 있다.
- 컨테이너화를 통해 소프트웨어를 패키지화하면 점진적 업데이트rolling update를 통해 다운타임 없이 쉽고 빠르게 릴리스 및 업데이트할 수 있다.

이러한 기능 외에도 스토리지 오케스트레이션, 자동화된 빈 패킹bin packing 등 분산 시스템을 탄력적으로 운영하기 위한 프레임워크를 제공한다.

쿠버네티스 설치와 기능에 대해서는 5장에서 실습을 통해 자세히 다뤄 볼 것이다.

1.4 데브옵스

데브옵스DevOps는 개발Development과 운영Operations의 합성어다. 이 두 가지 업무(부서)를 하나의 의미로 부여한 이유는 무엇일까? 본인의 업무가 개발이거나 운영을 해본 경험이 있는 사람이라면 이해가 될 수도 있다. 전통적으로 이러한 업무는 업무 목표와 이해 방향이 다르기 때문에 부딪히는 경우가 많았다. 개발 팀은 새로운 서비스 개발 시에 신속하고 빠른 배포에 중점을 두지만, 운영 팀은 안정성, 보안, 고가용성을 유지할 수 있는 서비스 유지가 업무 목표일 것이다.

클라우드 환경에서는 어떨까? 방대한 스케일과 세분화된 서비스를 위해서는 개발과 운영의 협업, 협력 강화가 반드시 필요하다. 개발 팀은 신규 소프트웨어의 기존 시스템과의 연관성과 의존성에 대한 이해가 필요하고, 운영 팀은 신규 소프트웨어의 동작과 상황에 따른 오류 발생을 이해해야 한다. 즉, 업무 영역을 제한하지 않고 협업과 이해 공유, 책임 공유를 통해 전체 개발 및 인프라의 라이프사이클 혁신에 기여할 수 있다.

데브옵스는 단순하게 업무, 부서(팀), 방법론, 기술 형태로 제한하지 않는다. 업무적으로 상충관계 trade-off에 있는 모든 형태에 적용할 수 있다. 예를 들어, 보안 강화를 위해 암호화 등의 추가 구성을 수행하면 일반적으로 서비스 품질 저하(처리 시간 증가 등)가 발생할 수 있다. 보안을 담당하는 사람과 품질 관리를 수행하는 사람 간 소통을 통해 절충과 좋은 서비스의 품질을 보장받을 수 있게 된다.

결국, 조직 내의 모든 업무자 간의 소통과 협력은 효율성을 높이고 서비스 품질 향상을 통한 기업의 성장을 가져올 수 있다는 것이 데브옵스의 기본 철학이자 하나의 문화다.

CHAPTER

02

도커 설치

이 장에서는 리눅스, 윈도우, macOS에 도커 엔진을 설치하여 도커 컨테이너 가상화 기술을 다양한 운영체제[1]에서 개발할 수 있음을 보여줄 것이다.

도커는 리눅스를 기반으로 만들어졌다. 어느 운영체제에 설치하든 무관하지만, 되도록이면 도커 최적화를 위해 64비트 리눅스인 CentOS, Ubuntu 같은 최신 버전의 운영체제 배포판을 권장한다. 윈도우, macOS 환경은 별도의 가상화 기능[2]을 추가로 설정해야 한다. 설치 환경이 달라도 기본 명령어 등의 사용법은 동일하므로 본인의 환경에 맞게 설치하면 된다.

그럼, 가상화의 표준인 도커에 첫발을 내디뎌보자.

그림 2-1 도커 엔진 설치 운영체제

2.1 도커 엔진

가상화 기술로 전 세계적으로 개인과 기업 모두에게 인기 있는 도커Docker는 2013년 3월에 닷클라우드dotCloud, Inc.[3]의 엔지니어였던 솔로몬 하익스Solomon Hykes가 오픈 소스로 공개 발표[4]했다.

도커는 기존의 리눅스 컨테이너LXC 기술을 이용하여 애플리케이션을 컨테이너로서 사용할 수 있게 만들었고, 설치 후 버전 정보docker version를 확인해 보면 Go 언어로 구성된 것을 확인할 수 있다. 출시 이후 꾸준한 기술 개발을 통해 사실상 컨테이너 가상화를 이용한 차세대 클라우드 인프라 솔루션 next generation cloud infrastructure solution의 표준이 되었다.

도커에서 사용하는 컨테이너 가상화 기술의 변화에 대해 알아보자.

---

1   *hub.docker.com*의 좌측 상단에 Docker CE(Community Edition)를 클릭하면 운영체제별로 지원하는 커뮤니티 버전(무상 버전)을 볼 수 있다.
2   윈도우는 Hyper-V, macOS는 XHyve(macOS의 도커 사용)와 같은 소프트웨어를 허용하는 Hypervisor.framework 가상화 기능을 사용한다.
3   닷클라우드(*www.docker.com*)는 PaaS를 개발한 회사이고, 현재는 이름을 'Docker, Inc.'로 변경하여 컨테이너 가상화 기술의 표준 회사로 더욱 발전했다.
4   *https://youtu.be/wW9CAH9nSLs*에서 솔로몬 하익스가 도커를 발표하는 영상(제목: 리눅스 컨테이너의 미래[The Future of Linux Container])을 볼 수 있다.

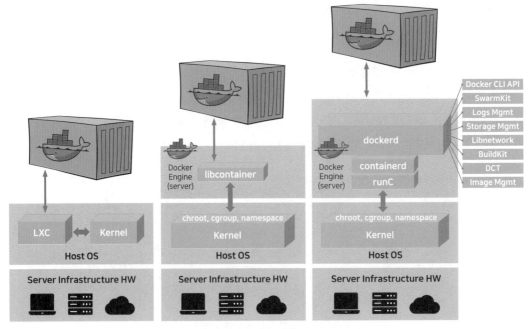

그림 2-2 도커 엔진의 기술 변화, LXC vs. Docker

초기 도커는 리눅스 컨테이너 기술인 LXC를 기반으로 하는 컨테이너였다. 이후 0.9.0 버전부터는 **libcontainer** OCI[5]를 이용하였고, 1.11.0 이후 버진부터는 **runC** OCI를 이용한다. 현재 버전에 포함된 runC 라이브러리는 운영체제에서 독립적으로 사용되는 일종의 드라이버다. 이를 통해 호스트 운영체제 의존성이 제거되면서 리눅스 플랫폼에 의존적인 LXC를 대체하게 됐다. 그리고 전체적인 구조는 dockerd, containerd 데몬과 runC 라이브러리를 이용해 컨테이너들을 관리하게 된다.

도커 컨테이너 기술은 가상화된 공간을 만들기 위해 리눅스 커널에서 컨테이너를 제어하는 chroot, cgroup, namespace API[6]를 런타임으로 사용함으로써 프로세스 단위의 격리 환경을 만들 수 있다. 컨테이너는 호스트 운영체제의 커널을 공유하여 사용하고, 애플리케이션 컨테이너 자체에는 필요한 실행 파일과 라이브러리만 존재한다. 그래서 만들어진 컨테이너 이미지의 용량이 가상머신의 수 기가바이트[7]에 비해 수 메가바이트로 작고, 배포 시간도 빠르다.

---

5   OCI(Open Containers Initiative)는 컨테이너 형식 및 런타임에 대한 개방형 산업 표준이다.

6   1.2.1절 '가상머신과 컨테이너'에서 소개했다.

7   그림 1-9 '로컬 서버 vs. 가상머신 vs. 컨테이너 비교'를 참고한다.

2.2 리눅스용 도커 엔진 설치

2.2.1 도커 설치 환경

도입부에서 권장했던 CentOS 7, Ubuntu 18.04 리눅스 배포판[8]을 기반으로 도커 엔진을 설치해 보자. 우선, VMware나 VirtualBox 같은 가상머신 프로그램을 윈도우에 설치하고 리눅스를 설치한다. VMware player는 VM웨어 홈페이지(*https://www.vmware.com*)에서 무료로 다운로드할 수 있고, 나머지 버전은 유료다. 오라클의 VirtualBox는 VirtualBox 사이트(*https://www.virtualbox.org*)에서 무료로 다운로드할 수 있다. VMware나 VirtualBox로 각 리눅스 운영체제를 설치하려면 설치 파일이 필요하다. 구글 검색을 이용하여 리눅스 배포판 ISO 파일을 찾아 무료로 설치한다.

이 책에서 사용되는 실습은 다음과 같이 구성했다. (최신 버전 권장)

- **도커 실습**: VirtualBox + Ubuntu 18.04 Xenial(LTS)

다음은 도커 엔진 설치를 위해 확인해야 할 사항이다.

- 지속적인 업데이트가 지원되는 최신 리눅스 배포판을 선택한다(각 리눅스 홈페이지에서 확인).
- **uname -a** 명령을 사용해서 리눅스 커널 정보(3.10 이상)와 64비트를 확인한다(x86_64).

```
# Ubuntu 18.04 버전에서 조회한 내용.
~$ uname -a
Linux docker-host 5.3.0-28-generic #30~18.04.1-Ubuntu SMP Fri Jan 17 06:14:09 UTC 2020
x86_64 x86_64 x86_64 GNU/Linux
# Ubuntu 20.04 버전에서 조회한 내용.
~$ uname -a
Linux hostos1 5.11.0-37-generic #41~20.04.2-Ubuntu SMP Fri Sep 24 09:06:38 UTC 2021
x86_64 x86_64 x86_64 GNU/Linux
```

- 리눅스 관리자 root 계정을 이용하거나 별도의 도커 관리자 계정을 생성하고 sudo 명령을 통해 설치를 진행한다. 설치 이후 usermod 명령을 통해 docker 명령을 sudo 없이 사용할 수 있도록 변경한다(별도의 도커 관리자 계정 사용 권장).

도커를 설치하기 전에 도커 에디션에 대해 알아보자.

---

8   리눅스 배포판(-配布版, Linux distribution, 간단히 distro)은 리눅스 커널, GNU 소프트웨어 및 여러 가지 자유 소프트웨어로 구성된 운영체제이다 (위키백과 참고).

기능	Community Edition (CE)	Enterprise Edition(EE) Basic	Enterprise Edition Standard	Enterprise Edition Advanced
오케스트레이션, 네트워크, 보안 기능을 갖춘 컨테이너 엔진	☑	☑	☑	☑
인증된 인프라스트럭처와 플러그인		☑	☑	☑
도커 이미지 관리			☑	☑
컨테이너 애플리케이션 관리			☑	☑
도커 이미지 보안 스캔				☑
가격 정책		노드당 $1,500	노드당 $3,000	노드당 $3,500

참고 *https://docs.docker.com/engine/install*

다음은 도커 에디션 간 비교한 내용이다.

- 무료로 이용할 수 있는 커뮤니티 에디션docker-ce과 상용인 엔터프라이즈 에디션docker-ee이 있다.
- 엔터프라이즈 에디션은 고객 지원 및 보안, 플러그인 등 기업용으로 제공된다. 컨테이너 서비스를 보다 효율적으로 시작 및 관리할 수 있고, 대규모 클라우드 및 중요 애플리케이션 서비스 사용에 적극적이다. 보통 분기별로 릴리스된다.
- 커뮤니티 에디션은 매달 새로운 기능을 먼저 사용해 볼 수 있는 에지edge 버전과 분기별로 릴리스되는 안정화stable 버전이 있다.
- 도커의 버전은 연도 두 자리와 월 두 자리로 구분된다(v19.03은 19년 03월 출시 버전).

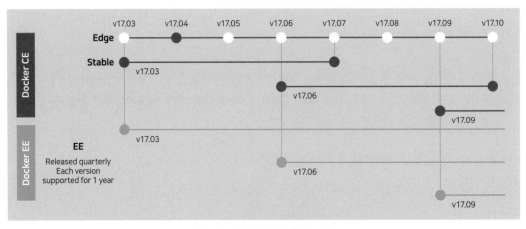

그림 2-3 도커 에디션 릴리스 비교

출처 도커 블로그(*https://www.docker.com/blog/docker-enterprise-edition*)

2.2.2 Ubuntu 18.04에 패키지를 이용한 도커 커뮤니티 에디션(CE) 설치

현재 사용 중인 윈도우에 가상머신(필자는 오라클의 VirtualBox를 사용함)을 먼저 설치했고, 이것을 이용해 Ubuntu 리눅스를 설치[9]했다.

Ubuntu 리눅스에 접속한 후 작업을 위한 터미널을 열어주고 다음 작업을 따라 해본다.

```
# 현재 Ubuntu 버전 확인.
~$ cat /etc/lsb-release
DISTRIB_ID=Ubuntu
DISTRIB_RELEASE=18.04
DISTRIB_CODENAME=bionic
DISTRIB_DESCRIPTION="Ubuntu 18.04.4 LTS"

# apt(Advanced Packaging Tool)는 Ubuntu를 비롯한 Debian 계열에서 작동하는 패키지 관리 도구임.
최신 패키지로 업데이트 수행.
~$ sudo apt-get update

# 도커 설치를 위해 도커와 의존성이 있는 패키지들을 미리 설치.
~$ sudo apt-get[10] install -y \
> apt-transport-https \      # https를 통해 데이터 및 패키지에 접근 가능하도록 함.
> ca-certificates \          # 일종의 디지털 서명. SSL 기반의 연결 확인.
> curl \                     # 웹에서 데이터 다운로드 시 사용.
> software-properties-common # PPA[11] 추가, 제거에 사용.

# 도커에서 제공하는 공식 GPG(GNU Privacy Guard) key 추가. apt가 패키지를 인증할 때 사용하는 키 리스트 관리.
apt-key를 통해 지정 사이트에서 새로운 키 추가.
~$ curl -fsSL https://download.docker.com/linux/ubuntu/gpg | sudo apt-key add -
OK

# 추가된 GPG key 확인.
~$ sudo apt-key fingerprint
/etc/apt/trusted.gpg
--------------------
pub   rsa4096 2017-02-22 [SCEA]
      9DC8 5822 9FC7 DD38 854A  E2D8 8D81 803C 0EBF CD88
uid           [ unknown] Docker Release (CE deb) <docker@docker.com>
sub   rsa4096 2017-02-22 [S]

/etc/apt/trusted.gpg.d/ubuntu-keyring-2012-archive.gpg
------------------------------------------------------
pub   rsa4096 2012-05-11 [SC]
      790B C727 7767 219C 42C8  6F93 3B4F E6AC C0B2 1F32
uid           [ unknown] Ubuntu Archive Automatic Signing Key (2012) <ftpmaster@ubuntu.com>
...

# 추가된 키 중에서 첫 번째 키를 선택해서 조회.
```

---

9   Ubuntu 리눅스 설치 방법은 구글 검색을 통해서 쉽게 알 수 있다.
10 Ubuntu에서 패키지 설치 및 업데이트 작업 시 apt 또는 apt-get 모두 사용할 수 있다.
11 PPA(Personal Package Archive, 개인 패키지 저장소)는 개발자, 사용자용 소프트웨어(패키지) 저장소를 말한다.

```
~$ sudo apt-key fingerprint 0EBFCD88
pub     4096R/0EBFCD88 2017-02-22
        Key fingerprint = 9DC8 5822 9FC7 DD38 854A  E2D8 8D81 803C 0EBF CD88
uid                       Docker Release (CE deb) <docker@docker.com>
sub     4096R/F273FCD8 2017-02-22
```

데비안 계열의 도커 repository PPA 추가.
에지 버전 설치 시 다음 구문의 마지막에 **stable edge** 추가. 매달 기능이 업데이트되는 에지 버전은 버그 발생 가능성이
높아 안정화(stable) 버전 설치 권장.
```
~$ sudo add-apt-repository \
> "deb [arch=amd64] https://download.docker.com/linux/ubuntu \
> $(lsb_release -cs) \
> stable"
```

새로운 저장소가 추가되었으므로 패키지 업데이트 수행.
```
~$ sudo apt-get update
```

설치한 저장소들을 보여준다.
ubuntu 20.04 버전으로 설치한 경우 아래 ubuntu 버전의 끝값이 bionic이 아닌 focal로 출력됨.
```
~$ apt-cache policy docker-ce

docker-ce:
  Installed: 5:20.10.10~3-0~ubuntu-focal
  Candidate: 5:20.10.10~3-0~ubuntu-focal
  Version table:
 *** 5:20.10.10~3-0~ubuntu-focal 500
        500 https://download.docker.com/linux/ubuntu focal/stable amd64 Packages
        100 /var/lib/dpkg/status
     5:20.10.9~3-0~ubuntu-focal 500
        500 https://download.docker.com/linux/ubuntu focal/stable amd64 Packages
     5:20.10.8~3-0~ubuntu-focal 500
        500 https://download.docker.com/linux/ubuntu focal/stable amd64 Packages
     5:20.10.7~3-0~ubuntu-focal 500
        500 https://download.docker.com/linux/ubuntu focal/stable amd64 Packages
     5:20.10.6~3-0~ubuntu-focal 500
        500 https://download.docker.com/linux/ubuntu focal/stable amd64 Packages
     5:20.10.5~3-0~ubuntu-focal 500
        500 https://download.docker.com/linux/ubuntu focal/stable amd64 Packages
     5:20.10.4~3-0~ubuntu-focal 500
        500 https://download.docker.com/linux/ubuntu focal/stable amd64 Packages
     5:20.10.3~3-0~ubuntu-focal 500
        500 https://download.docker.com/linux/ubuntu focal/stable amd64 Packages
     5:20.10.2~3-0~ubuntu-focal 500
        500 https://download.docker.com/linux/ubuntu focal/stable amd64 Packages
     5:20.10.1~3-0~ubuntu-focal 500
        500 https://download.docker.com/linux/ubuntu focal/stable amd64 Packages
     5:20.10.0~3-0~ubuntu-focal 500
        500 https://download.docker.com/linux/ubuntu focal/stable amd64 Packages
     5:19.03.15~3-0~ubuntu-focal 500
        500 https://download.docker.com/linux/ubuntu focal/stable amd64 Packages
     5:19.03.14~3-0~ubuntu-focal 500
        500 https://download.docker.com/linux/ubuntu focal/stable amd64 Packages
     5:19.03.13~3-0~ubuntu-focal 500
```

```
        500 https://download.docker.com/linux/ubuntu focal/stable amd64 Packages
    5:19.03.12~3-0~ubuntu-focal 500
        500 https://download.docker.com/linux/ubuntu focal/stable amd64 Packages
    5:19.03.11~3-0~ubuntu-focal 500
        500 https://download.docker.com/linux/ubuntu focal/stable amd64 Packages
    5:19.03.10~3-0~ubuntu-focal 500
        500 https://download.docker.com/linux/ubuntu focal/stable amd64 Packages
    5:19.03.9~3-0~ubuntu-focal 500
        500 https://download.docker.com/linux/ubuntu focal/stable amd64 Packages
```

```
# 도커 커뮤니티 에디션(ce) 설치.
~$ sudo apt-get -y install docker-ce

# 또는 설치할 버전을 지정해서 설치.
# 위 작업을 이미 실행했다면 다음은 실행하지 않는다.
~$ sudo apt-get -y install docker-ce=20.10.10 ce-0 ubuntu

# 도커 버전 정보와 도커 데몬 상태 확인. 버전 결과에 대한 설명은 2.4.2절에서 다룬다.
~$ sudo docker version
~$ sudo systemctl status docker

# 도커는 권한이 있는 바이너리이기 때문에 실행 시 sudo를 명시하고 사용해야 함.
# 다음 명령은 도커 그룹(없으면 자동 생성)에 현재 사용자 $(whoami)¹²를 그룹에 추가함.
~$ sudo usermod -aG docker $(whoami)
~$ sudo systemctl restart docker
~$ sudo systemctl status docker
~$ sudo systemctl status containerd.service

# 현재 계정을 로그아웃하고 다시 로그인한 후부터 sudo 없이도 docker 명령 사용 가능.
~$ docker version
```

참고 GPG[13]는 Open Privacy Guard 표준인 RFC4880을 따르고, 컴퓨터에서 보안을 위해 파일을 암호화, 복호화할 수 있다.
GPG를 사용하면 상용 암호화, 복호화 프로그램 없이 파일을 수준 높은 보안으로 관리할 수 있다.

참고 현재 사용자를 도커 그룹에 추가하는 작업은 사용자에게 관리자적 권한을 주는 것이다. 보안적 요소이므로 신중하게 설정해야 한다
(*https://docs.docker.com/engine/security/security/*).

추가 구성 작업으로 보안 설정 모듈인 SELinux[14]가 있다. 간혹 도커 사용 과정에서 **Permission Denied** 같은 권한 거부 오류가 발생하는 경우가 있다. 이것을 방지하기 위해서는 현재 SELinux 설정 값을 확인해 보고 **enforcing** 모드라면 **permissive** 모드로 변경한다.

강제 모드enforcing mode 상태에서는 보안 기능을 가지고 있는 SELinux 정책이 활성화되어 강제적으로 그 정책을 따르게 하여 오류가 발생한다. 허용 모드permissive mode로 설정하면 접근 제어 위반 발생 시 로그 기록만 수행하고 강제 종료(오류)하지 않는다.

---

12   리눅스에서 $(명령어)를 사용하면 명령어 결과를 변수로 저장한다. whoami 명령어는 현재 접속자를 출력한다.
13   GPG Key 생성에 대한 설명은 필자가 운영하는 네이버 커뮤니티의 글(*https://cafe.naver.com/ocmkorea/18602*)을 참고한다.
14   SELinux(Security Enhanced Linux, 보안 강화 리눅스 모듈)는 프로세스 간의 접근 제어 구현을 통해 도커 호스트를 컨테이너로부터 보호 및 컨테이너
     와 컨테이너 간의 보호를 목적으로 설계된 모듈이다.

```
# SELinux 실행 모드 확인.
~$ sestatus
SELinux status:                 enabled
SELinuxfs mount:                /sys/fs/selinux
SELinux root directory:         /etc/selinux
Loaded policy name:             ubuntu
Current mode:                   enforcing
Mode from config file:          enforcing
Policy MLS status:              enabled
Policy deny_unknown status:     allowed
Max kernel policy version:      30

# 만약 enforcing으로 되어 있다면 다음 명령을 수행하여 변경한다.
# permissive mode(0), enforcing mode(1)
~$ sudo setenforce 0

~$ sestatus
SELinux status:                 enabled
SELinuxfs mount:                /sys/fs/selinux
SELinux root directory:         /etc/selinux
Loaded policy name:             ubuntu
Current mode:                   permissive
Mode from config file:          permissive
Policy MLS status:              enabled
Policy deny_unknown status:     allowed
Max kernel policy version:      30
```

두 번째 설치 방법은 도커 웹 사이트에서 제공하는 스크립트를 이용하여 간단하게 도커_{docker-ce}를 설치할 수 있다. 다음 작업은 Ubuntu 리눅스에서 진행했으며, CentOS 7에서도 동일하게 사용할 수 있다.

```
# 도커 자동 설치 셸 스크립트 다운로드.
# 정확한 도커 환경 구축을 위해 셸 스크립트 내용을 확인하고 설치 진행. (신뢰성 문제)
~$ curl -fsSL https://get.docker.com -o get-docker.sh
~$ vi get-docker.sh

# 셸 스크립트 파일이므로 실행 권한이 필요. x(execute) 권한 부여.
~$ chmod +x get-docker.sh

# 도커 자동 설치 셸 스크립트 실행.
~$ sudo sh get-docker.sh

# wget 도구를 이용하는 경우.
~$ wget[15] -q0- https://get.docker.com | sh

~$ docker version
```

Ubuntu에 설치된 도커를 재설치하거나 삭제할 경우는 다음과 같다.

---

15   curl과 wget은 CLI 환경에서 특정 주소의 파일을 다운로드하는 도구다.

```
# apt를 통해 설치한 도커 제거.
~$ sudo apt purge docker-ce

# 관련 디렉터리 삭제.
~$ sudo rm -rf /var/lib/docker
```

2.2.3 CentOS 7에 패키지를 이용한 도커 커뮤니티 에디션(CE) 설치

이번엔 배포판 리눅스 중 CentOS 버전 7을 이용하여 도커 CE 버전을 설치해 본다. Ubuntu의 온라인 설치인 apt와 다르게 CentOS는 yum이라는 도구를 사용한다.

```
# CentOS 7의 패키지 설치 도구인 YUM(Yellow dog Updater, Modified) 패키지 업데이트.
# 업데이트를 수행하면 설치된 모든 패키지에 대한 업데이트가 진행되므로 시간이 오래 걸림.
~]# yum -y update

# 도커 설치에 필요한 필수 패키지 설치. (이미 설치된 경우 already installed 나옴)
~]# yum install -y yum-utils device-mapper-persistent-data lvm2

# 도커(docker-ce) 안정화 버전 저장소 설정.
~]# yum-config-manager --add-repo https://download.docker.com/linux/centos/docker-ce.repo

# Ubuntu 설치와 마찬가지로 에지 버전은 별도 지정. (비활성화는 --disable)
~]# yum-config-manager --enable docker-ce-edge

# 설치 버전을 미리 조회하여 선택.
~]# yum list docker-ce --showduplicates | sort -r
~]# yum install -y docker-ce-18.06.3.ce

# 도커(docker-ce) 설치.
~]# yum -y install docker-ce

# 설치된 도커 패키지 확인.
# containerd.io.x86_64, docker-ce.x86_64, docker-ce-cli.x86_64 설치 확인.
~]# yum list installed | grep docker

# 심볼릭 링크 파일을 만들어서 도커 서비스를 위한 시스템 데몬 설정 파일에 연결.
# 리눅스 배포판에 있는 systemd는 부팅 시 시작되는 서비스를 관리, enable로 등록.
~]# systemctl enable docker (또는 docker.service)
Created symlink from /etc/systemd/system/multi-user.target.wants/docker.service to /usr/lib/
systemd/system/docker.service.

~]# systemctl enable containerd.service
Created symlink from /etc/systemd/system/multi-user.target.wants/containerd.service to /usr/
lib/systemd/system/containerd.service.

# 도커 서비스를 실행하고, 실행된 도커와 컨테이너 서비스 확인.
~]# systemctl start docker
~]# ps -ef | grep docker
```

```
avahi        721       1   0 15:26 ?        00:00:00 avahi-daemon: running [docker-host.local]
root         9554      1   0 15:49 ?        00:00:00 /usr/bin/dockerd -H fd:// --containerd=/run/
containerd/containerd.sock
root         9676   9138   0 15:49 pts/0    00:00:00 grep --color=auto docker

~]# ps -ef | grep container
root         9552      1   0 15:49 ?        00:00:00 /usr/bin/containerd
root         9554      1   0 15:49 ?        00:00:00 /usr/bin/dockerd -H fd:// --containerd=/run/
containerd/containerd.sock
root         9678   9138   0 15:50 pts/0    00:00:00 grep --color=auto container

# 도커 버전 확인으로 설치 마무리.
# 도커 버전 정보 중 'Server' 섹션에 정보 오류가 있다면 도커 엔진이 설치되지 않은 것임.
~]# docker version
```

CentOS 7에 설치된 도커를 삭제하는 경우는 다음과 같다.

```
# 도커를 사용 중이었다면 도커 컨테이너 중지 후 삭제, 그리고 도커 이미지 삭제를 먼저 수행.
# 도커와 컨테이너 서비스 중지.
~]# systemctl stop docker.service
~]# systemctl stop containerd.service

# 설치된 도커 관련 패키지를 조회한 후 각각 제거.
~]# yum list installed | grep docker
...
containerd.io.x86_64                       1.2.13-3.1.el7              @docker-ce-stable
docker-ce.x86_64                           3:19.03.8-3.el7             @docker-ce-stable
docker-ce-cli.x86_64                       1:19.03.8-3.el7            @docker-ce-stable
~]# yum erase containerd.io.x86_64       # containerd 관련 패키지
~]# yum erase docker-ce.x86_64           # 도커 데몬 패키지
~]# yum erase docker-ce-cli.x86_64       # 도커 클라이언트 관련 패키지

# 모두 제거 확인.
~]# yum list installed | grep docker

# 도커 관련 디렉터리 제거.
~]# rm -rf /var/lib/docker
```

여기까지 리눅스 배포판인 Ubuntu와 CentOS 7에서의 설치와 제거에 대해 알아봤다. 어떤 운영체제이든지 도커 명령어와 운영은 동일하므로 본인의 환경(개발, 운영)에 맞춰 실습하도록 한다.

2.3 윈도우/macOS용 도커 엔진 설치

도커는 리눅스 기반의 프로그램이다. 따라서 리눅스 환경에서 테스트 및 개발 용도로 만들어 사용하는 것을 권장한다. 초보자이거나 리눅스 환경에 익숙하지 않은 사용자를 위해 윈도우나 macOS에서 설치하여 사용하는 것도 가능하다.

윈도우/macOS 기반에서 도커를 설치하는 방법은 **Docker Toolbox**와 **Docker Desktop**[16] **for Windows**또는 **Docker Desktop for Mac**이다.

2.3.1 윈도우/macOS용 도커 툴박스 설치

도커 툴박스를 설치[17]해 보자. 도커 툴박스가 제공하는 기능과 구성 요소는 다음과 같다.

- 도커 엔진을 실행하여 이미지 및 컨테이너를 작성하기 위한 도커 명령줄 클라이언트
- 도커 컴포즈docker-compose 명령 실행 가능
- 도커 GUI 환경과 키트메틱Kitematic(도커 활용을 위한 GUI 도구 제공) 도구 사용
- 윈도우10에 설치된 후 도커 퀵스타트 셸 제공
- 오라클의 가상머신 도구인 VirtualBox 설치 옵션 제공
- 도커 툴박스 관리 도구 및 ISO 제공
- 깃Git 활용 도구 제공

윈도우 기반의 도커 툴박스를 설치하려면 다음 두 가지 조건을 만족해야 한다.

첫째, 윈도우7 버전 이상의 64비트 운영체제여야 한다. 시스템 종류는 윈도우 [내컴퓨터] ➡ [속성] 창에서 확인할 수 있다.

---

16 *https://www.docker.com/blog/updating-product-subscriptions/*

17 *https://docs.docker.com/toolbox/toolbox_install_windows*에 접속하여 도커에서 제공하는 도커 툴박스 문서를 참고하자.
현재 deprecated되어 아래와 같은 안내문을 보게 된다.

> **Deprecated**
> Docker Toolbox has been deprecated and is no longer in active development. Please use Docker Desktop instead. See Docker Desktop for Mac and Docker Desktop for Windows.

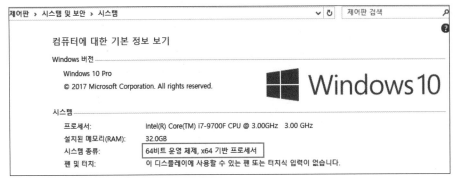

그림 2-4 **윈도우 64비트 확인**

둘째, 윈도우가 설치된 컴퓨터(서버)의 하드웨어 가상화 기술이 지원되어야 한다. 윈도우 작업 관리자를 통해 CPU 기능의 가상화 지원 여부[18]를 확인할 수 있다.

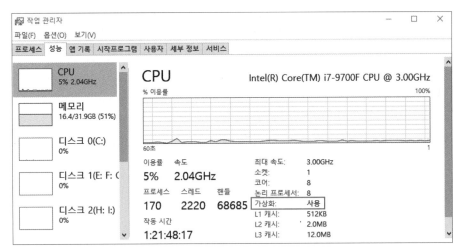

그림 2-5 **윈도우10의 가상화 지원 여부 확인**

앞의 두 가지 조건을 모두 확인한 뒤 윈도우용 도커 툴박스(exe)를 다운로드[19]한다.

---

18 가상화 지원은 컴퓨터(서버) 바이오스(BIOS) 기능의 CPU 옵션에서 확인 및 설정 가능하고 제조사별로 설정 방법이 다르다(🅜 VT-D enable).
19 *https://github.com/docker/toolbox/releases*에 접속하여 윈도우용 도커 툴박스 최신 버전을 다운로드한다.

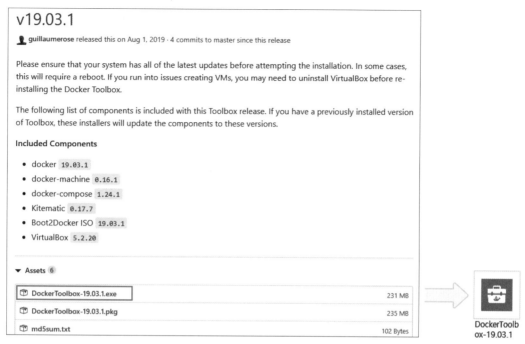

그림 2-6 윈도우용 도커 툴박스 다운로드

다운로드한 설치 프로그램을 실행한다.

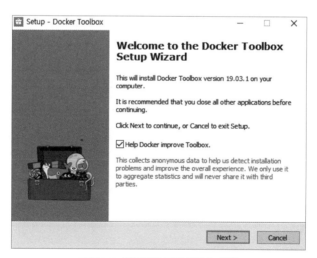

그림 2-7 윈도우용 도커 툴박스 실행

설치는 대부분 기본값으로 진행하면 된다. [Next]를 클릭하고 설치 경로 선택_{Select Destination Location}을 확인한 뒤 [Next]를 클릭하면 구성 요소 선택이 나온다.

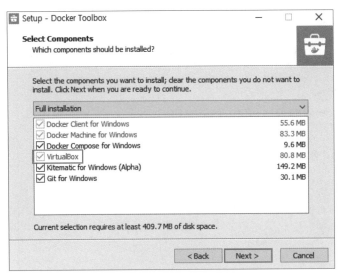

그림 2-8 윈도우용 도커 툴박스 실행 및 구성 요소 선택

도커 툴박스는 오라클의 VirtualBox를 이용해 리눅스 가상머신을 생성하고, 그 위에 도커를 설치하는 방식이다. 그림 2-9처럼 윈도우/macOS 기반에 도커 툴박스를 설치하면 가상머신과 도커 엔진이 설치되어 컨테이너 서비스를 사용할 수 있다.

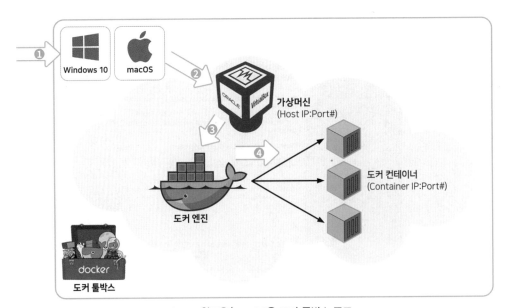

그림 2-9 윈도우/macOS용 도커 툴박스 구조

그림 2-9의 ❶ ➡ ❷ ➡ ❸ ➡ ❹는 윈도우에서 도커 컨테이너 서비스에 접근하는 과정을 나타낸다. VirtualBox 호스트에서 제공하는 네트워크 주소와 컨테이너의 네트워크 주소를 확인해야 한다. 예를 들어, 엔진엑스Nginx와 같은 웹 서비스 컨테이너는 기본 80번 포트를 사용하는데, 이 포트를 가상머신

의 호스트 포트로 포워딩하면 윈도우에서 웹 서비스를 연결할 수 있다. 결국, 윈도우에서는 컨테이너의 네트워크 주소와 포트를 이용해서 접근하는 것이 아니라 가상머신 호스트의 네트워크 주소와 포트를 통해 컨테이너 서비스를 사용하게 되고, 외부에서 컨테이너 웹 서비스를 사용하려면 윈도우 네트워크 주소와 포트 번호를 가상머신 호스트 네트워크 주소와 포트 번호로 포트 포워딩을 해야 한다.

3장부터 다양한 컨테이너 서비스를 만들어볼 것이다. 이때 다시 한번 자세히 설명할 것이다.

오라클 VirtualBox가 기존에 설치되지 않았다면 중간에 네트워크 인터페이스 허용 여부 메시지가 나오면 Yes로 설정하고, 별도의 추가 설정 없이 기본값으로 설치를 마무리한다.

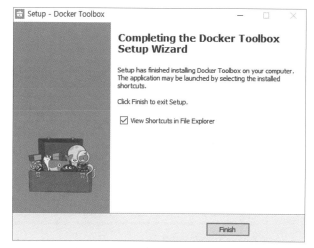

그림 2-10 윈도우/macOS용 도커 툴박스 설치 완료

바탕화면에 생긴 아이콘 중 **Docker Quickstart Terminal**을 실행하면 리눅스 기반에 설치한 도커와 같은 리눅스 프롬프트가 제공된다.

그림 2-11 **Docker Quickstart Terminal 실행**

macOS에 도커 툴박스를 설치하는 방법도 동일하다. macOS 사용자는 개별적으로 macOS용 도커 툴박스를 다운로드하고, 도커에서 제공하는 설치 문서[20]를 참고하여 설치해 본다.

---

20 *https://docs.docker.com/toolbox/toolbox_install_mac*에 접속하여 macOS용 도커 툴박스를 다운로드한다.

2.3.2 윈도우용 도커 엔진 설치

리눅스용처럼 윈도우용도 도커 커뮤니티 에디션$_{CE}$의 안정화 버전과 에지 버전이 있다. 도커 허브에서 제공하는 **Docker Desktop for Windows**[21] 버전은 윈도우10에서 실행되도록 설계된 도커 엔진 설치 파일이다.

도커에서 제공하는 다운로드 링크를 이용하여 다운로드한다.

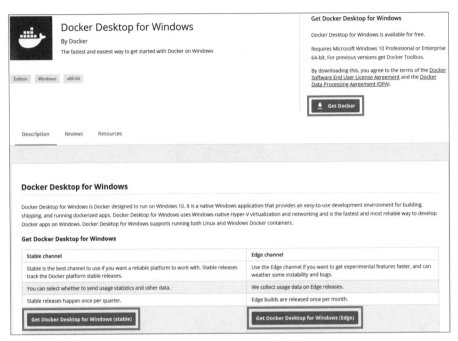

그림 2-12 **윈도우용 도커 데스크톱 다운로드**

다음은 윈도우용 도커 데스크톱 설치를 위한 시스템 요구사항이다.

- 윈도우10 64비트 이상 Pro, Enterprise 또는 Education(빌드 15063 이상) 요구

- **Hyper-V 및 컨테이너 윈도우 기능 활성화:** [제어판] ➡ [프로그램] ➡ [Windows 기능 켜기/끄기] 선택 ➡ [Hyper-V] 선택 ➡ 재부팅

그림 2-13 윈도우 Hyper-V 설정

- 시스템 하드웨어 메모리 4GB 이상 지원 요구
- 바이오스BIOS 수준 하드웨어 가상화 지원 활성화(그림 2-5 참고)

다운로드한 **Docker Desktop Installer**를 실행한다. 초기 화면에서 패키지 다운로드가 끝나면 구성 Configuration 화면이 나온다. 기본값으로 설치한다.

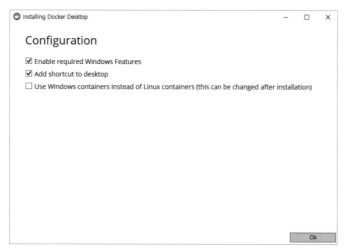

그림 2-14 **윈도우용 도커 데스크톱 설치 및 구성**

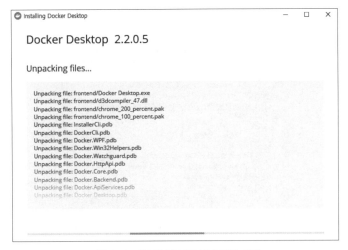
그림 2-15 윈도우용 도커 데스크톱 설치

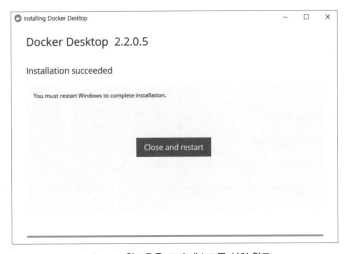
그림 2-16 윈도우용 도커 데스크톱 설치 완료

설치 완료 화면이 나오면 윈도우를 재부팅하고, 설치를 마무리한다.

바탕화면에 바로 가기 아이콘과 시작 화면에 바로 가기가 생성된 것을 확인할 수 있고, 윈도우 상태 표시줄에 고래 모양의 트레이 아이콘을 볼 수 있다. 해당 아이콘을 통해 윈도우용 도커 데스크톱 설정 등을 수행할 수 있다.

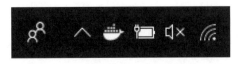
그림 2-17 윈도우용 도커 데스크톱 트레이 아이콘

윈도우용 도커 데스크톱은 윈도우 가상화 기술인 Hyper-V를 이용한 가상화를 통해 리눅스 환경을 만들고, 도커 엔진을 설치하여 직접 컨테이너 서비스를 사용하게 된다. 결국, 그림 2-9와 비교해 보면 여러 번의 포트 포워딩을 거치지 않고 컨테이너 생성 시 지정하는 포트 포워딩 주소를 이용해 외부에서 컨테이너 웹 서비스에 접근할 수 있다.

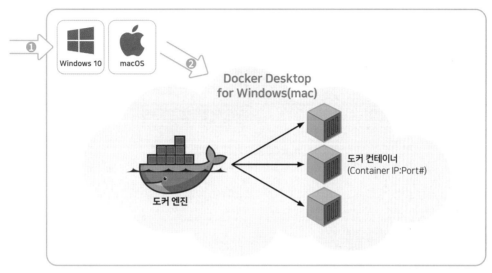

그림 2-18 **윈도우/macOS용 도커 데스크톱 구조**

2.3.3 macOS용 도커 엔진 설치

2.3.2절에서 설치한 윈도우용 도커 데스크톱과 macOS용 도커 데스크톱[22]은 기본 요구사항과 설치 방식이 거의 동일하다. 다음은 macOS의 특성에 맞는 시스템 요구사항이다.

- macOS 하드웨어는 확장 페이지 테이블EPT 및 무제한 모드를 포함하여 메모리 관리 장치MMU 가상화를 위한 인텔의 하드웨어 지원 기능을 갖춘 2010 또는 최신 모델만 지원
- macOS는 버전 10.13 이상. Catalina, Mojave, High Sierra 버전
- 메모리 4GB 이상에서 사용 권장

도커에서 제공하는 **Docker Desktop for Mac**을 다운로드하면 Docker.dmg 파일을 내려받게 된다. 이 파일을 이용하여 brew install docker-toolbox로 command line에서 설치할 수도 있다. macOS용 도커 데스크톱 설치에 대한 나머지 부분은 *https://docs.docker.com/docker-for-mac/install*에 접속하여 도커 문서에서 제공하는 내용을 참고하여 설치해 본다.

---

22 *https://hub.docker.com/editions/community/docker-ce-desktop-mac*에 접속하여 macOS용 도커 데스크톱 설치 파일을 다운로드한다.

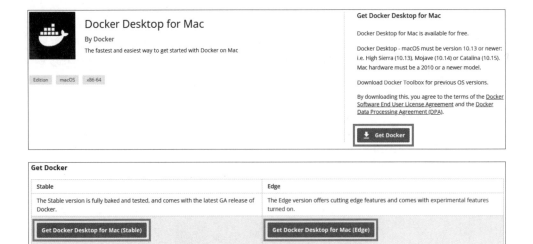

그림 2-19 macOS용 도커 데스크톱 다운로드

2.4 도커 확인

2.4.1 도커 컨테이너 서비스

Ubuntu, CentOS, 윈도우, macOS에 도커 엔진을 설치해 봤다. 어떤 호스트에 설치했든 상관없이 도커의 기본 명령줄 사용은 동일하므로 본인이 익숙한 환경에서 실습을 진행하면 된다. 이 책의 도커 기반 명령은 Ubuntu 18.04 버전에 설치한 도커 20.10.10 버전으로 진행된다.

그럼, 설치한 도커 엔진을 통해 첫 이미지를 다운로드하여 컨테이너 서비스를 가동해 보자.

리눅스 컨테이너의 미래 The Future of Linux Container라는 제목으로 도커 엔진을 처음 발표한 솔로몬 하익스는 **docker**라는 새로운 명령으로 'Hello World' 문자열을 출력하는 데모를 시연했다.

```
# 도커 허브 레지스트리에서 제공하는 busybox23 이미지를 다운로드 후 이미지 조회.
~$ docker pull busybox
~$ docker images
REPOSITORY        TAG           IMAGE ID          CREATED        SIZE
busybox           latest        be5888e67be6      5 days ago     1.22MB

# 다운로드한 이미지를 실행하면 컨테이너가 됨. 이미지 뒤에 태그가 latest이면 생략 가능.
~$ docker run busybox
~$ docker ps -a
```

---

23   도커에서 제공하는 busybox 이미지는 1~5MB 사이이고, 하나의 실행 파일로 여러 유닉스/리눅스 유틸리티를 제공하는 소프트웨어 제품이다.

CONTAINER ID	IMAGE	COMMAND	CREATED	STATUS	PORTS	NAMES
8a115ba28abd	busybox:latest	"sh"	2 minutes ago	Exited (0) 2 minutes ago		suspicious_boyd

docker ps -a 명령은 실행된 모든(실행 중인, 실행 종료된) 컨테이너의 정보를 제공한다. 리눅스 명령어인 ps(process status)와 같은 맥락으로 사용된다. 결국, 도커 컨테이너는 '프로세스 가상화'라는 의미를 되새긴다.
busybox를 실행하면 기본적으로 sh(셸)을 이용하여 지정한 명령을 실행하는데, 처음 실행한 명령에서는 busybox 뒤에 명령을 기재하지 않았기 때문에 실행되자마자 곧바로 종료된 것이다.

컨테이너에도 운영체제가 있는 걸까? 명령 sh(셸)를 이용하여 컨테이너 내부에 접속해 보면 Ubuntu 리눅스인 것을 알 수 있다. 앞서 배운 내용처럼 도커 가상화는 호스트의 커널을 공유해서 사용한다. Ubuntu 리눅스가 설치된 busybox의 이미지 용량을 보면 1.22MB이다. '이렇게 작은 용량으로 운영체제가 가동될 수 있을까?'라는 의문이 들 수도 있다. 의미를 되새겨 보면, 도커 컨테이너는 호스트의 커널을 공유해서 사용하고 가동에 필요한 도구만 일부 탑재한 '격리된 경량의 리눅스 프로세스'다.

```
~$ docker run -it busybox sh
/ # uname -a
Linux efafc5a4668a 5.3.0-28-generic #30~18.04.1-Ubuntu SMP Fri Jan 17 06:14:09 UTC 2020 x86_64
GNU/Linux
/ # exit
```

셸(sh)에 echo 명령을 이용해 'Helol World'를 출력해 본다.
```
~$ docker run busybox echo 'Hello World'
Hello World
```

출력된 'Hello World'는 어디서 출력되었을까? 현재 호스트로 사용 중인 Ubuntu일까? Busybox 컨테이너 내부에서 출력해서 내보낸 것일까? 정답은 컨테이너다. 단순히 리눅스 운영체제에서 출력할 수 있는 에코 명령이지만, 호스트가 아닌 컨테이너라는 서비스를 통해 명령을 수행할 수 있다는 것이다.
예를 들어, Nginx 웹 애플리케이션 서버라고 생각해 보자. 우리는 Nginx를 위한 환경 구성, 설치, 서비스 시작 그 어떤 것도 하지 않고 도커를 이용해 컨테이너 Nginx 서비스를 배포할 수 있다. 이것이 도커가 가지고 있는 민첩한 애플리케이션 배포 기능이다.

Busybox 실행 과정은 그림 2-20을 참고하여 정리해 보자.

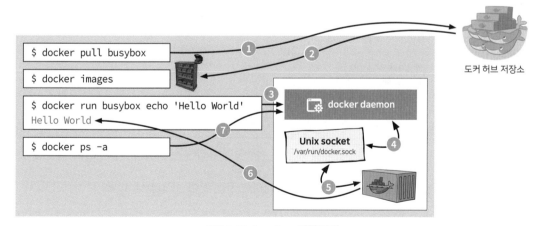

그림 2-20 **busybox 실행 과정**

2.4.2 도커 정보 확인

도커 설치 이후 가장 먼저 확인했던 명령이 **docker version**이다. 어떤 내용인지 알아보자.

```
# 도커 버전 정보만 확인.
~$ docker -v
Docker version 20.10.10, build b485636

# 설치된 도커 엔진의 세부 정보 확인.
~$ docker version
Client: Docker Engine - Community
 Version:           20.10.10
 API version:       1.41
 Go version:        go1.16.9
 Git commit:        b485636
 Built:             Mon Oct 25 07:42:59 2021
 OS/Arch:           linux/amd64
 Context:           default
 Experimental:      true

Server: Docker Engine - Community
 Engine:
  Version:          20.10.10
  API version:      1.41 (minimum version 1.12)
  Go version:       go1.16.9
  Git commit:       e2f740d
  Built:            Mon Oct 25 07:41:08 2021
  OS/Arch:          linux/amd64
  Experimental:     false
 containerd:
  Version:          1.4.11
  GitCommit:        5b46e404f6b9f661a205e28d59c982d3634148f8
 runc:
  Version:          1.0.2
  GitCommit:        v1.0.2-0-g52b36a2
 docker-init:
  Version:          0.19.0
  GitCommit:        de40ad0
```

설치된 도커 엔진은 클라이언트와 서버로 구분된다. 클라이언트는 도커 명령을 받고, 결과를 출력하는 역할을 한다. 서버는 도커 엔진, 즉 도커 데몬을 이용해 컨테이너 시작, 운영, 정지 등을 담당한다.

다음은 도커 버전 정보에 나타나는 클라이언트와 서버의 상호 실행 원리를 보여준다.

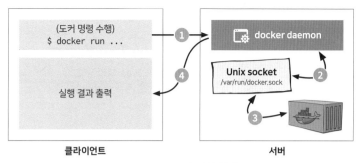

클라이언트   서버

그림 2-21 **도커 실행 원리**

① [클라이언트]는 도커 명령을 수행하는 명령줄을 제공

② 수행된 도커 명령은 [서버]의 도커 데몬으로 전달

③ 도커 데몬은 **docker.socket**[24]이 보유한 도커 API를 이용해 컨테이너 생성

④ 수행된 컨테이너에 포함된 서비스 결과를 [클라이언트]에 전달

시스템에 설치된 도커 구성 정보는 **docker info**를 통해 확인한다. 다음과 같은 정보를 출력하여 보여준다.

- 커널 정보, 현재 컨테이너 수 및 이미지 수를 출력

- 사용 중인 스토리지 드라이버에 따른 풀 이름

- 데이터 파일, 메타 데이터 파일,[25] 사용된 데이터 공간, 총 데이터 공간, 사용된 메타 데이터 공간, 총 메타 데이터 공간 정보 표시

docker system info를 실행해서 출력 정보를 하나씩 살펴보자. system은 생략할 수 있다.

```
~$ docker [system] info
Client:
 Debug Mode: false

Server:
 Containers: 12          # 현재 컨테이너 수.
  Running: 8             # 실행 중인 컨테이너 수.
  Paused: 0
  Stopped: 4             # 정지된 컨테이너 수.
 Images: 10              # 다운로드된 이미지 수.
 Server Version: 19.03.8       # 도커 엔진 버전.
```

---

24 도커.소켓(docker.socket) 파일에는 도커 데몬의 동작을 변경할 수 있는 민감한 매개변수가 포함되어 컨테이너 조작에 영향을 준다. 따라서 도커.소켓 파일의 무결성을 유지하기 위해 관리자(root) 이외의 사용자가 쓸 수 없어야 한다.

25 데이터 파일은 이미지가 저장되는 위치이고, 메타 데이터 파일은 해당 이미지와 관련된 메타 데이터가 저장되는 위치를 저장한다. 처음 실행 시 /var/lib/docker에 할당된다.

```
Storage Driver: overlay2                 # 사용되는 스토리지 드라이버.
 Backing Filesystem: <unknown>
 Supports d_type: true
 Native Overlay Diff: true
Logging Driver: json-file                # 로그 파일은 Json 파일 구조.
Cgroup Driver: cgroupfs                   # 컨테이너 자원 제어 드라이버.
Plugins:
 Volume: local
 Network: bridge host ipvlan macvlan null overlay
 Log: awslogs fluentd gcplogs gelf journald json-file local logentries splunk syslog
Swarm: inactive                           # 도커 스웜 클러스터 활성화 유무.
Runtimes: runc
Default Runtime: runc                     # 런타임 API로 runC가 사용 중임.
Init Binary: docker-init
containerd version: 7ad184331fa3e55e52b890ea95e65ba581ae3429
runc version: dc9208a3303feef5b3839f4323d9beb36df0a9dd
init version: fec3683
Security Options:
 Apparmor                                 # 리눅스의 SELinux와 유사한 보안 모듈.
 seccomp
  Profile: default
Kernel Version: 5.3.0-28-generic          # 서버 호스트의 커널 버전.
Operating System: Ubuntu 18.04.4 LTS      # 호스트 운영체제 종류.
OSType: linux
Architecture: x86_64
CPUs: 4
Total Memory: 3.844GiB
Name: docker-host                         # 운영체제의 호스트명.
ID: MJFV:EZE6:ZTJD:LLZC:F3SR:H3HJ:KGE3:67BK:NG7M:XVW6:HYD4:4OUU
Docker Root Dir: /var/lib/docker
Debug Mode: false
Registry: https://index.docker.io/v1/
Labels:
Experimental: false
 Insecure Registries:
  127.0.0.0/8
Live Restore Enabled: false

# JSON²⁶ 파일 형식으로 출력
~$ docker info --format '{{json .}}'
```

다음은 도커 시스템이 사용하는 디스크 사용량에 대한 현재 상태를 조회할 수 있다. 리눅스 명령어의 df$_{disk free}$를 도커가 그대로 차용해서 사용한다.

```
~$ docker system df
TYPE            TOTAL           ACTIVE          SIZE            RECLAIMABLE
```

---

26   JSON(JavaScript Object Notation, 제이슨)은 '키:값'을 쌍으로 저장하는 구조이며, 사람과 기계가 모두 이해하기 쉽게 구성된 개방형 표준 포맷이다. 최근에는 JSON이 XML을 대체해서 데이터 전송 등에 자주 사용되고 있다.

Images	2	2	128MB	0B (0%)
Containers	2	1	16B	14B (87%)
Local Volumes	0	0	0B	0B
Build Cache	0	0	0B	0B

각 열에 나타난 내용을 보면 쉽게 이해할 수 있다. 이미지, 컨테이너, 로컬 볼륨, 빌드 캐시 정보가 있고, 각각의 현재 상황을 볼 수 있다. 도커를 사용하다 보면 이미지, 컨테이너 등을 지속적으로 생성, 삭제할 수 있다. 이때, RECLAIMABLE 항목은 사용 중이지 않은 image를 삭제함으로써 확보할 수 있는 공간을 의미한다. 좀 더 세부적인 정보를 확인하려면 -v 옵션을 사용한다.

```
~$ docker system df -v
Images space usage:
```

REPOSITORY	TAG	IMAGE ID	CREATED	SIZE	SHARED SIZE	UNIQUE SIZE	CONTAINERS
nginx	latest	e791337790a6	3 days ago	126.8MB	0B	126.8MB	1
busybox	latest	be5888e67be6	6 days ago	1.22MB	0B	1.22MB	1

```
Containers space usage:
```

CONTAINER ID	IMAGE	COMMAND	LOCAL VOLUMES	SIZE	CREATED	STATUS	NAMES
5ebb3887d854	nginx	"nginx -g 'daemon ofâ€¦"	0	2B	About a minute ago	Up About a minute	webapp
efafc5a4668a	busybox	"sh"	0	4B	10 hours ago	Exited (0) 10 hours ago	xenodochial_shannon

```
Local Volumes space usage:
```

VOLUME NAME	LINKS	SIZE

```
Build cache usage: 0B
```

CACHE ID	CACHE TYPE	SIZE	CREATED	LAST USED	USAGE	SHARED

회수 가능한 공간 확보는 **docker system prune** 명령을 이용하여 제거할 수 있다. 이는 도커 명령을 배우면서 다시 다루기로 한다.

다음은 **docker system events** 명령이다. 도커 서버에서 발생하는 도커 관련 이벤트 정보(컨테이너, 이미지, 플러그인, 볼륨, 네트워크, 데몬 영역)를 표시하는 명령이다. 두 개의 터미널 창[27]을 이용해서 어떤 정보가 출력되는지 알아보자.

```
# 터미널 1, 다음 명령을 실행하면 도커 관련 명령이 실행되지 않는 동안에는 아무것도 출력 안 됨.
~$ docker system events
```

---

[27] 필자는 가상머신에 도커를 설치한 후 윈도우에서 'Putty'(무료 도구)라는 원격 접근 도구를 사용하여 작업한다.

터미널 2, 도커를 이용해 Nginx 웹 애플리케이션을 조작해 본다. 이때, 터미널 1에는 도커 명령이 실행될 때마다 내부적으로 발생하는 이벤트 기록이 나타난다. 자세한 명령은 다음 장에서 다룬다.

```
~$ docker run -itd -p 80:80 --name=webapp nginx
0516d5fdc413b5c68c431970b836a59d72b14a0967a3054e17d4adc573c6965e
```

터미널 1, 도커 명령이 실행되면 실시간으로 이벤트 로그가 기록됨.

```
~$ docker system events
2020-04-21T09:57:07.975512587+09:00 container create 0516d5fdc413b5c68c431970b836a59d72b14a096
7a3054e17d4adc573c6965e (image=nginx, maintainer=NGINX Docker Maintainers <docker-maint@nginx.
com>, name=webapp)
2020-04-21T09:57:08.008819722+09:00 network connect a15ff21b6a3b90de9595de46530a26f69cc97ce1fe
65863565a954334d2356d6 (container=0516d5fdc413b5c68c431970b836a59d72b14a0967a3054e17d4adc573c6
965e, name=bridge, type=bridge)
2020-04-21T09:57:08.321742714+09:00 container start 0516d5fdc413b5c68c431970b836a59d72b14a0967
a3054e17d4adc573c6965e (image=nginx, maintainer=NGINX Docker Maintainers <docker-maint@nginx.
com>, name=webapp)
```

터미널 2, 실행한 Nginx 웹 애플리케이션을 정지한다. 마찬가지로, 터미널 1에서 정지되는 컨테이너 정보가 기록되는 것을 확인할 수 있다.

```
~$ docker ps
CONTAINER ID   IMAGE   COMMAND              CREATED           STATUS            PORTS               NAMES
0516d5fdc413   nginx   "nginx -g 'daemon of…"   About a minute ago   Up About a minute   0.0.0.0:80->80/tcp   webapp

~$ docker stop webapp
webapp
```

많은 정보가 이벤트 로그로 기록되기 때문에 식별하기가 쉽지 않다. 이벤트 옵션 필터(--filter)를 통해 원하는 정보의 키워드를 입력하면 해당 정보만 추출해서 볼 수 있다. **docker events**는 롤링 로그이며, 한 번에 최대 1,000개의 이벤트를 보유한다.

```
# --filter 옵션을 이용하여 식별.
~$ docker system events --filter 'type=image'
~$ docker system events --filter 'event=stop'
~$ docker system events --filter 'container=webapp'
~$ docker system events --filter 'container=webapp' --filter 'event=stop'

# 지난 24시간 동안의 로그를 출력.
~$ docker system events --since 24h

# JSON 형식으로 로그 출력.
~$ docker system events --format '{{json .}}'
    {"status":"create","id":"196016a57679bf42424484918746a9474cd905dd993c4d0f4..
    {"status":"attach","id":"196016a57679bf42424484918746a9474cd905dd993c4d0f4..
    {"Type":"network","Action":"connect","Actor":{"ID":"1b50a5bf755f6021dfa78e..
    {"status":"start","id":"196016a57679bf42424484918746a9474cd905dd993c4d0f42..
    {"status":"resize","id":"196016a57679bf42424484918746a9474cd905dd993c4d0f4..
```

도커에서 발생하는 로그 중 이벤트 로그에 대해서 알아봤다. 도커 엔진이 안정적으로 설치되면 기본적으로 구성되는 요소는 도커 데몬이다. 만약 도커 데몬에 문제가 발생한다면 컨테이너 서비스에도 큰 영향을 줄 것이다. 도커 데몬 관련 문제를 해결해야 하는 상황에서 도커 데몬 로그를 통해 원인 파악에 도움을 얻을 수 있다. 이것을 도커 데몬 디버깅이라고 한다. 도커 데몬에서 발생하는 일을 로그를 통해 정확하게 확인할 수 있으므로 도커 데몬 장애 발생 시 문제의 원인을 파악하는 데 좋은 수단이 된다. 원격, 로컬 도커 클라이언트에서 들어오고 나가는 모든 명령(CLI)을 로그로 출력한다.

표 2-2는 호스트 운영체제별 도커 데몬 로그와 확인 방법을 보여준다.

표 2-2 **호스트 운영체제별 도커 데몬 로그 위치**

호스트 운영체제	위치 및 확인 방법
Ubuntu 16.04 이상, CentOS	/var/lib/docker, journalctl -u docker.service 명령 사용
레드햇, 오라클 리눅스	/var/log/messages
데비안 계열	/var/log/daemon.log
윈도우	~AppData\Local
macOS	~/Library/Containers/com.docker.docker/Data/com.docker.driver.amd64-linux/console-ring

참고 *https://docs.docker.com/config/daemon*의 도커 문서

Ubuntu 18.04 버전에서 디버깅 로그를 출력해 보자. jounalctl은 앞서 설명한 systemd 영역의 명령어다.

```
# 로그 내용 중 msg 키워드 정보가 상세 로그 내용임. (터미널 화면을 넓게 해야 보임.)
# 이 방법은 systemctl 또는 service 명령을 통해 도커 서비스가 시작된 경우 디버깅하는 방법을 보여줌.
~$ sudo journalctl -u docker
 4월' 20 14:48:48 docker-host systemd[1]: Starting Docker Application Container Engine...
 4월' 20 14:48:48 docker-host dockerd[2443]: time="2020-04-20T14:48:48.978084119+09:00"
level=info msg="Starting up"
 4월' 20 14:48:48 docker-host dockerd[2443]: time="2020-04-20T14:48:48.979086181+09:00"
level=info msg="detected 127.0.0.53 nameserver, assuming systemd-resolved, so using resolv.
conf: /run/systemd/resolve/resolv.conf"
 4월' 20 14:48:49 docker-host dockerd[2443]: time="2020-04-20T14:48:49.001415207+09:00"
level=info msg="parsed scheme: \"unix\"" module=grpc
 4월' 20 14:48:49 docker-host dockerd[2443]: time="2020-04-20T14:48:49.001451071+09:00"
level=info msg="scheme \"unix\" not registered, fallback to default scheme" module=grpc
 4월' 20 14:48:49 docker-host dockerd[2443]: time="2020-04-
...
```

위와 유사한 도커 데몬 디버그 방법이 **dockerd** 명령이다.

터미널 1,
'dockerd' 명령도 도커 데몬을 시작할 수 있고, 다른 작업 창에서 수행되는 모든 도커 명령에 대한 정보를 디버깅하여
화면에 출력한다. failed to start daemon:~ 에러 발생 시 ~$ sudo rm /var/run/docker.pid 수행.
~$ **sudo dockerd -D**

터미널 2,
'dockerd' 명령도 도커 데몬을 시작할 수 있고, 다른 작업 창에서 수행되는 모든 도커 명령에 대한 정보를 디버깅하
여 화면에 출력한다.
~$ **docker ps -a**

CONTAINER ID	IMAGE	COMMAND	CREATED	STATUS	PORTS	NAMES
0516d5fdc413	nginx	"nginx -g 'daemon ofâ€¦"	3 hours ago	Exited	(0) 3 hours ago	webapp
c31c0d5788f9	alpine:latest	"top"	3 hours ago	Exited	(143) 3 hours ago	event_test
efafc5a4668a	busybox	"sh"	13 hours ago	Exited	(0) 13 hours ago	xenodochial_shannon

정지되어 있는 컨테이너 시작(3장에서 명령어를 다룬다).
~$ **docker start webapp**
webapp

터미널 1,
터미널 2에서 수행하는 명령이 고스란히 dockerd 화면에 출력됨.
~$ **sudo dockerd -D**
DEBU[2020-04-21T13:06:02.359910768+09:00] Calling HEAD /_ping
DEBU[2020-04-21T13:06:02.360371157+09:00] Calling POST /v1.40/containers/webapp/start
DEBU[2020-04-21T13:06:02.364537762+09:00] container mounted via layerStore: &{/var/lib/docker/
overlay2/07b506ce54f0f6a31fbd0bd0557309c7b6d3b0f54a98c000fbc0dfad6e482a00/merged
0x562e9a039e00 0x562e9a039e00}
DEBU[2020-04-21T13:06:02.364727234+09:00] Assigning addresses for endpoint webapp's interface
on network bridge
DEBU[2020-04-21T13:06:02.364742010+09:00] RequestAddress(LocalDefault/172.17.0.0/16, <nil>,
map[])
DEBU[2020-04-21T13:06:02.364756493+09:00] Request address PoolID:172.17.0.0/16 App: ipam/
default/data, ID: LocalDefault/172.17.0.0/16, DBIndex: 0x0, Bits: 65536, Unselected: 65533,
Sequence: (0xc0000000, 1)->(0x0, 2046)->(0x1, 1)->end Curr:0 Serial:false PrefAddress:<nil>
DEBU[2020-04-21T13:06:02.412945978+09:00] Assigning addresses for endpoint webapp's interface
on network bridge
DEBU[2020-04-21T13:06:02.419663417+09:00] Programming external connectivity on endpoint webapp
(6da575b7fd6485ae3fc05ad3689be21e72cc70369bca30a8c42034cdbe3ace41)
DEBU[2020-04-21T13:06:02.419715256+09:00] /sbin/iptables, [--wait -t nat -C DOCKER -p tcp -d
0/0 --dport 80 -j DNAT --to-destination 172.17.0.2:80 ! -i docker0]
DEBU[2020-04-21T13:06:02.420712060+09:00] /sbin/iptables, [--wait -t nat -A DOCKER -p tcp -d
0/0 --dport 80 -j DNAT --to-destination 172.17.0.2:80 ! -i docker0]
...
DEBU[2020-04-21T13:06:02.428222316+09:00] EnableService 0516d5fdc413b5c68c431970b836a59d72b14a
0967a3054e17d4adc573c6965e DONE
DEBU[2020-04-21T13:06:02.430965458+09:00] bundle dir created
bundle=/var/run/docker/containerd/0516d5fdc413b5c68c431970b836a59d72b14a0967a3054e17d4adc573c6
965e module=libcontainerd namespace=moby root=/var/lib/docker/overlay2/07b506ce54f0f6a31fbd0bd
0557309c7b6d3b0f54a98c000fbc0dfad6e482a00/merged
DEBU[2020-04-21T13:06:02.635861067+09:00] sandbox set key processing took 102.067575ms for
container 0516d5fdc413b5c68c431970b836a59d72b14a0967a3054e17d4adc573c6965e

```
DEBU[2020-04-21T13:06:02.769573642+09:00]
event module=libcontainerd namespace=moby topic=/tasks/create
DEBU[2020-04-21T13:06:02.783084080+09:00]
event module=libcontainerd namespace=moby topic=/tasks/start
```

도커 데몬 로그를 도커 자체적으로 로깅, 디버깅하는 방법을 살펴봤다. 리눅스 시스템에도 기본적인 로그 수집 데몬이 있다. syslogd 또는 rsyslogd 데몬이다. 도커 로그를 호스트 운영체제의 로그 수집 데몬에 연결해서 로그를 기록하는 방법도 사용할 수 있다. 자세한 내용은 도커 문서[28]를 참고하기 바란다.

이제 본인 환경에 맞는 호스트 운영체제와 도커 엔진이 준비되었을 것이다. 3장부터는 도커를 사용하여 이미지, 컨테이너, 네트워크, 볼륨 등 도커의 다양한 기능을 사용해 볼 것이다.

---

28 *https://docs.docker.com/config/containers/logging/syslog* 링크 내용을 통해 도커 이벤트 로그를 시스템 syslog에 연결할 수 있다는 것을 알 수 있다.

CHAPTER

03

컨테이너 서비스를 위한
도커 활용

3.1 컨테이너 서비스

3.1.1 컨테이너 서비스란?

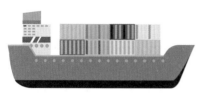

흔히 우리가 알고 있는 컨테이너container는 배에 여러 가지 물건을 실을 수 있는 네모난 화물 수송용 박스다. 그런데 왜 IT에서 이 용어를 사용할까? 컨테이너를 사전적으로 해석해 보면 **어떤 사물을**

그림 3-1 **컨테이너**

격리할 수 있는 공간을 뜻한다. 바로 컨테이너에 우리가 서비스하고자 하는 애플리케이션 코드와 프로세스를 격리한다는 의미로 해석할 수 있다. 그림 3-1에 나오는 도커 로고를 보면, 커다란 컨테이너선이 컨테이너를 싣고 나르는 고래에 비유되었고, 도커는 항만(부두)에서 이 컨테이너를 움직이는 노동자에 비유되어 컨테이너를 다루는 도커의 기능을 하나의 의미로 전달하고 있다.

최근 들어 클라우드 기반의 컨테이너 서비스, 데브옵스, 마이크로서비스 아키텍처MSA라는 단어는 데이터 기반의 애플리케이션 프로젝트에서 빠지지 않는다. 2장에서도 언급한 것처럼 컨테이너 기술은 최신 기술이 아니다. 1991년에 처음 소개된 리눅스의 내장된 컨테이너LXC 기술을 이어받아 2013년 닷클라우드 엔지니어의 도커 발표로 시작되어 현재의 컨테이너 가상화 기술 표준이 되었다.

이렇듯 애플리케이션 개발환경이 도커 기반의 컨테이너 서비스 환경으로 전환된 이유는 무엇일까? 대부분의 개발자가 개발, 테스트, 배포, 운영의 컴퓨팅 환경(스토리지, 네트워크, 보안, 패치 등) 차이로 인한 시행착오 및 다양한 오류 해결에 너무 많은 시간을 쏟는 공통적인 문제를 겪고 있다. 바로 가변적 인프라 환경으로 인한 일관성 없는 환경 제공 때문이다.

그림 1-9에서 본 것처럼 컨테이너 서비스는 기존 환경과 다르게 애플리케이션 실행에 필요한 바이너리, 라이브러리 및 구성 파일 등을 패키지로 묶어 배포하는 방식으로 논리적 패키징 메커니즘을 제공한다. 애플리케이션이 가지고 있는 운영체제, 하드웨어(CPU, 메모리, 스토리지 등)에 대한 의존성 문제를 해결한 것이다. 따라서 어떤 환경에서든 컨테이너 기반의 애플리케이션을 개발하고 배포할 수 있다. 이렇게 호스트 운영체제를 공유하고 애플리케이션에 필요한 환경을 패키징하는 것을 **운영체제 레벨 가상화**라고 부른다. 일반적으로 가상화 방식을 크게 두 가지로 구분한다.

- **하드웨어 레벨 가상화**: 하이퍼바이저 등을 이용한 가상머신의 방식을 말한다.
- **운영체제 레벨 가상화**: 컨테이너 기반의 애플리케이션 서비스 방식을 말한다.

1장에서 이야기했던 데브옵스 환경이 떠오를 것이다. 컨테이너화를 통해 개발자는 애플리케이션 개발에 집중하고, IT 부서는 소프트웨어의 버전과 패치 등 애플리케이션 운영에 필요한 세부적인 것을 관리하여 낭비되는 시간을 없애고 각자의 업무에 집중할 수 있다.

동시에 많은 사람들이 접속하는 포털 사이트 및 커뮤니티, 메일 서비스, 실시간 데이터 스트리밍 서비스 등은 서비스 품질과 연관된 안정성과 확장성이 중요하다. 이러한 애플리케이션 서비스와 프라이빗/퍼블릭 클라우드 환경의 컨테이너화는 앞으로도 표준의 역할을 다할 것이다.

3.1.2 왜 도커 컨테이너 서비스일까?

도커를 도입하려고 할 때 분명 번거로움을 느끼거나 굳이 왜라는 의문을 갖는 사람이 있을 것이다. 기존 온프레미스 서버 환경이나 다른 컨테이너 서비스 환경 중 하나인 오픈시프트에서 최근 도커 환경으로 이전하는 회사들을 자주 봐온 한 회사의 CTO도 도커 도입을 고려 중이라고 한다. 필자의 회사에서도 회의 주제로 자주 언급이 되고 있다.

도커 도입이 갖는 의미를 알기 위해서는 먼저 도커를 이용한 컨테이너 애플리케이션 서비스 개발이 이루어지는 일반적인 과정을 이해할 필요가 있다.

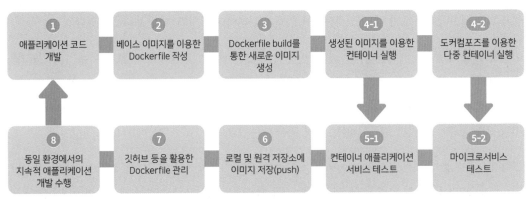

그림 3-2 **도커 기반 애플리케이션 개발의 라이프사이클**

그림 3-2는 도커 기반의 컨테이너 서비스가 배포되기까지 개발에서 운영에 이르는 과정을 보여준다.

❶ **애플리케이션 코드 개발**: 특정 서비스 구동을 위한 애플리케이션 코드 및 웹 화면 구성 등을 위한 코드를 개발한다.

❷ **베이스 이미지를 이용한 Dockerfile 작성**: 개발에 필요한 인프라 구성 요소를 Dockerfile에 작성한다. 즉, 도커 허브를 통해 베이스 이미지base image를 다운로드하고 다양한 구동 명령어(FROM,

RUN, CMD, ENDPOINT, ENV, ADD 등)와 ❶에서 작성한 애플리케이션 코드, 라이브러리, 여러 도구를 Dockerfile에 포함시킨다.

❸ **Dockerfile build를 통한 새로운 이미지 생성**: **docker build** 명령을 통해 작성한 Dockerfile을 실행한 다. 각 단계_{step}별로 실행되는 로그를 화면에서 확인하며 이때 오류 발생 내용도 확인할 수 있다.

❹-❶ **생성된 이미지를 이용한 컨테이너 실행**: 도커 명령어 **docker images**를 통해 생성된 이미지를 확인하고 이미지를 통한 컨테이너를 구동_{docker run}한다.

❹-❷ **도커 컴포즈¹를 이용한 다중 컨테이너 실행**: 도커 실행 옵션을 미리 작성한 docker-compose.yml을 통해 다중 컨테이너 간 실행 순서, 네트워크, 의존성 등을 통합 관리할 수 있고 마이크로서비스 _{MSA} 개발에 활용한다. 예로, 하나의 docker-compose.yml 파일이 아닌 여러 개의 야믈(*.yml) 파일로 구성된 서비스 개발도 가능하다. 자세한 내용은 5장의 도커 컴포즈 관련 절에서 다시 다룬다.

❺-❶ **컨테이너 애플리케이션 서비스 테스트**: 예를 들어, Nginx를 이용한 웹 애플리케이션 컨테이너 서비스였다면 연결하는 IP와 포트 번호를 이용하여 웹 브라우저를 이용한 페이지 연결을 확인할 수 있다.

❺-❷ **마이크로서비스(MSA) 테스트**: ❺-❶과 마찬가지로 해당 서비스에 대한 테스트를 진행한다.

❻ **로컬 및 원격 저장소에 이미지 저장**: 로컬(도커 서버 또는 프라이빗 레지스트리_{private registry}) 및 원격_{Docker hub}에 있는 이미지 저장소_{repository}에 생성한 이미지를 저장_{push}하여 다른 팀 간의 공유 및 지속적인 이미지 관리를 수행한다.

❼ **깃허브 등을 활용한 Dockerfile 관리**: Dockerfile 코드를 깃허브_{GitHub} 사이트에 저장 및 관리할 수 있고, 도커 허브 사이트와 연동하게 되면 자동화된 빌드_{automated build} 기능을 이용한 이미지 생성도 가능하다.

❽ **동일 환경에서의 지속적 애플리케이션 개발 수행**: ❶~❼ 과정을 통해 업무용 애플리케이션 이미지를 지속적으로 개발, 운영 및 관리할 수 있다.

도커 작동 과정에서 눈여겨볼 것은 컨테이너 동작에 필요한 모든 내용을 사전에 코드로 작성하여 앤서블, 셰프, 베이그런트, 퍼핏과 같은 인프라 프로비저닝_{provisioning} 도구로 자동화하게 되면 기업이 필요할 때마다 애플리케이션 및 서버 환경을 적은 비용으로 빠르게 개발, 배포, 확장할 수 있다는 것이다. 이러한 개념을 **IaC**_{Infrastructure as Code}(코드로서의 인프라스트럭처)라고 한다.

이 기능을 통해 개발자는 애플리케이션 개발, 테스트, 배포 시마다 모든 인프라 구성 요소를 하나하

---

1   도커가 출시된 이후 독립된 개발환경을 빠르게 구성할 수 있는 피그(Fig) 프로젝트가 발표되었다. 도커에서는 피그 프로젝트를 흡수하여 도커 컴포즈 (Docker Compose)라는 도구를 개발했다.

나 수동적으로 체크하거나 맞출 필요가 없고, **변경 불가능한 인프라**immutable infrastructure 환경에서 언제든 동일한 상태에서의 개발이 가능해진다. 물론, 버전 업이나 패치 등의 작업이 필요하면 기존 이미지를 변경하지 않고 해당 작업을 수행한 새로운 이미지를 생성하여 신규 인프라 서버로 사용 가능하다.

하루에 수천 개의 애플리케이션을 올리고 내리는 구글에서 이러한 작업을 수동으로 한다면 얼마나 많은 사람과 시간이 소요되겠는가? 이처럼 수많은 소프트웨어, 애플리케이션을 민첩하고 탄력적으로 제공하려는 기업이라면 필수적으로 구성해야 하는 것이 바로 컨테이너 서비스 환경이다.

3.2 도커 명령어 활용

이번 절에서는 도커 컨테이너 서비스를 위한 도커 명령어(CLI)[2]를 배워 본다. 모든 도커 명령은 상위 키워드로 **docker**를 앞에 사용하고, 기본적인 명령어 사용법은 헬프(docker COMMAND –help) 명령을 통해 확인하거나 도커에서 제공하는 문서[3]를 참고한다.

3.2.1 도커 이미지 명령어

도커 컨테이너는 일반적으로 도커 허브(*hub.docker.com*)에서 제공(공개 저장소)하는 이미지image를 기반으로 실행된다. **도커 이미지**는 도커의 핵심 기술이며 코드로 개발된 컨테이너 내부 환경 정보(바이너리, 라이브러리, 각종 도구 등)를 고스란히 복제하여 사용할 수 있다. 그림 3-3은 이 절에서 사용하는 도커 이미지 관련 명령을 도식화한 것이다.

도커 컨테이너로 사용할 도커 이미지는 **docker search**를 통해 조회하면 도커 허브 및 개인 사용자들이 공개한 관련 이미지를 살펴볼 수 있다. 로컬 서버 및 데스크톱에 도커 이미지를 저장하기 위해서는 Dockerfile을 통해 새로운 이미지를 생성docker build하거나 도커 허브로부터 이미지를 내려받는 docker pull 방법이 있다. Dockerfile로 생성된 이미지는 도커 허브에 로그인docker login을 통한 자격 증명 후 업로드docker push하고 공개 및 비공개로 설정할 수 있다. 또는 깃허브를 통해 Dockerfile 코드를 공유하여 관리하는 방법도 있다. 이렇게 만들어진 이미지를 실행docker run하면 우리가 서비스하려고 하는 애플리케이션 컨테이너가 된다.

---

2   도커 CLI API는 도커 관련 명령어를 제공하는 도커 엔진의 'dockerd' 데몬이 제공한다(그림 2-2 참고).

3   *https://docs.docker.com/engine/reference/builder*에서 도커 명령어의 사용법과 예시를 제공한다.

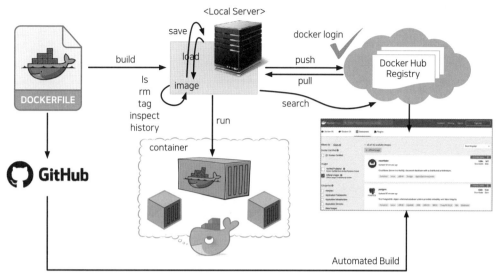

그림 3-3 **도커 이미지 관련 명령어**

▌▌▌▌ 도커 이미지 내려받기

도커 허브 레지스트리로부터 도커 이미지를 내려받거나 레지스트리에 업로드하는 과정을 수행하기 위해 다음 명령을 사용한다.

- **docker pull**: 도커 허브 레지스트리에서 로컬로 도커 이미지 내려받기
- **docker push**: 로컬에 있는 도커 이미지를 도커 허브 레지스트리에 업로드하기
- **docker login**: 업로드를 하기 전 도커 허브 계정으로 로그인 수행하기
- **docker logout**: 도커 허브에서 로그아웃하기

도커 이미지 다운로드는 기본적으로 도커 허브 레지스트리로 자동 지정되고 특정 레지스트리를 수동으로 지정해서 받는 방법도 있다. 다음 구문을 보면 이미지 다운로드를 위해 docker pull 명령을 이용하고 옵션 및 태그 등을 지정하여 세부 사항을 지정할 수 있다.

> **구문** `docker [image] pull [OPTIONS] name[:TAG | @IMAGE_DIGEST]`

배포판 리눅스 이미지인 **debian** 다운로드를 통해 자세히 알아보자.

```
$ docker pull debian
❶ Using default tag: latest
❷ latest: Pulling from library/debian
```

```
③ 90fe46dd8199: Pull complete
④ Digest: sha256:2857989334428416b1ef369d6e029e912a7fe3ee7e57adc20b494cc940198258
⑤ Status: Downloaded newer image for debian:latest
⑥ docker.io/library/debian:latest
```

```
# 다운로드한 이미지 정보 조회
$ docker image ls
[이미지명]          [이미지 태그]         [이미지 아이디]          [이미지 작성일]         [이미지 크기]
REPOSITORY         TAG                 IMAGE ID               CREATED              SIZE
debian             latest              3de0e2c97e5c           11 days ago          114MB
```

① 이미지명 뒤에 **:태그**를 포함하지 않으면 자동으로 최신 버전(latest)으로 지정되므로 기본 태그값이 latest라고 출력된다. 만약 특정 버전을 지정하게 되면 latest 대신 지정한 버전명이 포함된다.

② 라이브러리library는 도커 허브가 이미지를 저장하고 있는 네임스페이스로 제공된다.

```
$ docker pull debian:10.3
10.3: Pulling from library/debian
...
```

도커 이미지명의 기본 형식은 〈네임스페이스〉/〈이미지명〉:〈태그〉이고, 별도로 특정 레지스트리를 지정하지 않으면 자동으로 도커 허브의 라이브러리가 네임스페이스로 지정된다.

③ 도커 허브에서 제공된 이미지의 분산 해시distribution hash값 표시. 다운로드한 이미지는 여러 계층layer으로 만들어지는데 그중 이미지의 핵심 정보를 바이너리 형태의 정보로 제공하는 것이다. 이미지의 구조적인 측면은 뒤에서 다시 다룰 것이다.

④ 다이제스트값은 원격 도커 레지스트리(도커 허브)에서 관리하는 이미지의 고유 식별값을 뜻하고 이 값을 포함한 조회는 **docker images --digests** 옵션을 사용한다.

⑤ 다운로드한 이미지 정보가 로컬에 저장되었음을 나타내는 상태 표시.

⑥ debian:latest와 동일한 값으로 docker.io는 도커 허브의 이미지 저장소 주소를 나타낸다. 2장에서 다룬 도커 상세 정보를 제공하는 **docker info** 명령의 출력 정보 중 Registry: *https://index.docker.io/v1/*와 동일하다.

다운로드한 이미지 정보는 **docker image ls**(또는 docker images)를 통해 조회된다. docker pull 명령의 옵션은 다음과 같다.

표 3-1 docker pull 명령 옵션

옵션명(단축명)	설명
--all-tags, -a	저장소에 태그로 지정된 여러 이미지를 모두 다운로드함. (다운로드 중 작업 중지를 할 경우 [Ctrl]+[C] 수행)
--disable-content-trust	• 이미지 검증(verification) 작업 건너뛰기(기본값, true). • DCT(Docker Contents Trust)[4]를 이용한 이미지 신뢰성 검증. • 작업으로 DOCKER_CONTENT_TRUST=1로 활성화(비활성화, 0).
--platform	플랫폼 지정, 윈도우 도커에서 리눅스 이미지를 받아야 하는 경우 사용(예 --platform=linux).
--quiet, -q	이미지 다운로드 과정에서 화면에 나타나는 상세 출력 숨김.

다음 내용은 이미지를 다운로드하는 여러 가지 방법이다.

```
# 명시적으로 최신 버전 지정.
$ docker pull debian:latest

# 이미지 식별 정보인 다이제스트 지정.
$ docker pull debian:sha256:28579893344284...94cc940198258

# 도커 허브 레지스트리 명시적 지정.
$ docker pull library/debian:latest
$ docker pull docker.io/library/debian:latest
$ docker pull index.docker.io/library/debian:latest

# 외부 레지스트리 주소를 이용하는 방법(예로 구글에서 제공하는 샘플 애플리케이션 이미지 지정).
주의할 것은 웹 주소 URL에서 도메인 주소의 시작인 http://를 붙이지 않고 이미지 주소를 써야 한다는 점이다.
$ docker pull gcr.io/google-samples/hello-app:1.0
```

▊▊▊▊ 도커 이미지 세부 정보 조회

도커 오브젝트(이미지, 컨테이너 등)에 대한 세부 정보 조회를 위해 **docker image inspect**, **docker image history**, 물리적으로 호스트 운영체제에 저장된 영역을 이용한다.

먼저, docker inspect에 대해 알아보자.

```
docker image inspect [OPTIONS] IMAGE [IMAGE...]
```

이 명령의 출력 결과는 JSON 언어 형태로 출력되는 정보가 많기 때문에 포맷 옵션을 이용하여 원하는 정보만 출력할 수 있다.

---

4   DCT에 대한 추가 정보는 *https://docs.docker.com/engine/security/trust/content_trust*에서 도커 제공 문서를 참고한다.

표 3-2 docker image inspect 명령 옵션

옵션명(단축명)	설명
--format, -f	JSON 형식의 정보 중 지정한 형식의 정보만 출력할 수 있고, {} 중괄호 형식과 대소문자에 유의해야 한다.

출력되는 세부 내용 중 몇 가지 주요 정보는 다음과 같다.

- image ID: "Id"
- 생성일: "Created"
- Docker 버전: "DockerVersion"
- CPU 아키텍처: "Architecture"
- 이미지 다이제스트 정보: "RootFS"
- 이미지 레이어 저장 정보: "GraphDriver"

테스트하기 위해 아파치 웹 서비스를 할 수 있는 httpd 도커 이미지를 다운로드해 보자.

```
# docker search 수행 전 hub.docker.com에 가입한 본인 계정으로 docker login을 먼저 수행하고 조회(즉, docker login 이후
docker search 사용).
$ docker search httpd
NAME          DESCRIPTION                      STARS        OFFICIAL      AUTOMATED
httpd         The Apache HTTP Server Project   2991         [OK]
centos/httpd-24-centos7    Platform for running Apache httpd 2.4 or bui?   31
centos/httpd                                   29           [OK]
arm32v7/httpd    The Apache HTTP Server Project              9
...

# httpd 최신 버전으로 다운로드.
$ docker pull httpd:latest
latest: Pulling from library/httpd
54fec2fa59d0: Pull complete
8219e18ac429: Pull complete
3ae1b816f5e1: Pull complete
a5aa59ad8b5e: Pull complete
4f6febfae8db: Pull complete
Digest: sha256:c9e4386ebcdf0583204e7a54d7a827577b5ff98b932c498e9ee603f7050db1c1
Status: Downloaded newer image for httpd:latest
docker.io/library/httpd:latest

# 다운로드한 이미지 조회.
$ docker images
REPOSITORY      TAG           IMAGE ID         CREATED          SIZE
httpd           latest        b2c2ab6dcf2e     12 days ago      166MB

# 다운로드한 이미지 세부 정보 조회. (출력 내용이 많아서 중략)
$ docker image inspect httpd
```

```
[
    {
        "Id": "sha256:b2c2ab6dcf2e526597d0a5fc506f123088e6572a8a656f04cea86d4f559c66e9",
        "RepoTags": [
            "httpd:latest"
        ],
        "RepoDigests": [
        ...
        },
        "Metadata": {
            "LastTagTime": "0001-01-01T00:00:00Z"
        }
    }
]
```

```
# 계층 형식으로 되어 있어 하위 정보 조회 시 .상위[.하위] 방식으로 조회.
$ docker image inspect --format="{{ .RepoTags}}" httpd
[httpd:latest]

$ docker image inspect --format="{{ .Os}}" httpd
linux

$ docker image inspect --format="{{ .Created}}" httpd
2020-04-23T03:07:33.934693379Z

$ docker image inspect --format="{{ .ContainerConfig.Env }}" httpd
[PATH=/usr/local/apache2/bin:/usr/local/sbin:/usr/local/bin:/usr/sbin:/usr/bin:/sbin:/bin
HTTPD_PREFIX=/usr/local/apache2 HTTPD_VERSION=2.4.43 HTTPD_SHA256=a497652ab3fc81318cdc2a203090
a999150d86461acff97c1065dc910fe10f43 HTTPD_PATCHES=]

$ docker image inspect --format="{{ .RootFS.Layers }}" httpd
[sha256:c2adabaecedbda0af72b153c6499a0555f3a769d52370469d8f6bd6328af9b13 sha256:3e944ab7641d31
65d214de9ad5dcc053d7a6631d76c5c91a25c579f2b9fb6f79 sha256:81b4f0dc1e64dab3475ee55a93e94e071704
d08497c20e0fdbe803641bbfa59b sha256:701ef2ccb5d3b48a5977aacad4a00597e2c7daa6d7c7d621b370c93cf2
106bdc sha256:35ca97a06fb3caa6fb91a6ab015f24912a7f7c6da556442795adaf07b1f9491b]
```

다음은 **docker image history**를 이용하여 조회해 보자.

```
docker image history [OPTIONS] IMAGE
```

이 명령을 통해 현재 이미지 구성을 위해 사용된 레이블label 정보와 각 레이어의 수행 명령, 크기 등을 조회할 수 있다. 이미지를 구성하고 있는 레이어와 실행 정보에 관련된 내용이다.

```
$ docker image history httpd
IMAGE          CREATED        CREATED BY                                      SIZE     COMMENT
b2c2ab6dcf2e   13 days ago    /bin/sh -c #(nop)  CMD ["httpd-foreground"]     0B
<missing>      13 days ago    /bin/sh -c #(nop)  EXPOSE 80                     0B
<missing>      13 days ago    /bin/sh -c #(nop)  COPY file:c432ff61c4993ecdâ€¦  138B
<missing>      13 days ago    /bin/sh -c #(nop)  STOPSIGNAL SIGWINCH          0B
<missing>      13 days ago    /bin/sh -c set -eux;   savedAptMark="$(apt-mâ€¦  60.9MB
<missing>      13 days ago    /bin/sh -c #(nop)  ENV HTTPD_PATCHES=           0B
<missing>      13 days ago    /bin/sh -c #(nop)  ENV HTTPD_SHA256=a497652aâ€¦  0B
<missing>      13 days ago    /bin/sh -c #(nop)  ENV HTTPD_VERSION=2.4.43     0B
<missing>      13 days ago    /bin/sh -c set -eux;  apt-get update;  apt-gâ€¦  35.4MB
<missing>      13 days ago    /bin/sh -c #(nop)  WORKDIR /usr/local/apache2   0B
<missing>      13 days ago    /bin/sh -c mkdir -p "$HTTPD_PREFIX"  && chowâ€¦  0B
<missing>      13 days ago    /bin/sh -c #(nop)  ENV PATH=/usr/local/apachâ€¦  0B
<missing>      13 days ago    /bin/sh -c #(nop)  ENV HTTPD_PREFIX=/usr/locâ€¦  0B
<missing>      13 days ago    /bin/sh -c #(nop)  CMD ["bash"]                 0B
<missing>      13 days ago    /bin/sh -c #(nop)  ADD file:9b8be2b52ee0fa31dâ€¦  69.2MB
```

출력 결과 중 CREATED BY 열을 보면 특정 이미지를 구성하기 위해 사용된 명령과 환경 설정 정보 등을 볼 수 있다. 정보 중 용량을 가지고 있는 라인이 세 번째로 소개할 레이어다. CMD, EXPOSE, ENV, WORKDIR 등의 명령을 통해 베이스 이미지에 필요한 설정 정보를 결합하여 새로운 이미지를 만들게 된다. 이러한 메타 데이터 관련 명령은 Dockerfile을 통해 배우게 된다.

세 번째로 다운로드한 이미지가 호스트 운영체제에 어떤 형태로 저장되어 있는지 살펴보기 위해 이미지가 다운로드되는 과정을 알아보자.

처음 다운로드한 데비안 리눅스와 달리 아파치 웹 서버 이미지인 httpd는 다운로드한 레이어 수가 더 많은 것을 볼 수 있다.

```
54fec2fa59d0: Pull complete ...... 웹 애플리케이션 소스
8219e18ac429: Pull complete ...... 아파치 httpd 서버
3ae1b816f5e1: Pull complete ...... 레이어3 ⎤
a5aa59ad8b5e: Pull complete ...... 레이어2 ⎬ 이미지 내의 운영체제, 데비안
4f6febfae8db: Pull complete ...... 레이어1 ⎦
```

참고로, 출력된 다이제스트값은 도커 허브에서 관리하는 다이제스트값이 아닌 로컬에 다운로드될 때 생기는 레이어들의 디스트리뷰션 아이디distribution ID다.

```
54fec2fa59d0, 8219e18ac429, 3ae1b816f5e1, a5aa59ad8b5e, 4f6febfae8db
```

이 아이디 정보는 다음 경로에서 살펴볼 수 있다.

```
root@docker-host:/var/lib/docker/image/overlay2/distribution/diffid-by-digest/sha256# ls
...
2fdf5ac7b6874ed7eaa96ed74593627b81390bbd7990a2a469093853ff1b5374
a50b5ac4a7fb2ab0d0cc3f2d3c1063d9f7751e32fe038b7ad7545bb239027167
3ae1b816f5e1ebc28f7044e1431eb6516bca574739cbf4025816c01a150e4b78
a5aa59ad8b5e8f77a232f42938287b07f2bb3487a55bcb4cabce5b53cd674f44
3cf8787d5447945bd8eb539b804125938ba8c451d7c5a67b6aff38613f84a07f
aad63a9339440e7c3e1fff2b988991b9bfb81280042fa7f39a5e327023056819
4abd98c7489c8ec37901c33f312a3cb160f8a58af0cc399ec141a95ed7365392
b56ae66c29370df48e7377c8f9baa744a3958058a766793f821dadcb144a4647
4f6febfae8db62875b2841597bf8c07e6da508b9aee3c11ab999a3a44bf4f52b
d489011951f5df342f9a12fc35562386ca552231d05dcb3dadd623ad6ef64bf0
54fec2fa59d0a0de9cd2dec9850b36c43de451f1fd1c0a5bf8f1cf26a61a5da4
e2334dd9fee4b77e48a8f2d793904118a3acf26f1f2e72a3d79c6cae993e07f0
...
fe04b97b6519b8725ed6c8c4a94860286d33421ff224de559cea8cb671faf293
8219e18ac429a73656e9123013a8a236281a3b952c49a0934d6969a31957dcba
```

간단히 표현하면 다음과 같은 구조다.

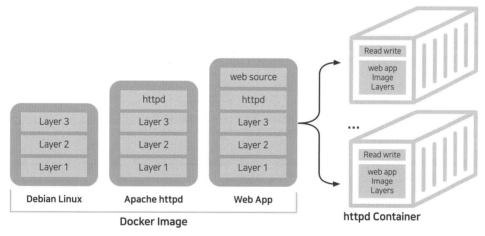

그림 3-4 도커 유니언 파일 시스템

❶ 도커 이미지 구조의 기본 운영체제 레이어들을 쌓는다.

❷ 운영체제 베이스 이미지 위에 아파치 웹 서버를 설치한 레이어를 올린다.

❸ 아파치 웹 서비스에 필요한 리소스 정보 및 환경 정보가 포함된 레이어를 올린다. 이렇게 구성된 이미지는 불변immutable[5]의 읽기 전용 레이어들의 집합 구조인 유니언 파일 시스템union filesystem이다.

❹ 도커 이미지를 실행하면 여러 개의 컨테이너를 구동할 수 있다. 각각의 컨테이너에서 발생한 모든 변경 정보를 저장하기 위해 읽고-쓰기 레이어를 두고 저장하게 된다.

---

5   이미지 레이어는 불변이지만, 관리자 권한으로 호스트 운영체제에서 각 레이어에 접근하게 되면 파일 생성 및 변경이 가능하다.

왜 이런 구조를 사용하는 것일까? 그림 3-4를 보면 이미지를 실행하여 여러 개의 컨테이너를 구동한 것을 볼 수 있다. 처음 내려받은 이미지는 수백 메가 용량을 가지고 있지만 컨테이너를 구동할 때마다 이미지를 내려받지 않고 로컬에 저장된 이미지를 계속 사용한다. 또한, 이미지 레이어의 상단에 있는 웹 애플리케이션 소스 레이어의 환경 설정 및 리소스 설정이 변경되어 이미지로 변경되더라도 기존 레이어를 제외한 변경된 웹 소스 레이어만 내려받아 사용하기 때문에 효율적이다.

그럼 호스트 운영체제에서는 어떻게 저장되는지 살펴보자.

```
# 도커 저장소에 사용되는 스토리지 드라이버를 조회한다. Overlay2를 사용하고 있다.
$ docker info | grep Storage
 Storage Driver: overlay2

# 도커의 모든 데이터 및 로그 정보는 다음 경로에 저장된다(관리자 권한6으로 변경).
$ sudo su -
root@docker-host:~# cd /var/lib/docker
root@docker-host:/var/lib/docker# ls
builder  buildkit  containers  image  network  overlay2  plugins  runtimes  swarm  tmp  trust
volumes

# 이미지 레이어 데이터는 다음 경로에 저장된다.
root@docker-host:/var/lib/docker# cd image/overlay2/layerdb/sha256/
root@docker-host:/var/lib/docker/image/overlay2/layerdb/sha256# ls
2aebd096e0e237b447781353379722157e6c2d434b9ec5a0d63f2a6f07cf90c2
c4a8453bc3b17479ef419e4654761e332d0da915c0995d3ee032b8102c86298f
614252f3eb589b08aa785222307bf4545009519d68d5fbe6ee774c8e6e09e15f
ce87a45144cd502f42022a46d7f3e6ff5a9864535ff45353874834adc5cacdc4
8a10ace26c00477e84129875df78039fe645fa9b295084e2873bdb1bec653b1e
cefa5f42d96a145bf8d6b3d98291239af9d64aa256ab2ef5ba05068d3baca93e
8dc0ddb588e5b87ccb129bb3ff266d0a001e4a9902cf09a6b905145984d1bd25
e40d297cf5f89a9822af4c2f63caa2f2085d5aa188137506918e603774b083cb
c2adabaecedbda0af72b153c6499a0555f3a769d52370469d8f6bd6328af9b13
```

출력된 디렉터리 이름은 다이제스트값이다. 내려받은 httpd의 저장된 레이어를 조회하고 첫 번째 주소와 비교해 보면 일치하는 디렉터리가 있다.

```
# 도커 조회 명령으로 레이어 정보를 필터링한다.
$ docker image inspect --format="{{ .RootFS.Layers }}" httpd
[sha256:c2adabaecedbda0af72b153c6499a0555f3a769d52370469d8f6bd6328af9b13
sha256:3e944ab7641d3165d214de9ad5dcc053d7a6631d76c5c91a25c579f2b9fb6f79
sha256:81b4f0dc1e64dab3475ee55a93e94e071704d08497c20e0fdbe803641bbfa59b
sha256:701ef2ccb5d3b48a5977aacad4a00597e2c7daa6d7c7d621b370c93cf2106bdc
sha256:35ca97a06fb3caa6fb91a6ab015f24912a7f7c6da556442795adaf07b1f9491b]
```

---

6   도커를 리눅스 관리자 루트(root) 사용자에 설치하지 않은 경우, 루트 사용자로 변경해야만 도커 저장소 영역을 살펴볼 수 있다.

일치하는 디렉터리의 diff로 이동하고, **cached-id** 파일 정보를 통해 실제 데이터가 저장된 디렉터리의 다이제스트값을 확인한다.

```
root@docker-host:/var/lib/docker/image/overlay2/layerdb/sha256# cd
c2adabaecedbda0af72b153c6499a0555f3a769d52370469d8f6bd6328af9b13
root@docker-host:/var/lib/docker/image/overlay2/layerdb/sha256/c2adabaecedbda0af72b153c6499a05
55f3a769d52370469d8f6bd6328af9b13# ls
cache-id  diff  size  tar-split.json.gz
root@docker-host:/var/lib/docker/image/overlay2/layerdb/sha256/c2adabaecedbda0af72b153c6499a05
55f3a769d52370469d8f6bd6328af9b13# cat cache-id
7c035467b16424b8c7f33be59a4d528fc69fe67d0ac740423d2bd7d34abc83db
```

이 값과 일치하는 영역을 다음 경로에서 확인한다. 이 영역이 이미지 실행을 통해 만들어지는 컨테이너의 최상위 경로/영역이 된다.

```
root@docker-host:/var/lib/docker/image/overlay2/layerdb/sha256/c2adabaecedbda0af72b153c6499a05
55f3a769d52370469d8f6bd6328af9b13# cd
root@docker-host:~# cd /var/lib/docker/overlay2/

root@docker-host:/var/lib/docker/overlay2# ls
142f5fe6e6e03b1bf4087bf6b614e6dede9529085edc484f15e0ada1d5488dd5
aece0e1045338658d119cf9f51b8a3dc53edc956f13e9cf8749310a24f503db3
142f5fe6e6e03b1bf4087bf6b614e6dede9529085edc484f15e0ada1d5488dd5-init
bc15163a924fe7a6928f3b47ca07148633e0327b91cb53bf3fb33e00c75a75c7
21e49f7febbc362e39792fb9a33c633e0bcb47cc2d79a2cd8dd55392b361dc59
be07d8321e08df8b1ff18680b1bb69767288fe4c3f65bce67d7108897bf0a197
4317832ec77b9c5ee06b5c33fc4d2c6480445e9f23ac9ba0f2c594ac916971a7
c43ffe53c60cf52aa4a72d91915f40a3332b050e2ca70f131ddefd9b3a456e5f
7c035467b16424b8c7f33be59a4d528fc69fe67d0ac740423d2bd7d34abc83db
d522fc8866accb45ff8d86dad3a29f64119c2bcae8954dbd2ded4d775cf7638b
9e7c72471d1ccd43b7cd91604eb0f971f13074e3fb5af6c6933066dba63e8af3          l

root@docker-host:/var/lib/docker/overlay2# cd
7c035467b16424b8c7f33be59a4d528fc69fe67d0ac740423d2bd7d34abc83db/diff/
root@docker-host:/var/lib/docker/overlay2/7c035467b16424b8c7f33be59a4d528fc69fe67d0ac740423d2bd7d34abc83
db/diff# ls
bin  boot  dev  etc  home  lib  lib64  media  mnt  opt  proc  root  run  sbin  srv  sys  tmp
usr  var
```

다른 터미널을 이용하여 컨테이너를 실행해 본다. 다음 명령은 httpd 이미지로부터 webserver라는 이름의 컨테이너를 80번 포트 번호로 연결하여 실행하고, bash 명령으로 컨테이너 내부 셸로 접속한다.

```
$ docker run -it -p 80:80 --name=webserver httpd:latest /bin/bash
root@aae81ab726bd:/usr/local/apache2# cd /
root@aae81ab726bd:/# ls
Hello  bin  boot  dev  etc  home  lib  lib64  media  mnt  opt  proc  root  run  sbin  srv  sys
tmp  usr  var
```

확인을 위해 관리자 권한이 있는 터미널에서 임시 파일을 생성한다.

```
root@docker-host:/var/lib/docker/overlay2/7c035467b16424b8c7f33be59a4d528fc69fe67d0ac740423d2b
d7d34abc83db/diff# touch Hello-docker
root@docker-host:/var/lib/docker/overlay2/7c035467b16424b8c7f33be59a4d528fc69fe67d0ac740423d2b
d7d34abc83db/diff# ls
```

```
bin  boot  dev  etc  Hello  **Hello-docker**  home  lib  lib64  media  mnt  opt  proc  root  run
sbin  srv  sys  tmp  usr  var

# 컨테이너로 접속한 터미널에서 위에서 생성한 임시 파일을 바로 확인할 수 있다.
root@aae81ab726bd:/# ls
Hello  **Hello-docker**  bin  boot  dev  etc  home  lib  lib64  media  mnt  opt  proc  root  run
sbin  srv  sys  tmp  usr  var

# 로컬에서 httpd 레이어를 추적해서 그 위치를 파악하고 컨테이너가 그 레이어에서 수행되는 것을 확인할 수 있다.
```

내려받은 이미지에 대한 레이어 구조에 대해 알아봤다. 여러 레이어로 구성된 이미지는 몇 개의 컨테이너를 실행해도 별도의 읽고 쓰기가 가능한 컨테이너 레이어가 상위에 추가되므로 하위 이미지 레벨의 레이어에는 영향을 주지 않으면서 동작하는 것이 컨테이너 가상화의 특징 중 하나다.

▍▍▍▍▍ 도커 이미지 태그 설정과 도커 로그인 및 로그아웃

도커 태그tag는 원본 이미지에 참조 이미지 이름을 붙이는 명령이다. 사용법은 다음과 같다.

---

docker tag 원본 이미지[:태그] 참조 이미지[:태그]

태그 설정은 단순히 새로운 참조명을 붙이는 작업이므로 이미지 ID는 변경되지 않는다. 어떤 경우에 태그 설정을 하는지 알아보자.

```
# 이미지 ID에 세부 정보(OS, 버전 등)를 붙여 태그 지정.
$ docker images
REPOSITORY        TAG            IMAGE ID           CREATED           SIZE
httpd             latest         b2c2ab6dcf2e       13 days ago       166MB

$ docker image tag b2c2ab6dcf2e debian-httpd:1.0
$ docker images
REPOSITORY        TAG            IMAGE ID           CREATED           SIZE
httpd             latest         b2c2ab6dcf2e       13 days ago       166MB
debian-httpd      1.0            b2c2ab6dcf2e       13 days ago       166MB

# 이미지 이름[:태그]에 세부 정보(OS, 버전 등)를 붙여 태그 지정.
$ docker image tag httpd:latest debian-httpd:2.0
$ docker images
REPOSITORY        TAG            IMAGE ID           CREATED           SIZE
debian-httpd      1.0            b2c2ab6dcf2e       13 days ago       166MB
debian-httpd      2.0            b2c2ab6dcf2e       13 days ago       166MB
httpd             latest         b2c2ab6dcf2e       13 days ago       166MB

# 도커 허브와 같은 레지스트리에 업로드하는 경우 저장소명과 함께 태그 지정.
$ docker image tag httpd:latest [본인 아이디]/httpd:3.0
$ docker images
```

```
REPOSITORY        TAG              IMAGE ID              CREATED          SIZE
leecloudo/httpd   3.0              b2c2ab6dcf2e          13 days ago      166MB
debian-httpd      1.0              b2c2ab6dcf2e          13 days ago      166MB
debian-httpd      2.0              b2c2ab6dcf2e          13 days ago      166MB
httpd             latest           b2c2ab6dcf2e          13 days ago      166MB
```

알기 쉬운 이름으로 설정하고자 하는 경우 태그 지정.
$ docker image tag httpd webserver:4.0
$ docker images
```
REPOSITORY        TAG              IMAGE ID              CREATED          SIZE
webserver         4.0              b2c2ab6dcf2e          13 days ago      166MB
leecloudo/httpd   3.0              b2c2ab6dcf2e          13 days ago      166MB
debian-httpd      1.0              b2c2ab6dcf2e          13 days ago      166MB
debian-httpd      2.0              b2c2ab6dcf2e          13 days ago      166MB
httpd             latest           b2c2ab6dcf2e          13 days ago      166MB
```

도커 허브에 가입 후 생성한 본인 아이디(leecloudo은 필자의 아이디)에 httpd라는 저장소와 3.0 태그가 지정되어 업로드됨.

터미널에서 docker login을 통해 도커 허브에 원격 접속(접속 해제는 **docker logout**).
$ docker login
Username: 본인 아이디 입력
Password: 본인 암호 입력
...
Login Succeeded

$ docker push [본인 아이디]/httpd:3.0
The push refers to repository [docker.io/leecloudo/httpd]
35ca97a06fb3: Pushed
701ef2ccb5d3: Pushed
81b4f0dc1e64: Pushed
3e944ab7641d: Pushed
c2adabaecedb: Pushed
3.0: digest: sha256:4bb276326c02f5c3f27a043d092ccfb62357e265110b9894f5fab28160766095 size:
1367

본인의 도커 허브 저장소에 업로드된 이미지를 내려받을 수 있다.
$ docker pull [본인 아이디]/httpd:3.0
3.0: Pulling from leecloudo/httpd
Digest: sha256:4bb276326c02f5c3f27a043d092ccfb62357e265110b9894f5fab28160766095
Status: Image is up to date for leecloudo/httpd:3.0
docker.io/leecloudo/httpd:3.0

도커 허브에서 본인이 업로드한 이미지를 확인해 본다.

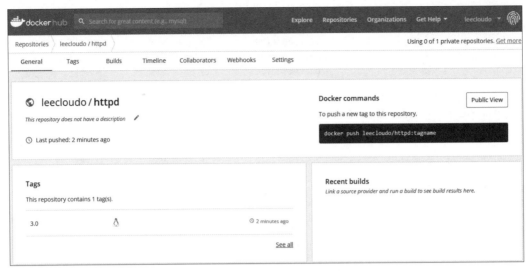

그림 3-5 도커 허브에 업로드된 이미지

일반적으로 본인이 베이스 이미지에 특정 애플리케이션을 서비스와 코드 등을 포함해 컨테이너로 실행한 경우, **docker commit** 명령을 통해 컨테이너를 이미지로 저장할 수 있다. 이렇게 저장된 이미지를 본인의 도커 허브 저장소에 업로드하고 지속적으로 활용할 수도 있고, 팀 간 이미지 공유도 할 수 있다. **docker commit**은 컨테이너 관련 부분에서 다룬다.

도커 허브 사이트에서 제공하는 저장소에 호스트에서 생성한 이미지 및 보유하고자 하는 이미지를 업로드하려면 docker login 명령을 통해 호스트에서의 접속이 이루어져야 한다. 도커 허브 사이트 접속은 기본적으로 두 가지 방법을 사용할 수 있다.

첫 번째 방법은 docker login이다. 실습을 통해 알아보자.

```
$ docker login
Login with your Docker ID to push and pull images from Docker Hub. If you don't have a Docker
ID, head over to https://hub.docker.com to create one.
Username: 본인 아이디 입력
Password: 본인 암호 입력
WARNING! Your password will be stored unencrypted in /home/hylee/.docker/config.json.
Configure a credential helper to remove this warning. See
https://docs.docker.com/engine/reference/commandline/login/#credentials-store

Login Succeeded

# 출력된 경고를 보면 암호화되지 않고 아래 경로에 암호가 저장되어 있다고 한다.
# 암호화 알고리즘이 아닌 베이스64(base64) 인코딩을 통한 암호 키값 저장. base64 디코딩이 가능하므로 노출 주의.
$ cat ~ /.docker/config.json
{
```

```
            "auths": {
                    "https://index.docker.io/v1/": {
                            "auth": "aAdgdfgsf3DsaD3SDZwfaMSD87dfs="
                    }
            },
            "HttpHeaders": {
                    "User-Agent": "Docker-Client/19.03.12 (linux)"
            }
}

# 현재 접속 사용자 조회
$ docker info | grep Username
 Username: leecloudo

# docker logout을 하면 config.json 파일의 auth값이 삭제되고, docker info에서도 사용자명이 제거된다.
```

두 번째 방법은 hub.docker.com 사이트에서 제공하는 액세스 토큰access token을 이용하는 것이다. 사용 방법은 다음과 같다.

❶ hub.docker.com에 로그인한다.

❷ 본인 계정을 클릭하면 [Account settings]가 나온다.

❸ 좌측 메뉴 중 [Security]를 선택한다.

❹ [Access Tokens]의 [New Access Token]을 선택한다.

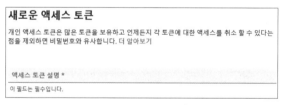

그림 3-6 **액세스 토큰 생성**

❺ 임의의 값을 입력하면 다음과 같은 사용 방법이 제공된다.

그림 3-7 **액세스 토큰 복사**

⑥ 복사된 액세스 토큰을 사용해 보자.

```
$ vi .access_token
6e6e8110-15cb-4203-a4de-4d0600aeb9f2

# 별도의 암호 입력 없이 액세스 토큰을 이용해 로그인된다.
$ cat .access_token | docker login --username 본인ID --password-stdin
WARNING! Your password will be stored unencrypted in /home/hylee/.docker/config.json.
Configure a credential helper to remove this warning. See
https://docs.docker.com/engine/reference/commandline/login/#credentials-store

Login Succeeded

# 첫 번째 방법과 같이 경고 메시지에 제시된 파일을 열어 확인해 본다.
$ cat /home/hylee/.docker/config.json
{
        "auths": {
                "https://index.docker.io/v1/": {
                        "auth": "ZGJndXJ1bTo2ZTZlODExMC0xNWNiLTQyMDMtYTRkZS00ZDA2MDBhZWI5ZjI="
                }
        },
        "HttpHeaders": {
                "User-Agent": "Docker-Client/19.03.12 (linux)"
        }
}
```

⑦ 생성된 액세스 토큰의 [Edit]를 선택해 보면 마지막 사용 메뉴가 [Active]로 되어 있다.

⑧ 이 값을 [Inactive]로 변경 후 재접속을 해보면 접속 거부됨을 확인할 수 있다.

```
$ docker logout
Removing login credentials for https://index.docker.io/v1/

$ cat .access_token | docker login --username 본인ID --password-stdin
Error response from daemon: Get https://registry-1.docker.io/v2/: unauthorized: incorrect
username or password
```

그 외에 이미지를 별도 서버에 개별 저장소를 구축하여 사용하는 방법도 있다. 개별 저장소도 마찬가지로 별도 인증을 통해 로그인하는 방법을 제공한다. 뒤에서 개별 저장소 구축에 대해 다뤄 볼 것이다.

||||| 도커 이미지를 파일로 관리

docker image save 명령은 도커 원본 이미지의 레이어 구조까지 포함한 복제를 수행하여 확장자 tar Tape ARchiver(타르)[7] 파일로 이미지를 저장한다.

---

7   타르는 여러 개의 파일을 하나의 파일로 묶거나 풀 때 사용하는 명령이다.

- 도커 허브로부터 이미지를 내려받아 내부망으로 이전하는 경우
- 신규 애플리케이션 서비스를 위해 Dockerfile로 새롭게 생성한 이미지를 저장 및 배포해야 하는 경우
- 컨테이너를 완료_{commit}하여 생성한 이미지를 저장 및 배포해야 하는 경우
- 개발 및 수정한 이미지 등

네트워크 제한 등으로 도커 허브를 이용하지 못하는 경우 이미지 이전과 배포를 위해 로컬에 저장된 이미지를 파일로 저장하거나 불러올 수 있다.

```
# 도커 이미지를 tar 파일로 저장.
docker image save [옵션] <파일명> [image명]

# docker save로 저장한 tar 파일을 이미지로 불러옴.
docker image load [옵션]
```

이미지를 다운로드해서 파일로 저장하고 불러오는 과정을 살펴보자.

```
# mysql:5.7 이미지를 다운로드하고 확인한다.
$ docker pull mysql:5.7
$ docker images
REPOSITORY          TAG             IMAGE ID            CREATED          SIZE
mysql               5.7             f965319e89de        9 days ago       448MB

# docker image save 명령을 이용해 이미지를 tar 파일로 저장한다.
$ docker image save mysql:5.7 > test-mysql57.tar
$ ls -lh test-mysql57.tar
-rw-rw-r-- 1 hylee hylee 433M  5  7 16:31 test-mysql57.tar

# tar 명령의 옵션 중 tvf(t(list), v(verbose), f(file))를 이용해 묶인 파일 내용을 확인할 수 있다. 이미지
레이어들의 다이제스트값으로 만들어진 디렉터리 파일이다.
$ tar tvf test-mysql57.tar
drwxr-xr-x 0/0                 0 2020-04-28 10:53 16752689156c58bcdef5085a4b36a3edc50bcd1c89ff80
59d6a8a588906cec48/
-rw-r--r-- 0/0                 3 2020-04-28 10:53 16752689156c58bcdef5085a4b36a3edc50bcd1c89ff80
59d6a8a588906cec48/VERSION
-rw-r--r-- 0/0               482 2020-04-28 10:53 16752689156c58bcdef5085a4b36a3edc50bcd1c89ff80
59d6a8a588906cec48/json
-rw-r--r-- 0/0         313063424 2020-04-28 10:53 16752689156c58bcdef5085a4b36a3edc50bcd1c89ff80
59d6a8a588906cec48/layer.tar
drwxr-xr-x 0/0                 0 2020-04-28 10:53 1f20ebb9fb1e42a37dc48a2417b54da516876d356a0d3f
b0094204a69cc182b0/
-rw-r--r-- 0/0                 3 2020-04-28 10:53 1f20ebb9fb1e42a37dc48a2417b54da516876d356a0d3f
b0094204a69cc182b0/VERSION
-rw-r--r-- 0/0               482 2020-04-28 10:53 1f20ebb9fb1e42a37dc48a2417b54da516876d356a0d3f
b0094204a69cc182b0/json
```

```
-rw-r--r-- 0/0            3584 2020-04-28 10:53 1f20ebb9fb1e42a37dc48a2417b54da516876d356a0d3f
b0094204a69cc182b0/layer.tar
drwxr-xr-x 0/0               0 2020-04-28 10:53 43cb887dc42ade73f0e157a9b53eda9a797522e5125f3a
b0ec6d3eddba2326a4/
-rw-r--r-- 0/0               3 2020-04-28 10:53 43cb887dc42ade73f0e157a9b53eda9a797522e5125f3a
b0ec6d3eddba2326a4/VERSION
...
```

다시 불러오는 실습을 위해 이미지 삭제 후 조회.
```
$ docker image rm mysql:5.7
$ docker images
```

docker image load 명령을 이용해 파일로 만들어진 이미지 tar 파일 내용을 불러온다.
```
$ docker image load < test-mysql57.tar
49003fe88142: Loading layer [==================================================>]
338.4kB/338.4kB
8d3b3830445d: Loading layer [==================================================>]
9.539MB/9.539MB
49baacc63c3b: Loading layer [==================================================>]
4.2MB/4.2MB
24bd91e7be37: Loading layer [==================================================>]
1.536kB/1.536kB
d84f8cf1dc23: Loading layer [==================================================>]
53.75MB/53.75MB
ace74cb61ec0: Loading layer [==================================================>]
6.656kB/6.656kB
9574dcd2d660: Loading layer [==================================================>]
3.584kB/3.584kB
c85bca00fd2a: Loading layer [==================================================>]
313.1MB/313.1MB
446140d87d8a: Loading layer [==================================================>]
16.38kB/16.38kB
c818eedb4b85: Loading layer [==================================================>]
1.536kB/1.536kB
Loaded image: mysql:5.7
```

도커 허브로부터 내려받은 이미지처럼 조회가 가능하다.
```
$ docker images
REPOSITORY      TAG          IMAGE ID          CREATED          SIZE
mysql           5.7          f965319e89de      9 days ago       448MB
```

tar 파일로 가져온 이미지를 불러오는 다른 방법으로 **docker import**를 이용할 수 있다. 로컬에 저장된 tar 파일을 기반으로 새롭게 지정한 이미지명과 태그로 이미지 등록이 가능하다.

```
$ cat test-mysql57.tar | docker import - mysql57:1.0
sha256:caad9871e7a9408d4d76cb55bbcc1600bf535fe1544ec5c7ebff20bf5c088975

$ docker images
REPOSITORY      TAG          IMAGE ID          CREATED          SIZE
mysql57         1.0          caad9871e7a9      3 seconds ago    453MB
```

만약 tar 파일의 용량을 줄이고 싶다면 docker image save에 gzip 옵션을 추가할 수 있다.

```
$ docker image save mysql:5.7 | gzip > test-mysql57zip.tar.gz
sha256:caad9871e7a9408d4d76cb55bbcc1600bf535fe1544ec5c7ebff20bf5c088975

$ ls -lh test-mysql57zip.tar.gz
-rw-rw-r-- 1 hylee hylee 144M  5  7 17:02 test-mysql57zip.tar.gz

# 약 300MB 정도 용량이 감소된 것을 확인할 수 있다. 불러오는 방법은 동일하다.
```

셸 스크립트 변수 방식을 이용하여 모든 이미지를 하나의 파일로 저장할 수 있다.

```
$ docker image save -o all_image.tar $(docker image ls -q)
$ ls -lh all_image.tar
-rw------- 1 hylee hylee 1.2G  5  7 17:16 all_image.tar
```

도커는 **docker image save**와 같이 이미지를 파일로 관리하는 몇 가지 다른 방식이 있다. 컨테이너를 파일로 관리하는 **docker export/import**와 컨테이너를 이미지로 생성하는 **docker commit**도 제공한다.

▌▌▌▌▌ 도커 이미지 삭제

도커 허브를 통해 다운로드한 이미지는 종류에 따라 용량이 다르다. 작게는 수 메가바이트부터 크게는 수 기가바이트가 넘는 것도 있다. 이미지를 계속 다운로드하게 되면 로컬 서버의 저장 용량을 많이 차지하여 공간 문제를 야기하기도 한다. 이런 문제를 해결하기 위해 앞서 배운 **docker image save**를 통해 이미지를 백업하거나 주기적으로 업무에 사용하는 이미지와 사용하지 않는 이미지를 구분하여 관리하고, 불필요한 이미지는 삭제하는 것이 좋다.

하나 이상의 도커 이미지를 삭제하는 방법은 다음과 같다. 정식 명령은 **docker image rm**이고, 단축 명령으로 **docker rmi**를 제공한다.

```
docker image rm [옵션] {이미지 이름[:태그] | 이미지 ID}

docker rmi [옵션] {이미지 이름[:태그] | 이미지 ID}
```

도커 이미지는 현재 사용 중인 컨테이너가 없으면 바로 삭제된다. 태그가 있는 이미지 원본은 태그된 이미지와 상관없이 삭제할 수 있다.

```
# 삭제 테스트를 위해 ubuntu:14.04 이미지를 다운로드한다.
$ docker pull ubuntu:14.04
$ docker images
REPOSITORY          TAG                 IMAGE ID            CREATED             SIZE
ubuntu              14.04               6e4f1fe62ff1        4 months ago        197MB
...
# 이미지 삭제 시 latest 버전을 제외한 나머지는 반드시 태그명을 명시해야 한다.
$ docker image rm ubuntu
Error: No such image: ubuntu
$ docker image rm ubuntu:14.04
Untagged: ubuntu:14.04

# 이미지 ID를 이용한 이미지 삭제, 현재 다른 태그 참조로 인한 오류 발생.
$ docker image rm b2c2ab6dcf2e
Error response from daemon: conflict: unable to delete b2c2ab6dcf2e (must be forced) - image
is referenced in multiple repositories

# 태그가 지정된 모든 httpd 관련 이미지 모두 삭제. (-f 옵션을 이용)
$ docker image rm -f b2c2ab6dcf2e      (이미지 ID 앞 글자 몇 자만 써도 삭제 가능)

# 리눅스 셸 스크립트의 변수 활용 방식을 활용할 수 있다.
# 이미지 전체 삭제.
$ docker rmi $(docker images -q)

# 특정 이미지 이름이 포함된 것만 삭제.
$ docker rmi $(docker images | grep debian)

# 반대로 특정 이미지 이름이 포함된 것만 제외하고 모두 삭제.
$ docker rmi $(docker images | grep -v centos)

# 자주 사용하는 명령을 전역 alias로 적용하여 활용하면 편리하다.
~$ vi .bashrc
...
# 상태가 exited인 container를 찾아서 모두 삭제.
alias cexrm='docker rm $(docker ps --filter 'status=exited' -a -q)'

# 설정한 alias를 적용하고 확인.
~$ source .bashrc        또는 ~$ .  .bashrc
~$ alias
...
alias cexrm='docker rm $(docker ps --filter 'status=exited' -a -q)'
```

참고로, 만약 컨테이너가 실행 중인 이미지를 삭제한다면 다음과 같은 에러가 발생한다. 현재 참조
중인 컨테이너가 있기 때문에 삭제되지 않는다는 에러 메시지다.

```
$ docker image rm centos:7
Error response from daemon: conflict: unable to remove repository reference "centos:7" (must
force) - container 3d942f937afd is using its referenced image b5b4d78bc90c
```

먼저 구동 중인 컨테이너를 stop한 뒤 rm을 통해 제거한 후 이미지 삭제가 가능하다. 컨테이너 절에서 다시 다룬다.

이미지는 컨테이너 구동을 위해 존재한다. 로컬에 다운로드한 이미지 중 하나 이상의 컨테이너가 연결되지 않은 모든 이미지 제거를 위해 **docker image prune** 명령을 사용한다.

--filter 옵션을 이용하면 특정 기간이나 이미지 라벨을 지정하여 제거 대상 이미지를 선별할 수 있다.

```
# -a 옵션을 이용하면 사용 중이 아닌 모든 이미지가 제거.
$ docker image prune -a
WARNING! This will remove all images without at least one container associated to them.
Are you sure you want to continue? [y/N] y
...

# 사용 중이 아닌 48시간 이전(--filter)의 모든 이미지(-a)를 별도 확인 없이(-f) 제거.
$ docker image prune -a -f --filter "until=48h"
```

여기까지 도커 이미지와 관련된 명령에 대해 알아봤다. 이제 이미지를 참조해서 애플리케이션 서비스로 동작시킬 수 있는 컨테이너에 대해 알아보자.

3.2.2 도커 컨테이너 명령어

이미지는 읽기 전용의 불변 값으로 만들어진다. 이러한 이미지를 바탕으로 도커 엔진은 컨테이너를 생성할 수 있다. 이때 이미지와 함께 읽고 쓰기가 가능한 레이어를 추가해서 만들어지는 것이 컨테이너다. 이번 절에서는 그림 3-8에 나와 있는 컨테이너 구동, 접근, 로그, 운영 등의 명령을 다룬다. 이미지와 마찬가지로 컨테이너 명령도 dockerd 데몬이 제공하는 docker CLI API를 통해 제공된다.

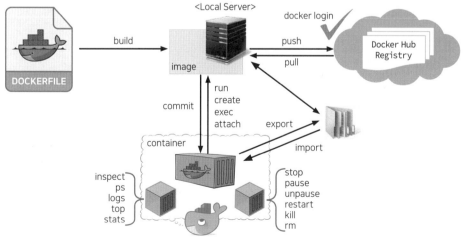

그림 3-8 **도커 컨테이너 관련 명령어**

도커 이미지는 컨테이너 동작과 관련된 콘텐츠를 제공하고 이를 바탕으로 컨테이너의 동작이 이루어진다. 따라서 컨테이너 명령 대부분이 서비스 실행 및 운영과 관련되어 있다.

▌▌▌▌ 컨테이너는 프로세스다

도커 컨테이너는 앞서 배운 도커 이미지를 기반으로 만들어지는 스냅숏snapshot이다. 이 스냅숏은 읽기 전용의 도커 이미지 레이어를(불변의 유니언 파일 시스템UFS) 복제한 것이고, 그 위에 읽고 쓰기가 가능한 컨테이너 레이어를 결합하면 컨테이너가 된다. 이러한 레이어들만 가지고 애플리케이션이 동작하는 것일까?

컴퓨터 애플리케이션의 동작은 프로세스process를 통해 이루어진다. "컨테이너는 격리된 공간에서 프로세스가 동작하는 기술이다."라는 말을 기억할 것이다. 컨테이너는 바로 프로세스 격리 기술 (namespaces, cgroups, chroot)의 표준으로 정의된 OCIOpen Container Initiative로 컨테이너 포맷과 런타임에 대한 개방형 업계 표준을 만들기 위한 목적으로 리눅스 파운데이션Linux Foundation의 지원을 받아 구성된 오픈 프로젝트다.

명령어 **docker run~**을 사용하면 컨테이너가 동작하게 되고, 가상의 격리 환경에 독립된 프로세스가 동작한다. 마치 서버 호스트 운영체제가 독립적으로 동작하는 것과 유사하다. 예를 들어, 리눅스 호스트 운영체제를 부팅하면 PID 1번은 init(systemd) 프로세스가 동작하며 이 프로세스는 나머지 모든 시스템 프로세스의 부모 프로세스가 된다.

이처럼 독립된 호스트 운영체제는 init 프로세스와 같은 최상위 부모 프로세스가 필요하다. 그럼 도커 컨테이너의 PID 1번 프로세스도 init 프로세스일까? 간단한 테스트를 통해 확인해 보자.

```
# 현재 호스트에서 실행 중인 셸 프로세스 ID.
$ echo $$
32370

# centos 8 버전 이미지 다운로드 후 컨테이너 bash 모드로 접속.
$ docker run -it centos:8 bash
...
[root@dd35608aff56 /]# echo $$
1

# 다른 터미널에서 실행 중인 PID 조회.
$ ps -ef | grep 32370
hylee      1495 32370  0 10:51 pts/4    00:00:00 docker run -it centos:8 bash
hylee     32370 32369  0 09:28 pts/4    00:00:00 -bash
hylee      2234  1674  0 12:04 pts/9    00:00:00 grep --color=auto 32370

# /proc와 하위 네임스페이스(ns) 경로 확인.
```

```
$ cd /proc/32370
/proc/32370$ ls -l
total 0
dr-xr-xr-x 2 hylee hylee 0  3월  1 10:58 attr
-rw-r--r-- 1 hylee hylee 0  3월  1 10:58 autogroup
-r-------- 1 hylee hylee 0  3월  1 10:58 auxv
-r--r--r-- 1 hylee hylee 0  3월  1 10:58 cgroup
--w------- 1 hylee hylee 0  3월  1 10:58 clear_refs
-r--r--r-- 1 hylee hylee 0  3월  1 09:56 cmdline
-rw-r--r-- 1 hylee hylee 0  3월  1 10:58 comm
-rw-r--r-- 1 hylee hylee 0  3월  1 10:58 coredump_filter
-r--r--r-- 1 hylee hylee 0  3월  1 10:58 cpuset
lrwxrwxrwx 1 hylee hylee 0  3월  1 09:58 cwd -> /home/hylee
-r-------- 1 hylee hylee 0  3월  1 10:58 environ
lrwxrwxrwx 1 hylee hylee 0  3월  1 09:56 exe -> /bin/bash
...

# 호스트 운영체제의 PID 1번과 현재 호스트에서 실행 중인 셸 프로세스 비교.
~$ sudo ls -l /proc/1/ns
total 0
lrwxrwxrwx 1 root root 0  3월  1 11:02 cgroup -> cgroup:[4026531835]
lrwxrwxrwx 1 root root 0  3월  1 11:02 ipc -> ipc:[4026531839]
lrwxrwxrwx 1 root root 0  3월  1 11:02 mnt -> mnt:[4026531840]
lrwxrwxrwx 1 root root 0  3월  1 11:02 net -> net:[4026531957]
lrwxrwxrwx 1 root root 0  3월  1 11:02 pid -> pid:[4026531836]
lrwxrwxrwx 1 root root 0  3월  1 11:02 user -> user:[4026531837]
lrwxrwxrwx 1 root root 0  3월  1 11:02 uts -> uts:[4026531838]

~$ sudo ls -l /proc/32370/ns
total 0
lrwxrwxrwx 1 hylee hylee 0  3월  1 11:44 cgroup -> cgroup:[4026531835]
lrwxrwxrwx 1 hylee hylee 0  3월  1 11:44 ipc -> ipc:[4026531839]
lrwxrwxrwx 1 hylee hylee 0  3월  1 11:44 mnt -> mnt:[4026531840]
lrwxrwxrwx 1 hylee hylee 0  3월  1 11:44 net -> net:[4026531957]
lrwxrwxrwx 1 hylee hylee 0  3월  1 11:03 pid -> pid:[4026531836]
lrwxrwxrwx 1 hylee hylee 0  3월  1 11:44 user -> user:[4026531837]
lrwxrwxrwx 1 hylee hylee 0  3월  1 11:44 uts -> uts:[4026531838]
```

정리해 보면 **docker run~** 수행 시 PID 네임스페이스 커널 기능을 통해 시스템의 1번 프로세스(init)의 PID(4026531836)를 공유하고 그 하위로 프로세스를 격리한다. 이렇게 격리된 프로세스를 루트로 변경하는 chroot 커널 기능을 통해 독립된 1번 PID를 갖게 되고, 컨테이너 동작 시 필요한 자원에 대한 할당은 cgroups 커널 기능을 통해 이루어진다.

따라서, 도커 컨테이너를 이해하기 위해서는 컨테이너에 제공되는 커널 기술을 이해하는 것이 중요하다. 이제부터 컨테이너를 실행, 운영, 관리하는 명령어에 대해 알아보자.

║║║║ 컨테이너 실행

컨테이너의 실행을 위해 docker run 명령을 사용하면 해당 도커 이미지 복사본 스냅숏 레이어 위에 읽고 쓰기가 가능한 컨테이너 레이어를 추가한 뒤 docker start 명령으로 컨테이너를 시작한다. 이렇게 실행된 컨테이너를 조회하는 방법은 docker ps 명령을 사용하는 것이다. 리눅스 명령어인 ps Process Status는 리눅스 호스트에서 실행 중인 프로세스를 조회하는 방법을 제공한다. 이처럼 컨테이너 또한 프로세스라는 의미에서 docker ps 명령어를 사용하는 것이다.

docker run은 상당히 많은 옵션을[8] 가지고 있다. 그만큼 컨테이너 내부의 애플리케이션 동작을 세세하게 제어할 수 있다는 의미이기도 하다. 여기서는 주요 옵션만 다룬다.

docker run 명령을 사용하기 전에 수동으로 컨테이너를 제어하는 과정을 실습해 보자.

```
# docker create는 run과 달리 container 내부 접근을 하지 않고 생성(스냅숏)만 수행.
$ docker create -it --name container-test1 ubuntu:14.04

$ docker ps -a
CONTAINER ID      IMAGE           COMMAND         CREATED         STATUS          PORTS           NAMES
0a45ae6930d9      ubuntu:14.04    "/bin/bash"     29 seconds ago  Created                         container-test1
...

# docker ps 명령의 status를 보면 start가 아닌 'created'임을 알 수 있다.
# 생성된 스냅숏을 동작시킨다.
$ docker start container-test1
$ docker ps
CONTAINER ID      IMAGE           COMMAND         CREATED         STATUS          PORTS           NAMES
96a69f02c282      ubuntu:14.04    "/bin/bash"     55 seconds ago  Up 50 seconds                   container-test1
...

# 컨테이너에 접속해 본다. (docker attach 명령은 실행 중인 애플리케이션 컨테이너에 단순한 조회 작업 수행 시 유용)
$ docker attach container-test1
root@96a69f02c282:/# exit
exit

# 빠져나온 컨테이너가 강제 종료되어 삭제된다.
hylee@hostos1:~$ docker rm container-test1
container-test1
```

위 작업을 docker run으로 수행하면 다음과 같다.

```
$ docker run -it --name container-test1 ubuntu:14.04 bash
root@e8b1a04675f5:/# exit
$ docker rm container-test1
```

---

8 https://docs.docker.com/engine/reference/commandline/run/에 접속하여 도커에서 제공하는 docker run 옵션에 대한 세부 자료를 참고한다.

```
# 다른 터미널에서 docker ps를 통해 실행된 컨테이너를 조회한다.
$ docker ps
CONTAINER ID      IMAGE           COMMAND        CREATED         STATUS          PORTS      NAMES
e8b1a04675f5      ubuntu:14.04    "bash"         45 seconds ago  Up 44 seconds              container-test1
...

# 컨테이너의 호스트명을 조회한다.
$ docker run -it --name container-test1 ubuntu:14.04 hostname
6938b859424f
```

추가되는 docker run의 특징은 호스트 서버에 ubuntu:14.04 이미지가 다운로드되어 있지 않아도 로컬에 존재하지 않는 이미지를 도커 허브에서 자동으로 다운로드한다는 점과 마지막에 해당 컨테이너에 실행할 명령을 입력하면 컨테이너 동작과 함께 처리된다는 점이다.

docker run = [pull] + create + start + [command]

docker run에서 자주 사용하는 옵션은 표 3-3에 나와 있다.

표 3-3 **docker run 옵션**

옵션	설명
-i, --interactive	대화식 모드 열기
-t	TTY(단말 디바이스) 할당
-d, --detach=true	백그라운드에서 컨테이너 실행 후 컨테이너 ID 등록
--name	실행되는 컨테이너에 이름 부여(미지정 시 자동으로 부여됨: 딕셔너리 워드 랜덤 선택)
--rm	컨테이너 종료 시 자동으로 컨테이너 제거
--restart	컨테이너 종료 시 적용할 재시작 정책 지정 ([no | on-failure | on-failure:횟수n | always])
--env	컨테이너의 환경 변수 지정(--env-file은 여러 환경 변수를 파일로 생성하여 지정하는 방법)
-v, --volume=호스트경로:컨테이너경로	호스트 경로와 컨테이너 경로의 공유 볼륨 설정 (Bind mount라고 함)
-h	컨테이너의 호스트명 지정(미지정 시 컨테이너 ID가 호스트명으로 등록)
-p [Host 포트]:[Container 포트], --publish	호스트 포트와 컨테이너 포트 연결
-P, --publish-all=[true | false]	컨테이너 내부의 노출된(expose) 포트를 호스트 임의의 포트에 게시
--link=[container:container_id]	동일 호스트의 다른 컨테이너와 연결 설정으로 IP가 아닌 컨테이너의 이름을 이용해 통신

몇 가지 실습을 통해 docker run 명령을 사용해 보자.

실습 3-1 SQL 테스트를 위한 개발 팀의 데이터베이스 요청으로 MySQL 5.7 컨테이너 실행

```
# mysql:5.7 다운로드.
$ docker pull mysql:5.7
5.7: Pulling from library/mysql
f7e2b70d04ae: Already exists
...
Digest: sha256:de482b2b0fdbe5bb142462c07c5650a74e0daa31e501bc52448a2be10f384e6d
Status: Downloaded newer image for mysql:5.7

# 이미지 조회.
$ docker images | grep mysql
mysql               5.7                 d54bd1054823        2 days ago          449MB

# 컨테이너 실행.
$ docker run -it mysql:5.7 /bin/bash
root@e9e483209cb6:/# cat /etc/os-release
PRETTY_NAME="Debian GNU/Linux 10 (buster)"
NAME="Debian GNU/Linux"
VERSION_ID="10"
VERSION="10 (buster)"
VERSION_CODENAME=buster
ID=debian
HOME_URL="https://www.debian.org/"
SUPPORT_URL="https://www.debian.org/support"
BUG_REPORT_URL=https://bugs.debian.org/

root@e9e483209cb6:~# /etc/init.d/mysql start
...
[info] MySQL Community Server 5.7.33 is started.

root@e9e483209cb6:~# mysql -uroot
mysql> show databases;
mysql> create database dockerdb;
mysql> show databases;
+--------------------+
| Database           |
+--------------------+
| information_schema |
| dockerdb           |
| mysql              |
| performance_schema |
| sys                |
+--------------------+
5 rows in set (0.00 sec)

root@e9e483209cb6:/# cd /var/lib/mysql
root@e9e483209cb6:/var/lib/mysql# ls
... dockerdb ...
```

```
root@e9e483209cb6:/var/lib/mysql# exit
```

```
# 컨테이너 stop! → docker ps -a로 조회.
$ docker ps -a
CONTAINER ID   IMAGE       COMMAND                CREATED         STATUS    PORTS               NAMES
ba5adeb0ddcb   mysql:5.7   "docker-entrypoint.s..." 54 seconds ago  Exited    (0) 3 seconds ago   competent_chaplygin
...
```

```
$ docker start ba5adeb0ddcb      # 컨테이너 이름, ID를 통해 시작 가능.
Ba5adeb0ddcb
```

```
$ docker ps
CONTAINER ID   IMAGE       COMMAND                CREATED          STATUS         PORTS                  NAMES
ba5adeb0ddcb   mysql:5.7   "docker-entrypoint.s..." About a minute ago  Up 5 seconds   3306/tcp, 33060/tcp   upbeat_ellis
```

```
# docker exec를 이용하여 container에 접근.
$ docker exec -it ba5adeb0ddcb bash
root@ ba5adeb0ddcb :/# cd /var/lib/mysql
root@ ba5adeb0ddcb :/# ls
...dockerdb
```

```
# 종료시키지 않고 컨테이너를 빠져나가려면 ctrl + p + q를 동시에 입력.
root@ ba5adeb0ddcb :/#
$
```

```
# 컨테이너 내부 IP 확인. 컨테이너 이름은 도커에서 자동지정됨.
$ docker ps
CONTAINER ID   IMAGE       COMMAND                CREATED       STATUS       PORTS                  NAMES
4f8e315344ef   mysql:5.7   "docker-entrypoint.s..." 5 minutes ago  Up 5 minutes  3306/tcp, 33060/tcp   flamboyant_nash
```

```
$ docker inspect flamboyant_nash | grep IPAddress
        "SecondaryIPAddresses": null,
        "IPAddress": "172.17.0.5",
            "IPAddress": "172.17.0.5",
```

```
# 컨테이너 재접속.
$ docker exec -it flamboyant_nash bash
root@ ba5adeb0ddcb :/#
```

```
# 위 실습과 같은 명령을 다른 터미널에서 실행하면 새로운 컨테이너가 새로운 이름으로 실행됨.
$ docker run -it mysql:5.7 bash
root@ba5adeb0ddcb:/#
```

실습 3-2 컨테이너 모니터링 도구 cAdvisor 컨테이너 실행

- 서비스 운영을 하면서 필요한 시스템 Metric(CPU/메모리 사용률, 네트워크 트래픽 등)을 모니터링 하면서 특이사항이 있을 때 대응하기 위해 모니터링 수행

- 그러나 컨테이너라는 환경하에서는 기존 모니터링 도구로는 container 모니터링 진행이 어려움

- 이러한 문제점을 해결하고 컨테이너를 모니터링하기 위한 도구로 구글에서 제공하는 cAdvisor Container Advisor를 많이 사용함

```
$ docker run \
>    --volume=/:/rootfs:ro \
>    --volume=/var/run:/var/run:rw \
>    --volume=/sys:/sys:ro \
>    --volume=/var/lib/docker/:/var/lib/docker:ro \
>    --publish=9559:8080 \
>    --detach=true \
>    --name=cadvisor \
>    google/cadvisor:latest
Unable to find image 'google/cadvisor:latest' locally
latest: Pulling from google/cadvisor
ff3a5c916c92: Pull complete
44a45bb65cdf: Pull complete
0bbe1a2fe2a6: Pull complete
Digest: sha256:815386ebbe9a3490f38785ab11bda34ec8dacf4634af77b8912832d4f85dca04
Status: Downloaded newer image for google/cadvisor:latest
08878e46996595c1640f2718622bef25e074386da3081bf32467ef7b84cdf00f

$ docker ps
CONTAINER ID   IMAGE                   COMMAND               CREATED         STATUS         PORTS                    NAMES
08878e469965   google/cadvisor:latest  "/usr/bin/cadvisor -..."  38 seconds ago  Up 37 seconds  0.0.0.0:9559->8080/tcp   cadvisor
...

# 외부의 모든(0.0.0.0) IP에서 9559 포트로 호스트 OS에 접근 시 자동으로 컨테이너의 8080 포트로 연결되어 패킷
을 주고받을 수 있음.

# 브라우저를 이용한 접근 시도.
http://도커가 설치된 호스트의 IP:9559/
```

그림 3-9 **구글 cAdvisor 컨테이너 접속 화면**

/docker를 클릭해 보면 현재 구동 중인 컨테이너들의 ID를 볼 수 있다. 원하는 컨테이너를 선택하면

컨테이너의 자원 소비량 등을 확인할 수 있다.

실습 3-3 웹 서비스 실행을 위한 Nginx 컨테이너 실행

```
~$ docker pull nginx:1.18
~$ docker images
REPOSITORY        TAG          IMAGE ID           CREATED         SIZE
nginx             1.18         881bd08c0b08       6 days ago      109MB

# Nginx 컨테이너를 실행. 하나의 Nginx 서버 구동으로 보면 됨.
~$ docker run --name webserver1 -d -p 8001:80 nginx:1.18
30df53e07a2d0457815c3787a9bfe5f18e2f395b1f5c50cd35cfd98cd87258c1
--name : 컨테이너의 이름을 지정.
-d 옵션 : 컨테이너를 백그라운드에서 실행하고 컨테이너ID를 출력.
-p 옵션 : 컨테이너의 80번 포트를 Host 포트 8001로 오픈.


~$ docker ps
CONTAINER ID   IMAGE        COMMAND               CREATED        STATUS        PORTS                    NAMES
45d63083ad55   nginx:1.18   "/docker-entrypoint...."  6 minutes ago  Up 3 minutes  0.0.0.0:8001->80/tcp     webserver1

# 호스트의 8001 포트가 열린 것을 확인.
~$ sudo netstat -nlp | grep 8001
tcp6      0       0 :::8001          :::*              LISTEN        6702/docker-proxy

# 접속 테스트.
$ curl localhost:8001
<!DOCTYPE html>
<html>
<head>
<title>Welcome to nginx!</title>
...


# 컨테이너의 리소스 사용량 실시간 확인.
~$ docker stats webserver1
ContainerID    NAME       CPU %   MEM USAGE / LIMIT      MEM %    NET I/O            BLOCK I/O      PIDS
30df53e07a2d   webserver  0.00%   1.375MiB / 1.954GiB    0.07%    5.84kB / 3.86kB    618kB / 0B     2
ContainerID    NAME       CPU %   MEM USAGE / LIMIT      MEM %    NET I/O            BLOCK I/O      PIDS
30df53e07a2d   webserver  0.00%   1.375MiB / 1.954GiB    0.07%    5.84kB / 3.86kB    618kB / 0B
...


# 컨테이너의 실행 중인 프로세스 표시.
$ docker top webserver1
UID       PID     PPID     C     STIME    TTY     TIME        CMD
root      7020    7002     0     14:51    ?       00:00:00    nginx: master process nginx -g daemon off;
systemd+  7068    7020     0     14:51    ?       00:00:00    nginx: worker process

# nginx 컨테이너의 접근 로그를 도커 명령을 통해 확인(-f: 실시간, -t: 마지막로그까지).
# 접근한 웹 브라우저에서 새로고침을 계속 누르면 접근 로그가 실시간으로 기록됨.
$ docker logs -f webserver1
192.168.56.1 - - [01/Mar/2021:07:00:57 +0000] "GET / HTTP/1.1" 304 0 "-" "Mozilla/5.0 (Windows
NT 10.0; Win64; x64) AppleWebKit/537.36 (KHTML, like Gecko) Chrome/88.0.4324.190
Safari/537.36" "-"
192.168.56.1 - - [01/Mar/2021:07:00:58 +0000] "GET / HTTP/1.1" 304 0 "-" "Mozilla/5.0 (Windows
NT 10.0; Win64; x64) AppleWebKit/537.36 (KHTML, like Gecko) Chrome/88.0.4324.190
```

```
Safari/537.36" "-"
192.168.56.1 - - [01/Mar/2021:07:00:59 +0000] "GET / HTTP/1.1" 304 0 "-" "Mozilla/5.0 (Windows
NT 10.0; Win64; x64) AppleWebKit/537.36 (KHTML, like Gecko) Chrome/88.0.4324.190
Safari/537.36" "-"
...
```

```
# 컨테이너를 정지한다. (docker stop -t 10 webserver1, 옵션은 10초 후 정지)
# docker stop 명령은 SIGKILL 시그널을 전송하여 컨테이너 프로세스를 정지한다.
$ docker stop webserver1
webserver1
```

```
# 컨테이너가 중지됨을 확인.
$ curl localhost:8001
curl: (7) Failed to connect to localhost port 8001: Connection refused
```

```
# 컨테이너 시작.
$ docker start webserver1
webserver1
```

```
$ curl localhost:8001
<!DOCTYPE html>
<html>
<head>
<title>Welcome to nginx!</title>
...
```

```
# 브라우저를 이용한 접근 시도.
http://도커가 설치된 호스트의 IP:8001/
```

Welcome to nginx!

If you see this page, the nginx web server is successfully installed and
working. Further configuration is required.

For online documentation and support please refer to nginx.org.
Commercial support is available at nginx.com.

Thank you for using nginx.

```
# docker ps를 통해 컨테이너ID를 확인한(45d63083ad55) 후 cAdvisor에서 모니터링.
```

/docker

root / docker

Subcontainers

/docker/45d63083ad5519ced2a2b53284d6c692f7e152559ae860518a198c3e5f115d23

```
# 컨테이너 링크를 클릭하면 세부 자원 사용량 화면으로 넘어간다.
```

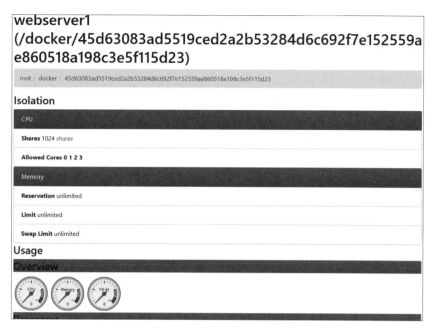

그림 3-10 **구글 cAdvisor, Nginx 컨테이너 모니터링**

```
# nginx의 index.html 내용을 변경하여 테스트해 보자.
$ vi index.html
<h1> Hello, Jpub Docker. </h1>

# 도커 cp 명령을 통해 컨테이너 내부 index.html 파일 경로에 복사한다.
$ docker cp index.html webserver1:/usr/share/nginx/html/index.html

$ curl localhost:8001
<h1> Hello, Jpub Docker. </h1>

# 연결된 브라우저에서 [F5]를 눌러 새로고침 한다.
```

실습을 통해 컨테이너의 정지stop, 시작start을 사용해 봤다. 추가적으로 프로세스 동작과 관련해서 일시정지pause와 일시정지 해제unpause, 재시작restart 등의 명령도 사용해 보자.

```
# docker pause 명령은 지정된 컨테이너의 모든 프로세스를 일시 중단한다. 리눅스에서는 freezer cgroup을 사용한
다. 프로세스를 일시 중지할 때 SIGSTOP 신호가 사용된다.
$ docker pause webserver1
webserver1
$ docker ps
CONTAINER ID    IMAGE        COMMAND              CREATED       STATUS              PORTS                   NAMES
45d63083ad55    nginx:1.18   "/docker-entrypoint...."   2 hours ago   Up 2 hours (Paused)   0.0.0.0:8001->80/tcp    webserver1
...

# docker unpause 명령은 지정된 컨테이너의 모든 프로세스에서 일시 중단을 해제한다.
$ docker unpause webserver1
webserver1
$ docker ps

# 컨테이너를 재시작하는 것은 기존 컨테이너 프로세스를 정지하고 새로운 컨테이너 프로세스를 시작하는 것이다. 컨테이너
동작에는 영향을 주지 않고, 호스트의 PID만 변경된다.
(8001은 위 실습에서 nginx의 호스트 연결 포트로 사용)
$ ps -ef | grep 8001
root      6994  2468  0 14:51 ?        00:00:00 /usr/bin/docker-proxy -proto tcp -host-ip
0.0.0.0 -host-port 8001 -container-ip 172.17.0.7 -container-port 80

$ docker restart webserver1
webserver1

$ ps -ef | grep 8001
root     10769  2468  0 16:25 ?        00:00:00 /usr/bin/docker-proxy -proto tcp -host-ip
0.0.0.0 -host-port 8001 -container-ip 172.17.0.7 -container-port 80
hylee    10850 32370  0 16:25 pts/4    00:00:00 grep --color=auto 8001
```

실습 3-4 파이썬python 프로그래밍 환경을 컨테이너로 제공

```
# 샘플 소스 코드 작성(로또 프로그램)
$ vi py_lotto.py
from random import shuffle
from time import sleep
gamenum = input('로또 게임 횟수를 입력하세요: ')
for i in range(int(gamenum)):
    balls = [x+1 for x in range(45)]
    ret = []
    for j in range(6):
        shuffle(balls)                          # balls를 무작위로 섞고,
        number = balls.pop()                    # balls의 제일 마지막 숫자를 추출하고, 제거
        ret.append(number)                      # 추출된 숫자를 ret에 추가
    ret.sort()
    print('로또번호[%d]: ' %(i+1), end='')
    print(ret)
    sleep(1)

# 파이썬 컨테이너 실행 후 py_lotto.py 샘플 코드를 복사한다.
$ docker run -it -d --name=python_test -p 8900:8900 python
$ docker cp py_lotto.py python_test:/
```

```
# 파이썬 컨테이너를 확인한다.
$ docker exec -it python_test bash
root@e1fd91f3a869:/# python
Python 3.9.2 (default, Feb 19 2021, 17:11:58)
..
>>> exit()
root@e1fd91f3a869:/#

# 파이썬 관련 도구를 확인한다.
root@e1fd91f3a869:/# pip list
Package    Version
---------- -------
pip        21.0.1
setuptools 53.0.0
wheel      0.36.2

# 파이썬 컨테이너에 설치된 파이썬 모듈을 체크한다.
root@e1fd91f3a869:/# python -c 'help("modules")'
Please wait a moment while I gather a list of all available modules...

__future__          _testinternalcapi   getpass            runpy
_abc                _testmultiphase     gettext            sched
_aix_support        _thread             glob               secrets
_ast                _threading_local    graphlib           select
_asyncio            _tkinter            grp                selectors
_bisect             _tracemalloc        gzip               setuptools
...

# 외부에서 파이썬 컨테이너 코드를 실행한다.
$ docker exec -it python_test python /py_lotto.py
로또 게임 횟수를 입력하세요: 5
로또번호[1]: [3, 10, 16, 19, 28, 39]
로또번호[2]: [8, 12, 15, 24, 25, 45]
로또번호[3]: [4, 7, 16, 23, 25, 42]
로또번호[4]: [13, 21, 26, 33, 42, 45]
로또번호[5]: [4, 9, 14, 15, 21, 35]
$
```

실습 3-4와 같이 컨테이너 내부에 소스 코드, 구성 정보(*.conf) 등을 변경하는 경우 **docker cp**가 유용하다. 예를 들어, nginx의 구성 파일인 nginx.conf를 수정해야 한다면 굳이 컨테이너에 편집기를 설치하는 수고를 들이거나 경량의 컨테이너를 무겁게 할 필요가 없다.

```
# nginx 컨테이너를 만든다.
$ docker run -d -p 8010:80 --name=webserver10 nginx:latest

# nginx 컨테이너의 nginx.conf를 호스트로 복사해 온다.
$ docker cp webserver10:/etc/nginx/nginx.conf ./nginx.conf
```

```
# nginx 구성 정보를 변경했다고 가정한다. 다시 원래 위치에 복사해 준다.
$ docker cp nginx.conf webserver10:/etc/nginx/nginx.conf

# nginx 컨테이너를 재시작해 준다.
$ docker restart webserver10
```

이처럼 도커가 가지고 있는 여러 명령어(docker cli)를 잘 활용하면 좀 더 수월하게 애플리케이션을
다룰 수 있다.

실습 3-5 node.js 테스트 환경을 위한 컨테이너 실행

```
# node.js 샘플 코드 실행을 위한 컨테이너를 생성한다.
$ vi nodejs_test.js
var http = require('http');
var content = function(req, resp) {
 resp.end("Good morning Korea~!" + "\n");
 resp.writeHead(200);
}
var web = http.createServer(content);
web.listen(8002);

$ node nodejs_test.js      # 현재 Host OS에는 node program이 없기 때문에 에러가 발생한다.

# node 컨테이너를 실행한다.
$ docker pull node
$ docker run -d -it -p 8002:8002 --name=nodejs_test node
$ docker ps
CONTAINER ID   IMAGE         COMMAND              CREATED         STATUS         PORTS     NAMES
81c5671cf080   node:latest   "docker-entrypoint.s€¦"   2 minutes ago   Up 2 minutes             nodejs_test

# 소스 코드 복사 후 실행한다.
$ docker cp nodejs_test.js nodejs_test:/nodejs_test.js
$ docker exec -it nodejs_test node /nodejs_test.js
(실행 중 상태로 멈춤)

# 웹에서 접근 확인, 콘솔 창에서 ctrl + c를 실행하면 서비스가 종료된다.
```

위에서 생성한 컨테이너 이름이 nodejs_test다. 만약 컨테이너 이름을 변경하고 싶다면 **docker
rename**을 이용해서 변경할 수 있다. 컨테이너의 이름을 주지 않고 생성한 경우에 애플리케이션과 연
관된 이름으로 변경할 경우, 컨테이너의 실행과 상관없이 동적 변경이 된다.

```
# 방식: docker rename <기존의 Container명> <새로운 Container명>
$ docker rename nodejs_test nodeapp
$ docker ps를 통해 확인해 본다.
```

docker commit은 실습 3-5에서 생성한 컨테이너의 노드_{node} 프로그램 환경과 저장한 소스 코드 그대로 새로운 이미지로 생성할 수 있다.[9]

```
# 일반적으로 도커 이미지를 통해 컨테이너를 생성하지만, docker commit을 통해 컨테이너를 이미지로 생성할 수도 있
다. 간단한 실습을 통해 알아보자.
$ docker run -it --name webserver8 -d -p 8008:80 nginx:latest
$ docker ps
CONTAINER ID   IMAGE          COMMAND                 CREATED         STATUS          PORTS                    NAMES
6dd5bfb8a07a   nginx:latest   "nginx -g 'daemon of..."   51 seconds ago   Up 50 seconds   0.0.0.0:8008->80/tcp   webserver8

$ vi index.html
<h1> Hello, Jpub Docker. </h1>

$ curl localhost:8008을 통해 정상 동작을 확인한다.

$ docker cp index.html webserver8:/usr/share/nginx/html/index.html

# 추가된 웹 소스 변경 정보를 확인하려면 docker diff(difference) 명령을 통해 가능하다.
# docker diff는 파일 및 디렉터리의 모든 변경 정보를 추적한다.
# 앞 열의 키워드는 A(추가), D(삭제), C(변경)를 의미한다.
$ docker diff webserver8
...
C /usr/share/nginx/html/index.html
...

# docker commit으로 이미지를 생성한다. 이때 -a(author)는 생성한 사람의 이니셜이다.
$ docker commit -a "jpub" webserver8 webfront:1.0

$ docker images | grep webfront
webfront                1.0            630d70c020f8   47 seconds ago   109MB

# 본인의 도커 허브 저장소에 올려본다.
$ docker login
$ docker tag webfront:1.0 본인ID/webfront:1.0
$ docker push 본인ID/webfront:1.0

# 푸시한 이미지를 내려받아서 컨테이너로 잘 동작하는지 확인해 보자.
$ docker run -it --name webserver9 -d -p 8009:80 본인ID/webfront:1.0
$ curl localhost:8009
```

---

[9] 일반적으로 이미지 생성은 Dockerfile을 작성하여 docker build를 통해 생성한다. 4장에서 배워 보자.

3.2.3 도커 볼륨 활용

도커는 유니언 파일 시스템을 사용한다. 이는 하나의 이미지로부터 여러 컨테이너를 만들 수 있는 방법을 제공하고, 이미지에 변경된 내용을 저장할 수 있도록 해준다. 데이터베이스, 웹 프로그램 등 업무에서 사용하는 애플리케이션에서 발생하는 데이터에 접근하고 이것을 공유하기 위해서 도커 볼륨 기능을 사용할 수 있다. 또한, 제공하는 서비스의 데이터와 로직은 반드시 분리되어야 한다. 애플리케이션에서 발생하는 여러 가지 상황이 데이터에 영향을 주지 않고 언제든 다른 컨테이너로 이전할 수 있다면 운영자는 데이터를 안전하게 관리하고 운영할 수 있다.

도커 볼륨은 컨테이너에서 생성, 재사용할 수 있고 호스트 운영체제에서 직접 접근이 가능하다. 또한 보존되어야 하는 데이터를 유지(데이터 영속성과 지속성)하기 위한 메커니즘을 제공한다. 일반적으로 컨테이너 내부의 데이터는 컨테이너의 라이프사이클과 연관되어 컨테이너 종료 시 삭제된다. 이를 영속적으로 유지하기 위한 방법으로 도커 볼륨을 사용하면 컨테이너가 삭제되어도 볼륨은 독립적으로 운영되기 때문에 함께 삭제되지 않는 특징이 있다.

▏▎▍▌ 도커 볼륨 타입

이렇게 호스트 파일 시스템의 특정 디렉터리와 컨테이너의 디렉터리를 연결하여 데이터를 저장하기 위해 다음과 같은 방법이 제공된다.

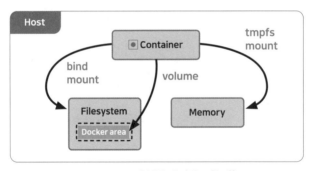

그림 3-11 **도커 볼륨 레퍼런스 참조**[10]

1 volume

- 도커에서 권장하는 방법으로 **docker volume create 볼륨 이름**을 통해 볼륨을 생성한다.
- 도커 볼륨은 도커 명령어를 통해 관리할 수 있다.
- 여러 컨테이너 간에 안전하게 공유할 수 있다.

---

10 *https://docs.docker.com/storage/volumes/*

- 볼륨 드라이버를 통해 원격 호스트 및 클라우드 환경에 볼륨 내용을 저장하고 암호화할 수 있다.
- 새 볼륨으로 지정될 영역에 데이터를 미리 채우고 컨테이너에 연결하면 컨테이너 내에서 바로 데이터 사용이 가능하다.

```
# 볼륨 생성.
$ docker volume create my-appvol-1
my-appvol-1

# 생성된 볼륨 조회.
$ docker volume ls
DRIVER              VOLUME NAME
...
local               my-appvol-1

# 볼륨 검사, 볼륨이 올바르게 생성되고 마운트되었는지 확인하는 데 사용.
$ docker volume inspect my-appvol-1
[
    {
        "CreatedAt": "2021-03-01T19:58:12+09:00",
        "Driver": "local",
        "Labels": {},
        "Mountpoint": "/var/lib/docker/volumes/my-appvol-1/_data",
        "Name": "my-appvol-1",
        "Options": {},
        "Scope": "local"
    }
]

# --mount 옵션을 이용한 볼륨 지정.
$ docker run -d --name vol-test1 \
> --mount source=my-appvol-1,target=/app \
> ubuntu:20.04

# -v 옵션을 이용한 볼륨 지정.
$ docker run -d --name vol-test2 \
> -v my-appvol-1:/var/log \
> ubuntu:20.04

# 사전에 docker volume create를 하지 않아도 호스트 볼륨 이름을 쓰면 자동 생성.
$ docker run -d --name vol-test3 \
> -v my-appvol-2:/var/log \
> ubuntu:20.04

$ docker volume ls
DRIVER              VOLUME NAME
...
local               my-appvol-1
local               my-appvol-2
$ docker inspect vol-test1      # "Mounts"를 찾아서 확인.
...
"Mounts": [
            {
```

```
            "Type": "volume",
            "Name": "my-appvol-1",
            "Source": "/var/lib/docker/volumes/my-appvol-1/_data",
            "Destination": "/var/log",
            "Driver": "local",
            "Mode": "z",
            "RW": true,
            "Propagation": ""
        }
...
$ docker inspect --format="{{ .Mounts }}" vol-test1
[{volume my-appvol-1 /var/lib/docker/volumes/my-appvol-1/_data /var/log local z true }]

# 볼륨 제거, 현재 연결된 컨테이너가 있으면 아래와 같은 에러가 발생.
$ docker volume rm my-appvol-1
Error response from daemon: remove my-appvol-1: volume is in use - [1fa0d693e22af77a869a0672bb
dd60f547b4661b0a77caea3faa4957a92ac21f, 5b0b4b3df8363e515838a2cbf648522e57037a0f408104d930f03a
a518e8299b]

# 연결된 컨테이너 제거 후 볼륨 삭제.
$ docker stop vol-test1 vol-test2
vol-test1
vol-test2
$ docker rm vol-test1 vol-test2
vol-test1
vol-test2
$ docker volume rm my-appvol-1
my-appvol-1
```

2 bind mount

- 도커 볼륨 기법에 비해 사용이 제한적이다.

- **호스트 파일 시스템 절대경로: 컨테이너 내부 경로**를 직접 마운트하여 사용한다.

- 사용자가 파일 또는 디렉터리를 생성하면 해당 호스트 파일 시스템의 소유자 권한으로 연결이 되고, 존재하지 않는 경우 자동 생성된다. 이때 자동 생성된 디렉터리는 루트 사용자 소유가 된다.

- 컨테이너 실행 시 지정하여 사용하고, 컨테이너 제거 시 바인드 마운트는 해제되지만 호스트 디렉터리는 유지된다.

```
# --mount 옵션으로 사전에 생성한 경로와 바인드 마운트 지정.
$ mkdir /home/hylee/target
$ docker run -d -it --name bind-test1 \
> --mount type=bind,source="$(pwd)"/target,target=/var/log \
> centos:8

# -v 옵션으로 사전에 생성한 디렉터리와 바인드 마운트 지정.
$ docker run -d -it --name bind-test2 \
> -v "$(pwd)"/target:/var/log \
```

```
> centos:8

# 사전에 생성하지 않은 디렉터리와 바인드 마운트 지정.
$ docker run -d -it --name bind-test3 \
> -v /home/hylee/target2:/var/log \
> centos:8

# 사전에 생성하지 않은 디렉터리에 읽기 전용 및 읽고 쓰기 바인드 마운트 지정.
$ docker run -d -it --name bind-test4 \
> -v /home/hylee/target_ro:/app1:ro \
> -v /home/hylee/target_rw:/app2:rw \
> centos:8

# 사전에 생성한 디렉터리는 현재 사용자 소유이고, -v에 지정한 절대경로는 자동으로 생성되고 루트 사용자 소유가 됨.
$ ls -l
...
drwxrwxr-x 2 hylee hylee   4096  3월  1 20:25 target
drwxr-xr-x 3 root root    4096  3월  1 20:28 target2
...

# 바인드 마운트된 컨테이너 조회.
$ docker inspect --format="{{ .HostConfig.Binds }}" bind-test2
[/home/hylee/target:/app]

$ docker inspect --format="{{ .HostConfig.Binds }}" bind-test4
[/home/hylee/target_ro:/app1:ro /home/hylee/target_rw:/app2:rw]
```

3 tmpfs mount

- 위 방법은 컨테이너가 중지된 후에도 데이터를 유지할 수 있지만 tmpfs 마운트 방법은 임시적이며 호스트 메모리에서만 지속되므로 컨테이너가 중지되면 tmpfs 마운트가 제거되고 내부에 기록된 파일은 유지되지 않는다.

- 호스트 또는 컨테이너 쓰기 가능 계층에서 지속하지 않지만 중요한 파일을 임시로 사용하는 방법에 유용하다.

- 컨테이너 실행 시 지정하여 사용하고, 컨테이너 제거 시 자동 해제된다.

```
# --mount 옵션으로 tmpfs 마운트.
$ docker run -d -it --name tmpfs-test1 \
> --mount type=tmpfs,destination=/var/www/html \
> httpd:2

# --tmpfs 옵션으로 tmpfs 마운트.
$ docker run -d -it --name tmpfs-test2 \
> --tmpfs /var/www/html \
> httpd:2

# tmpfs 마운트된 컨테이너 조회.
$ docker inspect tmpfs-test2
```

```
...
        "Tmpfs": {
            "/var/www/html": ""
        },
...
```

```
$ docker inspect --format="{{ .HostConfig.Tmpfs }}" tmpfs-test2
map[/var/www/html:]
```

ⅢⅢ 도커 볼륨 활용

추가 실습을 통해 다양한 도커 볼륨 및 바인드 마운트 활용법에 대해 알아보자.

실습 3-6 데이터베이스의 데이터 지속성 유지

데이터베이스 컨테이너의 데이터 보호를 위해 볼륨을 지정할 수 있다. 만일 컨테이너의 장애로 인해
서비스가 중단되어도 새로운 컨테이너에 동일 볼륨을 연결하면 데이터베이스의 DB, Table, Data 모두
동일하게 지속할 수 있다.

```
# 볼륨 생성
$ docker volume create mysql-data-vol
mysql-data-vol

$ docker volume ls
...
local               mysql-data-vol

# 볼륨을 포함한 MySQL 컨테이너 실행
$ docker run -it --name=mysql-vtest \
> -e MYSQL_ROOT_PASSWORD=mhylee \
> -e MYSQL_DATABASE=dockertest \
> -v mysql-data-vol:/var/lib/mysql -d \
> mysql:5.7

# MySQL 컨테이너 접속
$ docker exec -it mysql-vtest bash
root@84b656b2700d:/# /etc/init.d/mysql start
..
[info] MySQL Community Server 5.7.36 is started.

root@84b656b2700d:/# mysql -uroot -p
Enter password: (mhylee)
Welcome to the MySQL monitor.  Commands end with ; or \g.
Your MySQL connection id is 2
Server version: 5.7.33 MySQL Community Server (GPL)

Copyright (c) 2000, 2021, Oracle and/or its affiliates.
```

Oracle is a registered trademark of Oracle Corporation and/or its
affiliates. Other names may be trademarks of their respective owners.

Type 'help;' or '\h' for help. Type '\c' to clear the current input statement.

```
mysql> show databases;
+--------------------+
| Database           |
+--------------------+
| information_schema |
| dockertest         |
| mysql              |
| performance_schema |
| sys                |
+--------------------+
5 rows in set (0.00 sec)

mysql> use dockertest;
Database changed

mysql> create table mytab (c1 int, c2 char);
Query OK, 0 rows affected (0.01 sec)

mysql> insert into mytab values (1,'a');
Query OK, 1 row affected (0.01 sec)

mysql> select * from mytab;
+------+------+
| c1   | c2   |
+------+------+
|    1 | a    |
+------+------+
1 row in set (0.00 sec)

mysql> exit
Bye
root@84b656b2700d:/# ls /var/lib/mysql/dockertest/
db.opt  mytab.frm  mytab.ibd
root@84b656b2700d:/# exit
exit
```

$ docker inspect --format="{{ .Mounts }}" mysql-vtest
```
[{volume mysql-data-vol /var/lib/docker/volumes/mysql-data-vol/_data /var/lib/mysql local z
true }]
```

$ sudo ls -l /var/lib/docker/volumes/mysql-data-vol/_data/dockertest
```
total 112
-rw-r----- 1 999 docker     65  3월  1 21:13 db.opt
-rw-r----- 1 999 docker   8582  3월  1 21:15 mytab.frm
-rw-r----- 1 999 docker  98304  3월  1 21:15 mytab.ibd
```

데이터베이스 컨테이너 장애를 가정해서 정지 후 제거한 뒤 동일 볼륨을 지정, 기존 데이터가 그대로 유지됨을 확인할
수 있음.

```
$ docker stop mysql-vtest
mysql-vtest

$ docker rm mysql-vtest
mysql-vtest

$ docker run -it --name=mysql-vtest \
> -e MYSQL_ROOT_PASSWORD=mhylee \
> -e MYSQL_DATABASE=dockertest \
> -v mysql-data-vol:/var/lib/mysql -d \
> mysql:5.7

$ docker exec -it mysql-vtest bash
root@2a7ac75cde91:/# mysql -uroot -p
Enter password: (mhylee)
Welcome to the MySQL monitor.  Commands end with ; or \g.
Your MySQL connection id is 2
Server version: 5.7.33 MySQL Community Server (GPL)

Copyright (c) 2000, 2021, Oracle and/or its affiliates.

Oracle is a registered trademark of Oracle Corporation and/or its
affiliates. Other names may be trademarks of their respective owners.

Type 'help;' or '\h' for help. Type '\c' to clear the current input statement.

mysql> show databases;
+--------------------+
| Database           |
+--------------------+
| information_schema |
| dockertest         |
| mysql              |
| performance_schema |
| sys                |
+--------------------+
5 rows in set (0.00 sec)

mysql> use dockertest;
Database changed

mysql> show tables;
+----------------------+
| Tables_in_dockertest |
+----------------------+
| mytab                |
+----------------------+
1 row in set (0.00 sec)

mysql> select * from mytab;
+------+------+
| c1   | c2   |
+------+------+
```

```
|    1 | a    |
+------+------+
1 row in set (0.00 sec)

mysql> exit
Bye
root@2a7ac75cde91:/# exit
```

실습 3-6에 사용된 Mysql:5.7 컨테이너의 정확한 사용 방법이나 환경 변수에 대한 내용은 *https://hub.docker.com/*에서 해당 이미지를 찾아보면 자세히 소개되어 있다. 특히 환경 변수는 정확한 사용 방법과 의미를 설명문description을 통해 확인해야 한다.

예를 들어, -e MYSQL_ROOT_PASSWORD의 소개 내용을 보면 필수 환경 변수로 지정해 두었고, -e MYSQL_DATABASE는 선택적 환경 변수로 지정했다. 환경 변수 사용은 컨테이너 구성에 영향을 미치기 때문에 반드시 확인하도록 하자.

실습 3-7 웹 서비스의 로그 정보 보호 및 분석을 위한 바인드 마운트 설정

컨테이너에서 실행되는 웹 애플리케이션 Nginx의 접근 기록 정보인 access.log를 통해 장애 시 장애 상황 정보를 파악하거나 실시간 접근 로그를 분석할 수 있다. 호스트 운영체제에 바인드 마운트를 통해 수집된 access.log에 대해 리눅스 셸 스크립트에서 주로 사용되는 awk를 이용하여 로그 분석을 할 수 있다.

```
$ mkdir nginx-log
$ docker run -d -p 8011:80 \
> -v /home/hylee/nginx-log:/var/log/nginx  \
> nginx:1.19

# 컨테이너 내부의 access.log와 error.log가 바인드 마운트되어 지정된 디렉터리에서 확인.
$ ls -l nginx-log/
total 0
-rw-r--r-- 1 root root 0  3월  1 21:31 access.log
-rw-r--r-- 1 root root 0  3월  1 21:31 error.log

# 브라우저를 이용하여 몇 차례 접근 시도하여 로그 남김.
http://호스트IP:8011

# tail 명령을 이용해 실시간으로 접근되는 로그 정보를 수집해 본다.
$ tail -f nginx-log/access.log
...
192.168.56.1 - - [01/Mar/2021:12:32:37 +0000] "GET / HTTP/1.1" 200 612 "-" "Mozilla/5.0
(Windows NT 10.0; Win64; x64) AppleWebKit/537.36 (KHTML, like Gecko) Chrome/88.0.4324.190
Safari/537.36" "-"
192.168.56.10 - - [01/Mar/2021:12:32:37 +0000] "GET /favicon.ico HTTP/1.1" 404 555
"http://192.168.56.104:8011/" "Mozilla/5.0 (Windows NT 10.0; Win64; x64) AppleWebKit/537.36
```

```
(KHTML, like Gecko) Chrome/88.0.4324.190 Safari/537.36" "-"
192.168.56.1 - - [01/Mar/2021:12:32:46 +0000] "GET / HTTP/1.1" 304 0 "-" "Mozilla/5.0 (Windows
NT 10.0; Win64; x64) AppleWebKit/537.36 (KHTML, like Gecko) Chrome/88.0.4324.190
Safari/537.36" "-"
...

# Nginx, 아파치 웹 서비스의 access.log 패턴은 다음과 같이 10개의 패턴($변수)으로 구성.
IP(1) -(2) -(3) [날짜/시간(4) +0900](5) "POST(6) /*(7) HTTP(8) 200(9) 사이즈(10)

# 지정한 날짜/시간 내에 기록된 IP 정보를 내림차순으로 카운트하여 횟수와 IP 주소 출력.(예, 01/Mar/2021:12:32:37)
$ awk '$4>"[로그에 기록된 날짜, 시간]" && $4<"[로그에 기록된 날짜, 시간]"' access.log | awk '{ print
$1 }' | sort | uniq -c | sort -r | more
      23 192.168.56.1
      12 192.168.56.10

# AWS의 CloudWatch, Elasticsearch 등을 이용할 때도 이와 같은 패턴을 숙지하면 로그 정보 파악과 분석이 용이
하다.
```

실습 3-8 컨테이너 간 데이터 공유를 위한 데이터 컨테이너 만들기

컨테이너 볼륨으로 지정된 디렉터리로부터 볼륨 마운트를 할 수 있다. 실습에서는 여러 컨테이너가 데이터를 공유해서 사용할 수 있도록 데이터 전용 컨테이너를 생성(docker create)하고(docker run으로 실행하지 않음), 이 컨테이너에서 의도한 공유 볼륨을 여러 컨테이너에 연결할 것이다. 이를 통해 데이터 컨테이너를 만들 수 있고, 컨테이너 내의 데이터베이스 백업, 복구 및 마이그레이션 등의 작업에 활용할 수 있다.

```
# 도커 볼륨을 통해 데이터 전용 컨테이너를 생성한다.
# 명시적으로 "docker volume create 볼륨명" 명령으로 볼륨을 생성하지 않아도 -v 옵션 사용 시 하나의 디렉터리
만 지정하게 되면 호스트에는 볼륨 경로에 임의의 이름으로 생성되고, --volumes-from으로 지정된 컨테이너에는 모두
동일한 이름의 디렉터리가 생성된다.
$ docker create -v /data-volume --name=datavol ubuntu:18.04

# 생성한 데이터 전용 컨테이너를 --volumes-from 옵션을 이용해 공유 연결을 할 2개의 컨테이너 실행.
$ docker run -it --volumes-from datavol ubuntu:18.04
root@281871d1c23f:/# echo 'testing data container' > /data-volume/test-volume.txt
root@281871d1c23f:/# cat /data-volume/test-volume.txt
testing data container
root@281871d1c23f:/# exit
exit

$ docker ps -a
CONTAINER ID    IMAGE          COMMAND         CREATED         STATUS                  PORTS     NAMES
281871d1c23f    ubuntu:18.04   "/bin/bash"     22 seconds ago  Exited (0) 5 seconds ago          hopeful_lovelace
36afdba7e765    ubuntu:18.04   "/bin/bash"     49 seconds ago  Created                           datavol

$ docker run -it --volumes-from datavol ubuntu:18.04
root@d812432bf5e5:/# echo 'testing data container2' > /data-volume/test-volume2.txt
root@d812432bf5e5:/# cat /data-volume/test-volume2.txt
```

```
testing data container2
root@d812432bf5e5:/# ls /data-volume/
test-volume.txt  test-volume2.txt
root@d812432bf5e5:/# exit
exit
```

```
# 데이터 컨테이너를 호스트에서 확인(암시적으로 생성된 볼륨은 순서대로 조회됨).
$ docker volume ls
DRIVER    VOLUME NAME
local     3f08b3a215cd584fb4573255c5f0d9b5e769d0f24cc6cbeb7df7280c48b2b3a3
local     04fce98f742a50001f1b6c561e42c1017b410cd53146fdd45959e8eb755dace9
local     47c166f2e81bec292793a4e08624e46230d7022c2cb40ebd0d0c487f2e5513ae
local     766e58eb18f890bb3e0804d6a9c01f1535dd04375b8236bf26fbd37959214db1
local     81210d09a93865c8d4b0de1f33f5e6a588a792e46dfccf6715447398acc534fb
local     a07e2b4980c935ebc7b60f7fe08188a006079c952507e0e998e1826db34a47b6
local     b2653a083a4d85285aad2d392297d6a2e49694c1d8226ae55276320f47a91d5d
local     my-appvol-2
local     mysql-data-vol
```

```
# 도커 볼륨 영역에서 직접 조회.
hylee@hostos1:~$ sudo su -
# 최근에 생성된 순서대로 출력.
root@hostos1:~# ls -lt /var/lib/docker/volumes/
drwx-----x 3 root root  4096  3월  7 11:49 b2653a083a4d85285aad2d392297d6a2e49694c1d8226ae55276320f47a91d5d
-rw------- 1 root root 65536  3월  7 11:49 metadata.db
drwx-----x 3 root root  4096  3월  7 11:09 04fce98f742a50001f1b6c561e42c1017b410cd53146fdd45959e8eb755dace9
drwx-----x 3 root root  4096  3월  7 11:04 81210d09a93865c8d4b0de1f33f5e6a588a792e46dfccf6715447398acc534fb
drwx-----x 3 root root  4096  3월  7 11:03 766e58eb18f890bb3e0804d6a9c01f1535dd04375b8236bf26fbd37959214db1
drwx-----x 3 root root  4096  3월  7 11:03 3f08b3a215cd584fb4573255c5f0d9b5e769d0f24cc6cbeb7df7280c48b2b3a3
brw------- 1 root root  8, 1  3월  1 22:02 backingFsBlockDev
drwxr-xr-x 3 root root  4096  3월  1 21:12 mysql-data-vol
drwxr-xr-x 3 root root  4096  3월  1 20:15 my-appvol-2
drwxr-xr-x 3 root root  4096  3월  1 14:12 47c166f2e81bec292793a4e08624e46230d7022c2cb40ebd0d0c487f2e5513ae
drwxr-xr-x 3 root root  4096 11월  1 12:16 a07e2b4980c935ebc7b60f7fe08188a006079c952507e0e998e1826db34a47b6
```

```
root@hostos1:~# ls b2653a083a4d85285aad2d392297d6a2e49694c1d8226ae55276320f47a91d5d/_data/
test-volume2.txt  test-volume.txt
```

만일 호스트 운영체제의 볼륨 연결 디렉터리가 다른 서버와 NFS_{Network File System}로 연결된 경로라면 자동으로 다른 서버 쪽으로 데이터가 백업되어 안정적인 데이터 관리를 할 수 있다.

실습 3-9 실무에서 유용한 볼륨 활용

Nginx 웹 서비스를 하는 컨테이너를 개발하고 있다고 가정하자.

Dockerfile을 이용한 초기 이미지 개발 시 개발 팀으로부터 전달받은 웹 소스를 Nginx 컨테이너 내부의 웹 기본 경로인 /var/www/html에 Dockerfile의 copy로 포함할 수 있다. 이렇게 생성된 이미지를 컨테이너로 실행한 뒤 웹 소스 변경이 있다면 수정된 웹 소스를 docker cp 명령을 통해 다시 넣을 수 있다. 이때 컨테이너 실행 시 볼륨(-v)을 지정했다면 애써 docker cp 명령을 사용하지 않고도 해당 볼륨 경로에 변경된 웹 소스만 넣어주면 바로 적용이 가능하다.

실습 3-9에서는 사용하는 방법만 살펴보고 Dockerfile 관련 장에서 실제 이미지 개발과 볼륨을 함께
다룬다.

```
# 볼륨 기법 중 하나인 바인드 마운트를 사용한다.
$ docker run -d -p 8080:80 \
> -v `pwd`/web-volume:/usr/share/nginx/html \
> --name=dev-web nginx:1.19

$ curl localhost:8080
<!DOCTYPE html>
<html>
<head>
<title>Welcome to nginx!</title>
<style>
...

# 볼륨 디렉터리에서 index.html을 변경한 뒤 웹을 조회해 보면 바로 적용됨을 알 수 있다.
# 사전에 생성한 디렉터리가 아니므로 현재 root 소유다.
$ cd web-volume/
web-volume$ sudo vi index.html
<h1> Hello, Car shopping web application. </h1>

web-volume$ curl localhost:8080
<h1> Hello, Car shopping web application. </h1>
```

```
web-volume$ sudo vi index.html
<h1> Hello, Book shopping web application. </h1>

web-volume$ curl localhost:8080
<h1> Hello, Book shopping web application. </h1>
```

볼륨으로 연결된 컨테이너 내부에서 **df -h** 명령을 통해 마운트된 디렉터리(/webapp)의 공간을 조회해
보면 호스트 운영체제의 최상위 영역 /(루트 디렉터리)와 /webapp 디렉터리의 용량이 같은 것을 알 수
있다. 실습에서는 바인드 마운트 방식으로 연결시켜 조회하고 그 사용량을 제한하기 위해 리눅스에서
사용하는 **dd** 명령어를 통해 임시 영역 512MB를 생성하고 이 임시 영역을 파일 시스템으로 만들어
볼륨 디렉터리로 사용한다. 이렇게 되면 컨테이너 내부에서 사용할 수 있는 볼륨 공간이 제한된다.

```
# 바인드 마운트 방식으로 볼륨을 설정하고 그 사용 공간을 비교해 본다.
$ df -h
Filesystem      Size  Used Avail Use% Mounted on
udev            3.9G     0  3.9G   0% /dev
tmpfs           799M   26M  774M   4% /run
/dev/sda1        48G   11G   35G  24% /
tmpfs           3.9G  196K  3.9G   1% /dev/shm
tmpfs           5.0M     0  5.0M   0% /run/lock
tmpfs           3.9G     0  3.9G   0% /sys/fs/cgroup
tmpfs           799M   64K  799M   1% /run/user/1000


$ docker run -v /home/hylee/myvolume:/webapp -it \
> --name=volume_test ubuntu:14.04 bash
root@a67024c88531:/# df -h
Filesystem      Size  Used Avail Use% Mounted on
overlay          48G   11G   35G  24% /
tmpfs            64M     0   64M   0% /dev
tmpfs           3.9G     0  3.9G   0% /sys/fs/cgroup
shm              64M     0   64M   0% /dev/shm
/dev/sda1        48G   11G   35G  24% /webapp
tmpfs           3.9G     0  3.9G   0% /proc/acpi
tmpfs           3.9G     0  3.9G   0% /proc/scsi
tmpfs           3.9G     0  3.9G   0% /sys/firmware
root@a67024c88531:/# exit
exit


# 임시 공간을 만들어 볼륨으로 사용해 본다. (디바이스와 관련된 리눅스 명령에 대한 설명은 생략한다.)
$ sudo dd if=/dev/zero of=temphdd.img count=512 bs=1M
512+0 records in
512+0 records out
536870912 bytes (537 MB, 512 MiB) copied, 0.171946 s, 3.1 GB/s


$ sudo mkfs.ext4 temphdd.img
mke2fs 1.42.13 (17-May-2015)
Discarding device blocks: done
Creating filesystem with 131072 4k blocks and 32768 inodes
Filesystem UUID: dda8c94c-1e5f-4f1d-83ed-f41022644bc3
Superblock backups stored on blocks:
        32768, 98304

Allocating group tables: done
Writing inode tables: done
```

```
Creating journal (4096 blocks): done
Writing superblocks and filesystem accounting information: done
```

```
$ sudo fdisk -l temphdd.img
Disk temphdd.img: 512 MiB, 536870912 bytes, 1048576 sectors
Units: sectors of 1 * 512 = 512 bytes
Sector size (logical/physical): 512 bytes / 512 bytes
I/O size (minimum/optimal): 512 bytes / 512 bytes
```

```
$ mkdir /home/hylee/webapp
$ sudo mount -o loop temphdd.img /home/hylee/webapp
$ df -h
Filesystem      Size  Used Avail Use% Mounted on
udev            3.9G     0  3.9G   0% /dev
tmpfs           799M   26M  774M   4% /run
/dev/sda1        48G   11G   35G  24% /
tmpfs           3.9G  196K  3.9G   1% /dev/shm
tmpfs           5.0M     0  5.0M   0% /run/lock
/dev/loop0      488M  396K  452M   1% /home/hylee/webapp
```

```
$ sudo chown -R hylee.hylee /home/hylee/webapp
```

```
$ docker run -v /home/hylee/webapp:/webapp -it --name=volume_quota ubuntu bash
root@67440117736d:/# df -h
Filesystem      Size  Used Avail Use% Mounted on
overlay          48G   11G   35G  24% /
tmpfs            64M     0   64M   0% /dev
tmpfs           3.9G     0  3.9G   0% /sys/fs/cgroup
shm              64M     0   64M   0% /dev/shm
/dev/loop0      488M  396K  452M   1% /webapp
/dev/sda1        48G   11G   35G  24% /etc/hosts
...
```

```
root@67440117736d:/# exit
exit
```

이렇듯 볼륨은 컨테이너의 데이터 보존과 지속적 사용을 위해 컨테이너 운영에서 필수적으로 관리해야 하는 옵션이고, 호스트 운영체제의 다양한 기능과 접목하여 응용 활용이 가능하다.

3.2.4 도커 컨테이너의 자원 사용에 대한 런타임 제약

▐▐▐▐▐ 서버 자원 모니터링

일반적으로 서버 시스템을 운영하면서 자원의 사용량usage이나 활용도utilization를 모니터링하지 않는 곳은 없을 것이다. CPU, 메모리, 디스크 I/O, 네트워크 트래픽 등을 기본적으로 살펴보면서 성능에 문제점이 발생할 것 같은 징후(또는 이벤트)를 찾아 예방하는 것이 목적이다. 이러한 자원을 모니터링하기 위해 다음과 같은 도구를 종종 사용한다.

표 3-4 **서버 자원 모니터링 도구**

도구	설명
top	리눅스 전체의 자원 소비량 및 개별 액티브 프로세스의 자원 사용량 **사용 예** ~# top
htop	top보다 향상된 자원 사용량 제공(별도 설치 요구) • Centos: yum -y install epel-release(저장소 설정) 　　　　 yum -y install htop • Ubuntu: apt -y install htop **사용 예** ~# htop
sar	(system activity report) 다양한 옵션을 통해 시스템 전반의 사용량에 대한 세부적인 모니터링 제공, 주로 셸 스크립트에 포함하여 활용(별도 설치 요구) • Centos: yum -y install sysstat • Ubuntu: apt -y install sysstat **사용 예** ~# sar 2 10(2초 간격으로 10초 동안 수집)
iostat, df	디스크 성능 지표인 IOPS와 MBPS 측정 가능(sar과 함께 설치) **사용 예** ~# iostat 2 10(2초 간격으로 10초 동안 수집)
vmstat, free	메모리 성능 측정이 가능 **사용 예** ~# vmstat 2 10(2초 간격으로 10초 동안 수집) **사용 예** ~# free -mt(마지막 사용량을 MB 단위로 표시)
dstat	서버 전반의 자원 사용량에 대한 모니터링 제공, 개별 옵션으로 제어 가능(별도 설치 요구) • Centos: yum -y install dstat • Ubuntu: apt -y install dstat **사용 예** ~# dstat
iptraf-ng	서버로 유입되는 네트워크 인터페이스별 패킷양, 프로토콜 등을 통해 네트워크 트래픽 모니터링(별도 설치 요구) • Centos: yum -y install iptraf-ng • Ubuntu: apt -y install iptraf-ng **사용 예** ~# iptraf-ng

이러한 몇 가지 도구만으로도 서버 자원을 모니터링하여 예방적 차원의 관리 작업과 효율성을 확인할 수 있다.

컨테이너를 호스트 운영체제에서 실행한 경우에도 표 3-4의 도구를 사용해서 자원 사용량을 측정할 수 있다. 컨테이너는 프로세스라는 정의를 다시 한번 상기할 수 있다. 컨테이너를 생성하는 **docker run, docker create** 명령과 함께 자원 할당 제어를 사용하지 않는다면 생성되는 컨테이너는 호스트 운영체제의 모든 자원을 자유롭게 사용하고, 과도한 자원 사용도 가능하다.

컨테이너를 사용하는 대부분의 목적은 소규모의 애플리케이션 서비스다. 이 작은 애플리케이션 서비스의 잘못된 설정으로 시스템에 부하를 유발한다면 다른 컨테이너의 동작 간섭뿐만 아니라 호스트 운영체제 전반이 영향을 받는다.

컨테이너 생성 시 도커에서 제공하는 여러 런타임 제약 옵션을 통해 컨테이너의 자원을 어떻게 효율적으로 운영할지 정의할 수 있다. 컨테이너 생성 후에도 **docker update** 명령을 통해 변경이 가능하다. 이러한 리소스 런타임 제약은 리눅스 커널이 제공하는 cgroup 기능을 통해 가능하다. **/proc/mounts** 정보 또는 **docker info** 명령을 확인할 수 있다.

```
$ grep cgroup /proc/mounts

$ docker info | grep Cgroup
 Cgroup Driver: cgroupfs
 Cgroup Version: 1
```

이러한 cgroup 기능이 비활성된 경우 docker info 출력 마지막에 경고 표시가 나타나거나 컨테이너를 생성하는 docker run 이후에 세부 내용에 대한 경고 표시가 출력된다.

Ubuntu 20.04 버전으로 도커를 사용하는 경우에는 아래 경고 메시지가 출력되지 않는다.

```
$ docker info
…
WARNING: No swap limit support
```

```
$ docker run -d --memory=1g --name=nginx_mem_1g nginx
WARNING: Your kernel does not support swap limit capabilities or the cgroup is not mounted.
Memory limited without swap.
또는,
WARNING: Your kernel does not support swap limit capabilities. Limitation discarded.
```

이러한 기능을 사용하지 않는 컨테이너 사용이라면 무시해도 되지만, 자원 활용은 서버 운영이든 컨테이너 운영이든 세부적인 관리가 필요하다. 간단히 해결해 보자.[11]

참고로, 주로 Ubuntu, 데비안 계열의 리눅스 서버 운영 시 발생한다.

---

11 이에 대한 해결책은 *https://docs.docker.com/engine/install/linux-postinstall/#your-kernel-does-not-support-cgroup-swap-limit-capabilities*에서 제공하는 도커 도큐먼트를 참고한다.

```
$ sudo vi /etc/default/grub
...
GRUB_CMDLINE_LINUX_DEFAULT="cgroup_enable=memory swapaccount=1"
...

# GRUB(그루브, 커널 정보 로드 시 사용) 업데이트를 수행한다.
$ sudo update-grub
Generating grub configuration file ...
Warning: Setting GRUB_TIMEOUT to a non-zero value when GRUB_HIDDEN_TIMEOUT is set is no longer
supported.
...
Done.

$ sudo reboot

# 경고 표시 없이 컨테이너가 실행된다. 메모리를 1GB 설정 이후 docker inspect로 조회한다.
~$ docker run -d --memory=1g --name=nginx_mem_1g nginx

# 여기서는 메모리만 조회하지만, 전체를 보면 설정 가능한 모든 자원값을 볼 수 있다.
~$ docker inspect nginx_mem_1g | grep \"Memory\"
            "Memory": 1073741824,
```

▐▐▐▐▐ 컨테이너 리소스 런타임 제약 옵션

이제 도커에서 제공하는 런타임 제약 옵션으로 대표되는 세 가지(CPU, 메모리, 디스크 I/O)에 대해 알아보자.

첫 번째로 중앙처리장치$_{CPU}$ 런타임 제약이다.

표 3-5 **CPU 리소스 런타임 제약 옵션**

도구	설명
--cpus (0~1, 100% 기준)	컨테이너가 사용 가능한 CPU 리소스의 양을 지정. **사용 예** --cpus=0.2 : 1개의 CPU를 사용 중인 경우 이 CPU의 20%만 사용 가능 **사용 예** --cpus=1.5 : 여러 개의 CPU를 사용 중인 경우 1.5개의 CPU 사용이 보장
--cpu-period	CPU CFS[12] 기간 제한 옵션으로 컨테이너의 CFS는 100ms(밀리세컨드)로 지정. 일반적으로 이 값은 변경하지 않고 사용.

(계속)

---

[12] CFS(Completely Fair Scheduler)는 2.6.23 커널 버전 이후 적용된 리눅스의 기본 스케줄러다. CFS를 그대로 풀면 '완벽하게 공정한 스케줄러'라고 해석할 수 있다. 즉, 런큐에서 실행 대기 상태로 기다리는 프로세스를 공정하게 실행하도록 기회를 부여하는 스케줄러를 뜻한다.

도구	설명
--cpu-quota	--cpu-period에 설정된 시간을 CPU 스케줄링에 얼마나 할당할지를 설정. 100ms 동안 CPU를 얼마나 할당할지 결정(--cpus와 권장) **사용 예** 1개의 CPU 사용 시 컨테이너가 100ms마다 런타임의 50%를 CPU에 할당. --cpus=0.5와 동일. $ docker run -it \\ > --cpu-period=100000 \\ > --cpu-quota=50000 \\ > ubuntu:14.04 /bin/bash 일반적으로 --cpus 이용을 권장.
--cpuset-cpus	호스트 운영체제에 여러 개의 CPU를 사용하는 경우 특정 코어 번호를 지정하여 사용 제한. CPU 코어 번호는 0부터 시작함. **사용 예** --cpuset-cpus="0,3" → 1, 4번째 CPU 사용 **사용 예** --cpuset-cpus="0-2" → 1, 2, 3번째 CPU 사용
--cpu-shares	CPU 타임 스케줄링 기법으로 모든 컨테이너는 동일한 비율의 CPU 주기를 갖고, 이 비율은 실행 중인 다른 모든 컨테이너의 가중치를 기준으로 컨테이너의 CPU 공유 가중치를 변경하여 적용. 기본값 1024.

몇 가지 실습을 통해 사용해 보자.

실습 3-11 --cpu-shares

현재 사용 중인 서버의 CPU 수를 알아보자. cpuinfo 파일이나 htop 도구를 사용한다.
$ grep -c processor /proc/cpuinfo
4

$ htop을 통해 확인해 본다.

```
  1  [                                    0.0%]   Tasks: 86, 181 thr; 1 running
  2  [                                    0.0%]   Load average: 0.05 0.07 0.08
  3  [|                                   1.3%]   Uptime: 06:44:14
  4  [                                    0.0%]
Mem[|||||||||||||||||||||||||    328M/3.86G]
Swp[                                 0K/2.00G]

  PID USER      PRI  NI  VIRT   RES   SHR S CPU% MEM%   TIME+  Command
 2658 root       20   0 1431M 42220 17444 S  0.7  1.0  2:57.44 /usr/bin/cadvisor -logtostderr
 2828 root       20   0 1431M 42220 17444 S  0.7  1.0  0:14.74 /usr/bin/cadvisor -logtostderr
 2790 root       20   0 1431M 42220 17444 S  0.0  1.0  0:12.58 /usr/bin/cadvisor -logtostderr
27297 root       20   0 1011M 42468 24944 S  0.0  1.0  0:00.49 /usr/bin/containerd
 2863 root       20   0 1431M 42220 17444 S  0.0  1.0  0:01.41 /usr/bin/cadvisor -logtostderr
31661 jeff       20   0 27284  3892  3264 R  0.0  0.1  0:00.02 htop
 2788 root       20   0 1431M 42220 17444 S  0.0  1.0  0:16.07 /usr/bin/cadvisor -logtostderr
    1 root       20   0  117M  5956  3996 S  0.0  0.1  0:01.33 /sbin/init
```

사전에 만들어놓은 이미지인 stress(스트레스, 과부하 테스트용 프로그램)를 이용하여 측정해 본다. 컨테이너 내부의 CPU 4개에 부하를 가중하여 모니터링한다.

기본값으로 설정한다.
**$ docker run -d --name cpu_1024 **

```
> --cpu-shares 1024 \
> leecloudo/stress:1.0 stress --cpu 4

# 기본값의 절반인 512만 설정한다.
$ docker run -d --name cpu_512 \
> --cpu-shares 512 \
> leecloudo/stress:1.0 stress --cpu 4
```

2개의 컨테이너의 CPU 사용 시간을 측정해 본다. 두 번째 컨테이너가 거의 절반 아래 수준인 것을 확인할 수 있다.

```
$ ps -auxf | grep stress | grep -v grep
root     29863  0.4  0.0  7480   952 ?      Ss   13:24   0:00  |       \_ stress --cpu 4
root     29903 70.4  0.0  7480    96 ?      R    13:24   0:38  |       \_ stress --cpu 4
root     29904 70.0  0.0  7480    96 ?      R    13:24   0:38  |       \_ stress --cpu 4
root     29905 70.4  0.0  7480    96 ?      R    13:24   0:38  |       \_ stress --cpu 4
root     29906 70.7  0.0  7480    96 ?      R    13:24   0:38  |       \_ stress --cpu 4
root     29967  0.5  0.0  7480   816 ?      Ss   13:24   0:00          \_ stress --cpu 4
root     30002 33.2  0.0  7480    92 ?      R    13:24   0:16          \_ stress --cpu 4
root     30003 33.2  0.0  7480    92 ?      R    13:24   0:16          \_ stress --cpu 4
root     30004 33.3  0.0  7480    92 ?      R    13:24   0:16          \_ stress --cpu 4
root     30005 32.9  0.0  7480    92 ?      R    13:24   0:16          \_ stress --cpu 4
```

실습 3-12 --cpuset-cpus

CPU 코어 번호 2번, 즉 세 번째 CPU를 선택한다.
```
$ docker run -d --name cpuset_1 \
> --cpuset-cpus=2 \
> leecloudo/stress:1.0 stress --cpu 1
```

htop을 통해 확인해 본다.
```
  1 [                                        0.0%]   Tasks: 115, 247 thr; 2 running
  2 [                                        0.0%]   Load average: 0.30 0.36 0.81
  3 [||||||||||||||||||||||||||||||||||||||100.0%]   Uptime: 05:10:37
  4 [                                        0.0%]
Mem[||||||||||||||||||||||||            800M/7.80G]
Swp[                                      0K/2.00G]
```

htop의 기능을 통해 다른 방법으로 정보를 확인한다. [F2] → CPUs로 이동 후 스페이스바로 옵션 선택.
예1) Text 모드
```
  1 :100.0% sys:   0.0% low:   0.0%
  2 :  0.0% sys:   0.0% low:   0.0%
  3 :  0.0% sys:   0.0% low:   0.0%
  4 :100.0% sys:   0.0% low:   0.0%
Mem[||||||||||||||||||||||||||||    802M/7.80G]
Swp[                                 0K/2.00G]
```

```
Setup               Left column             Right column
Meters              CPUs (1/1) [Text]       Task counter [Text]
Display options     Memory [Bar]            Load average [Text]
Colors              Swap [Bar]              Uptime [Text]
Columns
```

```
1                                                             ▦▦▦▦
                                                              ▦▦▦▦
                                                              ▦▦▦▦
                                                              ▦▦▦▦
     .........................................................▦▦▦▦
2


3        ...............................................................


4        ............................................................▦▦▦▦
                                                              ▦▦▦▦
                                                              ▦▦▦▦
                                                              ▦▦▦▦
     .........................................................▦▦▦▦
  Mem[|||||||||||||||||||||||||              802M/7.80G]
  Swp[                                          0K/2.00G]
```

```
Setup            Left column              Right column
Meters           CPUs (1/1) [Graph]       Task counter [Text]
Display options  Memory [Bar]             Load average [Text]
Colors           Swap [Bar]               Uptime [Text]
Columns
```

예3) LED 모드

```
1  :  |□□ . □ % sys:  □ . □ % low:  □ . □ %

2  :   □ . □ % sys:  □ . □ % low:  □ . □ %

3  :   □ . □ % sys:  □ . □ % low:  □ . □ %

4  :  |□□ . □ % sys:  □ . □ % low:  □ . □ %
  Mem[|||||||||||||||||||||||||              801M/7.80G]
  Swp[                                          0K/2.00G]
```

```
Setup            Left column              Right column
Meters           CPUs (1/1) [LED]         Task counter [Text]
Display options  Memory [Bar]             Load average [Text]
Colors           Swap [Bar]               Uptime [Text]
Columns
```

```
$ docker stop cpuset_1
cpuset_1
$ docker rm cpuset_1
cpuset_1

# CPU 코어 번호 0, 3번, 즉 첫 번째와 네 번째 CPU를 선택한다.
~$ docker run -d --name cpuset_2 \
> --cpuset-cpus=0,3
> leecloudo/stress:1.0 stress --cpu 2
```

```
# htop을 통해 확인해 본다.
1  [||||||||||||||||||||||||||||||||||||||||||||100.0%]     Tasks: 116, 250 thr; 3 running
2  [                                              0.0%]     Load average: 0.55 0.43 0.80
3  [                                              0.0%]     Uptime: 05:11:46
4  [||||||||||||||||||||||||||||||||||||||||||||100.0%]
Mem[||||||||||||||||||||||||           802M/7.80G]
Swp[                                0K/2.00G]
```

--cpus

```
# 실습 3-12에서 실행 중인 컨테이너의 CPU 사용률을 20%로 런타임 제어를 할 수 있다.
$ docker update --cpus=0.2 cpuset_2
```

```
# htop을 통해 확인해 본다. 전체 CPU 수를 기준으로 그 비율을 정한다.
1  [|||||||                                      10.4%]     Tasks: 116, 247 thr; 3 running
2  [|                                             0.7%]     Load average: 0.52 0.87 1.03
3  [                                              0.0%]     Uptime: 05:24:40
4  [|||||||                                      11.0%]
Mem[|||||||||||||||||||||||||||     800M/7.80G]
Swp[                                0K/2.00G]
```

```
$ docker update --cpus=0.5 cpuset_2
# htop을 통해 확인해 본다. 전체 CPU 수를 기준으로 그 비율을 정한다.
1  [|||||||||||||||                              22.2%]     Tasks: 116, 247 thr; 3 running
2  [|                                             0.7%]     Load average: 0.39 0.91 1.06
3  [                                              0.0%]     Uptime: 05:23:29
4  [|||||||||||||||                              22.2%]
Mem[|||||||||||||||||||||||||||     800M/7.80G]
Swp[                                0K/2.00G]
```

추가적으로 빅데이터 분석 등에서 필요한 GPU에 대한 리소스 런타임 제약(--gpus)도 가능하다. 두 번째로 메모리memory 런타임 제약이다.

실행 중인 컨테이너가 호스트 운영체제의 메모리를 과도하게 사용하지 않도록 제어해야 한다. 만일 호스트 시스템의 메모리 부족을 감지하면 OOME Out Of Memory Exception를 발생시키고 메모리를 확보하기 위해 프로세스를 종료한다. 이때 도커 컨테이너 애플리케이션뿐만 아니라 시스템의 중요 프로세스에 영향을 끼칠 수 있다. 설정 옵션을 살펴보자.

표 3-6 메모리 리소스 런타임 제약 옵션

도구	설명
-m 또는 --memory	컨테이너가 사용할 수 있는 최대 메모리 크기를 정할 수 있고, 허용되는 최솟값은 4m(4MB). (b, k, m, g 용량 단위)
--memory-swap	컨테이너가 디스크로 스왑할 수 있는 메모리양 지정. 0이면 컨테이너의 스왑 사용 해제, -1이면 무제한으로 설정.
--kernel-memory	컨테이너가 사용할 수 있는 최대 커널 메모리양 지정.

몇 가지 실습을 통해 사용해 보자.

실습 3-14 **--memory**

```
# Ubuntu 컨테이너의 메모리 사용량을 1GB로 제한한다.
$ docker run -it -d --memory=1g --name=ubuntu_mem_1g ubuntu:14.04

# 여기서는 메모리만 조회하지만, grep 부분을 제외하면 설정 가능한 모든 자원값을 확인할 수 있다.
$ docker inspect ubuntu_mem_1g | grep -i memory
        "Memory": 1073741824,
        "KernelMemory": 0,
        "KernelMemoryTCP": 0,
        "MemoryReservation": 0,
        "MemorySwap": 2147483648,
        "MemorySwappiness": null,
```

위 결과에서 보면 메모리 할당을 1GB로 지정하면 스왑 메모리 공간을 2배로 설정하는 것을 확인할 수 있다. 일반적으로 서버 시스템에서 할당하는 방법과 유사하다.

실습 3-15 **--memory & --memory-swap**

```
# Ubuntu 컨테이너의 메모리 사용량을 500MB, 스왑은 1G로 제한한다.
$ docker run -it -d \
> --memory=500m --memory-swap=1g \
> --name=ubuntu_mem_swap \
> ubuntu:14.04

# 메모리와 스왑 할당량을 확인한다.
$ docker inspect ubuntu_mem_swap | grep -i memory
        "Memory": 524288000,
        "KernelMemory": 0,
        "KernelMemoryTCP": 0,
        "MemoryReservation": 0,
        "MemorySwap": 1073741824,
        "MemorySwappiness": null,
```

실습 3-16 --memory 사용 시 컨테이너 애플리케이션이 사용하는 메모리양보다 적게 설정되는 경우 오류가 발생한다. 따라서 사전에 컨테이너 애플리케이션에 적합한 메모리양을 확인한 뒤 설정해야 한다.

```
# mysql 컨테이너에 메모리 할당 최솟값인 4MB를 할당해 본다.
$ docker run -it -d \
> --memory=4m \
> --name=mysql_mem_4m \
> -e MYSQL_ROOT_PASSWORD=hylee0 \
> mysql:5.7
docker: Error response from daemon: Minimum memory limit allowed is 6MB.
See 'docker run --help'.

# 100MB를 설정하면 컨테이너가 종료되지는 않지만, mysql 데이터베이스를 동작하기엔 부족한 메모리다. 따라서, 애플
리케이션 운영에 필요한 메모리양 계산을 통해 할당해야 한다.
$ docker run -it -d \
> --memory=100m \
> --name=mysql_mem_100m \
> -e MYSQL_ROOT_PASSWORD=hylee0 \
> mysql:5.7
```

세 번째로 디스크disk 블록 I/O 런타임 제약이다.

다른 자원과 마찬가지로 컨테이너에 디스크 I/O 또한 제한하지 않으면 무제한 I/O를 사용한다. 블록 I/O의 특성을 이해하고, 컨테이너에 입출력되는 워크로드를 어느 정도 예상하고 설정하는 것이 바람직하다. 이 기능은 Direct I/O에서만 입출력 제한이 적용되며, Buffered I/O는 제한되지 않는다.[13] 일반적인 디스크 I/O의 성능 지표로 MBPSMega Byte Per Second(초당 처리할 수 있는 처리량throughput 지표), IOPSInput Output Per Second(초당 I/O 횟수 지표)를 사용하여 전체적인 디스크 블록 I/O를 제한할 수 있다.

표 3-7 디스크 I/O 리소스 런타임 제약 옵션

도구	설명
--blkio-weight	블록 IO 할당량은 10~1,000 사이의 가중치 값 허용
--blkio-weight-device	블록 IO 할당량을 제한할 대상 디바이스 지정
--device-read-bps	장치의 초당 읽기 속도 제한(kb, mb, gb 단위로 설정 가능)
--device-write-bps	장치의 초당 쓰기 속도 제한(kb, mb, gb 단위로 설정 가능)
--device-read-iops	장치의 초당 읽기 I/O양 제한(0 이상의 정수 설정)
--device-write-iops	장치의 초당 쓰기 I/O양 제한(0 이상의 정수 설정)

---

13 Direct I/O 기능은 운영체제의 버퍼를 거치지 않고 직접 디스크로 IO를 실행하고, Buffered I/O는 버퍼에 저장된 데이터로 I/O를 실행한다.

```
# 제한 없이 컨테이너를 실행한 뒤 dd 명령을 통해 임시 디바이스를 생성해 본다.
# 이때 출력되는 시간 및 MBPS 정보를 확인한다. 호스트의 MBPS 속도를 그대로 사용한다.
$ docker run -it --rm ubuntu:14.04 bash
root@6be21ef4ee19:/# dd if=/dev/zero of=blkio.out bs=1M count=10 oflag=direct
10+0 records in
10+0 records out
10485760 bytes (10 MB) copied, 0.0101662 s, 1.0 GB/s

# 쓰기 MBPS를 초당 10MB로 제한한다. 10MB로 제한하여 그 아래로 속도가 발생한다.
$ docker run -it --rm --device-write-bps /dev/sda:10mb ubuntu:14.04 bash
root@7a561760ec1c:/# dd if=/dev/zero of=blkio.out bs=1M count=10 oflag=direct
10+0 records in
10+0 records out
10485760 bytes (10 MB) copied, 1.37052 s, 7.7 MB/s

# 쓰기 MBPS를 초당 1MB로 제한한다. 1MB로 제한하여 그 아래로 속도가 발생한다.
$ docker run -it --rm --device-write-bps /dev/sda:1mb ubuntu:14.04 bash
root@5e1dbe52c316:/# dd if=/dev/zero of=blkio.out bs=1M count=10 oflag=direct

10+0 records in
10+0 records out
10485760 bytes (10 MB) copied, 15.9382 s, 658 kB/s
```

여기까지 도커 컨테이너의 주요 자원 런타임 제약에 대해 알아봤다. 서버, 컨테이너 상관없이 제한된 자원이라는 환경에서 애플리케이션을 운영하는 경우에는 항상 제약을 통해 호스트 시스템 및 다른 컨테이너 서비스에 영향을 미치지 않도록 자원 제약에 관심을 가져야 한다.

3.2.5 도커 네트워크

||||| 도커 네트워크 개요

도커 컨테이너 및 서비스는 도커 네트워크를 통해 격리된 컨테이너 간의 네트워크 연결뿐만 아니라 도커 외의 다른 애플리케이션 워크로드와도 연결이 가능하다. 이때 도커 네트워크의 하위 시스템 연결을 위해 도커 네트워크 드라이버를 사용하여 상호 간 통신이 가능해진다.

도커 레퍼런스[14]의 도커 네트워크 정의를 보면 다음과 같다.

> 도커 설치 시 기본적으로 제공되는 docker0는 소프트웨어적으로 구현된 가상 이더넷 브리지virtual ethernet bridge 네트워크이고, 이것을 통해 격리된 컨테이너들의 상호 간 통신을 제공한다.

---

14 *https://docs.docker.com/network/*

별도의 브리지 네트워크를 생성하여 연결값으로 설정하지 않는 한 실행되는 모든 컨테이너는 docker0 브리지에 연결되어 172.17.0.0/16의 CIDR[15] 범위로 IP 주소가 할당된다. /16은 최대 65,536개의 IP 주소 범위를 가진다.

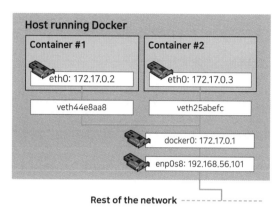

그림 3-12 **도커 브리지 네트워크 연결**

여기서 제공되는 네 가지 네트워크 인터페이스는 다음과 같다.

- **enp0s8**: Ubuntu 리눅스의 네트워크 카드다. 저자는 오라클 VirtualBox에서 제공하는 IP 주소를 할당받아 사용 중이다(centos에서는 ens33 등의 이름을 사용한다).

- **docker0**: 도커 설치 시 기본적으로 제공되는 브리지 네트워크로 172.17.0.1 주소를 갖는다. docker0 브리지는 소프트웨어적인 스위치 방식으로 동작하며, 일반적인 스위치 방식과는 다르게 DHCP로 연결된 컨테이너에 사전에 정의된 IP 풀을 할당한다.

- **vethxxxxxxx**: OSI 7 계층 서비스 모델의 2계층 서비스로 컨테이너 내부에 제공되는 네트워크 인터페이스 eth0와 한 쌍으로 제공되어 docker0와 가상의 터널링 네트워크를 제공한다.

- **eth0**: 도커 컨테이너에 생성되는 기본 네트워크 인터페이스명으로 docker0를 게이트웨이로 사용한다. 그림 3-12와 같이 순차적으로 IP 주소를 할당받거나 사용자가 동일 대역의 IP 주소를 지정할 수 있다. 그림에서는 172.17.0.2~3을 실행되는 컨테이너에 자동 할당하고 있다.

그림 3-12와 같이 구성되는 기본 브리지 네트워크 모드 실습을 수행해 보자.

```
# 호스트 운영체제에 기본으로 설치된 docker0의 IP 주소를 확인한다.
$ ifconfig docker0
docker0    Link encap:Ethernet  HWaddr 02:42:f7:c4:5b:23
           inet addr:172.17.0.1  Bcast:172.17.255.255  Mask:255.255.0.0
```

---

15   CIDR(Classless Inter-Domain Routing)은 클래스 없는 도메인 간 라우팅 기법을 말한다.

```
            inet6 addr: fe80::42:f7ff:fec4:5b23/64 Scope:Link
            UP BROADCAST RUNNING MULTICAST  MTU:1500  Metric:1
            RX packets:222941 errors:0 dropped:0 overruns:0 frame:0
            TX packets:1589959 errors:0 dropped:0 overruns:0 carrier:0
            collisions:0 txqueuelen:0
            RX bytes:4459427833 (4.4 GB)  TX bytes:309040357 (309.0 MB)
```

현재 설정되어 있는 도커 네트워크 드라이버 방식을 조회해 본다.
$ docker network ls
```
NETWORK ID      NAME      DRIVER     SCOPE
76317f7a6100    bridge    bridge     local
ccad6a98a769    host      host       local
b438bf2284c6    none      null       local
```

Ubuntu 14.04 이미지를 이용하여 2개의 컨테이너를 생성한다. 이 이미지에는 리눅스에서 사용하는 네트워크 도구가
설치되어 있다.
$ docker run -it -d --name container1 ubuntu:14.04

$ docker run -it -d --name container2 ubuntu:14.04

$ docker ps
```
CONTAINER ID        IMAGE          COMMAND         CREATED         STATUS          PORTS       NAMES
f6fedaab6910        ubuntu:14.04   "/bin/bash"     2 seconds ago   Up 1 second                 container2
20f35441d439        ubuntu:14.04   "/bin/bash"     5 seconds ago   Up 4 seconds                container1
```

docker inspect 명령을 통해 IP, Max를 조회할 수 있다.
$ docker inspect container1 | grep IPAddress
```
            "SecondaryIPAddresses": null,
            "IPAddress": "172.17.0.2",
                "IPAddress": "172.17.0.2",
```

$ docker inspect container2 | grep IPAddress
```
            "SecondaryIPAddresses": null,
            "IPAddress": "172.17.0.3",
                "IPAddress": "172.17.0.3",
```

$ docker inspect -f "{{ .NetworkSettings.IPAddress }}" container1
```
172.17.0.2
```

$ docker exec container1 ifconfig
```
eth0      Link encap:Ethernet  HWaddr 02:42:ac:11:00:02
          inet addr:172.17.0.2  Bcast:172.17.255.255  Mask:255.255.0.0
          UP BROADCAST RUNNING MULTICAST  MTU:1500  Metric:1
          RX packets:28 errors:0 dropped:0 overruns:0 frame:0
          TX packets:3 errors:0 dropped:0 overruns:0 carrier:0
          collisions:0 txqueuelen:0
          RX bytes:4074 (4.0 KB)  TX bytes:167 (167.0 B)

lo        Link encap:Local Loopback
          inet addr:127.0.0.1  Mask:255.0.0.0
          UP LOOPBACK RUNNING  MTU:65536  Metric:1
          RX packets:0 errors:0 dropped:0 overruns:0 frame:0
          TX packets:0 errors:0 dropped:0 overruns:0 carrier:0
```

```
          collisions:0 txqueuelen:1
          RX bytes:0 (0.0 B)  TX bytes:0 (0.0 B)
```

$ docker inspect container2 | grep Mac
```
        "MacAddress": "02:42:ac:11:00:03",
            "MacAddress": "02:42:ac:11:00:03",
```

$ docker exec container1 route
```
Kernel IP routing table
Destination     Gateway         Genmask         Flags Metric Ref    Use Iface
default         172.17.0.1      0.0.0.0         UG    0      0        0 eth0
172.17.0.0      *               255.255.0.0     U     0      0        0 eth0
```

$ docker exec container1 ip addr
```
1: lo: <LOOPBACK,UP,LOWER_UP> mtu 65536 qdisc noqueue state UNKNOWN group default qlen 1
    link/loopback 00:00:00:00:00:00 brd 00:00:00:00:00:00
    inet 127.0.0.1/8 scope host lo
       valid_lft forever preferred_lft forever
127: eth0@if128: <BROADCAST,MULTICAST,UP,LOWER_UP> mtu 1500 qdisc noqueue state UP group
default
    link/ether 02:42:ac:11:00:02 brd ff:ff:ff:ff:ff:ff
    inet 172.17.0.2/16 brd 172.17.255.255 scope global eth0
       valid_lft forever preferred_lft forever
```

컨테이너 수만큼의 가상 네트워크 인터페이스 vthxxxxxxx가 자동 추가되었다. 이 인터페이스는 별도의 IP 주소가 할당되지 않는 터널링 서비스만 제공한다.
$ ifconfig
```
...
veth8b88590 Link encap:Ethernet  HWaddr da:11:d2:30:64:46
          inet6 addr: fe80::d811:d2ff:fe30:6446/64 Scope:Link
          UP BROADCAST RUNNING MULTICAST  MTU:1500  Metric:1
          RX packets:3 errors:0 dropped:0 overruns:0 frame:0
          TX packets:27 errors:0 dropped:0 overruns:0 carrier:0
          collisions:0 txqueuelen:0
          RX bytes:167 (167.0 B)  TX bytes:3871 (3.8 KB)

vethbdf5c59 Link encap:Ethernet  HWaddr 5e:a3:e7:40:b6:2b
          inet6 addr: fe80::5ca3:e7ff:fe40:b62b/64 Scope:Link
          UP BROADCAST RUNNING MULTICAST  MTU:1500  Metric:1
          RX packets:0 errors:0 dropped:0 overruns:0 frame:0
          TX packets:25 errors:0 dropped:0 overruns:0 carrier:0
          collisions:0 txqueuelen:0
          RX bytes:0 (0.0 B)  TX bytes:3746 (3.7 KB)
```

브리지 네트워크 인터페이스 조회 도구인 brctl를 사용해 본다.
$ brctl show
```
The program 'brctl' is currently not installed. You can install it by typing:
sudo apt install bridge-utils
```

$ sudo apt install bridge-utils

$ brctl show

```
bridge name        bridge id            STP enabled      interfaces
docker0            8000.0242f7c45b23    no               veth8b88590
                                                         vethbdf5c59
```

이렇게 살펴본 각 네트워크 인터페이스 접점은 그림 3-13에서 보여주는 방식을 통해 일반적으로 조회할 수 있다.

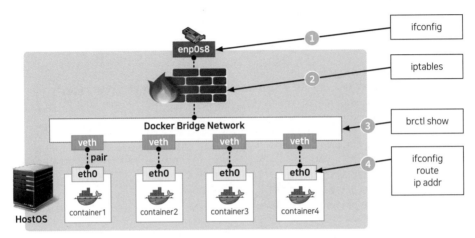

그림 3-13 **도커 네트워크 인터페이스 정보 조회**

도커에서 제공하는 도커 네이티브 네트워크 드라이버는 다음과 같다. docker info 명령을 통해 제공하는 정보를 확인할 수 있다.

```
$ docker info | grep Network
Network: bridge host ipvlan macvlan null overlay
```

도커 네트워크 드라이버는 도커 엔진의 일부이며 추가 구성할 필요는 없다. **docker run** 사용 시 --net(또는 --network) 옵션을 이용해 선택할 수 있고, **docker network** 명령을 통해 호출하여 사용한다.

- **bridge**: 기본 네트워크 드라이버로 컨테이너 실행 시 별도의 네트워크 지정 없이 독립적으로 실행되는 애플리케이션 컨테이너를 실행하는 경우 사용된다. 단, 브리지 모드는 동일 호스트상의 도커 컨테이너에만 적용된다.
- **host**: 컨테이너의 host 모드를 사용하면 컨테이너와 호스트 간의 네트워크 격리를 제거하고 호스트의 네트워킹을 직접 사용할 수 있다. 이 기능을 통해 컨테이너 애플리케이션에 별도의 포트 연결(-p 호스트포트:컨테이너 포트) 없이 호스트의 포트를 이용하여 바로 서비스할 수 있다.
- **overlay**: 다중 호스트 도커 서버를 이용한 클러스터(도커 스웜) 등을 이용할 경우 도커 데몬 간

의 연결을 통해 컨테이너 서비스를 수행할 수 있다. 이 옵션을 사용하면 컨테이너 간에 운영체제 수준의 라우팅을 사용하지 않아도 된다. 도커 클러스터인 도커 스웜 구축 시 호스트와 호스트 간의 컨테이너 연결에 사용된다.

- **macvlan**: 물리적 네트워크에 컨테이너 mac 주소를 통한 직접 연결 구현 시 사용된다. 이때 도커 데몬은 mac 주소별로 트래픽을 라우팅하게 된다.

- **none**: 컨테이너의 네트워크를 사용하지 않도록 설정한다. none 네트워크로 설정을 하면 네트워크 인터페이스는 lo 인터페이스(루프백 어댑터loopback adaptor)만 존재한다. 컨테이너가 호스트 네트워킹 스택에서 완전히 분리되는 것으로 컨테이너는 외부와의 통신이 단절된다.

- **컨테이너 네트워크: container:공유받을 컨테이너 이름** 옵션은 컨테이너의 네트워크 네임스페이스 스택을 (IP 주소, Mac 주소 등)을 공유하여 같이 사용할 수 있게 한다.

- **사용자 정의 네트워크: docker network create** 명령을 통해 사용자가 직접 생성한 도커 네트워크로 아무런 옵션을 주지 않고 생성하면 docker0 IP 대역의 다른 CIDR을 지정하여 생성된다. 예로, 172.18.0.1/16이 있다. 중간에 네트워크가 삭제되면 대역의 갭이 발생할 수도 있다.

대부분의 실습은 기본 네트워크인 브리지 모드를 통해 진행된다. 우선 호스트 모드에 대해 알아보자.

```
# nginx 이미지에 노출된 포트 80번을 호스트 포트 80번에 연결하여 호스트 IP를 이용하여 서비스하게 된다.
$ docker run -d --name=nginx_host \
> --net=host \
> nginx


$ sudo netstat -nlp | grep 80
tcp        0      0 0.0.0.0:80        0.0.0.0:*        LISTEN        8967/nginx: master


$ curl localhost:80
<!DOCTYPE html>
<html>
<head>
<title>Welcome to nginx!</title>
...


# -p 옵션으로 포트를 연결한 경우에는 docker-proxy를 이용했지만, 출력된 결과를 보면 호스트 운영체제에 직접
PID를 할당받아 서비스하는 것을 알 수 있다.
$ ps -ef | grep 8967
root       8967   8945  0 17:10 ?        00:00:00 nginx: master process nginx -g daemon off;
systemd+   9007   8967  0 17:10 ?        00:00:00 nginx: worker process


# 따라서 컨테이너에는 별도의 IP를 부여할 필요가 없다.
$ docker inspect nginx_host | grep IPAddress
            "SecondaryIPAddresses": null,
            "IPAddress": "",
                    "IPAddress": "",
```

3.2 도커 명령어 활용 123

ⅠⅠⅠⅠⅠ 도커 기본 브리지 네트워크 활용

도커의 기본 네트워크 구성은 브리지 모드를 사용한다. 브리지 모드의 네트워크 구성은 도커 데몬을 통해 도커 컨테이너만의 네트워크를 실제 서버 네트워크와 분리해 독립적으로 구성하는 네트워크 방식이다.

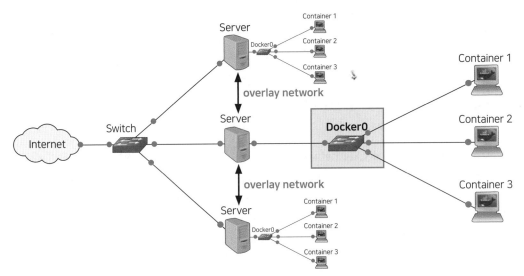

그림 3-14 도커 브리지, 오버레이 네트워크 모드 구성도

웹 서비스를 제공하는 Nginx 컨테이너를 실행해서 브리지 모드의 네트워크가 연결되는 과정을 살펴보자.

```
# nginx 컨테이너 포트 80을 호스트 포트 8080에 연결하여 실행한다.
$ docker run -d --name=nginx-net -p 8080:80 nginx:1.19

$ docker ps
CONTAINER ID   IMAGE        COMMAND                 CREATED        STATUS        PORTS                  NAMES
a46a88639b63   nginx:1.19   "/docker-entrypoint...."   7 seconds ago  Up 7 seconds  0.0.0.0:8080->80/tcp   nginx-net

# 현재 호스트 운영체제의 네트워크 정보를 확인한다.
$ ifconfig
docker0    Link encap:Ethernet  HWaddr 02:42:f7:c4:5b:23
           inet addr:172.17.0.1  Bcast:172.17.255.255  Mask:255.255.0.0
           inet6 addr: fe80::42:f7ff:fec4:5b23/64 Scope:Link
           UP BROADCAST RUNNING MULTICAST  MTU:1500  Metric:1
           RX packets:222944 errors:0 dropped:0 overruns:0 frame:0
           TX packets:1590042 errors:0 dropped:0 overruns:0 carrier:0
           collisions:0 txqueuelen:0
           RX bytes:4459427958 (4.4 GB)  TX bytes:309052265 (309.0 MB)

enp0s8     Link encap:Ethernet  HWaddr 08:00:27:3b:e5:18
           inet addr:192.168.56.104  Bcast:192.168.56.255  Mask:255.255.255.0
           inet6 addr: fe80::df97:21d9:8141:5cab/64 Scope:Link
           UP BROADCAST RUNNING MULTICAST  MTU:1500  Metric:1
```

```
          RX packets:1561559 errors:0 dropped:0 overruns:0 frame:0
          TX packets:3076223 errors:0 dropped:0 overruns:0 carrier:0
          collisions:0 txqueuelen:1000
          RX bytes:98398536 (98.3 MB)  TX bytes:8065047851 (8.0 GB)

veth103da2c Link encap:Ethernet  HWaddr e6:83:86:f2:f8:5f
          inet6 addr: fe80::e483:86ff:fef2:f85f/64 Scope:Link
          UP BROADCAST RUNNING MULTICAST  MTU:1500  Metric:1
          RX packets:0 errors:0 dropped:0 overruns:0 frame:0
          TX packets:22 errors:0 dropped:0 overruns:0 carrier:0
          collisions:0 txqueuelen:0
          RX bytes:0 (0.0 B)  TX bytes:3308 (3.3 KB)
```

윈도우에서 호스트 운영체제의 웹 브라우저를 통해 IP:8080으로 접속한다. → 1)

```
# → 2)
$ sudo netstat -nlp | grep 8080
tcp      0     0 0.0.0.0:8080           0.0.0.0:*              LISTEN      14265/docker-
proxy

# → 3)
$ ps -ef | grep 14265 | grep -v grep
root    14265 31225  0 21:44 ?       00:00:00 /usr/bin/docker-proxy -proto tcp -host-ip
0.0.0.0 -host-port 8080 -container-ip 172.17.0.2 -container-port 80
```

외부 웹 브라우저에서 Nginx 웹 서비스의 페이지까지의 접근 과정을 살펴보자.

❶ 윈도우 웹 브라우저에 'http://호스트IP:연결된포트' 입력을 통해 접속한다.

❷ 호스트 운영체제에 8080 포트가 열려 있음을 확인하고 해당 포트가 연결된 컨테이너를 찾는다.

❸ 해당 컨테이너가 연결된 브리지 네트워크의 프라이빗 IP(172.17.0.2)와 포트 번호로 사용자가 입력한 외부 IP와 포트 번호가 변환된다.

❹ 이때 사용되는 서비스가 네트워크 주소 포트 변환NAPT[16]이고, NAT에서는 발신자의 사설망 to 외부망 IP를 변환해 주는 역할만 수행했다면 여기에 포트까지 바꿔서 보내는 역할을 한다.

---

16 NAPT(Network Address Port Translation)는 주로 1개의 공인 IP 주소를 여러 대의 컴퓨터(서버, 컨테이너)에서 공용으로 사용할 수 있도록 하는 기술이다. 이것은 private IP 주소를 public IP 주소로 변환할 때 private IP 주소별로 서로 다른 port 번호로 변환시킨다.

브리지 모드는 docker0뿐만 아니라 사용자 정의 형태로도 사용 가능하다. docker network create 명령을 통해 네트워크 대역이 다른(예 172.18.0.0/16) 브리지 네트워크를 생성하여 여기에 속한 애플리케이션 간의 전용 통신을 할 수 있게 해준다.

```
# 특정 애플리케이션에 사용되는 여러 컨테이너를 독립된 네트워크에 분리 구성한다.

$ docker network create webapp-vnet
또는,
$ docker network create --driver=bridge webapp-vnet

$ docker network create --driver=bridge mobileapp-vnet

# --driver 옵션을 사용하지 않으면 기본 브리지로 지정된다.
$ docker network ls          또는 docker network list
NETWORK ID      NAME            DRIVER      SCOPE
76317f7a6100    bridge          bridge      local
ccad6a98a769    host            host        local
b438bf2284c6    none            null        local
7474010c426a    webapp-vnet     bridge      local
2c61b9ec7e9a    mobileapp-vnet  bridge      local


$ brctl show
bridge name             bridge id               STP enabled     interfaces
br-7474010c426a         8000.024259e66238       no
br-2c61b9ec7e9a         8000.0242647d4c3e       no
docker0                 8000.0242f7c45b23       no              veth8b88590
                                                                vethbdf5c59

$ ifconfig
br-2c61b9ec7e9a Link encap:Ethernet  HWaddr 02:42:64:7d:4c:3e
          inet addr:172.19.0.1  Bcast:172.19.255.255  Mask:255.255.0.0
          UP BROADCAST MULTICAST  MTU:1500  Metric:1
          RX packets:0 errors:0 dropped:0 overruns:0 frame:0
          TX packets:0 errors:0 dropped:0 overruns:0 carrier:0
          collisions:0 txqueuelen:0
          RX bytes:0 (0.0 B)  TX bytes:0 (0.0 B)

br-7474010c426a Link encap:Ethernet  HWaddr 02:42:59:e6:62:38
          inet addr:172.18.0.1  Bcast:172.18.255.255  Mask:255.255.0.0
          UP BROADCAST MULTICAST  MTU:1500  Metric:1
          RX packets:0 errors:0 dropped:0 overruns:0 frame:0
          TX packets:0 errors:0 dropped:0 overruns:0 carrier:0
          collisions:0 txqueuelen:0
          RX bytes:0 (0.0 B)  TX bytes:0 (0.0 B)

# 생성한 도커 네트워크에 컨테이너를 연결해서 네트워크 주소를 확인해 본다.
$ docker run -it -d --name=webapp --net=webapp-vnet ubuntu:14.04

$ docker run -it -d --name=mobileapp --net=mobileapp-vnet ubuntu:14.04
```

```
$ docker ps
CONTAINER ID    IMAGE          COMMAND         CREATED         STATUS          PORTS       NAMES
3f435b3d3700    ubuntu:14.04   "/bin/bash"     3 minutes ago   Up 3 minutes                mobileapp
ab87a3795866    ubuntu:14.04   "/bin/bash"     3 minutes ago   Up 3 minutes                webapp
```

$ docker inspect webapp | grep IPAddress
```
            "SecondaryIPAddresses": null,
            "IPAddress": "",
                "IPAddress": "172.18.0.2",
```

$ docker inspect mobileapp | grep IPAddress
```
            "SecondaryIPAddresses": null,
            "IPAddress": "",
                "IPAddress": "172.19.0.2",
```

$ docker exec webapp ifconfig
```
eth0      Link encap:Ethernet  HWaddr 02:42:ac:12:00:02
          inet addr:172.18.0.2  Bcast:172.18.255.255  Mask:255.255.0.0
          UP BROADCAST RUNNING MULTICAST  MTU:1500  Metric:1
          RX packets:49 errors:0 dropped:0 overruns:0 frame:0
          TX packets:0 errors:0 dropped:0 overruns:0 carrier:0
          collisions:0 txqueuelen:0
          RX bytes:7694 (7.6 KB)  TX bytes:0 (0.0 B)
...
```

$ docker exec mobileapp ifconfig
```
eth0      Link encap:Ethernet  HWaddr 02:42:ac:13:00:02
          inet addr:172.19.0.2  Bcast:172.19.255.255  Mask:255.255.0.0
          UP BROADCAST RUNNING MULTICAST  MTU:1500  Metric:1
          RX packets:49 errors:0 dropped:0 overruns:0 frame:0
          TX packets:0 errors:0 dropped:0 overruns:0 carrier:0
          collisions:0 txqueuelen:0
          RX bytes:7694 (7.6 KB)  TX bytes:0 (0.0 B)
...
```

```
# 생성한 도커 네트워크 정보를 조회해 본다.
```
$ docker network inspect webapp-vnet
```
[
    {
        "Name": "webapp-vnet",
        "Id": "7474010c426ab08aee39b6b18642b6520372b1f3b232f757efb093bb10fd9dbd",
        "Created": "2021-03-07T18:02:40.298323033+09:00",
        "Scope": "local",
        "Driver": "bridge",
        "EnableIPv6": false,
        "IPAM": {
            "Driver": "default",
            "Options": {},
            "Config": [
                {
                    "Subnet": "172.18.0.0/16",
                    "Gateway": "172.18.0.1"
                }
```

```
                ]
            },
            "Internal": false,
            "Attachable": false,
            "Ingress": false,
            "ConfigFrom": {
                "Network": ""
            },
            "ConfigOnly": false,
            "Containers": {                          # 현재 연결된 컨테이너 ID를 확인할 수 있다.
                "ab87a37958665a5f74efbf052c48ec638d6831dbfef616ece46dbd7fbe7cd9d4": {
                    "Name": "webapp",
                    "EndpointID": "8e9e323ef9cac876c0da813e314522a1eea93928b22350c87f166adca022c
5c4",
                    "MacAddress": "02:42:ac:12:00:02",
                    "IPv4Address": "172.18.0.2/16",
                    "IPv6Address": ""
                }
            },
            "Options": {},
            "Labels": {}
        }
]

$ docker network inspect mobileapp-vnet
[
    {
        "Name": "mobileapp-vnet",
        "Id": "2c61b9ec7e9a55e358dc867bc9c8b90d73cb0fa5550138ccbe56f2a46d5ff82a",
        "Created": "2021-03-07T18:09:29.642080555+09:00",
        "Scope": "local",
        "Driver": "bridge",
        "EnableIPv6": false,
        "IPAM": {
            "Driver": "default",
            "Options": {},
            "Config": [
                {
                    "Subnet": "172.19.0.0/16",
                    "Gateway": "172.19.0.1"
                }
            ]
        },
        "Internal": false,
        "Attachable": false,
        "Ingress": false,
        "ConfigFrom": {
            "Network": ""
        },
        "ConfigOnly": false,
        "Containers": {
            "3f435b3d37004ed6ff1386f4cde08169aa5fe11a5580f3de6f7de8fec778d69a": {
```

```
                "Name": "mobileapp",
                "EndpointID": "0084513f3a8af60ddacea906bf8a5b702da8fe9773a65b74c2356c1f426a7
1b5",
                "MacAddress": "02:42:ac:13:00:02",
                "IPv4Address": "172.19.0.2/16",
                "IPv6Address": ""
            }
        },
        "Options": {},
        "Labels": {}
    }
]
```

브리지 네트워크의 IP 대역이 순차적으로 할당되는 것을 확인했다. 하지만 특정 대역을 지정하여 도커 네트워크를 생성하고 그 대역에서 특정 IP도 지정할 수 있다.

```
$ docker network create \
> --driver bridge \
> --subnet 172.100.1.0/24 \
> --ip-range 172.100.1.0/24 \
> --gateway 172.100.1.1 \
> custom-net

$ docker network ls
NETWORK ID       NAME              DRIVER     SCOPE
76317f7a6100     bridge            bridge     local
931ecf215087     custom-net        bridge     local
ccad6a98a769     host              host       local
2c61b9ec7e9a     mobileapp-vnet    bridge     local
b438bf2284c6     none              null       local
7474010c426a     webapp-vnet       bridge     local

$ docker network inspect custom-net
[
    {
        "Name": "custom-net",
        "Id": "931ecf2150877f99476c7c1032b171d9cdbc02a4255d8e9d29b998388eaa273f",
        "Created": "2021-03-07T18:31:55.879065985+09:00",
        "Scope": "local",
        "Driver": "bridge",
        "EnableIPv6": false,
        "IPAM": {
            "Driver": "default",
            "Options": {},
            "Config": [
                {
                    "Subnet": "172.100.1.0/24",
                    "IPRange": "172.100.1.0/24",
```

```
                "Gateway": "172.100.1.1"
            }
        ]
    },
    "Internal": false,
    "Attachable": false,
    "Ingress": false,
    "ConfigFrom": {
        "Network": ""
    },
    "ConfigOnly": false,
    "Containers": {},
    "Options": {},
    "Labels": {}
    }
]
```

```
$ docker run -it -d \
> --net=custom-net \
> --name=cust-net1 \
> ubuntu:14.04
```

```
$ docker run -it -d \
> --net=custom-net \
> --name=cust-net2 \
> --ip 172.100.1.100 \
> ubuntu:14.04
```

```
$ docker inspect cust-net1 | grep IPAddress
            "SecondaryIPAddresses": null,
            "IPAddress": "",
                "IPAddress": "172.100.1.2",
```

```
$ docker inspect cust-net2 | grep IPAddress
            "SecondaryIPAddresses": null,
            "IPAddress": "",
                "IPAddress": "172.100.1.100",
```

```
$ brctl show
bridge name              bridge id             STP enabled        interfaces
...
br-931ecf215087          8000.0242ce6433fb         no             veth33c1ae3
                                                                  veth49fde13
docker0                  8000.0242f7c45b23         no             veth8b88590
                                                                  vethbdf5c59
```

```
$ docker exec cust-net1 ip addr
1: lo: <LOOPBACK,UP,LOWER_UP> mtu 65536 qdisc noqueue state UNKNOWN group default qlen 1
    link/loopback 00:00:00:00:00:00 brd 00:00:00:00:00:00
    inet 127.0.0.1/8 scope host lo
        valid_lft forever preferred_lft forever
138: eth0@if139: <BROADCAST,MULTICAST,UP,LOWER_UP> mtu 1500 qdisc noqueue state UP group
default
```

```
   link/ether 02:42:ac:64:01:02 brd ff:ff:ff:ff:ff:ff
   inet 172.100.1.2/24 brd 172.100.1.255 scope global eth0
      valid_lft forever preferred_lft forever
```

```
# 리눅스 네트워크 명령을 통해서 확인한다.
$ route
Kernel IP routing table
Destination     Gateway         Genmask         Flags Metric Ref    Use Iface
default         10.0.2.2        0.0.0.0         UG    100    0        0 enp0s3
10.0.2.0        *               255.255.255.0   U     100    0        0 enp0s3
link-local      *               255.255.0.0     U     1000   0        0 enp0s3
172.17.0.0      *               255.255.0.0     U     0      0        0 docker0
172.18.0.0      *               255.255.0.0     U     0      0        0 br-7474010c426a
172.19.0.0      *               255.255.0.0     U     0      0        0 br-2c61b9ec7e9a
172.100.1.0     *               255.255.255.0   U     0      0        0 br-931ecf215087
192.168.56.0    *               255.255.255.0   U     100    0        0 enp0s8
```

```
$ nmcli con show[17]
NAME                  UUID                                    TYPE           DEVICE
Wired connection 1    1f8249c0-8f30-441e-8276-2ce0ee9837c6    802-3-ethernet enp0s8
Wired connection 2    54178a44-c31a-4ca0-bc35-707e7b1568c8    802-3-ethernet enp0s3
br-2c61b9ec7e9a       98c20fe5-9b68-4e1a-aae4-33e7e1d96921    bridge         br-2c61b9ec7e9a
br-7474010c426a       cefd4dd6-0d1c-404f-9f15-bb8148881fd8    bridge         br-7474010c426a
br-931ecf215087       dc522e50-1bda-4aef-acbf-92d7db7ea771    bridge         br-931ecf215087
docker0               b5a4b2ce-759e-4820-9615-13f7e5bfa75a    bridge         docker0
```

또한, 동일 사용자 정의 네트워크로 구성된 컨테이너의 특징 중 하나는 컨테이너 이름을 상호 간의 연결 포인트로 사용할 수 있다는 점이다. 예를 들어, ping 명령은 뒤에 **ping IP, ping 호스트명**을 활용하지만 이 경우에는 컨테이너 이름으로도 가능하며 ping의 결과 내용에 동일 네트워크에 있다는 것을 확인시켜 준다.

```
# 위 실습의 custom-net에 연결된 2개의 컨테이너 중 하나에 접속하여 ping을 수행한다.
$ docker exec -it cust-net1 bash
root@c392b264d7bd:/# ping -c 3 cust-net2
PING cust-net2 (172.100.1.100) 56(84) bytes of data.
64 bytes from cust-net2.custom-net (172.100.1.100): icmp_seq=1 ttl=64 time=0.048 ms
64 bytes from cust-net2.custom-net (172.100.1.100): icmp_seq=2 ttl=64 time=0.058 ms
64 bytes from cust-net2.custom-net (172.100.1.100): icmp_seq=3 ttl=64 time=0.182 ms

--- cust-net2 ping statistics ---
3 packets transmitted, 3 received, 0% packet loss, time 2006ms
rtt min/avg/max/mdev = 0.048/0.096/0.182/0.060 ms
```

---

17 nmcli(Network Manager Command Line Interface)는 리눅스 네트워크 설정 및 정보를 확인할 수 있는 명령어다. nmcli con show는 현재 리눅스에 연결된 네트워크를 표시한다. 텍스트 모드가 아닌 화면 모드로 네트워크 정보 수정 시에는 nmtui 명령을 사용한다.

참고로, 도커 설치 시 제공되는 docker0의 IP 대역을 변경하거나 docker0 인터페이스를 제거하고 새로운 인터페이스를 생성하고 지정할 수 있다. 다음 실습을 위해 아래 실습은 확인만 하고 넘어가도록 하자.

```
# docker0 네트워크 대역 변경 방법
~$ ip link
~$ ip addr
~$ sudo ip link set dev docker0 down
~$ sudo ip addr add 192.168.99.0/24 dev docker0
~$ sudo ip link set dev docker0 up
~$ ifconfig docker0
docker0    Link encap:Ethernet  HWaddr 02:42:2e:9b:1f:07
           inet addr:192.168.99.0  Bcast:0.0.0.0  Mask:255.255.255.0
           inet6 addr: fe80::42:2eff:fe9b:1f07/64 Scope:Link
...
```

도커 네트워크와 관련해서 몇 가지 실습을 통해 알아봤다. 알 수 있는 사실 중 하나는 컨테이너에는 기본적으로 eth0라는 네트워크 인터페이스가 설정된다는 것이다. 예를 들어, AWS 클라우드에서 사용하는 가상화 인스턴스인 EC2 인스턴스에 네트워크 카드를 추가하려면 ENI_{Elastic Network Interface}라는 서비스를 추가하여 관리용 네트워크와 애플리케이션용 인터페이스를 분리할 수 있다.

도커 컨테이너에도 네트워크 카드를 추가할 수 있을까? 바로 **docker connect**로 추가 연결이 가능하고, **docker disconnect**를 사용하면 해제할 수 있다.

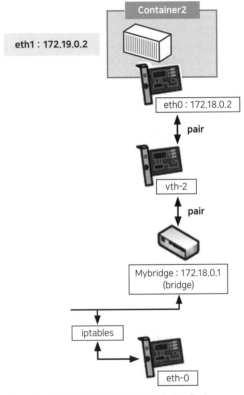

그림 3-15 **컨테이너에 네트워크 인터페이스 추가**

다음 실습을 통해 구현해 보자.

```
# 터미널 1: 기본 네트워크를 사용하는 컨테이너를 생성한다.
$ docker network create --driver=bridge app-net

$ ifconfig
br-40fd1b4ae1ad Link encap:Ethernet  HWaddr 02:42:c6:fe:fc:6f
          inet addr:172.20.0.1  Bcast:172.20.255.255  Mask:255.255.0.0
          UP BROADCAST MULTICAST  MTU:1500  Metric:1
          RX packets:0 errors:0 dropped:0 overruns:0 frame:0
          TX packets:0 errors:0 dropped:0 overruns:0 carrier:0
          collisions:0 txqueuelen:0
          RX bytes:0 (0.0 B)  TX bytes:0 (0.0 B)
...

$ docker run -it --name=ubuntu-container --net=app-net ubuntu:14.04 bash
root@7377e02a7954:/# ifconfig
eth0      Link encap:Ethernet  HWaddr 02:42:ac:14:00:02
          inet addr:172.18.0.2  Bcast:172.20.255.255  Mask:255.255.0.0
          UP BROADCAST RUNNING MULTICAST  MTU:1500  Metric:1
          RX packets:36 errors:0 dropped:0 overruns:0 frame:0
          TX packets:0 errors:0 dropped:0 overruns:0 carrier:0
          collisions:0 txqueuelen:0
          RX bytes:5347 (5.3 KB)  TX bytes:0 (0.0 B)
...

$ docker ps
CONTAINER ID    IMAGE          COMMAND      CREATED            STATUS             PORTS      NAMES
7377e02a7954    ubuntu:14.04   "bash"       About a minute ago Up About a minute             ubuntu-container

# 터미널 2: 관리용 네트워크를 생성하여 실행 중인 ubuntu-container에 연결한다.
$ docker network create --driver=bridge admin-net
c57cd4ac9b6a007487b832732514c06ef649b6caa4bdf12970fcbde6382694da

$ docker network ls
NETWORK ID      NAME          DRIVER    SCOPE
c57cd4ac9b6a    admin-net     bridge    local
40fd1b4ae1ad    app-net       bridge    local
76317f7a6100    bridge        bridge    local
931ecf215087    custom-net    bridge    local
ccad6a98a769    host          host      local
b438bf2284c6    none          null      local

$ ifconfig
br-40fd1b4ae1ad Link encap:Ethernet  HWaddr 02:42:c6:fe:fc:6f
          inet addr:172.19.0.1  Bcast:172.20.255.255  Mask:255.255.0.0
          inet6 addr: fe80::42:c6ff:fefe:fc6f/64 Scope:Link
          UP BROADCAST RUNNING MULTICAST  MTU:1500  Metric:1
          RX packets:0 errors:0 dropped:0 overruns:0 frame:0
          TX packets:31 errors:0 dropped:0 overruns:0 carrier:0
          collisions:0 txqueuelen:0
          RX bytes:0 (0.0 B)  TX bytes:5158 (5.1 KB)
```

...

```
$ docker network connect admin-net ubuntu-container

$ docker exec ubuntu-container route
Kernel IP routing table
Destination     Gateway         Genmask          Flags Metric Ref    Use Iface
default         172.21.0.1      0.0.0.0          UG    0      0      0 eth1
172.18.0.0      *               255.255.0.0      U     0      0      0 eth0
172.19.0.0      *               255.255.0.0      U     0      0      0 eth1
```

터미널 1: 위에서 연결해 놓은 컨테이너 내부에서 네트워크 정보를 조회한다.

```
root@7377e02a7954:/# ifconfig
eth0      Link encap:Ethernet  HWaddr 02:42:ac:14:00:02
          inet addr:172.18.0.2  Bcast:172.20.255.255  Mask:255.255.0.0
          UP BROADCAST RUNNING MULTICAST  MTU:1500  Metric:1
          RX packets:56 errors:0 dropped:0 overruns:0 frame:0
          TX packets:0 errors:0 dropped:0 overruns:0 carrier:0
          collisions:0 txqueuelen:0
          RX bytes:9055 (9.0 KB)  TX bytes:0 (0.0 B)

eth1      Link encap:Ethernet  HWaddr 02:42:ac:15:00:02
          inet addr:172.19.0.2  Bcast:172.21.255.255  Mask:255.255.0.0
          UP BROADCAST RUNNING MULTICAST  MTU:1500  Metric:1
          RX packets:36 errors:0 dropped:0 overruns:0 frame:0
          TX packets:0 errors:0 dropped:0 overruns:0 carrier:0
          collisions:0 txqueuelen:0
          RX bytes:5347 (5.3 KB)  TX bytes:0 (0.0 B)

lo        Link encap:Local Loopback
          inet addr:127.0.0.1  Mask:255.0.0.0
          UP LOOPBACK RUNNING  MTU:65536  Metric:1
          RX packets:0 errors:0 dropped:0 overruns:0 frame:0
          TX packets:0 errors:0 dropped:0 overruns:0 carrier:0
          collisions:0 txqueuelen:1
          RX bytes:0 (0.0 B)  TX bytes:0 (0.0 B)
```

터미널 2: 두 번째 생성한 네트워크 정보 조회를 통해 연결된 컨테이너를 확인한다.

```
$ docker network inspect admin-net
[
    {
        "Name": "admin-net",
        "Id": "c57cd4ac9b6a007487b832732514c06ef649b6caa4bdf12970fcbde6382694da",
        "Created": "2021-03-07T20:47:47.026676185+09:00",
        "Scope": "local",
        "Driver": "bridge",
        "EnableIPv6": false,
        "IPAM": {
            "Driver": "default",
            "Options": {},
            "Config": [
                {
                    "Subnet": "172.21.0.0/16",
```

```
                    "Gateway": "172.21.0.1"
                }
            ]
        },
        "Internal": false,
        "Attachable": false,
        "Ingress": false,
        "ConfigFrom": {
            "Network": ""
        },
        "ConfigOnly": false,
        "Containers": {
            "7377e02a7954ee7d404e27b0caf454a151765bc7b4628f418e8979b0356c1112": {
                "Name": "ubuntu-container",
                "EndpointID": "13b9d7ea25d50d091a71711064b8f29e7f98a9345056e78f8263bd7f833fc06c",
                "MacAddress": "02:42:ac:15:00:02",
                "IPv4Address": "172.21.0.2/16",
                "IPv6Address": ""
            }
        },
        "Options": {},
        "Labels": {}
    }
]
```

참고로, 특정 네트워크 삭제 시 **docker network rm**을 사용한다. **docker network prune** 명령은 사용하지 않는(연결된 컨테이너가 없는) 네트워크를 모두 정리한다.

```
# 현재 연결 중인 컨테이너가 있는 네트워크는 삭제 시 다음과 같은 에러가 발생한다.
$ docker network rm admin-net
Error response from daemon: error while removing network: network admin-net id c57cd4ac9b6a007487b
832732514c06ef649b6caa4bdf12970fcbde6382694da has active endpoints

$ brctl show
bridge name             bridge id               STP enabled     interfaces
br-40fd1b4ae1ad         8000.0242c6fefc6f       no              veth64927d3
br-931ecf215087         8000.0242ce6433fb       no
br-c57cd4ac9b6a         8000.0242235f91e2       no              vethf07428c
docker0                 8000.0242f7c45b23       no

# 연결된 컨테이너를 찾아 정지하거나 연결된 추가 네트워크를 disconnect하여 연결된 네트워크를 해제한다.
$ docker stop ubuntu-container
또는,
$ docker network disconnect admin-net ubuntu-container

$ docker network rm admin-net
admin-net
```

도커 네트워크 기능 중 컨테이너의 네트워크 네임스페이스 스택을 공유할 수 있는 옵션이 있다. 이 기능을 통해 하나의 vethxxxxx와 IP 주소, Mac 주소를 공유한다.

```
# 바인드 마운트 방식으로 볼륨을 설정하고 그 사용 공간을 비교해 본다.
$ docker run -d --name=httpd-server httpd

$ docker run -d --name=redis-server --net=container:httpd-server redis

$ docker ps
CONTAINER ID   IMAGE     COMMAND                CREATED        STATUS          PORTS     NAMES
eed217e19548   redis     "docker-entrypoint.s..." 4 seconds ago  Up 3 seconds              redis-server
cae00cdecd92   httpd     "httpd-foreground"     12 seconds ago Up 11 seconds   80/tcp    httpd-server

$ docker inspect httpd-server | grep IPAddress
            "SecondaryIPAddresses": null,
            "IPAddress": "172.17.0.2",
                    "IPAddress": "172.17.0.2",

$ docker inspect redis-server | grep IPAddress
            "SecondaryIPAddresses": null,
            "IPAddress": "",
```

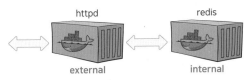

그림 3-16 **컨테이너 네트워크 공유 모드**

이러한 네트워크 구조는 외부로 연결되는 유일한 앞 단의 컨테이너 httpd를 통해 내부 컨테이너 redis의 데이터를 외부로 전달할 수 있도록 구성된다.

▌▌▌▌▌ 도커 사용자 정의 네트워크 활용

1 --net-alias와 도커 DNS 서비스를 활용한 부하 분산

사용자 정의 브리지 네트워크와 docker run 수행 시 --net-alias 또는 --link 옵션으로 묶인 모든 컨테이너에는 기본적으로 서비스를 검색할 수 있는 내장 DNS 서버가 제공된다. 이를 자동화 DNS 확인automatic DNS resolution이라고 한다.

일반적인 2-티어 계층에서의 서비스를 예로 들어보자. 프런트엔드의 talkapp이 있고 백엔드에 mydb라는 컨테이너를 생성하게 되면, 서로의 IP 주소가 아닌 컨테이너명만으로도 ping 명령이 수행된다. 이처럼 내장 DNS 서버는 특정 사용자 정의 네트워크에서 모든 컨테이너 별칭과 해당 IP 주소 간의 매핑을 유지한다.

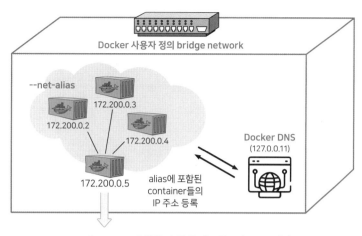

그림 3-17 **도커 사용자 정의 네트워크와 DNS 서버**

이 DNS 서버는 포함된 컨테이너의 IP가 변경되거나 신규 컨테이너가 포함되면 자동 감지를 통해 해당 IP를 등록하고 반환한다.

실습을 통해 확인해 보자.

```
# 사용자 정의 네트워크 netlb를 생성한다.
$ docker network create \
> --driver bridge \
> --subnet 172.200.1.0/24 \
> --ip-range 172.200.1.0/24 \
> --gateway 172.200.1.1 \
> netlb
6d72b2720fedcbc65c1d62016891b6eb1a6f2e98fb96793efc40eb2ba93ec32a


$ docker network ls
NETWORK ID     NAME         DRIVER    SCOPE
40fd1b4ae1ad   app-net      bridge    local
43f7ab90dad2   bridge       bridge    local
931ecf215087   custom-net   bridge    local
13204081481c   fb-net       bridge    local
ccad6a98a769   host         host      local
6d72b2720fed   netlb        bridge    local
b438bf2284c6   none         null      local


$ brctl show
bridge name          bridge id            STP enabled     interfaces
br-13204081481c      8000.02422bdeae05    no
br-40fd1b4ae1ad      8000.0242ab5b93e2    no
br-6d72b2720fed      8000.024280296c37    no
br-931ecf215087      8000.02422dd72cca    no
docker0              8000.024201314ee0    no
```

```
$ docker run -itd --name=nettest1 \
> --net=netlb \
> --net-alias inner-dns-net \
> ubuntu:14.04

$ docker run -itd --name=nettest2 \
> --net=netlb \
> --net-alias inner-dns-net \
> ubuntu:14.04

$ docker run -itd --name=nettest3 \
> --net=netlb \
> --net-alias inner-dns-net \
> ubuntu:14.04

# 각 컨테이너의 IP 주소를 확인한다.
$ docker inspect nettest1 | grep IPAddress
            "SecondaryIPAddresses": null,
            "IPAddress": "",
                "IPAddress": "172.200.1.2",

$ docker inspect nettest2 | grep IPAddress
            "SecondaryIPAddresses": null,
            "IPAddress": "",
                "IPAddress": "172.200.1.3",

$ docker inspect nettest3 | grep IPAddress
            "SecondaryIPAddresses": null,
            "IPAddress": "",
                "IPAddress": "172.200.1.4",

# 동일 사용자 정의 네트워크에 연결된 frontend container 생성.
$ docker run -it --name=frontend --net=netlb ubuntu:14.04 bash
root@6fc5ac553641:/#
root@6fc5ac553641:/# ping -c 2 inner-dns-net
PING inner-dns-net (172.200.1.3) 56(84) bytes of data.
64 bytes from nettest2.netlb (172.200.1.3): icmp_seq=1 ttl=64 time=0.068 ms
64 bytes from nettest2.netlb (172.200.1.3): icmp_seq=2 ttl=64 time=0.111 ms
--- inner-dns-net ping statistics ---
2 packets transmitted, 2 received, 0% packet loss, time 1000ms
rtt min/avg/max/mdev = 0.068/0.089/0.111/0.023 ms

root@6fc5ac553641:/# ping -c 2 inner-dns-net
PING inner-dns-net (172.200.1.4) 56(84) bytes of data.
64 bytes from nettest3.netlb (172.200.1.4): icmp_seq=1 ttl=64 time=0.128 ms
64 bytes from nettest3.netlb (172.200.1.4): icmp_seq=2 ttl=64 time=0.111 ms
--- inner-dns-net ping statistics ---
2 packets transmitted, 2 received, 0% packet loss, time 1015ms
rtt min/avg/max/mdev = 0.111/0.119/0.128/0.013 ms

root@6fc5ac553641:/# ping -c 2 inner-dns-net
PING inner-dns-net (172.200.1.2) 56(84) bytes of data.
```

```
64 bytes from nettest1.netlb (172.200.1.2): icmp_seq=1 ttl=64 time=0.076 ms
64 bytes from nettest1.netlb (172.200.1.2): icmp_seq=2 ttl=64 time=0.110 ms
--- inner-dns-net ping statistics ---
2 packets transmitted, 2 received, 0% packet loss, time 1001ms
rtt min/avg/max/mdev = 0.076/0.093/0.110/0.017 ms
```

컨테이너 내부에서 별칭에 포함된 네트워크에 ping을 시도한다. 무작위로 선택된 컨테이너가 ping을 받아주는 것을 확인할 수 있다.

컨테이너 내부에 등록된 DNS 정보를 조회하기 위해 dnsutils를 설치하고, dig로 확인한다.

```
root@6fc5ac553641:/# apt-get update

root@6fc5ac553641:/# apt-get -y install dnsutils

root@6fc5ac553641:/# dig inner-dns-net

; <<>> DiG 9.9.5-3ubuntu0.19-Ubuntu <<>> inner-dns-net
;; global options: +cmd
;; Got answer:
;; ->>HEADER<<- opcode: QUERY, status: NOERROR, id: 28381
;; flags: qr rd ra; QUERY: 1, ANSWER: 3, AUTHORITY: 0, ADDITIONAL: 0

;; QUESTION SECTION:
;inner-dns-net.                  IN      A

;; ANSWER SECTION:
inner-dns-net.          600     IN      A       172.200.1.3
inner-dns-net.          600     IN      A       172.200.1.2
inner-dns-net.          600     IN      A       172.200.1.4

;; Query time: 1 msec
;; SERVER: 127.0.0.11#53(127.0.0.11)
;; WHEN: Sun Mar 14 10:52:57 UTC 2021
;; MSG SIZE  rcvd: 118
```

다른 터미널을 이용해 신규 컨테이너를 별칭에 포함하여 생성한다.
```
$ docker run -itd --name=nettest4 \
> --net=netlb \
> --net-alias inner-dns-net \
> ubuntu:14.04
```

다시 dig를 조회해 보면 별칭에 포함된 신규 컨테이너의 IP가 자동 추가된 것을 확인할 수 있다.
```
root@6fc5ac553641:/# dig inner-dns-net

; <<>> DiG 9.9.5-3ubuntu0.19-Ubuntu <<>> inner-dns-net
;; global options: +cmd
;; Got answer:
;; ->>HEADER<<- opcode: QUERY, status: NOERROR, id: 11473
;; flags: qr rd ra; QUERY: 1, ANSWER: 4, AUTHORITY: 0, ADDITIONAL: 0

;; QUESTION SECTION:
;inner-dns-net.                  IN      A
```

```
;; ANSWER SECTION:
inner-dns-net.          600     IN      A       172.200.1.3
inner-dns-net.          600     IN      A       172.200.1.2
inner-dns-net.          600     IN      A       172.200.1.6
inner-dns-net.          600     IN      A       172.200.1.4

;; Query time: 0 msec
;; SERVER: 127.0.0.11#53(127.0.0.11)
;; WHEN: Sun Mar 14 10:54:32 UTC 2021
;; MSG SIZE  rcvd: 147
```

사용자 정의 브리지 네트워크의 DNS 서비스 기능은 네트워크 별칭(--net-alias)을 통해 부하를 분산시킬 수 있는 로드 밸런스load balancing로 활용할 수 있다.

도커 도큐먼트에서는 기본 브리지보다는 사용자 정의 브리지 네트워크를 권장하고 있다. 이는 언제든 연결과 해제가 자유롭고, 애플리케이션 단위의 독립 네트워크가 성능상 유리하며 위 실습과 같은 이점을 갖기 때문이다.

2 nginx를 이용한 컨테이너 로드 밸런스 구축

도커는 HaProxy, Nginx/Apache Load Balancer 등 외부 서비스와 컨테이너를 결합한 로드 밸런스 구현이 가능하다. 이것은 부하 분산을 위한 필수 네트워크 기술이다.

로드 밸런스는 클라이언트 접속량이 많은 경우 이를 여러 대의 동일 웹 서버 등에 분산시켜 요청 처리를 한다. 이러한 구성은 리소스 활용도를 최적화하고 처리량을 최대화하며 지연 시간을 줄이고 내결함성fault tolerance 구성을 보장하기 때문에 안정적인 시스템 운영에 도움이 된다.

이번 실습에서는 nginx를 호스트 운영체제에 설치하고, nginx를 프락시proxy 역할로 구성을 변경하여 nginx로 들어오는 패킷을 연결된 컨테이너에 업스트림upstream한다. 이때 업스트림 대상을 컨테이너로 설정하여 애플리케이션 요청에 대한 처리를 하게 된다. 컨테이너에는 아파치apache2와 PHP 언어를 통해 웹 서비스를 실행할 것이다.

그럼 실습을 통해 구현해 보자.

```
# 호스트 운영체제(Ubuntu)에 nginx를 설치하고 서비스를 확인한다.
$ sudo apt update

$ sudo apt-get -y install nginx

$ sudo systemctl status nginx.service
● nginx.service - A high performance web server and a reverse proxy server
```

```
  Loaded: loaded (/lib/systemd/system/nginx.service; enabled; vendor preset: enabled)
  Active: active (running) since 일 2021-03-14 20:37:25 KST; 28min ago
 Process: 24086 ExecStop=/sbin/start-stop-daemon --quiet --stop --retry QUIT/5 --pidfile /run/nginx.pid (code=exited, stat
 Process: 24093 ExecStart=/usr/sbin/nginx -g daemon on; master_process on; (code=exited, status=0/SUCCESS)
 Process: 24090 ExecStartPre=/usr/sbin/nginx -t -q -g daemon on; master_process on; (code=exited, status=0/SUCCESS)
Main PID: 24095 (nginx)
   Tasks: 2
  Memory: 1.8M
     CPU: 18ms
  CGroup: /system.slice/nginx.service
          ├─24095 nginx: master process /usr/sbin/nginx -g daemon on; master_process on
          └─24096 nginx: worker process

3월 14 20:37:25 hostos1 systemd[1]: Starting A high performance web server and a reverse proxy server...
3월 14 20:37:25 hostos1 systemd[1]: Started A high performance web server and a reverse proxy server.
```

nginx가 오픈한 80번 포트를 확인한다.
$ sudo netstat -nlp | grep 80
```
tcp       0      0 0.0.0.0:80          0.0.0.0:*          LISTEN      24095/nginx -g daem
tcp6      0      0 :::80               :::*               LISTEN      24095/nginx -g daem
```

2장 실습에서 사용했던 phpserver 이미지를 사용한다. 없다면 다시 build하여 사용하자.
$ git clone https://github.com/brayanlee/docker-phpserver.git
$ cd docker-phpserver/
docker-phpserver$ **ls**
Dockerfile   index.php   index.php2 **index.php3**

phpserver:1.0 이미지를 빌드한다.
docker-phpserver$ **docker build -t phpserver:1.0 .**

docker-phpserver$ **docker images**
```
REPOSITORY              TAG             IMAGE ID        CREATED         SIZE
phpserver               1.0             aedcbb58ec17    44 minutes ago  410MB
...
```

샘플로 추가한 index.php3를 기본 페이지로 사용한다.
docker-phpserver$ **vi index.php3**
```
<html>
<body>
 <div style="font-size:25px">
  <?php
    $host=gethostname();
    echo "Container hostName & Port#: ";
    echo $host;
    print " - ";
    echo exec('echo $SERVER_PORT');
  ?>
  <p> Docker Load Balancer = (Nginx host) + (PHP & Apache container) </p>
 </div>
</body>
</html>
```

nginx 프락시를 통해 연결될 웹 애플리케이션 컨테이너 3개를 실행한다.
**docker-phpserver$ docker run -itd -p 5001:80 **
**> -h nginx-lb01 **
**> -v 'pwd'/lb01:/var/log/apache2 **
**> -e SERVER_PORT=5001 **
**> --name=nginx-lb01 **
> phpserver:1.0

```
docker-phpserver$ docker run -itd -p 5002:80 \
> -h nginx-lb02 \
> -v 'pwd'/lb02:/var/log/apache2 \
> -e SERVER_PORT=5002 \
> --name=nginx-lb02 \
> phpserver:1.0

docker-phpserver$ docker run -itd -p 5003:80 \
> -h nginx-lb03 \
> -v 'pwd'/lb03:/var/log/apache2 \
> -e SERVER_PORT=5003 \
> --name=nginx-lb03 \
> phpserver:1.0

docker-phpserver$ docker ps
CONTAINER ID   IMAGE          COMMAND                  CREATED         STATUS          PORTS                    NAMES
d9f713393e5c   phpserver:1.0  "docker-php-entrypoi..."  12 minutes ago  Up 12 minutes   0.0.0.0:5003->80/tcp     nginx-lb03
4425ffca6364   phpserver:1.0  "docker-php-entrypoi..."  12 minutes ago  Up 12 minutes   0.0.0.0:5002->80/tcp     nginx-lb02
c52166ed47f0   phpserver:1.0  "docker-php-entrypoi..."  13 minutes ago  Up 13 minutes   0.0.0.0:5001->80/tcp     nginx-lb01
```

\# 샘플 index.php3를 컨테이너에 복사한다.
```
docker-phpserver$ docker cp index.php3 nginx-lb01:/var/www/html/index.php

docker-phpserver$ docker cp index.php3 nginx-lb02:/var/www/html/index.php

docker-phpserver$ docker cp index.php3 nginx-lb03:/var/www/html/index.php
```

\# 호스트 운영체제의 netstat 명령을 통해 컨테이너와 연결된 포트를 확인한다.
```
docker-phpserver$ sudo netstat -nlp | grep 5001
tcp        0      0 0.0.0.0:5001          0.0.0.0:*               LISTEN      27638/docker-
proxy

docker-phpserver$ sudo netstat -nlp | grep 5002
tcp        0      0 0.0.0.0:5002          0.0.0.0:*               LISTEN      27784/docker-
proxy

docker-phpserver$ sudo netstat -nlp | grep 5003
tcp        0      0 0.0.0.0:5003          0.0.0.0:*               LISTEN      27912/docker-
proxy
```

\# nginx 프락시 구성을 한다. 기본 listen되는 80번 포트를 통해 패킷이 들어오면 proxy_pass를 이용하여 http://
nginx-lb 도메인명의 upstream으로 이동, 각 포트별로 라운드 로빈 방식으로 컨테이너에 패킷을 전달한다.
```
docker-phpserver$ cd /etc/nginx/
/etc/nginx$ sudo vi nginx.conf
events { worker_connections 1024; }

http {

    # 애플리케이션 컨테이너 주소 정보.
    upstream backend-lb {
        server 127.0.0.1:5001;
        server 127.0.0.1:5002;
        server 127.0.0.1:5003;
    }

    # 웹 서버 구성에 대한 정보.
```

```
    server {

        listen 80 default_server;
        listen [::]:80 default_server;

        # 연결 프락시 정보.
        location / {
            proxy_pass          http://backend-lb;
        }
    }
}
```

nginx 서비스 재시작 후 상태를 확인한다(상태 조회가 실패가 나오는 경우는 nginx.conf에 잘못된 설정값이 있는 경우다).
/etc/nginx$ sudo systemctl restart nginx.service

/etc/nginx$ sudo systemctl status nginx.service

```
hylee@hostos1:/etc/nginx$ curl localhost
<html>
<body>
 <div style="font-size:25px">
   Container hostName & Port#: nginx-lb01 - 5001   <p> Docker Load Balancer = (Nginx host) + (PHP
& Apache container) </p>
 </div>
</body>
</html>

hylee@hostos1:/etc/nginx$ curl localhost
<html>
<body>
 <div style="font-size:25px">
   Container hostName & Port#: nginx-lb02 - 5002   <p> Docker Load Balancer = (Nginx host) + (PHP
& Apache container) </p>
 </div>
</body>
</html>

hylee@hostos1:/etc/nginx$ curl localhost
<html>
<body>
 <div style="font-size:25px">
   Container hostName & Port#: nginx-lb03 - 5003   <p> Docker Load Balancer = (Nginx host) + (PHP
& Apache container) </p>
 </div>
</body>
</html>
```

브라우저에서 확인해 본다. 계속 [F5] 키를 누르면 웹 페이지에 제공되는 호스트명과 포트번호가 로드 밸런스 기능을 통해 순
차적으로 접근하는 것을 확인할 수 있다.

Container hostName & Port#: nginx-lb01 - 5001

Docker Load Balancer = (Nginx host) + (PHP & Apache container)

이번에는 컨테이너 실행 시 연결했던 볼륨의 access.log를 통해 액세스 기록을 확인해 보자. 만일 컨테이너의 장애가 발생한 경우 access.log 및 error.log를 통해 원인 분석을 할 수 있다.

3개의 컨테이너의 access.log를 각각 다른 터미널에 연결하여 지속적으로 모니터링한다.
```
docker-phpserver$ tail -f lb01/access.log

docker-phpserver$ tail -f lb02/access.log

docker-phpserver$ tail -f lb03/access.log
```

nginx의 프락시 기능을 통해 컨테이너 애플리케이션 로드 밸런스를 구현해 봤다. 실습 결과와 같이 1번부터 3번 컨테이너를 순환하며 차례대로 선택하는 라운드 로빈 방식이다.

기본적으로 배치된 라운드 로빈 방식 외에 nginx의 로드 밸런스 연결 알고리즘에 대해 추가적으로 알아본다. 다양한 로드 밸런스 연결 알고리즘은 애플리케이션 서비스의 활용 목적과 트래픽양 등을 고려하여 선택하면 유익한 성능과 안정적 서비스에 도움이 된다.

로드 밸런스 연결 알고리즘은 다음과 같다.[18]

표 3-8 nginx 로드 밸런스 연결 알고리즘

연결 알고리즘	설명
라운드-로빈 (Round-Robin, RR)	클라이언트 요청을 서버 가중치를 고려하여 구성된 서버에 균등 배분하는 방식. 경로 보장 안 됨 (기본값).
최소 연결 (least connections)	현재 연결된 클라이언트 수가 가장 적은 서버로 요청 전달. 경로 보장 안 됨.
IP 해시(IP hash)	해시 키를 이용하여 IP별 INDEX를 생성하여 동일 IP 주소는 동일 서버로의 경로 보장. 해당 서버 장애 시 주소 변경됨. 균등 배분 보장 안 됨.
일반 해시(general hash)	사용자가 정의하는 키(IP, Port, URI 문자열 등)를 이용한 서버 지정 방식.
최소 시간(least time)	요청에 대한 낮은 평균 지연시간을 다음 지시자를 기준으로 계산하여 서버 지정. • header: 서버의 첫 번째 바이트를 받는 시간 기준 • last_byte: 서버에서 전체 응답을 받는 시간 기준 • last_byte_inflight: 불완전 요청을 고려한 전체 응답을 받는 시간 기준
무작위(random)	요청에 대한 무작위 서버를 선택하며 특정 기준을 두고 부합되는 서버 선택도 가능.

연결 알고리즘 선택과 더불어 서버 주소 옆에 몇 가지 파라미터 설정을 통해 분배 정책을 세분화할 수 있다. 동시 선택이 가능하다.

---

18 *https://docs.nginx.com/nginx/admin-guide/load-balancer/http-load-balancer/*에 접속하여 Nginx의 공식 문서 내용을 확인한다.

표 3-9 nginx 로드 밸런스 파라미터

연결 알고리즘	설명
weight	가중치(weight) 설정을 통해 서버 간 요청 분배(기본값=1).
max_conns, queue	최대 클라이언트 연결 수 지정과 대기열 생성.
max_fails	최대 실패 횟수 지정을 통해 임계치 도달 시 해당 서버를 분배 대상에서 제외.
fail_timeout	응답 최소 시간 지정으로 실패 횟수를 카운트함. 보통 max_fails와 함께 사용함.
backup	**backup** 키워드가 있는 서버는 평소에 동작하지 않고, 모든 서버가 동작하지 않을 때 사용.
down	**down** 키워드가 있는 서버는 사용하지 않음. ip_hash인 경우만 사용.

몇 가지 실습을 통해 로드 밸런스 연결 알고리즘을 테스트해 보자. 위 실습을 유지하고 연결 방법만 변경해 가면서 확인한다.

실습 3-18 기본 연결 방식(라운드 로빈)의 가중치 방법

```
# 컨테이너별 가중치를 설정하여 접근 횟수를 조정할 수 있다.
/etc/nginx$ sudo vi nginx.conf

http {

    upstream backend-lb {
        server localhost:5001 weight=6;
        server localhost:5002 weight=2;
        server localhost:5003 weight=2;
    }
... (하단은 기존과 동일)

# nginx 서비스 재시작 후 상태를 확인한다.
/etc/nginx$ sudo systemctl restart nginx.service

/etc/nginx$ sudo systemctl status nginx.service


# 위에서 실행했던 것처럼 curl이나 브라우저를 통해 확인해 보면 nginx-lb01 컨테이너에 3회 접근 시 나머지
nginx-lb02, nginx-lb03에는 1회 접근이 이루어지도록 구성했다.

# 또한, iptraf-ng 패킷 모니터링 도구를 통해서 연결 시마다 해당 가상 이더넷 인터페이스(vethxxxxxx)의 패킷 횟
수가 증가하는 것도 확인할 수 있다.

$ iptraf-ng
```

```
jeff@docker-host1: /etc/nginx
iptraf-ng 1.1.4
 Iface q Total q IPv4 q IPv6 q NonIP qqqqqq BadIP
x lo                   0   0 180 0            180
x enp0s3               0   0   0 0              0
x enp0s8               0   0 830 0            830
x br-0bf03b42efcb      0   0   0 0              0
x docker0              0   0  91 0             91
x br-60d3f68e88a7      0   0   0 0              0
x br-85689549e184      0   0   0 0              0
x br-9699438ec87f      0   0   0 0              0
x veth4993c8f  0  0  0  0     63      0        63
x veth7323e83  0  0  0  0     22      0        22
x vetha570d67  0  0  0  0     12      0        12
```

가중치를 첫 번째 서버에 5로 설정하면 첫 번째 서버에 5회 접근 시 나머지는 1회가 된다.
/etc/nginx$ sudo vi nginx.conf

```
http {

    upstream backend-lb {
        server localhost:5001 weight=5;
        server localhost:5002;
        server localhost:5003;
    }
... (하단은 기존과 동일)
```

nginx 서비스 재시작 후 상태를 확인한다.
/etc/nginx$ sudo systemctl restart nginx.service

/etc/nginx$ sudo systemctl status nginx.service

동일한 연결 테스트를 통해 확인한다.

실습 3-19 최소 연결 알고리즘(least_conn)

클라이언트 요청을 요청이 가장 적은 서버로 분배한다.
/etc/nginx$ sudo vi nginx.conf

```
http {

    upstream backend-lb {
        least_conn;
        server localhost:5001;
        server localhost:5002;
        server localhost:5003;
    }
... (하단은 기존과 동일)
```

nginx 서비스 재시작 후 상태를 확인한다.
/etc/nginx$ sudo systemctl restart nginx.service

필자와 같이 일반 PC의 가상머신 사용 시 IP 바인딩 문제로 매번 다른 서버로 요청되기 때문에 라운드 로빈과 같은
결과가 나온다.
동일한 연결 테스트를 통해 확인한다.

IP 해시 알고리즘(ip_hash)

```
# 한번 요청을 받은 서버는 해당 클라이언트 요청을 고정적으로 사용하게 된다.
/etc/nginx$ sudo vi nginx.conf

http {

    upstream backend-lb {
        ip_hash;
        server localhost:5001;
        server localhost:5002;
        server localhost:5003;
    }
... (하단은 기존과 동일)

# nginx 서비스 재시작 후 상태를 확인한다.
/etc/nginx$ sudo systemctl restart nginx.service

/etc/nginx$ sudo systemctl status nginx.service

# 동일한 연결 테스트를 통해 확인한다.
```

다양한 파라미터 지정 방법

```
# 서버 5001은 down으로 설정하여 ip_hash 방식 외에는 사용하지 않는다.
# 서버 5002은 최대 실패 횟수 5가 충족되면 해당 서버는 분배 대상에서 제외되고, 실패 후 응답 시간 15초로 지정하
여 실패 횟수를 증가시킨다.
# 서버 5003 가중치 3 설정과 서버 5002와 같다.
/etc/nginx$ sudo vi nginx.conf

http {

    upstream backend-lb {
        server localhost:5001 down;
        server localhost:5002 max_fails=5 fail_timeout=15s;
        server localhost:5003 weight=3 max_fails=5 fail_timeout=15s;
}
... (하단은 기존과 동일)

# nginx 서비스 재시작 후 상태를 확인한다.
/etc/nginx$ sudo systemctl restart nginx.service

/etc/nginx$ sudo systemctl status nginx.service

# 동일한 연결 테스트를 통해 확인한다.
```

기본 연결 방식의 최대 연결 수(max_conns)와 대기열(queue) 지정 방법

```
# 최대 연결 수 10을 지정하고 초과 시 대기열에 20의 요청까지 대기, 60초 제한 시간까지 연결이 안 되면 서버 선택
실패로 대기 중인 클라이언트는 오류를 수신한다.
/etc/nginx$ sudo vi nginx.conf

http {

    upstream backend-lb {
        server localhost:5001 max_conns=10;
        server localhost:5002;
        server localhost:5003;
        queue 20 timeout=60;
    }
... (하단은 기존과 동일)

# nginx 서비스 재시작 후 상태를 확인한다.
/etc/nginx$ sudo systemctl restart nginx.service

/etc/nginx$ sudo systemctl status nginx.service

# 단, 이 기능은 nginx plus라는 유료 제품을 사용하는 경우에만 적용 가능하다.
```

이렇게 기본적인 네트워크 개념을 컨테이너와 연관 지어 설계해 보면 서버 시스템과 크게 다르지 않다는 것을 알 수 있다. 이 실습은 5장에서 다시 한번 진행된다. 수동으로 일일이 구성했던 이 방식을 모두 코드$_{IaC}$(코드로서의 인프라스트럭처 개발)로 작성해 볼 것이다. 이러한 코드 개발을 통해 서버리스 환경을 이해할 수 있다.

3.2.6 도커 kill 명령과 초기화

리눅스에서 프로세스를 정지시키는 방법은 systemctl 같은 데몬 제어 명령을 통하는 방법과 강제 종료를 지시하는 kill 명령이 있다. 도커는 앞서 배워 본 **docker stop** 명령을 통해 컨테이너를 종료시킬 수 있고, 강제 종료를 시키는 경우 **docker kill** 명령을 사용할 수 있다.

docker stop 명령은 컨테이너 내에 메인 프로세스에 SIGTERM으로 종료를 전달하고, 기본값 10초 전까지 종료되지 않으면 SIGKILL을 보낸다. 이러한 신호의 전달을 통해 정상적인 종료, 즉 graceful shutdown이 진행된다. 하지만 docker kill은 바로 SIGKILL을 보내 비정상적 종료 처리가 되어 종료 코드 137을 발생시킨다. 특정 상황이 아니라면 항상 정상 종료하는 것이 좋다.

이번 실습에서는 시스템의 kill로 컨테이너 프로세스를 종료하는 것과 docker kill의 차이를 알아본다.

```
# 첫 번째로 호스트 운영체제의 kill 명령으로 컨테이너를 종료시켜 보자.
# 2개의 터미널을 준비하고 테스트해 보자.
# 터미널 1:
$ docker run -it --name=os_kill centos:7 bash
[root@30ccbbad8ebc /]#

# 터미널 2:
$ ps -ef | grep docker
kevin      2429 31455  0 12:37 pts/20   00:00:00 docker run -it --name=os_kill centos:7 bash

# kill -9 시그널¹⁹을 이용해 실행 중인 컨테이너를 정지시킨다.
kevin@hostos1:~$ sudo kill -9 2429

# 터미널 1:에 아래 메시지가 기록되며 컨테이너에서 강제로 나간다.
[root@30ccbbad8ebc /]# Killed
$

# 상태를 확인해 보자.
$ docker ps -a --format 'table {{.Names}}\t{{.Image}}\t{{.Status}}'
NAMES      IMAGE       STATUS
os_kill    centos:7    Up 6 minutes

# 정지되지 않았으며 세션만 끊어진 것을 확인할 수 있고, 재접속도 잘된다.
$ docker exec -it os_kill bash
[root@30ccbbad8ebc /]#
```

호스트의 kill 명령은 컨테이너에 연결된 세션을 중단시키지만, 컨테이너 정지에는 영향을 주지 않는다는 것을 확인했다.

```
# 두 번째로, docker kill 명령을 사용해 본다.
# 터미널 1:
$ docker run -it --name=ubuntu_kill ubuntu:14.04 bash
root@d852e3cd4453:/#

# 터미널 2:
$ docker ps
CONTAINER ID   IMAGE          COMMAND    CREATED         STATUS          PORTS      NAMES
d852e3cd4453   ubuntu:14.04   "bash"     10 seconds ago  Up 10 seconds              ubuntu_kill

$ docker kill ubuntu_kill
```

참고로, kill 명령의 다른 시그널도 사용 가능하다.

```
# docker kill --signal=SIGHUP ubuntu_kill

# 터미널 1:
```

---

19 kill 명령은 65개의 시그널로 구성된다. 9번은 프로세스를 죽인다(정지)는 의미로 사용된다. kill-l 명령으로 시그널 종료를 확인할 수 있다.

```
root@d852e3cd4453:/#          → 자동으로 종료되면서 튕겨 나감.
$
```

```
# docker ps에서 필요한 정보만 포맷하여 확인한다.
$ docker ps -a --format 'table {{.Names}}\t{{.Image}}\t{{.Status}}'
NAMES           IMAGE               STATUS
ubuntu_kill     ubuntu:14.04        Exited (137) 3 minutes ago
```

현재 실행 중인 모든 컨테이너를 강제 종료한다.

```
$ docker kill $(docker ps -q -f status=running)
```

현재 실행 중인 모든 컨테이너를 종료한다.

```
$ docker stop $(docker ps -q -f status=running)
```

종료된 모든 컨테이너를 삭제한다.

```
$ docker rm $(docker ps -q -f status=exited)
```

docker kill 명령은 컨테이너를 종료시킨다는 것을 확인했다. 상태status 값을 보면 137이라는 코드
값을 출력한다. 대부분의 소프트웨어가 종료되는 상황에 따른 코드로 정지 상태를 표현한다. 도커
또한 마찬가지다. 표 3-10은 일반적인 도커 정지 코드값이다.

표 3-10 도커 컨테이너 정지 코드

정지 코드	설명
0	docker stop과 같이 정상 종료되는 경우에 발생하는 코드다. 호스트 명령어 kill이 가지고 있는 시그널 중 **SIGTERM**이 전송된다.
125	컨테이너 실행에 사용된 명령어가 잘못된 경우에 발생하는 코드다. docker ps -a에 상태 값이 Created로 생성된 것처럼 보이지만 코드는 표시되지 않는다. 이 상태의 컨테이너는 docker start로 시작할 수 없다.
126	컨테이너에 사용된 명령이 실패된 경우 화면에 출력되는 코드로, 상태는 125와 같다.
127	컨테이너 내부에 존재하지 않는 명령을 사용한 경우 출력되는 코드로, 상태는 125와 같다.
137	docker kill과 같이 비정상 종료가 발생한다. 또는 자바 관련 애플리케이션 컨테이너가 실행되는 호스트 운영체제의 메모리 부족 현상(Out Of Memory, OOM)으로 인해 발생하는 경우도 있다. 호스트 명령어 kill이 가지고 있는 시그널 중 **SIGKILL**이 전송된다.
255	에러 코드 -1인 상태로 범위를 벗어난 종료다.

참고 | ttps://docs.docker.com/engine/reference/run/#exit-status

여기까지 오면서 많은 실습을 통해 도커 이미지와 컨테이너에 대해 다뤘다. 이러한 도커 자원은 공간을 많이 사용하기 때문에 사용하지 않거나 더 이상 사용하지 않는 도커 관련 리소스를 모두 정리하여 공간을 회수할 필요가 있다. 이때 **docker system prune** 명령을 사용하면 된다.

```
# 사용하지 않는 도커 자원(이미지, 컨테이너, 볼륨, 네트워크)을 모두 삭제하여 공간을 회수하고 초기화한다.
$ docker system prune -a
WARNING! This will remove:
        - all stopped containers
        - all networks not used by at least one container
        - all images without at least one container associated to them
        - all build cache
Are you sure you want to continue? [y/N] y
Deleted Networks:
HvsiIcs
Deleted Images:
deleted: sha256:6eac13983e7f20010338df028c8793b90566bd244530ce3e5ee2ac22137a33c1
...
deleted: sha256:4855b8c3b2d4f799333413d6df1e55333299ae0dbd30cd34c685eeb81bb5b3b3
untagged: microsoft/dotnet-framework:4.7.2-runtime-windowsservercore-1803
untagged: microsoft/dotnet-framework@sha256:4f042ff437d9dd377c83b1774ae0243ee2708fe2f75608b7af
9d9a65e2ce360f
deleted: sha256:373c9b9a6d5c7d5ecfb6b90d017dce3b3d7aa67b9efaad626a126ebeba23c9f7

Total reclaimed space: 1.8GB
```

마지막 출력 내용을 보면 1.8GB의 공간이 회수된 것을 알 수 있다. -a는 모든 자원을 뜻하며 특정 자원만 선택하는 경우에는 --filter 옵션을 사용하면 편리하다. 명령어 실행 중간에 보면 계속 진행하겠냐는 질문이 나온다. 이처럼 확인을 하지 않고 진행하려면 -f(--force)를 사용하면 된다.

여기까지 도커 관련 명령docker cli을 살펴봤다. 도커 명령은 다음 과정부터 사용되는 Dockerfile이나 docker-compose.yml 코드 사용에 많은 영향을 미친다. 특히, docker-compose.yml 코드는 도커 명령으로 컨테이너를 실행하는 방법을 코드로 변환해서 사용하기 때문에 도커 명령어에 익숙한 사용자라면 쉽게 접근할 수 있는 코드다.

이제 코드로 개발하는 컨테이너 환경에 대해 알아보자.

컨테이너 환경 구성을 위한
Dockerfile 구성

4.1 코드로 개발하는 컨테이너 인프라, Dockerfile

4.1.1 IaC와 Dockerfile

원하는 개발환경을 코드로 구성하는 방법을 제공하는 것을 Dockerfile이라고 한다. 이것은 1장에서 언급했던 **IaC**[1] 개념에서 출발한다. IaC는 왜 필요할까?

- 커맨드 기반의 인프라 구성 시 사용자 실수 등의 인적 오류 가능성이 높다.
- APM~Apache + PHP + MySQL~ 구축을 생각해 보자. 설치 순서와 상호 연관성 등을 고려하여 각종 라이브러리와 함께 복잡한 명령어를 고민해야 한다.
- 각종 환경 설정 정보와 설치 프로그램을 요구사항에 맞게 따져봐야 한다.
- 만일 설치 이후에 잘못된 설정이 있다면 수정해야 하고, 때로는 재설치도 불가피하다.

이러한 수고로움을 하나의 이미지로 만들어두고, 수정사항은 언제든 코드 변경이 용이하다면 개발 업무 목적에만 온전히 집중할 수 있을 것이다. **프로그래밍형(코드형) 인프라** 개발은 탄력성, 확장성, 반복성을 부여하여 눈송이 서버[2]가 아닌 동일한 환경을 보유한 서버를 수십에서 수백 대까지 운영, 관리하게 해준다. 또한, 민첩성, 비용 효율적인 구성, 위험 감소와 같은 장점을 가진다. 이러한 IaC 지원 도구로 도커, 앤서블, 쿠버네티스가 있다.

지금까지 다룬 컨테이너들은 도커에서 제공하는 베이스 이미지나 사용자들이 공유하는 이미지를 통해 컨테이너를 실행했다. 이처럼 도커 이미지는 컨테이너가 실행할 환경을 제공하는 일종의 파일 시스템 역할을 한다. 우리가 개발하는 모든 컨테이너 환경은 획일적이고 동일하게 움직이지 않고 아이디어에 따라 다양하게 개발된다. 애플리케이션에 적용되는 새로운 환경을 사용자가 직접 정의해서 아이디어를 실현할 수 있는 것이 바로 코드로서 인프라 환경을 프로비저닝~provisioning~하는 Dockerfile이다. 이렇게 만들어진 코드나 이미지를 다양한 공유 방식을 통해 언제 어디서든 컨테이너로 만들어낼 수 있다.

---

1   IaC(Infrastructure as Code, 코드로서의 인프라스트럭처)는 말 그대로 인프라 구축을 코드화(스크립트)하여 개발한다는 의미다.
2   눈송이 서버(snowflake server)란, 동일 시점의 동일 서버일지라도 눈송이 결정체처럼 똑같을 수 없다는 의미로 사용되는 용어다. 동일한 서버를 완벽하게 똑같이 설치했다고 해도 약간의 차이는 있기 마련이고 이로 인한 차이점이 오류의 원인이 되기도 한다.

4.1.2 최적의 Dockerfile 만들기

애플리케이션의 파일 시스템 역할을 하는 도커 이미지를 생성하기 위해서는 Dockerfile이라는 이미지 빌드용 DSL[3] 파일을 사용한다. 바로 특정 컨테이너를 위한 이미지를 개발할 경우 필요한 모든 설정 내용을 담은 파일이다.

예를 들어, 개발 팀에서 컨테이너 애플리케이션 서비스를 배포하기 위한 이미지를 요청해 왔다고 가정하자. 요목조목 따져볼 것이 많다. 운영체제, 필요한 프로그램, 환경 변수, 서비스 실행 방법, 데이터 공유 저장 방법 등 최적의 환경을 제공하기 위해 어떤 기준을 가져야 할까? 또한, 효율적인 Dockerfile 작성을 위해 기본적으로 빌드 시간, 이미지 크기, 재사용성, 보안, 유지보수성 등을 고려해야 한다.

- **경량의 컨테이너 서비스를 제공:** 컨테이너 서비스의 장점 중 하나는 경량의 가상화 서비스다. 제공되는 베이스 이미지도 해당 이미지의 지향점에 필요한 프로그램, 라이브러리, 실행 파일만 보유한다. 여기에 애플리케이션에 필요한 추가 구성 요소를 포함시키는 경우 복잡성, 의존성 문제를 피해야 하고 언제든 빠른 컨테이너 배포를 위해 최소한의 설정과 구성을 권장한다.

- **Dockerfile에 담기는 레이어(계층)를 최소화:** 작성하게 될 Dockerfile 명령어의 수와 도커 이미지 레이어 수는 동일하다. 레이어 수가 많을수록 이미지를 생성하는 빌드 시간은 길어질 것이고, 파일 용량도 커지게 된다. 따라서 레이어 수를 줄일 수 있도록 Dockerfile 명령어 사용 방법을 정확히 알고 작성해야 한다.

- **도커의 철학! 하나의 애플리케이션은 하나의 컨테이너에:** 하나의 컨테이너에 2개 이상의 애플리케이션을 설정하게 되면 애플리케이션의 결합성이 높고 확장성을 저해하게 된다. 하나의 컨테이너에 하나의 애플리케이션 동작은 컨테이너 간의 독립성을 보장함과 동시에 애플리케이션 버전 관리, 소스 코드 모듈화 등에서 이점이 있다. 모놀리식 구성보다는 결합 해제된 애플리케이션 decouple applications 설계, 마이크로서비스 지향적 설계를 고려해야 장애가 발생해도 애플리케이션 자체가 유지될 수 있다.

- **캐시(cache) 기능을 활용:** Dockerfile을 통해 이미지를 빌드하면 자동으로 각 명령어 단위로 캐싱한다. 동일한 명령의 실행은 이 캐싱을 통해 재사용(using cache, 출력)되기 때문에 빌드 속도를 빠르게 한다. 캐싱에 사용된 명령줄이 변경되면 기존 캐싱은 사용하지 못하고 다시 캐싱이 이루어진다.

- **IaC 환경 개발은 디렉터리 단위로:** Dockerfile로 이미지 빌드 시 현재 위치로부터 하위 경로의 모든 디렉터리와 파일을 도커 컨텍스트context에 저장한 뒤 작업이 진행된다. 이를 빌드 컨텍스트라고 한다. 따라서 이미지 빌드와 상관없는 파일이 포함되지 않도록 별도의 디렉터리를 생성한

---

3   DSL(Domain Specific Language, 도메인 특화 언어)이란, 특정 도메인(산업, 분야 등 특정 영역)에 특화된 언어를 말한다.

뒤 독립된 환경에서 빌드가 이루어져야 빌드 성능에 도움이 된다.

- **서버리스 환경으로 개발:** Dockerfile을 통해 미리 설정된 환경을 서버리스 애플리케이션 환경이라고 하고, 이러한 환경은 사용자가 서버를 프로비저닝, 확장, 관리할 필요가 없다. 거의 모든 유형의 애플리케이션 또는 백엔드 서비스를 위해 서버리스 애플리케이션을 구축할 수 있으며, 애플리케이션을 고가용성으로 실행하고 확장하는 데 필요한 모든 것이 자동으로 처리된다. 서버리스 애플리케이션 구축은 개발자가 클라우드에서든 온프레미스에서든 서버 및 런타임의 관리 및 운영에 필요한 업무량을 줄이고 핵심 개발에 집중할 수 있다는 것을 의미한다. 이렇게 오버헤드가 줄어들면 개발자는 확장성과 안정성을 갖춘 좋은 제품을 개발하는 데 시간과 열정을 쏟을 수 있다.[4]

4.2 Dockerfile 명령어와 이미지 빌드

도커는 **개발환경의 컨테이너화**를 위한 표준이다. 최적의 이미지 제공은 프로젝트 성공에 기여한다. 이번 절에서는 Dockerfile 명령어들의 의미를 파악하고 효율적인 이미지 빌드를 위한 각 단계별 진행 과정을 살펴본다.

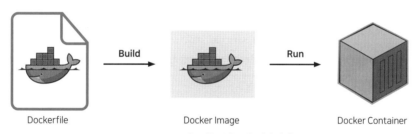

그림 4-1 **Dockerfile 빌드와 컨테이너**

4.2.1 Dockerfile 명령어

Dockerfile은 도커 이미지, 즉 필요로 하는 개발환경을 제공하기 위한 여러 가지 명령어들의 집합체다. 여기에 사용되는 명령어는 17개 정도이고, 각 명령어의 의미와 권장 사용 방법을 통해 최적의 인프라 환경을 제공할 수 있다. 명령어는 대소문자를 구분하지는 않지만 키워드 가독성을 위해 권장한다.

4 　참고　*https://aws.amazon.com/ko/serverless/*

표 4-1 Dockerfile 명령어

명령어	설명

FROM	• (필수) 생성하려는 이미지의 베이스 이미지 지정으로 *hub.docker.com*에서 제공하는 공식(official, 오피셜)[5] 이미지를 권장하며 이미지 태그는 도커 허브에서 여러 태그가 버전 정보처럼 제공된다. 이미지를 선택할 때 작은 크기의 이미지(slim)와 리눅스 배포판인 알파인(Alpine) 이미지를 권장한다. 하지만 모든 애플리케이션이 동일하지는 않다. 예를 들어, 파이썬 같은 경우 알파인 리눅스를 사용하면 파이썬 패키지에서 C 코드 컴파일을 통해 도커 이미지를 빌드하기 때문에 빌드 시간도 오래 걸리고, 이미지 용량도 커질 수 있다. 파이썬 애플리케이션 도커 이미지를 선택하는 경우에는 Debian Buster 키워드가 있는 이미지가 유리하다.[6]
	• 태그를 넣지 않으면 latest로 지정된다.
	
	사용 방법
	`FROM ubuntu:20.04`
	`FROM python:3.9-slim-buster`
	`FROM mongo:4.4.4-bionic`

MAINTAINER	일반적으로 이미지를 빌드한 작성자 이름과 이메일을 작성한다. **사용 방법** `MAINTAINER kevin.lee <hylee@dshub.cloud>`

LABEL	이미지 작성 목적으로 버전, 타이틀, 설명, 라이선스 정보 등을 작성한다. 1개 이상 작성 가능하다.
	
	사용 방법
	`LABEL purpose = 'Nginx for webserver'`
	`LABEL version = '1.0'`
	`LABEL description = 'web service application using Nginx'`
	
	권장 사항
	`LABEL purpose = 'Nginx for webserver' \`
	`      version = '1.0' \`
	`      description = 'web service application using Nginx'`

RUN	설정된 기본 이미지에 패키지 업데이트, 각종 패키지 설치, 명령 실행 등을 작성한다. 1개 이상 작성 가능하다.
	
	사용 방법 apt, yum 방법과 동일.
	`RUN apt update`
	`RUN apt -y install nginx`
	`RUN apt -y install git`
	`RUN apt -y install vim`
	`RUN apt -y install curl`
	
	권장 사항
	• 다단계 빌드 사용 권장, 각 이미지별로 개별 Dockerfile로 빌드.
	• RUN 명령어의 개별 명령 수를 최소화하기 위해 여러 설치 명령을 연결하면 이미지의 레이어 수 감소.
	• autoremove, autoclean, rm -rf/var/lib/apt/lists/*을 사용하면 저장되어 있는 apt 캐시가 삭제되므로 이미지 크기가 감소.

(계속)

---

5 도커 공식 이미지는 도커 허브에서 호스팅되는 선별된 도커 리포지터리 세트이고, 제공되는 이미지는 크기가 작고 완벽한 리눅스 배포판이다 (*https://docs.docker.com/docker-hub/official_images/*).

6 참고 *https://pythonspeed.com/articles/alpine-docker-python/*

명령어	설명

RUN	**Shell 방식**
	
	``RUN apt update && apt install -y nginx \
	                                 git \
	                                 vim \
	                                 curl && \
	    apt-get clean -y && \
	    apt-get autoremove -y && \
	    rm -rfv /tmp/* /var/lib/apt/lists/* /var/tmp/*```
	
	Exec 방식
	
	``RUN ["/bin/bash", "-c", "apt update"]
	RUN ["/bin/bash", "-c", "apt -y install nginx git vim curl"]```

CMD	생성된 이미지를 컨테이너로 실행할 때 실행되는 명령이고, ENTRYPOINT 명령문으로 지정된 커맨드에 디폴트로 넘길 파라미터를 지정할 때 사용한다. 여러 개의 CMD를 작성해도 마지막 하나만 처리된다. 일반적으로 이미지의 컨테이너 실행 시 애플리케이션 데몬이 실행되도록 하는 경우 유용하다.
	
	사용 방법
	Shell 방식
	
	```CMD apachectl -D FOREGROUND```
	
	Exec 방식
	
	``CMD ["/usr/sbin/apachectl", "-D", "FOREGROUND"]
	CMD ["nginx", "-g", "daemon off;"]
	CMD ["python", "app.py"]```

ENTRYPOINT	CMD와 마찬가지로 생성된 이미지가 컨테이너로 실행될 때 사용되지만, 컨테이너가 실행될 때 명령어 및 인자 값을 전달하여 실행한다는 점이 다르다. 여러 개의 CMD를 사용하는 경우 ENTRYPOINT 명령문과 함께 사용한다. ENTRYPOINT는 커맨드를 지정하고, CMD는 기본 명령을 지정하면 탄력적으로 이미지를 실행할 수 있다. 예를 들어, python 명령을 기본으로 runapp.py 코드를 실행한다면,
	
	``ENTRYPOINT ["python"]
	CMD ["runapp.py"]```
	
	사용 방법 CMD와 유사하지만 인자 값을 사용하는 경우에 유용.
	
	``ENTRYPOINT ["npm", "start"]
	ENTRYPOINT ["python", "runapp.py"]```
	
	사용 예
	동일 환경에 entrypoint.sh 셸 스크립트를 이미지에 넣고(ADD) 실행 권한 설정(RUN) 후 컨테이너 실행 시 entrypoint.sh를 실행(ENTRYPOINT).
	
	``...
	ADD ./entrypoint.sh /entrypoint.sh
	RUN chmod +x /entrypoint.sh
	ENTRYPOINT ["/bin/bash", "/entrypoint.sh"]```
	
	CMD와 ENTRYPOINT 비교
	• ENTRYPOINT는 도커 컨테이너 실행 시 항상 수행해야 하는 명령어를 지정(예 웹 서버나 데이터베이스 등의 데몬 실행).
	• CMD는 도커 컨테이너 실행 시 다양한 명령어를 지정하는 경우 유용.

(계속)

명령어	설명

COPY	• 호스트 환경의 파일, 디렉터리를 이미지 안에 복사하는 경우 작성한다.
	• 단순한 복사 작업만 지원한다. 빌드 작업 디렉터리 외부의 파일은 COPY할 수 없다.
	
	사용 방법
	`COPY index.html /usr/share/nginx/html`
	`COPY ./runapp.py /`
	
	주의
	COPY . /app → 작업 영역 전체를 COPY하므로 비효율적임.

ADD	• 호스트 환경의 파일, 디렉터리를 이미지 안에 복사하는 경우뿐만 아니라 URL 주소에서 직접 다운로드하여 이미지에 넣을 수도 있고, 압축 파일(tar, tar.gz)인 경우에는 지정한 경로에 압축을 풀어서 추가한다.
	• 빌드 작업 디렉터리 외부의 파일은 ADD할 수 없고, 디렉터리 추가 시에는 /로 끝나야 한다.
	
	사용 방법
	`ADD index.html /usr/share/nginx/html`
	`ADD http://example.com/view/customer.tar.gz /workspace/data/`
	`ADD website.tar.gz /var/www/html`

ENV	이미지 안에 각종 환경 변수를 지정하는 경우 작성한다. 애플리케이션 사용을 쉽게 하려면 사전에 구성되어야 하는 환경 변수들이 있다. 예를 들어, 자바 홈 디렉터리, 특정 실행 파일의 경로를 보장하기 위해 절대 경로 지정을 위한 PATH 설정, 프로그램 버전 등을 사전에 설정한다. 또한, 반복된 표현이 사용되는 경우에도 환경 변수 설정을 권장한다. Dockerfile에서 ENV를 설정하면 RUN, WORKDIR 등에서 환경 변수를 사용해 반복을 피할 수 있다.
	
	사용 방법
	`ENV JAVA_HOME /usr/lib/jvm/java-8-oracle`
	`ENV PATH /usr/local/nginx/bin:$PATH`
	`ENV Python 3.9`
	
	사용 예
	`ENV NODE_VERSION v15.1.0`
	`RUN curl -SLO "http://nodejs.org/dist/$NODE_VERSION/node-$NODE_VERSION-linux-x64.tar.gz" \`
	`    && tar -xzf "node-$NODE_VERSION-linux-x64.tar.gz" -C /usr/local --strip-components=1 \`
	`    && rm "node-$NODE_VERSION-linux-x64.tar.gz"`

EXPOSE	컨테이너가 호스트 네트워크를 통해 들어오는 트래픽을 리스닝(listening)하는 포트와 프로토콜을 지정하기 위해 작성한다. Nginx나 apache는 기본 포트로 HTTP 80번과 HTTPS 443번 포트를 사용하고, 컨테이너 모니터링 이미지로 사용하는 Cadvisor 컨테이너는 8080번 포트를 사용한다. 이미지 내에 애플리케이션이 사용하는 포트를 사전에 확인하고 호스트와 연결되도록 구성하는 경우에 설정하고, docker run 사용시 -p 옵션을 통해 사용한다.
	
	사용 방법
	`EXPOSE 80` 또는 `EXPOSE 80/tcp`
	`EXPOSE 443`
	`EXPOSE 8080/udp`

(계속)

명령어	설명

VOLUME	• 3장에서 배운 볼륨을 이미지 빌드에 미리 설정하는 경우 작성한다.
	• 도커 컨테이너에서 사용된 파일과 디렉터리는 컨테이너 삭제와 함께 사라진다. 따라서 사용자 데이터의 보존과 지속성을 위해 볼륨 사용을 권장한다.
	• VOLUME으로 지정된 컨테이너의 경로는 볼륨의 기본 경로 /var/lib/docker와 자동으로 연결된다.
	
	사용 방법
	<pre>VOLUME /var/log
	VOLUME /var/www/html
	VOLUME /etc/nginx
	# HOST OS의 Volume 기본 경로와 container 내부의 /project 연결.
	VOLUME ["/project"]</pre>

USER	컨테이너의 기본 사용자는 root다. 애플리케이션이 권한 없이 서비스를 실행할 수 있다면 USER를 통해 다른 사용자로 변경하여 사용한다.
	
	사용 방법
	<pre>RUN ["useradd", "kevinlee"]
	USER kevinlee
	RUN ["/bin/bash", "-c", "date"]</pre>또는,
	<pre>RUN groupadd -r mongodb && \
	useradd --no-log-init -r -g mongodb mongodb</pre>

WORKDIR	컨테이너상에서 작업할 경로(디렉터리) 전환을 위해 작성한다. WORKDIR을 설정하면 RUN, CMD, ENTRYPOINT, COPY, ADD 명령문은 해당 디렉터리를 기준으로 실행한다. 지정한 경로가 없으면 자동 생성되고, 컨테이너 실행 이후 컨테이너에 접속(**docker exec -it my_container bash**)하면 지정한 경로로 연결된다.
	
	사용 방법
	<pre>WORKDIR /workspace
	WORKDIR /usr/share/nginx/html
	WORKDIR /go/src/app</pre>

ARG	• docker build 시점에서 변숫값을 전달하기 위해 **--build-arg=인자**를 정의하여 사용한다. • 비밀 키, 계정 비밀번호 같은 민감한 정보 사용 시 이미지에 그대로 존재하여 노출될 위험이 있으므로 주의해야 한다. **사용 방법** -- Dockerfile에 ARG 변수를 정의하고, <pre>ARG db_name</pre>-- docker build 시 변숫값을 저장하면 이미지 내부로 인자가 전달된다. <pre>$ docker build --build-arg db_name=jpub_db .</pre>-- 입력받은 변숫값을 다음과 같이 명령에 사용한다. <pre>CMD db_start.sh -h 127.0.0.1 -d ${db_name}</pre>

(계속)

명령어	설명
ONBUILD	처음 이미지 빌드에 포함하지만 실행되지 않고, 해당 이미지가 다른 이미지의 기본 이미지로 사용되는 경우 실행될 명령을 지정할 때 작성한다. ONBUILD 명령은 부모 Dockerfile이 자식 Dockerfile에 전달하는 방식이다. 예를 들어, 1차 개발에서 환경을 만들어주고, 2차 개발에서 ONBUILD에 지정된 소스를 실행하는 것이다. **사용 방법** -- 1차 Dockerfile 빌드 시 ONBUILD 포함. `ONBUILD ADD websource.tar.gz /usr/share/nginx/html/` -- 2차 Dockerfile에 1차에서 생성된 이미지를 지정하면 ONBUILD에 지정된 ADD 명령이 실행되어 새로운 이미지로 생성된다.
STOPSIGNAL	3장에서 다룬 docker stop 명령은 컨테이너에게 SIGTERM을 보내 정지한다. 이때 다른 시그널을 넣고자 하는 경우 작성한다. **사용 방법** `STOPSIGNAL SIGKILL        # 시그널 번호 또는 이름`

HEALTHCHECK	• 컨테이너의 프로세스 상태를 체크하고자 하는 경우에 작성한다.
	• HEALTHCHECK는 하나의 명령만이 유효하고, 여러 개가 지정된 경우 마지막에 선언된 HEALTHCHECK 가 적용된다.
	
	HEALTHCHECK 옵션
	
	| 옵션
		설명	기본값 |
			|---|---|---|
			| --interval=(초) | 헬스 체크 간격 | 30s |
			| --timeout=(초) | 타임 아웃 | 30s |
			| --retries=N | 타임 아웃 횟수 | 3 |
			
			HEALTHCHECK 상태 코드
			
			| EXIT 코드 | 설명 |
			|---|---|
			| 0: success | 컨테이너가 정상적이고 사용 가능한 상태 |
			| 1: unhealthy | 컨테이너가 올바르게 작동하지 않는 상태 |
			| 2: starting | 예약된 코드 |
			
			• docker container inspect [컨테이너명] 또는 docker ps에서 확인할 수 있다.
			
			사용 방법
			-- 1분마다 CMD에 있는 명령을 실행하여 3초 이상이 소요되면 한 번의 실패로 간주하고 5번의 타임 아웃이 발생하면 컨테이너의 상태를 "unhealthy"로 변경한다.
			
			`HEALTHCHECK --interval=1m --timeout=3s --retries=5 \`
			`          CMD curl -f http://localhost || exit 1`

SHELL	Dockerfile 내부에서 사용할 기본 셸을 지정하는 경우 작성한다. 기본값으로 "/bin/sh"가 지정된다.
	
	사용 방법
	`SHELL ["/bin/bash", "-c"]`
	`RUN echo "Docker world!"`

Dockerfile에서 사용되는 명령어들을 정리해 봤다. 일반적으로 시작은 FROM 명령부터 작성하지만 그다음 명령부터는 순서가 없다. 하지만 명령 순서는 빌드 캐시의 무효화와 연관되므로 변경 빈도수

가 적은 명령을 먼저 배치하는 것을 권장한다. 도커 허브에는 수백만 개의 이미지가 존재한다. 무조건 OS 이미지를 선택하고 설치하는 것보다는 원하는 애플리케이션 패키지가 이미 설치된 이미지 선택을 권장한다. 이미지 관리의 유지보수 측면에서 시간 절약에 도움이 된다. 이제 Dockerfile 명령을 사용해서 이미지를 생성해 보자.

4.2.2 이미지 생성을 위한 Dockerfile 빌드

▌▌▌▌▌ 이미지 빌드

docker build 명령을 사용하여 Dockerfile로부터 이미지를 생성할 수 있다.[7]

```
$ docker build [옵션] 이미지명:[태그] 경로 | URL | 압축 파일(tar | tar.gz)
```

---

① **옵션:** 도커 문서에는 많은 옵션이 있다. 주로 사용하는 두 가지 옵션만 설명한다.
- **-t: (tag)** "이미지명:태그"를 지정하는 경우다.
- **-f: (file)** Dockerfile이 아닌 다른 파일명을 사용하는 경우다.
   예 -f Dockerfile_nginx

동시에 여러 저장소를 생성하려면 -t를 반복해서 사용한다.
예 docker build -t mypyapp:2.0 -t mypyapp:init .

② **이미지명:[태그]**
- 생성할 이미지 이름과 태그를 지정한다.
- 일반적으로 태그는 버전 관리 차원으로 고려한다.
   예 my-nginx-image:1.19_v1.0

③ **경로(path)**
- 디렉터리 단위 개발을 권고하였고, 현재 경로에 Dockerfile이 있다면 "."을 사용한다. 또는 Dockerfile이 있는 절대경로를 작성해도 된다.

④ **URL**
- 예를 들어, Dockerfile이 포함된 깃허브 URL을 제공을 제공하는 경우다.
   예 docker build -t phpserver:2.0 github.com/brayanlee/docker-phpserver

---

7 **참고** *https://docs.docker.com/engine/reference/commandline/build/*

⑤ 압축 파일

- 압축 파일 내에 Dockerfile이 포함된 경우다.
  - **예** $ docker build -f app1/Dockerfile http://server/app1.tar.gz

ⅡⅡⅡ 왜 Dockerfile이 필요할까?

신규 서비스에 사용할 애플리케이션 서버 구성이 필요하다면 우리는 서버를 세팅하고 개발 팀에서 요청한 것들을 하나하나 준비할 것이다. 운영체제부터 모든 환경 설정, 애플리케이션 서비스까지 테스트를 거쳐 개발 팀에서 받은 웹 소스를 넣고 배포한다. 또는 이와 같은 라이프사이클을 도커 컨테이너를 통해 하나하나 설치하고, 이를 이미지로 생성(docker commit)할 수도 있다. 그러나 이 또한 매번 반복하기는 너무 수고스러울 것이다. 그래서 제공되는 것이 서버리스 환경을 개발할 수 있는 Dockerfile 이다. 이러한 작업을 직접 수행해 보고 비교해 본다면 Dockerfile의 필요성을 확실히 알 수 있다.

비교 실습을 위한 요구사항을 다음과 같이 가정한다.

- **운영체제:** Ubuntu 18.04 버전
- **웹 서버:** 아파치2
- **웹 언어:** PHP
- **테스트:** 간단한 PHP 웹 페이지 구동 확인

세부 설정은 제외하고 기본적인 설치 작업만을 가지고 세 가지 작업을 비교해 보자.

❶ 서버에 직접 구축해보자. 일반적인 인프라 구축에서는 작성한 설계서를 토대로 서버와 네트워크, 애플리케이션 환경 등을 직접 구성하고 인프라 구성 관리[8]를 통해 상태를 유지한다.

```
# Ubuntu 18.04 운영체제를 가상머신으로 준비하고, apt 패키지 업데이트를 수행한다.
$ sudo apt update

# 아파치2를 설치한다.
$ sudo apt -y install apache2

# 아파치2가 사용하는 80번 포트가 열렸는지 확인한다.
$ sudo netstat -nlp | grep 80

# 아파치2 서비스를 시작하고, 상태를 확인한다.
$ sudo service apache2 start
$ sudo service apache2 status
```

---

8   인프라 구성 관리란, 인프라를 구성하는 하드웨어, 네트워크, OS, 미들웨어, 애플리케이션 구성 정보를 관리하고 최적의 상태를 유지하는 것을 말한다.

연결 확인을 위해 curl을 이용한다.
$ curl localhost:80

외부 접속을 확인한다. (윈도우 크롬에서 가상머신 IP를 이용해 80번 포트로 접근)

메인 페이지를 간단하게 변경해 보고 테스트한다.
$ cd /var/www/html/
/var/www/html$ ls
index.html   index.nginx-debian.html

/var/www/html$ sudo mv index.html index.html.org

/var/www/html$ sudo vi index.html
<h1> Welcome to my webserver! </h1>

/var/www/html$ curl localhost:80
<h1> Welcome to my webserver! </h1>

외부 접속을 확인한다. ([F5] 키를 눌러 페이지를 다시 로드한다.)

웹 프로그래밍을 위해 PHP를 설치한다.
$ sudo apt -y install php

테스트를 위해 테스트 php 웹 페이지를 생성하고 phpinfo() 함수로 테스트한다.

```
$ cd /var/www/html/
/var/www/html$ sudo vi index.php
<?php
    phpinfo();
?>
```

/var/www/html$ curl localhost/index.php
또는,
외부 접속을 확인한다. (가상머신 IP/index.php를 이용해 80번 포트로 접근)

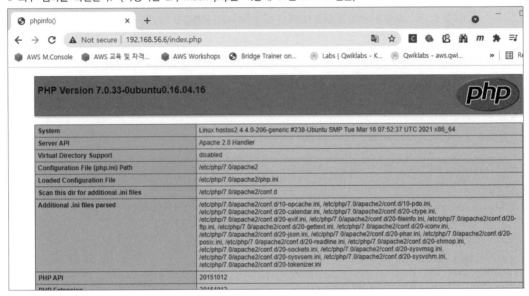

만약 위와 같은 페이지가 나오지 않고 html 코드가 그대로 보인다면 다음 설정을 한다.
PHP와 아파치 연동 모듈을 설치한다.
$ sudo apt-get install libapache2-mod-php7.0

설정 파일에 .php 웹 페이지가 출력되도록 설정을 추가한다.
$ sudo vi /etc/apache2/mods-enabled/mime.conf
...
```
        AddType application/x-compress .Z
        AddType application/x-gzip .gz .tgz
        AddType application/x-bzip2 .bz2
```
AddType text/html .shtml
AddType application/x-httpd-php .php .html

PHP의 짧은 태그 허용값을 설정한다.
$ sudo vi /etc/php/7.0/apache2/php.ini
...
```
short_open_tag = On
```

$ sudo systemctl restart apache2.service

PHP 웹 페이지 접속을 재시도해 보면 정상적으로 출력된다.

호스트 운영체제에 이와 같은 설치와 설정을 통해 환경을 구성하고, 개발 팀에서 제공하는 웹 소스를 이용해 애플리케이션 서비스를 수행하게 된다. 이러한 인프라 구축 작업은 규모가 클수록 인프라 구성 관리에 대한 부담도 늘어난다. 클라우드 시스템과 여러 가지 가상화 기술의 등장으로 인프라 구축 방법이 크게 변경되면서 구축된 인프라를 변경하지 않고 파기한 뒤 새로 구축하는 것이 쉬워져, 지금까지 큰 부담이었던 인프라 변경 이력 관리도 필요가 없어졌으며 현재 가동 중인 인프라 상태만 관리하면 되는 환경으로 변하고 있다.

❷ 이번에는 컨테이너 실행 후 내부에서 직접 환경 구성 등을 통해 베이스 이미지를 생성하는 작업을 해보자.

```
# Ubuntu 환경의 컨테이너를 실행한다.
$ docker run -it --name myweb -p 8005:80 ubuntu:14.04 bash
root@7cc2c2836853:/#

# 1)번과 같이 컨테이너 환경에서도 동일한 작업을 할 수 있다.
root@7cc2c2836853:/# apt-get update

root@7cc2c2836853:/# apt-get install -y apache2

root@7cc2c2836853:/# service apache2 start

# 두 번째 터미널을 이용해 아파치 서비스를 확인하면 아파치2의 기본 웹 페이지가 나온다.
$ curl localhost:8005

# 첫 번째 터미널에서 웹 페이지를 간단한 HTML 코드로 변경해 본다.
root@7cc2c2836853:/# mv /var/www/html/index.html /var/www/html/index.html.org

root@7cc2c2836853:/# vi /var/www/html/index.html
<h1> Hello, Docker application. </h1>

# 두 번째 터미널에서 다시 확인한다.
$ curl localhost:8005
<h1> Hello, Docker application. </h1>

# 첫 번째 터미널에서 PHP를 설치하고, phpinfo() 함수로 확인한다.
root@7cc2c2836853:/# apt-get -y install php5

root@7cc2c2836853:/# vi /var/www/html/index.php
<?php
    phpinfo();
?>

root@7cc2c2836853:/# service apache2 restart

# 두 번째 터미널에서 PHP 웹 페이지를 확인한다.
$ curl localhost:8005/index.php
```

```
# 여기까지는 1)번 작업과 거의 동일하다. 컨테이너에서 변경한 모든 내용을 이미지로 저장한 뒤 컨테이너로 실행해 보자.
$ docker ps
CONTAINER ID      IMAGE          COMMAND        CREATED          STATUS          PORTS                     NAMES
7cc2c2836853      ubuntu:14.04   "bash"         16 minutes ago   Up 16 minutes   0.0.0.0:8005->80/tcp      myweb

$ docker commit myweb myphpapp:1.0
sha256:68719d042004fb9593b4b5459e9239ca149a3621c4e75f4468e7a5397028ce2b


$ docker images
REPOSITORY                 TAG          IMAGE ID          CREATED          SIZE
myphpapp                   1.0          68719d042004      4 seconds ago    242MB


$ docker run -itd -p 8006:80 --name=phpapp myphpapp:1.0


$ curl localhost:8006
curl: (56) Recv failure: Connection reset by peer


# 모두 정상적으로 진행됐다고 생각했는데 연결이 실패로 끝난다.
# 이유는 컨테이너 내부의 아파치 서비스가 자동으로 시작되지 않았기 때문이다.
$ docker exec -it phpapp bash
root@8d6bcbde6b1e:/# service apache2 start


$ curl localhost:8006
<h1> Hello, Docker application. </h1>


# 베이스 이미지를 만들기는 했지만 매번 아파치 서비스를 수동으로 시작해야 된다면 서버에 설치해서 사용하는 것과 다르지
않다고 생각할 것이다.

# 해결 방법은 생성한 베이스 이미지가 컨테이너로 실행될 때 자동으로 서비스를 시작하게 하는 것이다. 바로 이를 위해서
Dockerfile의 CMD를 활용한다.
$ mkdir phpapp
$ cd phpapp/
phpapp$ vi Dockerfile
FROM myphpapp:1.0
MAINTAINER kevin.lee <hylee@dshub.cloud>
EXPOSE 80
CMD ["/usr/sbin/apache2ctl", "-D", "FOREGROUND"]


phpapp$ docker build -t myphpapp:2.0 .
Sending build context to Docker daemon  2.048kB
Step 1/4 : FROM myphpapp:1.0
 ---> 68719d042004
Step 2/4 : MAINTAINER kevin.lee <hylee@dshub.cloud>
 ---> Running in 02555d97d6eb
Removing intermediate container 02555d97d6eb
 ---> 7b0e8c797b00
Step 3/4 : EXPOSE 80
 ---> Running in abd3f57c89d7
Removing intermediate container abd3f57c89d7
 ---> 1d1af70ea97d
Step 4/4 : CMD ["/usr/sbin/apache2ctl", "-D", "FOREGROUND"]
 ---> Running in cd66f39cab64
Removing intermediate container cd66f39cab64
```

```
 ---> 1c6a09775f70
Successfully built 1c6a09775f70
Successfully tagged myphpapp:2.0

phpapp$ docker images | grep myphpapp
myphpapp                    2.0        1c6a09775f70   23 seconds ago   242MB
myphpapp                    1.0        68719d042004   9 minutes ago    242MB

$ docker stop phpapp
phpapp
$ docker rm phpapp
phpapp

# Dockerfile로 빌드해서 생성한 myphpapp:2.0으로 컨테이너를 실행한다.
$ docker run -itd -p 8006:80 --name=phpapp myphpapp:2.0

# 정상적으로 연결된다.
$ curl localhost:8006
<h1> Hello, Docker application. </h1>
```

이렇게 생성한 베이스 이미지를 도커 허브에 공유하거나 깃허브에 코드를 올려 공유할 수도 있다. 그러나 이번 작업도 사용자 의존성을 가지며 명령어 실행으로 이미지를 생성(docker commit)하고 자동 서비스 시작이 되지 않는 문제점을 해결하고자 Dockerfile로 다시 빌드하는 번거로움이 있었다.

인프라 구성 정보를 코드로 관리해 두면 애플리케이션 개발 시 버전 관리 차원의 소스 코드 관리가 가능해져 변경 이력을 관리할 수 있다. 이러한 소스 코드를 통해 전체 구성을 한눈에 파악할 수 있고 사용자 의존성을 배제할 수 있다. 이처럼 인프라 구성을 코드로 관리하는 것이 Dockerfile을 사용하는 이유다.

❸ 마지막으로 Dockerfile을 이용한 코드로서의 인프라를 만들어보자.

```
# 모든 인프라 환경 설정을 Dockerfile에 포함시킨다.
$ mkdir phpapp2
$ cd phpapp2
phpapp2$ vi Dockerfile
# 베이스 이미지로 Ubuntu를 지정한다.
FROM ubuntu:14.04

# Dockerfile 작성자에 대한 정보를 기록한다.
MAINTAINER "kevin.lee <hylee@dshub.cloud>"

# 생성하는 이미지에 대한 설명을 작성한다.
LABEL title "IaC, PHP application"

# 필요한 패키지를 설치한다.
```

주의! Ubuntu 이미지를 베이스 이미지로 지정하는 경우 반드시 apt-get update를 우선 수행해야만 다른 패키지 설치가 가능하다.

```
RUN apt-get update && apt-get -y install apache2 \
                                         php5 \
                                         git \
                                         curl \
                                         ssh \
                                         wget
```

아파치2의 환경 변수를 지정한다. 아래 설정값은 아파치2의 기본값이다.

```
ENV APACHE2_RUN_USER www-data \
    APACHE2_RUN_GROUP www-data \
    APACHE2_LOG_DIR /var/log/apache2 \
    APACHE2_WEB_DIR /var/www/html \
    APACHE2_PID_FILE /var/run/apache2/apache2.pid
```

기본 웹 페이지를 생성한다.

```
RUN echo 'Hello, Docker Application.' > /var/www/html/index.html
```

테스트 PHP 웹 페이지를 생성한다.

```
RUN echo '<?php phpinfo(); ?>' > /var/www/html/index.php
```

80번 포트를 노출한다.

```
EXPOSE 80
```

RUN, CMD, ENTRYPOINT의 명령어가 실행되는 디렉터리를 설정한다.

```
WORKDIR /var/www/html
```

이미지가 컨테이너로 실행될 때 아파치 서비스를 자동으로 실행되게 한다.

```
CMD ["/usr/sbin/apache2ctl", "-D", "FOREGROUND"]
```

```
phpapp2$ docker build -t myphpapp:3.0 .

phpapp2$ docker run -itd -p 8007:80 --name=phpapp3 myphpapp:3.0

phpapp2$ docker ps
CONTAINER ID   IMAGE          COMMAND                CREATED         STATUS          PORTS                   NAMES
a8531e6b5406   myphpapp:3.0   "/usr/sbin/apache2ct..."   21 minutes ago  Up 21 minutes   0.0.0.0:8007->80/tcp    phpapp3

phpapp2$ sudo netstat -nlp | grep 8007
tcp        0      0 0.0.0.0:8007            0.0.0.0:*               LISTEN      10769/docker-
proxy

phpapp2$ ps -ef | grep 10769
root     10769  1313  0 10:12 ?        00:00:00 /usr/bin/docker-proxy -proto tcp -host-ip
0.0.0.0 -host-port 8007 -container-ip 172.17.0.4 -container-port 80
kevin    11075  2992  0 10:34 pts/8    00:00:00 grep --color=auto 10769

phpapp2$ curl localhost:8007
Hello, Docker Application.

phpapp2$ curl localhost:8007/index.php
```

```
# 생성한 이미지를 조회한다. Dockerfile에 작성했던 구성 내용을 확인할 수 있다.
phpapp2$ docker image inspect myphpapp:4.0
[
    {
        "Id": "sha256:ce2d20bd8cccf9cc986aef5ac458443cd72ce5de25056383e64b4a81390f2215",
        "RepoTags": [
            "myphpapp:3.0"
        ],
        "RepoDigests": [],
        "Parent": "sha256:0fa798aaa7548299895a4d85b28cc62043601582146637ab9dcb666abb2c84d5",
        "Comment": "",
        "Created": "2021-03-27T02:01:04.352510893Z",
        "Container": "43d69ee7992e323119dace2b90ed7aa673f61434f5cf7a6a2c5ef84632f65c55",
        "ContainerConfig": {
            "Hostname": "43d69ee7992e",
            "Domainname": "",
            "User": "",
            "AttachStdin": false,
            "AttachStdout": false,
            "AttachStderr": false,
            "ExposedPorts": {
                "80/tcp": {}
            },
            "Tty": false,
            "OpenStdin": false,
            "StdinOnce": false,
            "Env": [
                "PATH=/usr/local/sbin:/usr/local/bin:/usr/sbin:/usr/bin:/sbin:/bin",
                "APACHE2_RUN_USER=www-data",
                "APACHE2_RUN_GROUP=www-data",
                "APACHE2_LOG_DIR=/var/log/apache2",
                "APACHE2_PID_FILE=/var/run/apache2/apache2.pid"
            ],
            "Cmd": [
                "/bin/sh",
                "-c",
                "#(nop) ",
                "CMD [\"/usr/sbin/apache2ctl\" \"-D\" \"FOREGROUND\"]"
            ],
            "Image": "sha256:0fa798aaa7548299895a4d85b28cc62043601582146637ab9dcb666abb2c8
4d5",
            "Volumes": null,
            "WorkingDir": "/var/www/html",
            "Entrypoint": null,
            "OnBuild": null,
            "Labels": {
                "title": "PHP application"
            }
        },
        "DockerVersion": "20.10.5",
        "Author": "\"kevin.lee <hylee@dshub.cloud>\"",
        "Config": {
            "Hostname": "",
```

```
        "Domainname": "",
        "User": "",
        "AttachStdin": false,
        "AttachStdout": false,
        "AttachStderr": false,
        "ExposedPorts": {
            "80/tcp": {}
        },
        "Tty": false,
        "OpenStdin": false,
        "StdinOnce": false,
        "Env": [
            "PATH=/usr/local/sbin:/usr/local/bin:/usr/sbin:/usr/bin:/sbin:/bin",
            "APACHE2_RUN_USER=www-data",
            "APACHE2_RUN_GROUP=www-data",
            "APACHE2_LOG_DIR=/var/log/apache2",
            "APACHE2_PID_FILE=/var/run/apache2/apache2.pid"
        ],
        "Cmd": [
            "/usr/sbin/apache2ctl",
            "-D",
            "FOREGROUND"
        ],
        "Image": "sha256:0fa798aaa7548299895a4d85b28cc62043601582146637ab9dcb666abb2c8
4d5",
        "Volumes": null,
        "WorkingDir": "/var/www/html",
        "Entrypoint": null,
        "OnBuild": null,
        "Labels": {
            "title": "PHP application"
        }
    },
    "Architecture": "amd64",
    "Os": "linux",
    "Size": 297066292,
    "VirtualSize": 297066292,
    "GraphDriver": {
        "Data": {
            "LowerDir": "/var/lib/docker/overlay2/201a5b19e373097efa97db960d82526d2ff958ea
9a8e698bc3d917cf6833318e/diff:/var/lib/docker/overlay2/87bc317f78c3fe812e7c5d3317abc87a03feca8
bc1bae3ceeb9a8c5924f1352f/diff:/var/lib/docker/overlay2/3ae6f6c4d09b0204e945c26e2d30b639b66e63
482514cc2e3ed5578891bc1aca/diff:/var/lib/docker/overlay2/e361ec4efd4c3319f844989171a4a18fa2bc9
4712da152e885d9fd9e3a697b81/diff:/var/lib/docker/overlay2/19be906ff1c9e0ae660cb86449c8047213c1
407d6bfff82aabde9f945ae59028/diff",
            "MergedDir": "/var/lib/docker/overlay2/7217e635dc47133e10392c55f9ee758e316dc7a
aa1e740caca98153e81be8205/merged",
            "UpperDir": "/var/lib/docker/overlay2/7217e635dc47133e10392c55f9ee758e316dc7aa
a1e740caca98153e81be8205/diff",
            "WorkDir": "/var/lib/docker/overlay2/7217e635dc47133e10392c55f9ee758e316dc7aaa
1e740caca98153e81be8205/work"
        },
        "Name": "overlay2"
```

```
        },
        "RootFS": {
            "Type": "layers",
            "Layers": [
                "sha256:f2fa9f4cf8fd0a521d40e34492b522cee3f35004047e617c75fadeb8bfd1e6b7",
                "sha256:45d8dc025525eb83384fbb6f3d49bac2e85f690a17f7fc9ab4d013e7236703bd",
                "sha256:e156c976a2ba450a30da0df824a204113c6afcf773cb09bfa186f88cd63f19dd",
                "sha256:50349e076bf909c8ce5dc1df2e4408eaa94a7112bd27398c8413d88b9096b74e",
                "sha256:bcb3b245dabbaf90997d23c1aa3587021321281ef724c237fd261ab3af8c810c",
                "sha256:d3e043ae2ebb190f16a86f5d50d82d249fb23669f2db8255fff510823dd0d73c"
            ]
        },
        "Metadata": {
            "LastTagTime": "2021-03-27T11:01:04.381196464+09:00"
        }
    }
]
```

이렇게 Dockerfile을 통해 인프라를 프로비저닝하면 언제든 재사용할 수 있고, 업데이트를 통해 또 다른 버전의 이미지, 즉 인프라를 제공할 수 있다. 위 실습 과정을 통해 코드로 개발하는 인프라스트럭처IaC가 어떤 의미인가를 이해했기를 바란다.

4.2.3 이미지 빌드 과정

도커 허브로부터 다운로드pull한 이미지는 불변이다. 빌드가 완료된 이미지는 그 내용을 수정할 수 없기 때문에 이미지로부터 컨테이너를 생성하여 변경 사항을 추가하고, 다시 **docker commit** 명령을 통해 새로운 이미지를 생성하는 방법으로 변경할 수 있다. 하지만 이 작업은 변경 사항을 추가하여 새로운 이미지를 만든 것이지 기존 이미지를 수정한 것은 아니다.

필요한 애플리케이션을 컨테이너로 서비스하려면 이미지가 필요하다. 그러나 만족할 만한 이미지를 도커 허브가 모두 보유하고 있는 것은 아니다. 따라서 애플리케이션 요구사항을 만족할 수 있는 인프라 환경을 직접 구성하려면 서비스에 필요한 인프라 설계 요구서와 여러 환경 변수 등을 고려한 작업 시트를 작성하여 Dockerfile을 생성해야 한다.

▐▐▐▐▐ Dockerfile 작성 라이프사이클

Dockerfile은 인프라 구성을 위해 필요한 명령을 담은 일반 텍스트 문서다. **docker build** 명령을 통해 Dockerfile에 작성한 명령을 순서대로 읽으며 자동으로 이미지를 빌드한다. 이때 주의할 것은 이미지 빌드는 사용자와의 대화식 처리가 아닌 자동화된 빌드라는 것이다.

예를 가지고 살펴보자.

```
# 파이썬이 설치된 이미지를 만들어보자.
#
$ mkdir python_lab
$ cd python_lab/
python_lab$ vi Dockerfile
FROM ubuntu:18.04
RUN apt-get install python


python_lab$ docker build -t mypyapp:1.0 .
Sending build context to Docker daemon  3.072kB
Step 1/2 : FROM ubuntu:18.04
 ---> 329ed837d508
Step 2/2 : RUN apt-get install python
 ---> Running in ea8f6239bdf3
Reading package lists...
Building dependency tree...
Reading state information...
E: Unable to locate package python
The command '/bin/sh -c apt-get install python' returned a non-zero code: 100


# 파이썬 패키지를 찾지 못하여 설치되지 못한다는 에러다. Ubuntu 기반의 이미지를 생성하는 경우, 반드시 apt-get
update(또는 apt update)를 포함하여야 한다.
python_lab$ vi Dockerfile
FROM ubuntu:18.04
RUN apt-get update
RUN apt-get install python


python_lab$ docker build -t mypyapp:1.0 .
Sending build context to Docker daemon  3.072kB
Step 1/3 : FROM ubuntu:18.04
 ---> 329ed837d508
Step 2/3 : RUN apt-get update
 ---> Running in 8359c054035a
Get:1 http://archive.ubuntu.com/ubuntu bionic InRelease [242 kB]
Get:2 http://security.ubuntu.com/ubuntu bionic-security InRelease [88.7 kB]
...
Get:18 http://archive.ubuntu.com/ubuntu bionic-backports/main amd64 Packages [11.3 kB]
Fetched 22.3 MB in 1min 18s (286 kB/s)
Reading package lists...
Removing intermediate container 8359c054035a
 ---> eca52ee545eb
Step 3/3 : RUN apt-get install python
 ---> Running in 6b8240be696a
Reading package lists...
Building dependency tree...
Reading state information...
The following additional packages will be installed:
  file libexpat1 libmagic-mgc libmagic1 libpython-stdlib libpython2.7-minimal
  libpython2.7-stdlib libreadline7 libsqlite3-0 libssl1.1 mime-support
  python-minimal python2.7 python2.7-minimal readline-common xz-utils
Suggested packages:
  python-doc python-tk python2.7-doc binutils binfmt-support readline-doc
The following NEW packages will be installed:
```

```
    file libexpat1 libmagic-mgc libmagic1 libpython-stdlib libpython2.7-minimal
    libpython2.7-stdlib libreadline7 libsqlite3-0 libssl1.1 mime-support python
    python-minimal python2.7 python2.7-minimal readline-common xz-utils
0 upgraded, 17 newly installed, 0 to remove and 3 not upgraded.
Need to get 6412 kB of archives.
After this operation, 28.9 MB of additional disk space will be used.
Do you want to continue? [Y/n] Abort.
The command '/bin/sh -c apt-get install python' returned a non-zero code: 1


# 패키지 설치 시 -y 옵션을 사용하지 않으면 출력 메시지처럼 강제 종료(Abort)가 된다. Dockerfile은 사용자의 개
입이 없는 자동화된 빌드이기 때문이다.
python_lab$ vi Dockerfile
FROM ubuntu:18.04
RUN apt-get update
RUN apt-get install python -y

python_lab$ docker build -t mypyapp:1.0 .
Sending build context to Docker daemon  3.072kB
Step 1/3 : FROM ubuntu:18.04
 ---> 329ed837d508
Step 2/3 : RUN apt-get update
 ---> Using cache
 ---> eca52ee545eb
Step 3/3 : RUN apt-get install python -y
 ---> Running in ebb20bf2f146
...
Setting up python (2.7.15~rc1-1) ...
Processing triggers for libc-bin (2.27-3ubuntu1.4) ...
Removing intermediate container ebb20bf2f146
 ---> b099fe2674ab
Successfully built b099fe2674ab
Successfully tagged mypyapp:1.0


# 정상적으로 빌드가 완료됐다.
```

---

docker build[9]를 실행하는 현재 작업 중인 디렉터리를 **빌드 컨텍스트**라고 부른다. Dockerfile은 새로운 빈 디렉터리에서 생성하여 빌드하는 것을 권장하고, -f 옵션으로 다른 경로 지정도 가능하다. 이미지 빌드가 시작되면 Dockerfile 위치와 상관없이 현재 디렉터리에 있는 모든 파일과 디렉터리의 콘텐츠는 도커 데몬에 빌드 컨텍스트로 전달된다. 이때 현재 디렉터리에 있는 파일과 디렉터리 중 빌드 컨텍스트에서 제외 대상이 있다면 **.dockerignore** 파일에 작성하면 된다.

모든 코딩이 그렇지만 이미지 빌드도 문법적 오류나 오타가 포함되면 빌드 과정에서 에러가 출력된다. 도커 데몬은 Dockerfile 빌드를 시작하면 Dockerfile에 포함된 모든 내용을 읽어 와 유효성 검사를 수행하여 아래 예시와 같이 오류를 내보낸다.

---

9 참고 *https://docs.docker.com/develop/develop-images/dockerfile_best-practices/*

```
# RUN 명령어에 실수로 N이 하나 더 들어갔다고 가정하자.
python_lab$ docker build -t mypyapp:1.0 .
Sending build context to Docker daemon  3.072kB
Error response from daemon: dockerfile parse error line 2: unknown instruction: RUNN
```

처리 내용의 첫 번째 메시지처럼(Sending build context to Docker daemon) 현재 디렉터리의 모든 콘텐츠를 도커 데몬에 빌드 컨텍스트로 전달하여 빌드한다는 것을 확인할 수 있다.

```
# Dockerfile을 새로운 디렉터리로 이동시키고 빌드한다.
python_lab$ mkdir appimage && mv Dockerfile ./appimage

python_lab$ docker build -t mypyapp:1.0 -f ./appimage/Dockerfile .
Sending build context to Docker daemon   2.56kB
Step 1/3 : FROM ubuntu:18.04
...
```

다른 경로에 있는 Dockerfile을 -f로 지정해서 실행해도 동일하게 도커 데몬에 빌드 컨텍스트로 전달하여 빌드한다. 빌드 컨텍스트로 시작된 이미지 빌드의 다음 수행은 각 명령어 실행을 통해 레이어를 만드는 것이다.

▍▍▍▍▍ 이미지 빌드 과정

도커 이미지는 Dockerfile의 명령어 단위로 실행할 때마다 읽기 전용 레이어$_{layer}$를 생성하여 최종 이미지로 생성된다. Nginx를 포함하는 이미지 빌드 과정을 살펴보자.

```
# 빌드 과정을 살펴볼 Dockerfile을 생성한다.
$ mkdir appimage && cd $_
appimage$ vi Dockerfile_nginx

# 베이스 이미지를 Ubuntu로 선택한다.
FROM ubuntu:latest

# 작성자 정보를 작성한다.
MAINTAINER "kevin.lee <hylee@dshub.cloud>"

# 필요한 패키지를 작성한다.
RUN apt-get update && apt-get install -y nginx \
                                         curl \
                                         vim
# nginx 기본 웹 페이지를 생성한다.
RUN echo 'Docker Container Application.' > /var/www/html/index.html

# 80번 포트를 노출한다.
EXPOSE 80

# 컨테이너로 실행될 때 nginx 데몬을 자동 실행한다.
```

CMD ["nginx", "-g", "daemon off;"]

```
# "첫 번째" 이미지를 빌드한다. (webapp:1.0)
# 처음 빌드를 수행하면 apt update 등의 설치 과정이 길게 출력된다.
appimage$ docker build -f Dockerfile_nginx -t webapp:1.0 .
Sending build context to Docker daemon  2.048kB
Step 1/6 : FROM ubuntu:latest
 ---> 47b19964fb50
Step 2/6 : MAINTAINER "kevin.lee <hylee@dshub.cloud>"
 ---> Running in 1a20ae700671
Removing intermediate container 1a20ae700671
 ---> 4925bc15868d
Step 3/6 : RUN apt-get update && apt-get install -y nginx      curl      vim
 ---> Running in d0067a4b36a0
Removing intermediate container d0067a4b36a0
 ---> a32730e25378
Step 4/6 : RUN echo 'Docker Container Application.' > /var/www/html/index.html
 ---> Running in f33c68d3c074
Removing intermediate container f33c68d3c074
 ---> 9e25ddde25bb
Step 5/6 : EXPOSE 80
 ---> Running in dbe0d24bd95e
Removing intermediate container dbe0d24bd95e
 ---> 6ff2f471910b
Step 6/6 : CMD ["nginx", "-g", "daemon off;"]
 ---> Running in 605b3eb27d43
Removing intermediate container 605b3eb27d43
 ---> 9eee67f52a23
Successfully built 9eee67f52a23
Successfully tagged webapp:1.0

# 동일한 이미지를 "두 번째" 태그하여 빌드한다. (webapp:2.0)
appimage$ docker build -f Dockerfile_nginx -t webapp:2.0 .
Sending build context to Docker daemon  2.048kB
Step 1/6 : FROM ubuntu:latest
 ---> 47b19964fb50
Step 2/6 : MAINTAINER "kevin.lee <hylee@dshub.cloud>"
 ---> Using cache
 ---> 22203531e100
Step 3/6 : RUN apt-get update && apt-get install -y nginx      curl      vim
 ---> Using cache
 ---> df7a903d6d09
Step 4/6 : RUN echo 'Docker Container Application.' > /var/www/html/index.html
 ---> Using cache
 ---> 3d8fba9ca78c
Step 5/6 : EXPOSE 80
 ---> Using cache
 ---> ae49fc850d8b
Step 6/6 : CMD ["nginx", "-g", "daemon off;"]
 ---> Using cache
 ---> c3eb1e9d5ad0
Successfully built c3eb1e9d5ad0
Successfully tagged webapp:3.0

# 두 번째 과정에서는 Using cache 절이 많이 생긴 것을 알 수 있다.
```

첫 번째 빌드 과정을 살펴보자.

표 4-2 **이미지 빌드 결과**

과정	설명
Step 1/6	베이스 이미지 Ubuntu를 가져와서 이미지ID를 부여했다. ➡ 47b19964fb50(RO, 읽기 전용)
Step 2/6	이미지 작성자 정보를 추가하기 위해 임시로 컨테이너[1a20ae700671, RW(읽고 쓰기)]를 실행하고, (Removing intermediate container 1a20ae700671) 임시 컨테이너를 삭제한 뒤 이 내용을 포함한 새로운 이미지ID를 부여했다. ➡ 4925bc15868d(RO, 읽기 전용)
Step 3/6	패키지 매니저 업데이트와 패키지 설치 과정에서도 2단계와 마찬가지로 임시 컨테이너[d0067a4b36a0, RW(읽고 쓰기)]를 생성하여 작업하고 삭제한 뒤 이 내용을 포함한 새로운 이미지ID를 부여했다. ➡ a32730e25378(RO, 읽기 전용)
Step 4/6	index.html 파일 생성 과정에서 3단계와 마찬가지로 임시 컨테이너[f33c68d3c074, RW(읽고 쓰기)]를 생성하여 작업하고 삭제한 뒤 이 내용을 포함한 새로운 이미지ID를 부여했다. ➡ 9e25ddde25bb(RO, 읽기 전용)
Step 5/6	포트 80번을 노출하는 과정에서 4단계와 마찬가지로 임시 컨테이너[dbe0d24bd95e, RW(읽고 쓰기)]를 생성하여 작업하고 삭제한 뒤 이 내용을 포함한 새로운 이미지ID를 부여했다. ➡ 6ff2f471910b(RO, 읽기 전용)
Step 6/6	데몬 자동 시작 과정에서 5단계와 마찬가지로 임시 컨테이너[605b3eb27d43, RW(읽고 쓰기)]를 생성하여 작업하고 삭제한 뒤 이 내용을 포함한 새로운 이미지ID를 부여했다. ➡ 9eee67f52a23(RO, 읽기 전용)
Successfully	최종 이미지 9eee67f52a23(RO, 읽기 전용)을 생성하고 webapp:1.0을 태그로 설정했다.

두 번째 과정에서는 표 4-2의 내용과 다르게 Using cache 절이 많다. 이것을 **빌드 캐시**라고 한다. **docker build**는 빌드 속도 향상을 위해 실행 중간에 있는 이미지 캐시를 사용한다. 기본적으로 첫 번째 빌드 과정에서 단계별로 캐시를 생성하고, 이 빌드 캐시는 동일한 이미지 작업으로 제한된다. 빌드 과정에서 캐시를 사용하지 않는 경우 --no-cache를 지정하여 빌드한다. 또는 다른 이미지로부터 만들어진 빌드 캐시를 사용해 빌드하려면 --cache-from 옵션을 통해 할 수 있다.

도커 18.09 버전에 **Buildkit**이 추가되어 이미지 빌드에 향상된 기능을 제공하기 시작했고, 20.10 버전부터 안정화됐다. 추가된 **Buildkit** 기능은 다음과 같다.

- 빌드 과정을 병렬 처리하여 더 빠른 빌드를 제공한다.
- 사용되지 않는 빌드 단계를 찾아 비활성화한다.
- 비밀번호 등의 민감한 데이터가 포함되는 경우 비밀secret 구축이 가능하다.

- 빌드 중 빌드 정보에 따라 변경된 파일만 전송한다.

- 자동 빌드 시 빌드 캐시의 우선순위를 정한다.

앞서 수행했던 실습을 Buildkit을 적용하여 실행해 보자.

```
# BuildKit을 사용하려면 DOCKER_BUILDKIT=1 환경 변수 설정을 해야 한다.
appimage$ export DOCKER_BUILDKIT=1

appimage$ echo $DOCKER_BUILDKIT
1

appimage$ docker build -f Dockerfile_nginx -t webapp:4.0 .
[+] Building 215.3s (7/7) FINISHED
 => [internal] load build definition from Dockerfile_nginx                          0.1s
 => => transferring dockerfile: 374B                                                0.0s
 => [internal] load .dockerignore                                                   0.1s
 => => transferring context: 2B                                                     0.0s
 => [internal] load metadata for docker.io/library/ubuntu:latest                    0.0s
 => [1/3] FROM docker.io/library/ubuntu:latest                                      0.1s
 => [2/3] RUN apt-get update && apt-get install -y nginx            curl          213.4s
 => [3/3] RUN echo 'Docker Container Application.' > /var/www/html/index.html       0.7s
 => exporting to image                                                              1.0s
 => => exporting layers                                                             1.0s
 => => writing image sha256:4bcd05424ce4989a13875283fdd8ecd96c3b3830b632f0674ebb7ff4bf479d62  0.0s
 => => naming to docker.io/library/webapp:4.0                                       0.0s
```

또는,
```
appimage$ DOCKER_BUILDKIT=1 docker build -f Dockerfile_nginx -t webapp:5.0 .

# 출력 결과를 보고서 형태로 볼 수도 있다.
appimage$ docker build -f Dockerfile_nginx -t webapp:6.0 --progress=plain .
#1 [internal] load build definition from Dockerfile_nginx
#1 sha256:2fdb05f2a22caf0f5931be0d4570754278b4e88a52b0f1305a228fca64545907
#1 transferring dockerfile: 44B done
#1 DONE 0.0s

#2 [internal] load .dockerignore
#2 sha256:f6a4fb96a71c81e9998a819c8ca81d7feae0f83a26e6d36f8f95cc85ddc8e9f6
#2 transferring context: 2B done
#2 DONE 0.0s

#3 [internal] load metadata for docker.io/library/ubuntu:latest
#3 sha256:8c6bdfb121a69744f11ffa1fedfc68ec20085c2dcce567aac97a3ff72e53502d
#3 DONE 0.0s

#4 [1/3] FROM docker.io/library/ubuntu:latest
#4 sha256:0a5f349eacf4edfd2fc1577c637ef52a2ed3280d9d5c0ab7f2e4c4052e7d6c9f
#4 DONE 0.0s

#5 [2/3] RUN apt-get update && apt-get install -y nginx
curl                                          vim
#5 sha256:aab659529d08d2ad38fc83a41594dcdc96fc3eda205b3f740d77f3e1c6b90ba3
#5 CACHED

#6 [3/3] RUN echo 'Docker Container Application.' > /var/www/html/index.html
```

```
#6 sha256:8669daee197b5ce80764575f8cb39cdc8f214b238a0c4289c4d878e78be7fe5a
#6 CACHED

#7 exporting to image
#7 sha256:e8c613e07b0b7ff33893b694f7759a10d42e180f2b4dc349fb57dc6b71dcab00
#7 exporting layers done
#7 writing image sha256:4bcd05424ce4989a13875283fdd8ecd96c3b3830b632f0674ebb7ff4bf479d62
#7 writing image sha256:4bcd05424ce4989a13875283fdd8ecd96c3b3830b632f0674ebb7ff4bf479d62 done
#7 naming to docker.io/library/webapp:6.0 done
#7 DONE 0.0s
```

도커 이미지 빌드 과정에 대해 알아봤다. 이제 다양한 예제를 통해 여러 가지 애플리케이션 서비스를 배포할 수 있는 인프라 환경을 Dockerfile로 빌드해 보자.

4.3 Dockerfile을 활용한 다양한 이미지 생성

애플리케이션 컨테이너 서비스 환경을 제공하기 위해 도커는 Dockerfile을 통해 원하는 이미지를 제공한다. Dockerfile은 작성한 명령어를 순서대로 실행하여 읽기 전용 이미지 레이어 생성과 임시 컨테이너를 생성하는 과정을 반복하면서 자동으로 빌드한다.

만약 팀의 개발자에게 애플리케이션에 부정적인 영향을 주지 않고 더 빠른 배포 시간을 갖는 최적화된 Dockerfile을 요청했다고 가정하자.

```
# 샘플 Dockerfile 코드.
FROM ubuntu:20.04
COPY app.py /app
RUN apt-get update && apt-get -y install python python-pip
RUN pip install -r requirements.txt
CMD python /app/app.py
```

위 샘플 코드의 명령어는 각각의 레이어를 만든다. 물론, Dockerfile에 정의된 모든 명령이 레이어가 되는 것은 아니다. RUN, ADD, COPY 이 세 가지 명령어만이 레이어로 저장되고, CMD, LABEL, ENV, EXPOSE 등과 같이 메타 정보를 다루는 명령어는 저장되지 않는 임시 레이어로 생성되어 도커 이미지 용량에 영향을 주지 않는다.

하지만 샘플 Dockerfile 코드를 실행한 결과 애플리케이션 배포가 너무 오래 걸릴 것이다. 이유는 기본적인 권고 사항을 따르지 않은 명령어 때문이다. 해결책은 간단하다.

첫 번째로, FROM 명령에 있는 Ubuntu 대신 알파인 리눅스Alpine Linux와 같이 용량이 작은 리눅스를 선택하면 전통적인 GNU[10] 리눅스 배포판보다 빌드 속도가 빨라질 것이다. 또한, 알파인 리눅스 기반에 파이썬이 이미 설치된 이미지라면 빌드 성능 향상에 도움이 된다.

두 번째로, COPY에 사용된 소스 코드 복사는 RUN 명령어를 사용한 파이썬과 파이프pip와 같은 패키지 종속성 설치 이후에 작성해야 한다. 만약 COPY 명령이 변경되면 그 이후의 모든 레이어의 빌드 캐시는 무효화되므로 다시 레이어 빌드가 발생한다. 이런 권고 사항을 만족하는 효율적인 Dockerfile로 변경해 보자.

```
# 샘플 Dockerfile 코드.
FROM python:3.9.2-alpine
RUN apt-get update && apt-get -y install python-pip
RUN pip install -r requirements.txt
COPY app.py /app
CMD python /app/app.py
```

최적화된 Dockerfile을 통해 빌드를 수행하면 명령어에 따른 읽기 전용 이미지 레이어가 생성되고, 추가되는 변경 사항을 위해 쓰기 가능한 컨테이너 레이어를 임시로 추가하여 새 파일을 쓰거나 복사하고 수정한다. 이런 과정으로 생성된 이미지 레이어는 /var/lib/docker 하위 경로에 저장된다.

```
# 실행 중인 특정 컨테이너의 경로 예시.
/var/lib/docker/overlay2/781ad91f0cf57ae4623b4b8048b8904ba7ef8cf5be14ab7ea098cedfee867596/
merged/
```

이렇게 생성된 이미지로 수십에서 수백 개의 컨테이너를 실행해도 읽기 전용RO 레이어는 보존되며 컨테이너마다 병합된 스냅숏 형태로 제공된다. 그림 4-2와 같이 읽기 전용 레이어 위에 쓰기 가능한 컨테이너(프로세스) 레이어가 추가되는 것이다.

---

10 *https://www.gnu.org/gnu/thegnuproject.html*에서 제공하는 오픈 소스 정책을 참고한다.

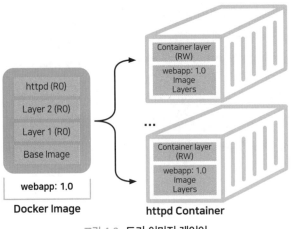

그림 4-2 도커 이미지 레이어

잘 만들어진well-defined 도커 이미지란 무엇일까? 바로 도커 이미지 빌드의 기본적인 원리를 이해하고 Dockerfile 작성 시 권장 사항(4.2.1절 참고)을 준수하는 것이다. 이미지 빌드 시간을 단축하고 크기가 작은 이미지는 컨테이너 애플리케이션 효율성의 기본이다. 도커 컨테이너를 사용하는 이유는 빠르고 탄력적인 컨테이너 서비스를 원하기 때문이다.

4.3.1 다양한 방법의 Dockerfile 작성

이제 다양한 방법으로 Dockerfile을 작성해 보고 이미지 빌드, 컨테이너 서비스까지 배포해 보자.

실습 4-1 셸 스크립트를 이용한 환경 구성 실습

- Ubuntu 18.04 버전을 베이스 이미지로 지정하고 아파치2 패키지를 설치한다.

- 필요한 환경 구성을 셸 스크립트로 생성하고, 컨테이너가 실행될 때 셸을 실행한다.

- 이미지 빌드 시 Buildkit을 이용하면 여러 단계를 병렬 처리하기 때문에 기존의 docker build 방식보다 이미지 생성 속도가 빠르다.[11]

```
# Dockerfile을 생성한다.
~$ mkdir webapp1 && cd $_
webapp1$ vi Dockerfile

# 베이스 이미지를 작성한다.
FROM ubuntu:18.04

# 아파치2 패키지를 설치한다.
RUN apt-get update && \
```

---

11 이미지 빌드 시 time 명령을 앞에 두고 사용하면 작업 종료 시 경과 시간이 측정된다. Buildkit과 일반 빌드의 시간차를 확인할 수 있다(예 time docker build -t ~).

```
        apt-get -y install apache2

# 웹 기본 페이지를 생성한다.
RUN echo 'Docker Container Application.' > /var/www/html/index.html

# 필요한 작업 경로를 생성한다(WORKDIR로 지정해도 됨).
RUN mkdir /webapp

# 아파치2에 필요한 환경 변수, 디렉터리, 서비스 실행 등의 정보를 셸 스크립트에 작성하고 실행 권한을 부여한다.
RUN echo '. /etc/apache2/envvars' > /webapp/run_http.sh && \
    echo 'mkdir -p /var/run/apache2' >> /webapp/run_http.sh && \
    echo 'mkdir -p /var/lock/apache2' >> /webapp/run_http.sh && \
    echo '/usr/sbin/apache2 -D FOREGROUND' >> /webapp/run_http.sh && \
    chmod 744 /webapp/run_http.sh

# 80번 포트를 오픈한다.
EXPOSE 80

# RUN 명령어로 작성된 셸 스크립트를 컨테이너가 동작할 때 실행한다.
CMD /webapp/run_http.sh
```

\# buildkit을 이용하여 이미지 빌드를 수행한다.

```
webapp1$ DOCKER_BUILDKIT=1 docker build -t webapp:7.0 .
[+] Building 1.9s (9/9) FINISHED
 => [internal] load build definition from Dockerfile                                                    0.0s
 => => transferring dockerfile: 543B                                                                     0.0s
 => [internal] load .dockerignore                                                                        0.0s
 => => transferring context: 2B                                                                          0.0s
 => [internal] load metadata for docker.io/library/ubuntu:18.04                                          0.0s
 => [1/5] FROM docker.io/library/ubuntu:18.04                                                            0.0s
 => CACHED [2/5] RUN apt-get update &&     apt-get -y install apache2                                     0.0s
 => CACHED [3/5] RUN echo 'Docker Container Application.' > /var/www/html/index.html                     0.0s
 => [4/5] RUN mkdir /webapp                                                                              1.2s
 => [5/5] RUN echo '. /etc/apache2/envvars' > /webapp/run_http.sh &&     echo 'mkdir -p /var/run/apache2' >> /webapp/  0.5s
 => exporting to image                                                                                   0.1s
 => => exporting layers                                                                                  0.0s
 => => writing image sha256:2f95b317fc8af6b4d75db2a54ff8fb09508298f52c4150a2495ecce7bcc3a57c            0.0s
 => => naming to docker.io/library/webapp:11.0                                                           0.0s
```

\# 빌드가 완료된 이미지 정보를 통해 Dockerfile에 작성된 명령어를 확인한다.

```
webapp1$ docker image history webapp:7.0
IMAGE              CREATED            CREATED BY                                      SIZE     COMMENT
2f95b317fc8a       8 seconds ago      CMD ["/bin/sh" "-c" "/webapp/run_http.sh"]      0B       buildkit.dockerfile.v0
<missing>          8 seconds ago      EXPOSE map[80/tcp:{}]                           0B       buildkit.dockerfile.v0
<missing>          8 seconds ago      RUN /bin/sh -c echo '. /etc/apache2/envvars'... 108B     buildkit.dockerfile.v0
<missing>          8 seconds ago      RUN /bin/sh -c mkdir /webapp # buildkit         0B       buildkit.dockerfile.v0
<missing>          About an hour ago  RUN /bin/sh -c echo 'Docker Container Applic...  30B      buildkit.dockerfile.v0
<missing>          About an hour ago  RUN /bin/sh -c apt-get update &&        apt-get... 132MB  buildkit.dockerfile.v0
<missing>          3 weeks ago        /bin/sh -c #(nop)  CMD ["/bin/bash"]            0B
<missing>          3 weeks ago        /bin/sh -c mkdir -p /run/systemd && echo 'do... 7B
<missing>          3 weeks ago        /bin/sh -c [ -z "$(apt-get indextargets)" ]    0B
<missing>          3 weeks ago        /bin/sh -c set -xe   && echo '#!/bin/sh' > /... 745B
<missing>          3 weeks ago        /bin/sh -c #(nop) ADD file:d65963eb4f4b3a8c8... 63.3MB
```

\# 컨테이너를 생성하여 이미지 사용을 테스트한다.
```
webapp1$ docker run -itd -p 8007:80 --name=webapp07 webapp:7.0
```

```
webapp1$ docker ps
CONTAINER ID   IMAGE         COMMAND               CREATED        STATUS        PORTS                  NAMES
e26ca8825e32   webapp:7.0    "/bin/sh -c /webapp/..."  5 minutes ago  Up 1 minutes  0.0.0.0:8007->80/tcp   webapp07
```

```
# 정상적인 웹 페이지가 로드되는지 확인한다.
webapp1$ curl localhost:8007
Docker Container Application.
```

실습 4-1에서는 Dockerfile의 RUN 명령어를 통해 run_http.sh 셸 스크립트를 작성하고, CMD를 통해 run_http.sh를 실행했다. RUN과 CMD는 Dockerfile에서 중요한 부분이므로 그 차이점을 정확히 아는 것이 중요하다. RUN 명령어는 Dockerfile로 이미지 빌드 시에 한 번만 실행되고, CMD는 컨테이너가 실행될 때 사용되는 기본 명령을 작성한다. 또한, 유사한 명령어로 ENTRYPOINT가 있다. 표 4-1에서 비교했던 것처럼, ENTRYPOINT는 docker run 실행 시 지정된 명령어에서 인수로 인식하기 때문에 인수 값만 변경할 때 유용하다.

실습 4-1의 Dockerfile은 RUN, CMD, ENTRYPOINT로 작성자에 따라 다양하게 변경이 가능하다. 그 안에서 이미지 빌드 시간, 용량, 컨테이너 실행 시 효율성 등을 고려해서 많은 경험을 쌓아보는 것이 중요하다.

실습 4-2 ADD 명령어의 자동 압축 해제 기능 활용 실습

- 사전에 git clone 명령을 이용해 압축 파일로 되어 있는 웹 소스를 다운로드한다.
- Ubuntu 14.04를 베이스 이미지로 지정한다.
- 필요한 패키지를 설치한다.
- ADD 명령어에 다운로드한 압축 파일(*.tar.gz)을 지정한다.

```
# 깃허브에서 웹 소스 압축 파일을 내려받는다.
$ git clone https://github.com/brayanlee/webapp.git
Cloning into 'webapp'...
remote: Enumerating objects: 20, done.
remote: Counting objects: 100% (20/20), done.
remote: Compressing objects: 100% (14/14), done.
remote: Total 20 (delta 0), reused 0 (delta 0), pack-reused 0
Unpacking objects: 100% (20/20), done.
Checking connectivity... done.

$ mkdir webapp2
$ cd webapp2 && ls
webapp.tar.gz

# 웹 소스와 분리된 디렉터리에 Dockerfile을 생성한다.
webapp2$ mkdir dockerfiles && cd dockerfiles
webapp2/dockerfiles$ vi Dockerfile
```

```
#베이스 이미지를 작성한다.
FROM ubuntu:14.04

# 작성자 정보를 입력한다.
MAINTAINER "kevin-lee <hylee@dshub.cloud>"

# 이미지를 설명한다.
LABEL "purpose"="container web application practice."

# apt 업데이트 후 필요한 패키지를 설치한다.
RUN apt-get update && apt-get -y install apache2 \
                                         vim \
                                         curl
# 다운로드한 웹 소스 압축 파일을 아파치의 기본 웹 페이지 경로에 복사한다.
# ADD 명령어는 압축 파일을 해제하여 경로에 복사하는 장점이 있다.
ADD webapp.tar.gz /var/www/html

# 해당 경로로 이동한다. 이후 컨테이너 실행 시 기본 경로로 설정된다.
WORKDIR /var/www/html

# 컨테이너의 80번 포트를 열어준다.
EXPOSE 80

# 컨테이너 실행 시 자동으로 아파치 데몬을 실행한다.
CMD /usr/sbin/apachectl -D FOREGROUND
```

webapp2/dockerfiles$ **cd ..**

빌드킷을 이용하여 이미지를 빌드한다.
webapp2$ **export DOCKER_BUILDKIT=1**

webapp2$ **docker build -t webapp:8.0 -f ./dockerfiles/Dockerfile .**
```
[+] Building 115.9s (9/9) FINISHED
 => [internal] load build definition from Dockerfile                                      0.0s
 => => transferring dockerfile: 411B                                                      0.0s
 => [internal] load .dockerignore                                                         0.0s
 => => transferring context: 2B                                                           0.0s
 => [internal] load metadata for docker.io/library/ubuntu:14.04                           0.0s
 => [1/4] FROM docker.io/library/ubuntu:14.04                                             0.1s
 => [internal] load build context                                                         0.1s
 => => transferring context: 155.06kB                                                     0.0s
 => [2/4] RUN apt-get update && apt-get -y install apache2             vim              114.3s
 => [3/4] ADD webapp.tar.gz /var/www/html                                                 0.6s
 => [4/4] WORKDIR /var/www/html                                                           0.1s
 => exporting to image                                                                    0.7s
 => => exporting layers                                                                   0.6s
 => => writing image sha256:7b0fdc4fc51c89deb8bf0ba2121c81afd579e2560b963dc122b17ca1d2e2296a  0.0s
 => => naming to docker.io/library/webapp:8.0                                             0.0s
```

생성된 이미지 정보를 확인한다.
webapp2$ **docker image history webapp:8.0**
```
IMAGE          CREATED         CREATED BY                                    SIZE    COMMENT
7b0fdc4fc51c   57 seconds ago  CMD ["/bin/sh" "-c" "/usr/sbin/apachectl -D ...  0B      buildkit.dockerfile.v0
<missing>      57 seconds ago  EXPOSE map[80/tcp:{}]                         0B      buildkit.dockerfile.v0
<missing>      57 seconds ago  WORKDIR /var/www/html                         0B      buildkit.dockerfile.v0
<missing>      57 seconds ago  ADD webapp.tar.gz /var/www/html # buildkit    298kB   buildkit.dockerfile.v0
<missing>      58 seconds ago  RUN /bin/sh -c apt-get update && apt-get -y ...  67.1MB  buildkit.dockerfile.v0
<missing>      58 seconds ago  LABEL purpose=container web application prac...  0B      buildkit.dockerfile.v0
```

```
<missing>        58 seconds ago    MAINTAINER "kevin-lee <hylee@dshub.cloud>"        0B        buildkit.dockerfile.v0
<missing>        6 months ago      /bin/sh -c #(nop)  CMD ["/bin/bash"]              0B
<missing>        6 months ago      /bin/sh -c mkdir -p /run/systemd && echo 'do...   7B
<missing>        6 months ago      /bin/sh -c [ -z "$(apt-get indextargets)" ]       0B
<missing>        6 months ago      /bin/sh -c set -xe   && echo '#!/bin/sh' > /...   195kB
<missing>        15 months ago     /bin/sh -c #(nop) ADD file:276b5d943a4d284f8...   196MB
webapp2$ docker run -itd -p 8008:80 --name=webapp08 webapp:8.0
bbf681cba81722668c4b6958c0645272fc2446dbf107bdfa9ae8ac4400c48fd8

# curl을 이용하여 테스트한다.
webapp2$ curl localhost:8008
<html>
...

webapp2$ docker exec -it webapp08 bash
root@bbf681cba817:/var/www/html# ls
css  pngs  index.html
```

실습 4-2는 일반적인 업무 패턴에서 나오는 사례다. 개발 팀에서 만든 웹 소스를 공유하는 방식으로 도커 허브의 저장소를 이용하거나 회사 인프라에 개별 저장소를 구축하여 공유한다. 이 방법은 이미지 자체를 공유하는 것이고, 개발된 웹 소스 코드와 이미지를 깃허브에 올려 공유하는 방식도 개발 업무 패턴에서 자주 등장하는 방식이다. Dockerfile의 ADD는 일반적인 호스트 파일과 디렉터리를 복사하는 방법도 제공하지만, 압축 파일인 경우 이미지 내에 포함시킬 때 압축을 자동으로 풀어서 저장해 주는 장점이 있다.

실습 4-3 이미지 용량 절감을 위한 실습

- 실습 4-2와 유사한 이미지를 생성한다.
- 단, apt를 이용한 패키지 업데이트와 설치 시 남게 되는 캐시를 제거하여 생성되는 이미지의 용량이 감소됨을 확인한다.
- 캐시 삭제 관련 명령: apt-get clean, apt-get autoremove, rm -rfv ~

```
# 샘플 index.html을 생성한다. 간단히 <h1> ~ </h1>으로 생성해도 된다.
~$ mkdir webapp3 && cd $_
webapp3$ vi index.html
<html>
 <head>
  <title>Docker Container App</title>
   <style>body {margin-top: 40px; background-color: #333;}
   </style>
 </head>
 <body>
  <div style=color:white;text-align:center>
```

```
    <h1> Docker Container Web Application. </h1>
    <h2> Great Works! </h2>
     <p> Application is now good running on a container in
         Docker. </p>
  </div>
 </body>
</html>
```

```
# Dockerfile을 생성한다.
webapp3$ vi Dockerfile
```

```
# 베이스 이미지를 작성한다.
FROM ubuntu:14.04
```

```
# 작성자 정보를 입력한다.
MAINTAINER "kevin-lee <hylee@dshub.cloud>"
```

```
# 이미지를 설명한다.
LABEL "purpose"="webserver practice"
```

```
# apt 업데이트 후 필요한 패키지를 설치한다. 이후 사용했던 apt 캐시를 모두 삭제한다.
# -qq 옵션은 quiet 옵션의 2단계로 로깅 정보를 삭제해 주고, --no-install-recommends 옵션을 통해 apt가 자
동으로 권장 패키지를 설치하지 않게 하여 꼭 필요한 패키지만 설치된다.
RUN apt-get update && \
    apt-get install apache2 -y -qq --no-install-recommends && \
    apt-get clean -y && \
    apt-get autoremove -y && \
    rm -rfv /var/lib/apt/lists/* /tmp/* /var/tmp/*
```

```
# 해당 경로로 이동한다. (없는 경우 자동 생성)
WORKDIR /var/www/html
```

```
# WORKDIR을 통해 이동된 경로에 호스트 파일인 index.html을 복사한다. (COPY 가능)
ADD index.html .
```

```
# 컨테이너의 80번 포트를 열어준다.
EXPOSE 80
```

```
# 컨테이너 실행 시 자동으로 아파치 데몬을 실행한다.
CMD apachectl -D FOREGROUND
```

```
# 이미지를 생성한다.
webapp3$ export DOCKER_BUILDKIT=1
```

```
webapp3$ docker build -t webapp:9.0 -f .
```

```
# 생성된 이미지 정보를 확인한다.
webapp3$ docker image history webapp:9.0
IMAGE          CREATED          CREATED BY                                      SIZE      COMMENT
6e714c4a4e53   24 minutes ago   /bin/sh -c #(nop)  CMD ["/bin/sh" "-c" "apac...  0B
1197313df585   24 minutes ago   /bin/sh -c #(nop)  EXPOSE 80                     0B
4cafacc03a47   24 minutes ago   /bin/sh -c #(nop) ADD file:9a52b207ed43813c6...  374B
b09529bddb1b   24 minutes ago   /bin/sh -c #(nop) WORKDIR /var/www/html          0B
2c8dd75e5aaf   24 minutes ago   /bin/sh -c apt-get update && apt-get install...  10.4MB
db8d813d5f59   55 minutes ago   /bin/sh -c #(nop)  LABEL purpose=webserver p...  0B
```

```
f48353947cbd    2 hours ago      /bin/sh -c #(nop)  MAINTAINER "kevin-lee <hy...    0B
df043b4f0cf1    6 months ago     /bin/sh -c #(nop)  CMD ["/bin/bash"]              0B
<missing>       6 months ago     /bin/sh -c mkdir -p /run/systemd && echo 'do...   7B
<missing>       6 months ago     /bin/sh -c [ -z "$(apt-get indextargets)" ]       0B
<missing>       6 months ago     /bin/sh -c set -xe   && echo '#!/bin/sh' > /...   195kB
<missing>       15 months ago    /bin/sh -c #(nop) ADD file:276b5d943a4d284f8...   196MB
```

```
# 컨테이너를 실행한다.
webapp3$ docker run -itd -p 8009:80 --name=webapp09 webapp:9.0
bbf681cba81722668c4b6958c0645272fc2446dbf107bdfa9ae8ac4400c48fd8
```

```
# curl을 이용하여 테스트한다.
webapp3$ curl localhost:8009
<html>
...
```

```
# 웹에서 확인해 본다.
```

실습 4-3에서는 이미지 용량을 줄이는 방법으로 하나의 RUN 명령에 여러 설치 단계를 연결하고 clean, autoremove 및 캐시 및 임시 파일을 삭제하는 rm 명령을 포함시켜 각 레이어의 크기를 최소화했다. 사용된 방법은 다음과 같다.

- **apt-get clean**: 설치에 사용한 패키지 라이브러리, 임시 파일, 오래된 파일을 삭제한다. 또는 autoclean을 사용하면 더 이상 설치되어 있지 않은 패키지들의 .deb까지 삭제한다.
- **apt-get autoremove**: 다른 패키지들의 종속성을 충족시키기 위해 자동으로 설치된 패키지를 삭제한다.
- **rm -rfv /tmp/* /var/lib/apt/lists/* /var/tmp/***: apt와 연관된 캐시 파일을 모두 삭제한다. 단, 이미지의 시스템 소프트웨어를 다시 업데이트할 계획이 있다면 삭제하지 않는 것이 좋다.

실습 4-3에서 사용한 제거 명령을 포함하지 않고 이미지를 빌드해 보면 처음 빌드한 이미지 용량보다 약 14MB 커진 것을 확인할 수 있다.

```
# 제거 명령을 포함한 이미지(9.0)와 그렇지 않은 이미지(10.0) 용량을 비교한다.
webapp3$ docker images
REPOSITORY              TAG         IMAGE ID        CREATED         SIZE
```

```
webapp                 10.0        2cd518659b5e    10 seconds ago    221MB
webapp                 9.0         6e714c4a4e53    3 minutes ago     207MB
```

```
webapp3$ docker image history lab2-webapp:9.0
IMAGE          CREATED         CREATED BY                                    SIZE      COMMENT
6e714c4a4e53   24 minutes ago  /bin/sh -c #(nop)  CMD ["/bin/sh" "-c" "apac...  0B
1197313df585   24 minutes ago  /bin/sh -c #(nop)  EXPOSE 80                   0B
4cafacc03a47   24 minutes ago  /bin/sh -c #(nop)  ADD file:9a52b207ed43813c6...  374B
b09529bddb1b   24 minutes ago  /bin/sh -c #(nop)  WORKDIR /var/www/html       0B
2c8dd75e5aaf   24 minutes ago  /bin/sh -c apt-get update && apt-get install...  10.4MB
...
```

```
webapp3$ docker image history lab2-webapp:10.0
IMAGE          CREATED         CREATED BY                                    SIZE      COMMENT
2cd518659b5e   20 minutes ago  /bin/sh -c #(nop)  CMD ["/bin/sh" "-c" "apac...  0B
f95c622f48f7   20 minutes ago  /bin/sh -c #(nop)  EXPOSE 80                   0B
7498a391967d   20 minutes ago  /bin/sh -c #(nop)  ADD file:9a52b207ed43813c6...  374B
9f55da778d98   20 minutes ago  /bin/sh -c #(nop)  WORKDIR /var/www/html       0B
637b4ce6733c   20 minutes ago  /bin/sh -c apt-get update && apt-get install...  24.3MB
...
```

단순히 캐시와 임시 파일만 삭제해도 용량 변화가 크다는 것을 확인할 수 있다. 또한, .dockerignore 파일 작성을 통해 이미지에서 제외할 파일 목록을 작성하는 것도 도움이 된다.

이러한 도커 이미지 레이어의 효율성을 검증할 수 있는 도구로 다이브dive가 있다. 다이브는 Go 언어로 작성되었으며 도커 이미지 레이어의 콘텐츠를 보여주고 크기를 줄일 수 있는 방법(이미지 효율성 점수image efficiency score)을 제공한다. 또한, 세 가지 색상(녹색: 새로 추가된 파일, 노란색: 수정된 파일, 빨간색: 삭제된 파일)을 통해 이미지 내부 파일을 구분해 준다.

다이브를 통해 실습 4-3에서 생성한 이미지의 효율성을 확인해 보자. 각각 사용한 Dockerfile을 개별 디렉터리에 저장한다. webapp:9.0은 캐시 및 임시 파일 삭제가 포함됐고, webapp:10.0은 그렇지 않다.

```
# 다이브 이미지를 다운로드한다. (다이브를 개발한 "Alex Goodman"의 이미지를 사용한다.[12])
webapp3$ docker pull wagoodman/dive:latest

# webapp:9.0은 dive1에서 다시 빌드하고, webapp:10.0은 dive2에서 다시 빌드한다.
webapp3$ mkdir dive1 dive2
webapp3$ cp Dockerfile dive1
webapp3$ cp index.html dive1 && cd $_

webapp3/dive1$ docker run --rm -it \
> -v /var/run/docker.sock:/var/run/docker.sock \
> -v "$(pwd)":"$(pwd)" \
> -w "$(pwd)" \
> -v "$HOME/.dive.yaml":"$HOME/.dive.yaml" \
> wagoodman/dive:latest build -t lab2-webapp:9.0 .
```

12 개발자의 깃허브(https://github.com/wagoodman)를 참고한다.

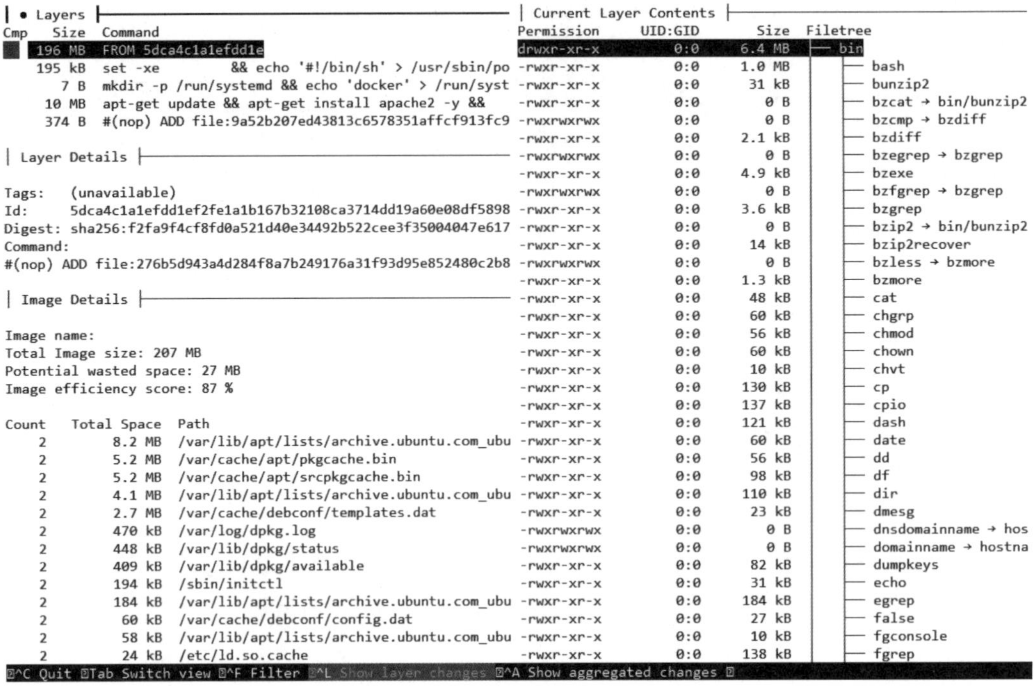

```
| ● Layers ├──────────────────────  ├─ Current Layer Contents ├──────────────────
Cmp  Size  Command                            Permission    UID:GID      Size  Filetree
    196 MB  FROM 5dca4c1a1efdd1e               drwxr-xr-x        0:0    6.4 MB  ├── bin
    195 kB  set -xe         && echo '#!/bin/sh' > /usr/sbin/po  -rwxr-xr-x    0:0    1.0 MB  ├── bash
      7 B   mkdir -p /run/systemd && echo 'docker' > /run/syst  -rwxr-xr-x    0:0     31 kB  ├── bunzip2
     10 MB  apt-get update && apt-get install apache2 -y &&     -rwxr-xr-x    0:0      0 B   ├── bzcat → bin/bunzip2
    374 B   #(nop) ADD file:9a52b207ed43813c6578351affcf913fc9  -rwxrwxrwx    0:0      0 B   ├── bzcmp → bzdiff
                                                                -rwxr-xr-x    0:0    2.1 kB  ├── bzdiff
├─ Layer Details ├─                                            -rwxrwxrwx    0:0      0 B   ├── bzegrep → bzgrep
                                                                -rwxr-xr-x    0:0    4.9 kB  ├── bzexe
Tags:   (unavailable)                                          -rwxr-xr-x    0:0      0 B   ├── bzfgrep → bzgrep
Id:     5dca4c1a1efdd1ef2fe1a1b167b32108ca3714dd19a60e08df5898  -rwxr-xr-x    0:0    3.6 kB  ├── bzgrep
Digest: sha256:f2fa9f4cf8fd0a521d40e34492b522cee3f35004047e617  -rwxr-xr-x    0:0      0 B   ├── bzip2 → bin/bunzip2
Command:                                                       -rwxr-xr-x    0:0     14 kB  ├── bzip2recover
#(nop) ADD file:276b5d943a4d284f8a7b249176a31f93d95e852480c2b8  -rwxrwxrwx    0:0      0 B   ├── bzless → bzmore
                                                                -rwxr-xr-x    0:0    1.3 kB  ├── bzmore
├─ Image Details ├─                                            -rwxr-xr-x    0:0     48 kB  ├── cat
                                                                -rwxr-xr-x    0:0     60 kB  ├── chgrp
Image name:                                                    -rwxr-xr-x    0:0     56 kB  ├── chmod
Total Image size: 207 MB                                       -rwxr-xr-x    0:0     60 kB  ├── chown
Potential wasted space: 27 MB                                  -rwxr-xr-x    0:0     10 kB  ├── chvt
Image efficiency score: 87 %                                   -rwxr-xr-x    0:0    130 kB  ├── cp
                                                                -rwxr-xr-x    0:0    137 kB  ├── cpio
Count  Total Space  Path                                       -rwxr-xr-x    0:0    121 kB  ├── dash
    2      8.2 MB   /var/lib/apt/lists/archive.ubuntu.com_ubu  -rwxr-xr-x    0:0     60 kB  ├── date
    2      5.2 MB   /var/cache/apt/pkgcache.bin                -rwxr-xr-x    0:0     56 kB  ├── dd
    2      5.2 MB   /var/cache/apt/srcpkgcache.bin             -rwxr-xr-x    0:0     98 kB  ├── df
    2      4.1 MB   /var/lib/apt/lists/archive.ubuntu.com_ubu  -rwxr-xr-x    0:0    110 kB  ├── dir
    2      2.7 MB   /var/cache/debconf/templates.dat           -rwxr-xr-x    0:0     23 kB  ├── dmesg
    2      470 kB   /var/log/dpkg.log                          -rwxrwxrwx    0:0      0 B   ├── dnsdomainname → hos
    2      448 kB   /var/lib/dpkg/status                       -rwxrwxrwx    0:0      0 B   ├── domainname → hostna
    2      409 kB   /var/lib/dpkg/available                    -rwxr-xr-x    0:0     82 kB  ├── dumpkeys
    2      194 kB   /sbin/initctl                              -rwxr-xr-x    0:0     31 kB  ├── echo
    2      184 kB   /var/lib/apt/lists/archive.ubuntu.com_ubu  -rwxr-xr-x    0:0    184 kB  ├── egrep
    2       60 kB   /var/cache/debconf/config.dat              -rwxr-xr-x    0:0     27 kB  ├── false
    2       58 kB   /var/lib/apt/lists/archive.ubuntu.com_ubu  -rwxr-xr-x    0:0     10 kB  ├── fgconsole
    2       24 kB   /etc/ld.so.cache                           -rwxr-xr-x    0:0    138 kB  ├── fgrep
■^C Quit ■Tab Switch view ■^F Filter ■^L Show layer changes ■^A Show aggregated changes ■
```

그림 4-3 다이브 비교 1: 임시 파일 삭제

```
# 캐시 및 임시 파일 코드를 RUN 명령어에서 제거한다.
webapp3$ cp Dockerfile dive2
webapp3$ cp index.html dive2 && cd $_

webapp3/dive2$ docker run --rm -it \
> -v /var/run/docker.sock:/var/run/docker.sock \
> -v  "$(pwd)":"$(pwd)" \
> -w "$(pwd)" \
> -v "$HOME/.dive.yaml":"$HOME/.dive.yaml" \
> wagoodman/dive:latest build -t lab2-webapp:10.0 .
```

```
┃ ● Layers ┣━━━━━━━━━━━━━━━━━━━━━━━━━━━━━━━━━━━━  ┃ Current Layer Contents ┣━━━━━━━━━━━━━━━
Cmp   Size  Command                                  Permission   UID:GID      Size  Filetree
      196 MB  FROM 5dca4c1a1efdd1e                    drwxr-xr-x      0:0      6.4 kB  ├── bin
      195 kB  set -xe          && echo '#!/bin/sh' > /usr/sbin/po  -rwxr-xr-x  0:0  1.0 MB  │   ├── bash
        7 B  mkdir -p /run/systemd && echo 'docker' > /run/syst  -rwxr-xr-x   0:0   31 kB  │   ├── bunzip2
       24 MB  apt-get update && apt-get install apache2 -y       -rwxr-xr-x   0:0    0 B  │   ├── bzcat → bin/bunzip2
      374 B  #(nop) ADD file:9a52b207ed43813c6578351affcf913fc9  -rwxrwxrwx   0:0    0 B  │   ├── bzcmp → bzdiff
                                                                  -rwxr-xr-x   0:0  2.1 kB  │   ├── bzdiff
┃ Layer Details ┣━━━━━━━━━━━━━━━━━━━━━━━━━━━━━━━━━━━━  -rwxrwxrwx   0:0    0 B  │   ├── bzegrep → bzgrep
                                                                  -rwxr-xr-x   0:0  4.9 kB  │   ├── bzexe
Tags:   (unavailable)                                             -rwxrwxrwx   0:0    0 B  │   ├── bzfgrep → bzgrep
Id:     5dca4c1a1efdd1ef2fe1a1b167b32108ca3714dd19a60e08df5898    -rwxr-xr-x   0:0  3.6 kB  │   ├── bzgrep
Digest: sha256:f2fa9f4cf8fd0a521d40e34492b522cee3f35004047e617    -rwxr-xr-x   0:0    0 B  │   ├── bzip2 → bin/bunzip2
Command:                                                          -rwxr-xr-x   0:0   14 kB  │   ├── bzip2recover
#(nop) ADD file:276b5d943a4d284f8a7b249176a31f93d95e852480c2b8    -rwxrwxrwx   0:0    0 B  │   ├── bzless → bzmore
                                                                  -rwxr-xr-x   0:0  1.3 kB  │   ├── bzmore
┃ Image Details ┣━━━━━━━━━━━━━━━━━━━━━━━━━━━━━━━━━━━━  -rwxr-xr-x   0:0   48 kB  │   ├── cat
                                                                  -rwxr-xr-x   0:0   60 kB  │   ├── chgrp
Image name:                                                       -rwxr-xr-x   0:0   56 kB  │   ├── chmod
Total Image size: 221 MB                                          -rwxr-xr-x   0:0   60 kB  │   ├── chown
Potential wasted space: 28 MB                                     -rwxr-xr-x   0:0   10 kB  │   ├── chvt
Image efficiency score: 88 %                                      -rwxr-xr-x   0:0  130 kB  │   ├── cp
                                                                  -rwxr-xr-x   0:0  137 kB  │   ├── cpio
Count   Total Space  Path                                         -rwxr-xr-x   0:0  121 kB  │   ├── dash
  2       8.2 MB  /var/lib/apt/lists/archive.ubuntu.com_ubu  -rwxr-xr-x  0:0  60 kB  │   ├── date
  2       5.2 MB  /var/cache/apt/pkgcache.bin                -rwxr-xr-x  0:0  56 kB  │   ├── dd
  2       5.2 MB  /var/cache/apt/srcpkgcache.bin             -rwxr-xr-x  0:0  98 kB  │   ├── df
  2       4.1 MB  /var/lib/apt/lists/archive.ubuntu.com_ubu  -rwxr-xr-x  0:0  110 kB  │   ├── dir
  2       2.7 MB  /var/cache/debconf/templates.dat           -rwxr-xr-x  0:0  23 kB  │   ├── dmesg
  2       470 kB  /var/log/dpkg.log                          -rwxrwxrwx  0:0   0 B  │   ├── dnsdomainname → hos
  2       448 kB  /var/lib/dpkg/status                       -rwxrwxrwx  0:0   0 B  │   ├── domainname → hostna
  2       409 kB  /var/lib/dpkg/available                    -rwxr-xr-x  0:0  82 kB  │   ├── dumpkeys
  2       194 kB  /sbin/initctl                              -rwxr-xr-x  0:0  31 kB  │   ├── echo
  2       184 kB  /var/lib/apt/lists/archive.ubuntu.com_ubu  -rwxr-xr-x  0:0  184 kB  │   ├── egrep
  2       117 kB  /var/lib/apt/lists/archive.ubuntu.com_ubu  -rwxr-xr-x  0:0  27 kB  │   ├── false
  2        60 kB  /var/cache/debconf/config.dat              -rwxr-xr-x  0:0  10 kB  │   ├── fgconsole
  2        24 kB  /etc/ld.so.cache                           -rwxr-xr-x  0:0  138 kB  │   ├── fgrep
■^C Quit ■Tab Switch view ■^F Filter ■^L Show layer changes ■^A Show aggregated changes ■
```

그림 4-4 **다이브 비교 2: 임시 파일 유지**

그림 4-3과 그림 4-4를 보면 좌측 상단에 생성된 이미지 레이어 정보와 콘텐츠 정보를 볼 수 있고, 이미지 세부 정보Image Details에서 이미지 총용량, 잠재적 삭제 공간, 이미지 효율성 점수를 확인할 수 있다.

webapp:9.0	webapp:10.0
• Total Image size: 207 MB	• Total Image size: 221 MB
• Potential wasted space: 27 MB	• Potential wasted space: 28 MB
• Image efficiency score: 87 %	• Image efficiency score: 88 %

작은 변화이지만 용량의 변화를 발견할 수 있고, Tab 키를 눌러 우측의 경로 탐색기로 넘어가 방향 키를 내려보면 색상의 변화로 파일을 식별할 수 있다. 특히, 이미지 효율성 점수는 /tmp 디렉터리, apt나 yum을 통해 생성된 캐시 파일 등을 확인하여 점수화한 것이다. 기본적인 권장 사항을 통해 Dockerfile을 작성한다면 조금 더 최적화된 이미지 빌드에 도움이 될 것이다.

실습 4-4 **파이썬 웹 프레임워크인 플라스크를 이용한 마이크로 웹 프레임워크 구축 실습**

- 플라스크Flask는 파이썬의 또 다른 웹 프레임워크인 장고Django 프레임워크와 비교해 간결하고 가볍다. 언제든 확장 모듈을 포함하여 데이터베이스 등의 요구사항을 처리하며 개발할 수 있다.
- 쿠버네티스를 이용한 플라스크 서버 구축 시 사전에 도커를 이용해 테스트한다.

- 파이썬 이미지를 베이스 이미지로 지정하고, 필요한 패키지를 설치한다.

- 파이썬 코드로 플라스크 애플리케이션을 생성한다.

```
# Dockerfile을 생성한다.
$ mkdir py_flask && cd $_
py_flask$ vi Dockerfile

# 베이스 이미지를 작성한다.
FROM python:3.8-alpine

# 업데이트와 필요한 패키지를 설치한다.
RUN apk update && \
        apk add --no-cache \
        bash
RUN apk add --update build-base python3-dev py-pip

# 플라스크 환경 변수를 생성한다. 플라스크는 기본 애플리케이션으로 app.py를 인식한다. FLASK_APP 환경 변수를 통해
애플리케이션 이름을 지정해 준다.
# FLASK_ENV=development를 지정하지 않으면 운영 환경(production)으로 설치되어 다음과 같은 경고 메시지가 출력된다.
# WARNING: This is a development server. Do not use it in a production deployment.
ENV LIBRARY_PATH=/lib:/usr/lib
ENV FLASK_APP=py_app
ENV FLASK_ENV=development

# 컨테이너의 9000번 포트를 열어준다. 플라스크의 기본 포트는 5000번이다.
EXPOSE 9000

# /py_app 경로로 이동하고, 현재 디렉터리의 app 경로에 모든 파일을 /py_app에 복사한다.
WORKDIR /py_app
COPY ./app/ .

# requirements.txt 목록에 있는 모듈을 설치한다.
RUN pip install -r requirements.txt

# 파이썬 실행 명령으로 py_app.py 코드를 인수로 받아 실행한다.
ENTRYPOINT ["python"]
CMD ["py_app.py"]

# 도커 이미지 빌드 시 여러 가지 Python 라이브러리가 사용된다. 이때 pip를 이용해 하나하나 설치하지 않기 위해
requirements.txt를 이용해 한 번에 설치해 준다. 플라스크를 작성한다.
py_flask$ mkdir app && cd $_
py_flask/app$ vi requirements.txt
Flask

# 플라스크 애플리케이션 코드를 작성한다.
py_flask/app$ vi py_app.py

# 플라스크 모듈을 불러온다.
from flask import Flask
```

플라스크 애플리케이션 생성 코드를 작성한다. py_app.py 파일이 실행되면 py_app 모듈이 실행되는 것이기 때문에

__name__에 py_app이 전달된다.

```
py_app = Flask(__name__)
```

\# 특정 주소에 접속하면 바로 다음 줄에 있는 python_flask() 함수를 호출하는 플라스크의 데코레이터다. [13]

```
@py_app.route('/')
def python_flask():
    return """
    <h1 style="text-align:center;">Docker container application: Python & FlasK!</h1>
        <p style="text-align:center;">This is micro web framework for running Flask inside
Docker.</p>
    """
```

\# 프로그램 시작 시 아래 코드를 실행한다. 플라스크의 기본 포트를 9000으로 지정한다.

```
if __name__ == '__main__':
    py_app.run(host='0.0.0.0', port=9000, debug=True)
```

\# 이미지 안에 Dockerfile이 복사되지 않도록 .dockerignore 파일을 작성한다.
\# Dockerfile이 복사되지는 않지만 의도하여 추가했다.

```
py_flask/app$ cd ..
py_flask$ vi .dockerignore
Dockerfile
```

\# tree 도구를 이용해서 애플리케이션 전체 구조를 확인한다.

```
py_flask$ sudo apt-get -y install tree
py_flask$ tree -a
.
├── app
│   ├── py_app.py
│   └── requirements.txt
├── Dockerfile
└── .dockerignore
```

\# 빌드킷을 이용해 이미지를 빌드한다.

```
py_flask$ DOCKER_BUILDKIT=1 docker build -t py_flask:1.0 .
[+] Building 5.4s (11/11) FINISHED
 => [internal] load build definition from Dockerfile                                          0.0s
 => => transferring dockerfile: 379B                                                          0.0s
 => [internal] load .dockerignore                                                             0.0s
 => => transferring context: 34B                                                              0.0s
 => [internal] load metadata for docker.io/library/python:3.8-alpine                          0.9s
 => [1/6] FROM docker.io/library/python:3.8-alpine@sha256:76f630d34de0bd125bbb553b79dea6f3fec070c83923c675548b33f6bf888
 => [internal] load build context                                                             0.0s
 => => transferring context: 115B                                                             0.0s
 => CACHED [2/6] RUN apk update &&        apk add --no-cache        bash                       0.0s
 => CACHED [3/6] RUN apk add --update build-base python3-dev py-pip                            0.0s
 => CACHED [4/6] WORKDIR /py_app                                                               0.0s
 => [5/6] COPY . /py_app                                                                       0.1s
 => [6/6] RUN pip install -r requirements.txt                                                  4.1s
 => exporting to image                                                                         0.3s
 => => exporting layers                                                                        0.2s
 => => writing image sha256:8e052373fcc60a8fcc7a92a0f300a835fed66065ebcd51cfc300279d72735edd   0.0s
 => => naming to docker.io/library/py_flask:1.0                                                0.0s
```

\# 생성된 이미지 정보 등을 확인한 뒤 컨테이너 테스트를 수행한다.

```
py_flask$ docker images | grep py_flask
```

---

[13] 데코레이터(decorator)란 기존 함수를 변경하지 않고 추가 기능을 덧붙일 수 있도록 해주는 일종의 함수를 뜻한다.

```
py_flask              1.0            8e052373fcc6   13 minutes ago   350MB
```

```
py_flask$ docker image history py_flask:1.0

# py_app.py 코드는 언제든 변경이 가능해야 한다. 쉽게 적용하기 위해 볼륨을 설정한다.
py_flask$ docker run -it -p 9000:9000
> -v ${PWD}/app:/py_app
> py_flask:1.0
 * Serving Flask app "py_app" (lazy loading)
 * Environment: development
 * Debug mode: on
 * Running on http://0.0.0.0:9000/ (Press CTRL+C to quit)
 * Restarting with stat
 * Debugger is active!
 * Debugger PIN: 125-832-515
192.168.56.1 - - [05/Apr/2021 10:34:57] "GET / HTTP/1.1" 200 -
192.168.56.1 - - [05/Apr/2021 10:34:57] "GET /favicon.ico HTTP/1.1" 404 -
192.168.56.1 - - [05/Apr/2021 10:35:00] "GET / HTTP/1.1" 200 -
```

\# 웹 브라우저를 통해 플라스크 웹 애플리케이션에 연결하면 접근 로그가 화면에 기록된다.

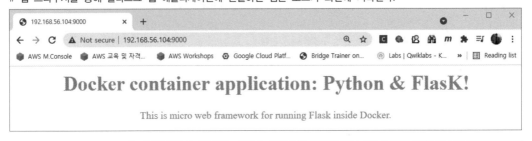

도커 컨테이너는 개발자가 각 애플리케이션을 단일 운영체제에서 격리하고 실행한다는 특징이 있다. 이런 경량의 컨테이너는 가상머신에 비해 비용이 절감되고 자원을 효율적으로 사용할 수 있기 때문에 성능 향상에 도움이 된다. 이제 개발자는 더 이상 환경적 부분에 부담을 갖지 않고 핵심 비즈니스 로직 개발에만 집중할 수 있다.

실습 4-4에서 사용한 플라스크는 파이썬 마이크로 웹 프레임워크다. 간결하고 사용 설정이 쉽기 때문에 경량의 컨테이너에 담을 수 있는 소규모 웹 애플리케이션 파이썬 프로젝트에 적합하다.

실습 4-5 빌드 의존성 제거와 이미지 경량화를 위한 다단계 빌드 실습

- 다단계 빌드[14]multi-stage builds(v17.06.0-ce에 도입)는 FROM 명령을 이용해 여러 단계의 빌드 과정을 만들고, 다른 단계에 AS를 이용해 이름을 부여할 수 있다.

- 다른 단계에서 생성된 결과 중 애플리케이션 구동에 필요한 특정 데이터만 가져올 수 있기 때문

---

14 참고 https://docs.docker.com/develop/develop-images/multistage-build/

194 **CHAPTER 04** 컨테이너 환경 구성을 위한 Dockerfile 구성

에 이미지를 경량화할 수 있다.

- 다단계 빌드로 작성된 이미지는 모든 빌드 의존성이 하나의 환경에 포함되므로 빌드 의존성을 제거할 수 있다.

```
# 전용 디렉터리를 생성한다.
$ mkdir goapp && cd $_

# 웹 화면에 호스트명과 컨테이너의 IP를 출력하는 Go 언어 코드를 작성한다.
goapp$ vi goapp.go
package main

import (
        "fmt"
        "os"
        "log"
        "net"
        "net/http"
)
func gohandler(w http.ResponseWriter, r *http.Request){
    name, err := os.Hostname()
    if err != nil {
        fmt.Printf("error: %v\n", err)
        return
    }
    fmt.Fprintln(w, "Hostname: ", name)

    addr, err := net.LookupHost(name)
    if err != nil {
        fmt.Printf("error: %v\n", err)
        return
    }
    fmt.Fprintln(w, "IP: ", addr)
}
func main() {
    fmt.Fprintln(os.Stdout, "Go!!! Go Application ......")
      http.HandleFunc("/",gohandler)
      log.Fatal(http.ListenAndServe(":9090",nil))
}

# Dockerfile을 생성한다.
goapp$ vi Dockerfile

# 베이스 이미지를 작성하고 AS 절에 단계 이름을 지정한다.
FROM golang:1.15-alpine3.12 AS gobuilder-stage

# 작성자와 설명을 작성한다.
MAINTAINER kevin,lee <hylee@dshub.cloud>
LABEL "purpose"="Service Deployment using Multi-stage builds."
```

```
# /usr/src/goapp 경로로 이동한다.
WORKDIR /usr/src/goapp

# 현재 디렉터리의 goapp.go 파일을 이미지 내부의 현재 경로에 복사한다.
COPY goapp.go .

# Go 언어 환경 변수를 지정하고 /usr/local/bin 경로에 gostart 실행 파일을 생성한다.
# CGO_ENABLED=0 : cgo 비활성화. 스크래치(scratch) 이미지에는 C 바이너리가 없기 때문에 cgo를 비활성화한 후
빌드해야 한다.
# GOOS=linux GOARCH=amd64 : OS와 아키텍처 설정이다.
RUN CGO_ENABLED=0 GOOS=linux GOARCH=amd64 go build -o /usr/local/bin/gostart

# 두 번째 단계다. 두 번째 Dockerfile을 작성한 것과 같다. 베이스 이미지를 작성한다.
# 마지막은 컨테이너로 실행되는 단계이므로 일반적으로 단계명을 명시하지 않는다.
FROM scratch AS runtime-stage

# 첫 번째 단계의 이름을 --from 옵션에 넣으면 해당 단계로부터 파일을 가져와서 복사한다.
COPY --from=gobuilder-stage /usr/local/bin/gostart /usr/local/bin/gostart

# 컨테이너 실행 시 파일을 실행한다.
CMD ["/usr/local/bin/gostart"]

# 이미지를 빌드한다.
goapp$ DOCKER_BUILDKIT=1 docker build -t goapp:1.0 .
[+] Building 2.5s (10/10) FINISHED
 => [internal] load build definition from Dockerfile                                0.0s
 => => transferring dockerfile: 38B                                                 0.0s
 => [internal] load .dockerignore                                                   0.0s
 => => transferring context: 2B                                                     0.0s
 => [internal] load metadata for docker.io/library/golang:1.15-alpine3.12           0.0s
 => [gobuilder-stage 1/4] FROM docker.io/library/golang:1.15-alpine3.12             0.0s
 => [internal] load build context                                                   0.0s
 => => transferring context: 717B                                                   0.0s
 => CACHED [gobuilder-stage 2/4] WORKDIR /usr/src/goapp                             0.0s
 => [gobuilder-stage 3/4] COPY goapp.go .                                           0.1s
 => [gobuilder-stage 4/4] RUN CGO_ENABLED=0 GOOS=linux GOARCH=amd64 go build -o /usr/local/bin/gostart   2.2s
 => [runtime-stage 1/1] COPY --from=gobuilder-stage /usr/local/bin/gostart /usr/local/bin/gostart   0.1s
 => exporting to image                                                              0.1s
 => => exporting layers                                                             0.1s
 => => writing image sha256:6333b88ad9812d879fe067aed56aa2a4f0cc1677c949dd9b8aa4a20f5f5de839   0.0s
 => => naming to docker.io/library/goapp:1.0                                        0.0s

# 이미지 정보를 조회한다. 경량화된 이미지를 확인할 수 있다.
goapp$ docker image inspect goapp:1.0

goapp$ docker image history goapp:1.0

goapp$ docker images | grep goapp
goapp                    1.0              6333b88ad981    19 minutes ago    6.4MB

# 컨테이너를 생성해서 서비스를 확인한다.
goapp$ docker run --name goapp-deploy \
> -p 9090:9090 -d \
> -h goapp-container \
> goapp:1.0
```

```
goapp$ curl localhost:9090
hostname:  goapp-container
IP:  [172.17.0.13]
```

웹에서도 조회한다.

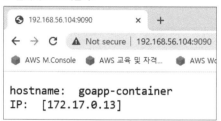

```
hostname:  goapp-container
IP:  [172.17.0.13]
```

본인 도커 허브에 업로드한다.
```
goapp$ docker image tag goapp:1.0 본인ID/goapp:1.0
goapp$ docker login
goapp$ docker push 본인ID/goapp:1.0
```

첫 번째 단계를 일반적으로 **빌더 스테이지**builder stage라고 부른다. FROM 명령어에 포함된 이미지 뒤에 AS 절을 이용하여 단계명을 입력하고 golang:1.15-alpine3.12 이미지를 이용해 소스 코드를 바이너리로 빌드하면 /usr/local/bin 경로에 gostart라는 파일이 생성된다. 생성된 파일을 두 번째 단계인 실행 단계runtime stage에 넣기 위해 COPY 명령어 뒤에 --from= gobuilder-stage라고 첫 번째 단계명을 입력해서 두 번째 단계로 복사해 왔다.

이렇게 다단계 빌드는 하나의 Dockerfile로 의존성이 있는 2개의 이미지를 연결하여 경량화된 이미지를 생성하는 강력한 기능이다.

4.4 깃허브를 활용한 Dockerfile 코드 공유

4.3절에서는 Dockerfile 작성을 통해 이미지 생성 권장 사항을 충족하는 몇 가지 방법을 사용해 봤다. 이렇게 만들어진 코드와 이미지는 어떻게 관리해야 할까?

이번 절에서는 코드를 공유하는 방법에 대해 이야기한다. 전 세계 사람들이 사용하고 있는 깃허브는 이메일을 통해 간단히 가입할 수 있고 저장소뿐만 아니라 블로그 형태의 문서 작업 등 다양한 기능을 제공한다.

4.4.1 깃허브 사용

깃허브 저장소를 생성하여 Dockerfile 코드와 기타 여러 가지 파일을 저장해 보자. 먼저, 깃허브 사이트(*https://github.com/*)에 접속하여 계정을 생성_{sign up}한다.

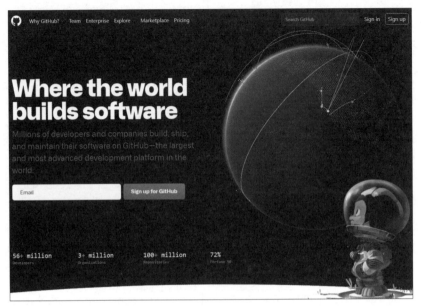

그림 4-5 **깃허브 사이트**

계정 생성 뒤 본인 이메일로 계정 검증 메일이 오면 반드시 메일 안에 있는 링크를 통해 검증을 받아야 사용이 가능하다. 그럼 본인 계정으로 로그인해 보자.

접속 후 왼쪽 상단의 고양이 로고 아래에 있는 [New] 버튼을 클릭하여 저장소를 생성한다. 생성 작업은 간단하다. 저장소명과 설명을 넣을 수 있고, 공개인지 비공개인지도 설정할 수 있다. 하단의 초기 파일은 간단히 읽어보고 생성해도 되고 그냥 넘어가도 상관없다. 생성 버튼(Create repository)을 클릭한다.

그림 4-6 **깃허브 로그인**

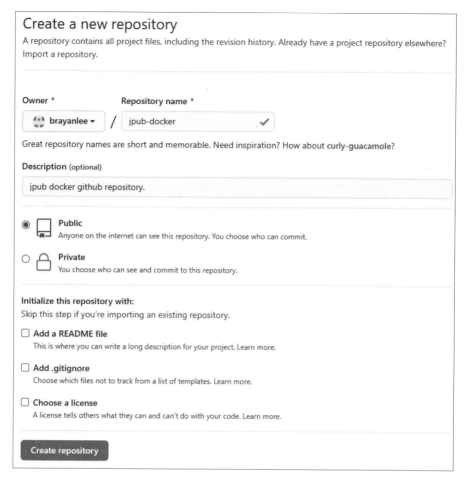

그림 4-7 깃허브 저장소 생성

퀵 셋업을 통해 새로운 파일(create a new file or uploading an existing file.)을 생성해 보자.

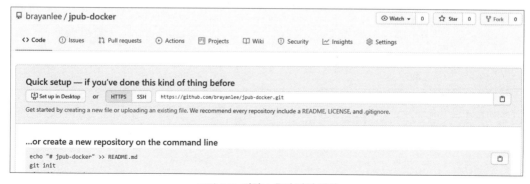

그림 4-8 깃허브 초기 파일 생성

실습 4-1의 Dockerfile 코드를 작성하고 하단의 [Commit new file]을 클릭한다.

그림 4-9 **깃허브 Dockerfile 생성 예**

생성이 완료되면 Dockerfile을 클릭하여 작성한 내용을 확인할 수 있다. 또한, [Code] 버튼을 누르면 저장소 파일을 복사할 수 있는 몇 가지 방법과 압축 파일로 다운로드하는 기능을 제공한다.

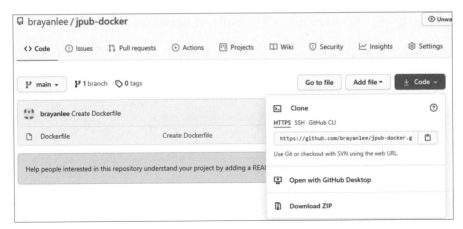

그림 4-10 **깃 클론**

복사_clone 기능을 통해 로컬에 다운로드해 보자.

```
# git clone을 이용하여 다운로드한다. Git 패키지가 설치되어 있는지 확인한다.
$ git --help

$ git clone https://github.com/brayanlee/jpub-docker.git
Cloning into 'jpub-docker'...
remote: Enumerating objects: 3, done.
remote: Counting objects: 100% (3/3), done.
remote: Compressing objects: 100% (2/2), done.
remote: Total 3 (delta 0), reused 0 (delta 0), pack-reused 0
Unpacking objects: 100% (3/3), done.
Checking connectivity... done.

# 다운로드한 자료를 확인한다.
$ cd jpub-docker/
jpub-docker$ ls
Dockerfile
jpub-docker$ cat Dockerfile
# 베이스 이미지를 작성한다.
FROM ubuntu:18.04
...

jpub-docker$ docker build -t github-build:1.0 .
```

이렇게 공유받은 Dockerfile을 빌드해서 이미지를 생성하고 컨테이너로 사용하면 된다. 팀에서 개발한 이미지를 공유받는 대신 코드를 공유하여 생성하려는 이미지의 환경을 확인할 수 있고, 필요시 수정이 용이하다.

4.4.2 도커 허브의 자동화된 빌드와 깃허브

도커 허브의 빌드 클러스터는 Dockerfile의 자동화된 빌드 기능을 제공한다. 이 기능은 깃허브와 비트 버킷에 연결하여 소스 코드 저장소에 액세스할 수 있도록 한다.

깃허브에 생성한 저장소 내의 Dockerfile 및 하위 디렉터리 등을 도커 허브 빌드 클러스터에 복제하여 이미지 빌드를 수행한다. 우리가 로컬에서 수행했던 docker build와 동일하게 빌드 컨텍스트를 사용하고, 도커 허브에 지정한 저장소 내에 자동화된 빌드 이미지로 생성 및 기록된다.

자동화된 빌드 기능의 특징은 아래와 같다.

- 수동 빌드 작업 후 docker push를 통해 이미지를 도커 허브에 공유하는 작업을 생략할 수 있다.

- 깃허브 저장소에 있는 Dockerfile을 수정한 뒤 [커밋]Commit을 클릭하면 훅Hook이 발생해 도커 허브에 연결된 저장소에 자동으로 빌드가 수행된다.
- 따라서, 항상 최신 상태의 이미지로 관리가 가능하다.

실습 4-5의 소스 코드를 이용하여 자동화된 빌드를 사용해 보자.

➊ 본인의 깃허브에 Goapp 저장소를 생성한다.

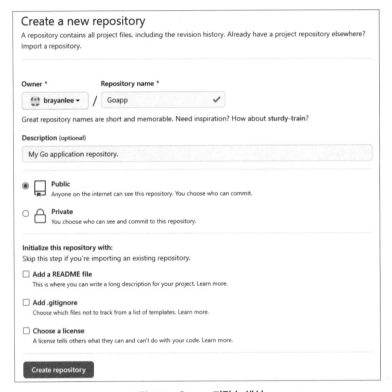

그림 4-11 **Goapp 저장소 생성**

➋ 퀵 셋업에 있는 [새 파일 생성]creating a new file을 클릭한다. 생성할 파일은 Dockerfile과 goapp.go 파일이다. 먼저 Dockerfile 내용을 작성하고 [Commit new file]을 클릭하여 저장한다.

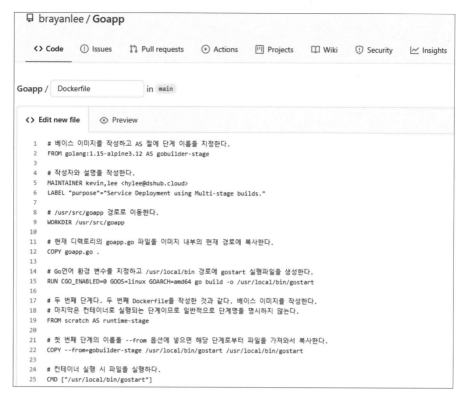

```
1   # 베이스 이미지를 작성하고 AS 절에 단계 이름을 지정한다.
2   FROM golang:1.15-alpine3.12 AS gobuilder-stage
3
4   # 작성자와 설명을 작성한다.
5   MAINTAINER kevin,lee <hylee@dshub.cloud>
6   LABEL "purpose"="Service Deployment using Multi-stage builds."
7
8   # /usr/src/goapp 경로로 이동한다.
9   WORKDIR /usr/src/goapp
10
11  # 현재 디렉터리의 goapp.go 파일을 이미지 내부의 현재 경로에 복사한다.
12  COPY goapp.go .
13
14  # Go언어 환경 변수를 지정하고 /usr/local/bin 경로에 gostart 실행파일을 생성한다.
15  RUN CGO_ENABLED=0 GOOS=linux GOARCH=amd64 go build -o /usr/local/bin/gostart
16
17  # 두 번째 단계다. 두 번째 Dockerfile을 작성한 것과 같다. 베이스 이미지를 작성한다.
18  # 마지막은 컨테이너로 실행되는 단계이므로 일반적으로 단계명을 명시하지 않는다.
19  FROM scratch AS runtime-stage
20
21  # 첫 번째 단계의 이름을 --from 옵션에 넣으면 해당 단계로부터 파일을 가져와서 복사한다.
22  COPY --from=gobuilder-stage /usr/local/bin/gostart /usr/local/bin/gostart
23
24  # 컨테이너 실행 시 파일을 실행하다.
25  CMD ["/usr/local/bin/gostart"]
```

그림 4-12 **Goapp Dockerfile 작성**

그림 4-13 **Goapp 새 파일 생성**

goapp.go 파일을 작성하고 [Commit new file]을 클릭하여 저장한다.

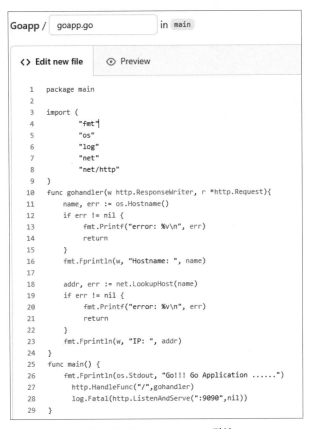

그림 4-14 **Goapp goapp.go 작성**

그림 4-15와 같이 2개의 파일이 생성됐다.

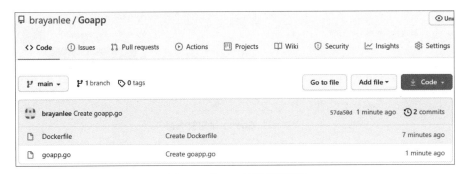

그림 4-15 **Goapp 파일 생성 확인**

❸ 도커 허브의 자동화된 빌드 기능을 수행하기 위해 깃허브를 연결한다. 현재 도커 허브(*hub.docker.com*)에 접속된 본인의 계정을 클릭하고 [계정 설정]Account Settings을 선택한다. 좌측 메뉴에 있는 [연결된 계정]Linked Accounts을 클릭한다. (이 기능은 2021년 1월부터 도커의 유료화 정책에 의해 유료 계정자에 대해서만 사용할 수 있다.)

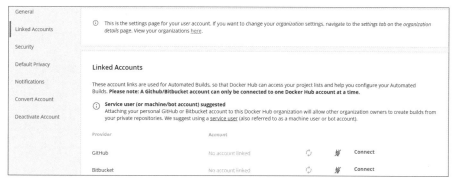

그림 4-16 깃허브 연결 1

그림 4-16처럼 깃허브와 비트버킷Bitbucket 중 연결할 저장소 제공자의 연결Connect을 선택한다. 본인의 깃허브 계정과 암호를 입력하고 인증을 거치면 연결은 끝난다.

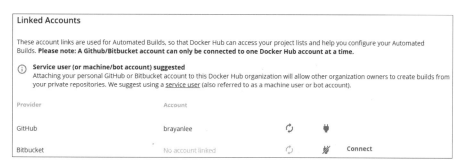

그림 4-17 깃허브 연결 2

④ 도커 허브에 저장소를 생성하고 깃허브와 연결한다. 도커 허브 사이트의 [상단 저장소]Repositories를 선택한다. 우측에 [Create Repository] 버튼을 선택한다. 본인 계정 옆에 생성한 저장소와 설명을 작성한다. 그리고 공개 여부를 선택한다.

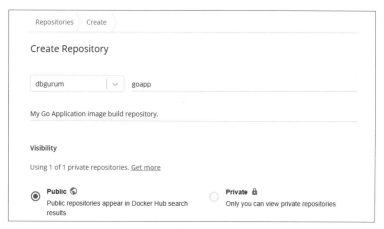

그림 4-18 도커 허브와 깃허브 연결 1

연결할 저장소 제공자 중 깃허브를 선택한다. 본인 계정과 앞서 생성한 깃허브의 Goapp 저장소를 차례로 선택한다. 빌드 규칙_{Build Rules}의 + 버튼을 클릭하여 깃허브의 소스 정보를 작성한다.

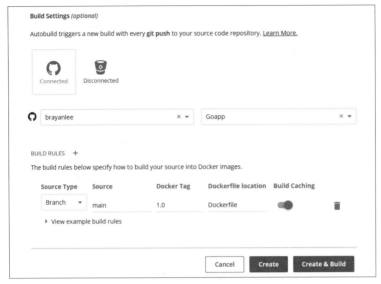

그림 4-19 **도커 허브와 깃허브 연결 2**

자동화된 빌드 방식의 동작 방식은 아래와 같다.

1. 그림 4-15에 있는 브랜치명을 확인하고, 소스에 main을 작성한다.
2. 도커 태그(1.0, 생략 시 latest 지정)와 Dockerfile의 위치를 작성한다.
3. 빌드 규칙은 아래의 빌드 규칙 예_{View example build rules}를 참고한다. 정규 표현식을 통해 태그를 식별하는 방법을 사용한다.
4. 이미지 빌드 시작을 위해 [Create & Build]를 선택한다.
5. 이때 브랜치에 있는 코드에 대한 푸시가 발생하고, 푸시는 웹훅_{webhook} 기능을 사용하여 도커 이미지를 생성하는 새 빌드를 호출한다.
6. 빌드가 완료되면 지정된 도커 허브 저장소로 전달된다.

만일 기존 저장소에 새로운 버전의 이미지를 자동화된 빌드 방법으로 생성하고자 하는 경우에는 저장소 상단에 있는 빌드_{Builds} 탭을 선택하면 [Configure Automated Builds] 버튼을 통해 작업을 게시할 수 있고, 최근에 수행했던 작업 내역도 확인할 수 있다.

⑤ 저장소 내부의 최근 빌드에 빌드 중인 링크[Build in 'main' (57da50d3)]를 클릭하면 빌드 과정을 살펴볼 수 있다.

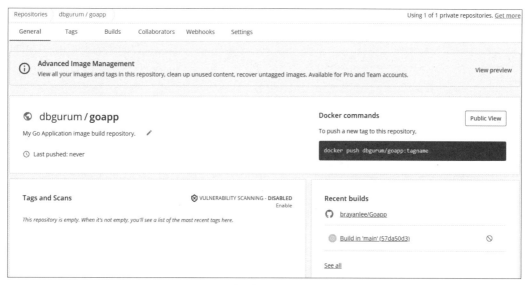

그림 4-20 **자동화된 이미지 빌드 과정 1**

[PENDING] ➡ [IN PROGRESS] ➡ [SUCCESS] 과정을 거쳐 생성이 완료된다.

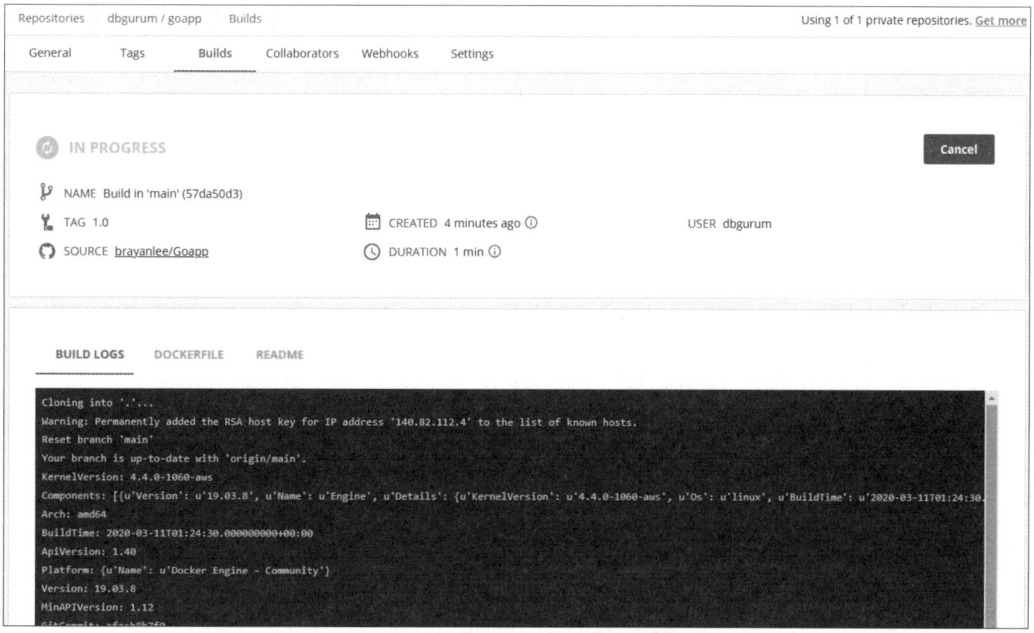

그림 4-21 **자동화된 이미지 빌드 과정 2**

빌드 로그BUILD LOGS를 보면 로컬에서 **docker build**로 이미지를 생성할 때와 같은 로그 정보가 출력되고, 작업이 정상적으로 마무리가 되면 마지막에 빌드 완료Build finished가 출력된다. 옆에 도커파일 DOCKERFILE 탭을 누르면 깃허브에 작성했던 Dockerfile 내용이 푸시되어 복제된 것을 볼 수 있다.

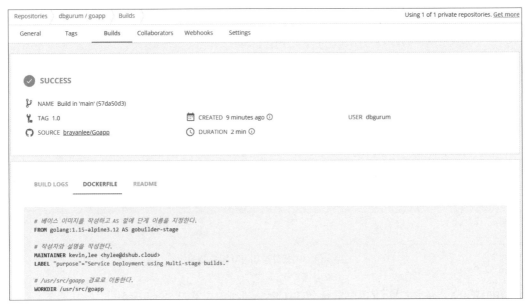

그림 4-22 **자동화된 이미지 빌드 과정 3**

다시 저장소로 돌아와 본인 계정의 goapp 저장소에 태그 1.0으로 이미지가 빌드되어 저장된 것이 확인되면 자동화된 빌드가 완료된 것이다.

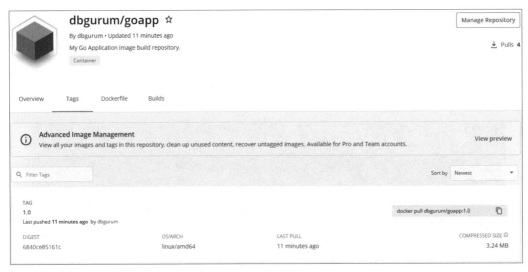

그림 4-23 **자동화된 이미지 빌드 완료**

이미지는 컨테이너 실행을 목적으로 한다. 따라서 이미지는 생성이 완료되면 반드시 컨테이너로 실행해서 확인할 필요가 있다. 호스트 운영체제에서 이미지를 다운(docker pull)하고 컨테이너 실행을 통해이미지 빌드에 문제가 없었는지 확인한다.

```
# 자동화된 빌드로 생성한 이미지를 다운로드한다.
$ docker pull dbgurum/goapp:1.0

# 빌드된 이미지를 조회한다.
$ docker images | grep goapp
dbgurum/goapp                1.0            b34dfa1705f6   15 minutes ago   6.4MB
goapp                        1.0            6333b88ad981   6 hours ago      6.4MB

# 컨테이너를 생성해서 서비스를 확인한다.
$ docker run --name goapp-deploy2 \
> -p 9091:9090 -d \
> -h goapp-container2 \
> dbgurum/goapp:1.0

$ curl localhost:9091
hostname:  goapp-container2
IP:  [172.17.0.14]
```

수동 빌드로 생성한 이미지처럼 정상적인 컨테이너 실행을 확인하면 된다.

앞서 설명했던 자동화된 빌드 기능의 특징 중 깃허브 내용 변경 시 자동 발생하는 훅이 있다. 그림 4-24를 보면 빌드 과정이 자동으로 추가된 것을 알 수 있다. 이는 깃허브의 Dockerfile이든 goapp.go 파일이든 수정을 하면 깃허브의 훅을 통해 자동으로 발생한다.

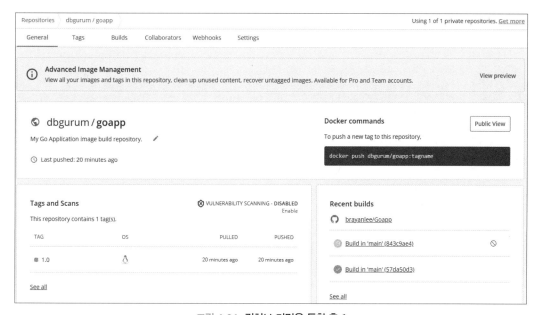

그림 4-24 깃허브 커밋을 통한 훅 1

깃허브에서 업데이트가 이루어지면 도커 허브의 저장소에 최근 빌드 내역이 나타나 그림 4-25와 같이 확인할 수 있다.

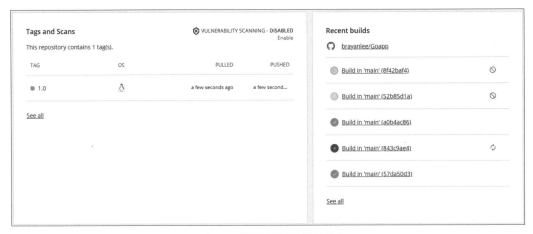

그림 4-25 깃허브 커밋을 통한 훅 2

4.3절의 다른 예제들을 활용해서 추가적인 경험을 해보자.

이번 절에서는 도커 허브와 깃허브의 연결을 통해 자동화된 이미지 빌드를 수행해 봤다. 이처럼 빌드/배포 자동화 기능을 활용하면 애플리케이션 개발의 효율성을 높일 수 있다. 자동화된 빌드 방식은 지속적 통합, 지속적 배포 관점에서 프로젝트 빌드의 잠재적 결함을 신속하게 식별하고 배포할 수 있는 하나의 소프트웨어 개발 방식이다. 운영 환경에 애플리케이션을 배포하기 전에 자동화된 코드 통합, 배포 파이프 라인을 갖고 테스트하는 것은 코드 개발 업무에 상당이 효율적인 프로세스가 될 것이다.

4.5 개별 이미지 저장을 위한 프라이빗 레지스트리 구성

4.4절에서는 작성한 Dockerfile을 깃허브에 저장하고 수동이든 자동이든 이미지 빌드에 코드를 활용하는 방식을 살펴보았다. 이번 절에서는 코드가 아닌 빌드가 완료된 이미지를 회사 인프라 서버나 개인 용도의 저장소에 저장하는 프라이빗 레지스트리private registry에 대해 알아본다.

도커 허브 저장소가 있는데 왜 별도 저장소가 필요할까라는 생각이 들 수도 있다. 도커 허브 저장소는 기본적으로 공개용public으로 생성되므로 누구든지 주소만 알면 접근과 다운로드가 가능하다. 만일 회사 프로젝트에 사용되는 이미지를 개발했다면 공개용으로 도커 허브에 올려놓을까 하는 생각이

든다. 그림 4-18에 보면 도커 허브에서 저장소 생성 시 프라이빗Private 선택이 가능하다. 다만 도커 허브에서 생성할 수 있는 프라이빗 저장소는 하나만 무료로 지원되고, 그 이상은 유료다.

4.5.1 도커 레지스트리 컨테이너

각 팀별로 또는 개발자 단위로 컨테이너 이미지를 개발하고 그 이미지를 회사 내부에서 공유하는 방식을 결정했다면 프라이빗 레지스트리 구성을 하면 된다. 도커 허브에는 프라이빗 레지스트리 구성을 위한 registry 이미지를 제공한다. 이 이미지를 컨테이너로 실행하고 그 안에 이미지를 로컬에 저장하는 방식이다. 단순 텍스트 방식만 지원하기 때문에 웹 기반의 검색을 하려면 GUI 인터페이스를 제공하는 다른 컨테이너와 결합해서 사용할 수 있다.

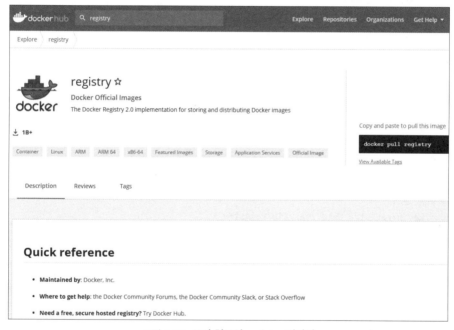

그림 4-26 **도커 허브의 registry 이미지**

로컬에서 docker search를 이용해 registry 이미지를 조회해 보면 오피셜 이미지와 사용자들이 올려놓은 유사 이미지를 검색할 수 있다.

```
# registry 이미지를 조회한다.
$ docker search registry
NAME                              DESCRIPTION                                    STARS
OFFICIAL    AUTOMATED
registry                          The Docker Registry 2.0 implementation for s... 3245
[OK]WARNING!
```

...

작은 용량의 이미지다. 이미지를 저장하는 용도이므로 다른 기능은 포함되어 있지 않고 도커 Registry HTTP API
V2가 구현되어 있다.
```
$ docker images | grep registry
registry                    latest              2d4f4b5309b1   9 months ago    26.2MB
```

registry 이미지를 컨테이너로 실행하면 해당 주소를 이용해 도커 이미지 pull, push가 가능하다. 다만, 외부 클
라이언트의 이미지 pull, push를 위해서는 몇 가지 설정이 필요하다.
현재 호스트 운영체제의 IP를 192.168.56.100이라고 가정한다.
registry는 기본 포트 5000번을 내장하고 있다.
```
$ sudo vi /etc/init.d/docker
...
      DOCKER_OPTS=--insecure-registry 192.168.56.100:5000
```

daemon.json 파일이 없다면 새로 생성한다.
```
$ sudo vi /etc/docker/daemon.json
{ "insecure-registries": ["192.168.56.100:5000"] }
```

설정된 내용을 적용하기 위해 도커 데몬을 재시작한다.
```
$ sudo service docker restart
```

도커 정보(docker info)의 마지막 출력 내용에 설정한 IP:port가 나오면 된다.
```
$ docker info
...
Insecure Registries:
 192.168.56.100:5000
 127.0.0.0/8
```

프라이빗 레지스트리를 위한 컨테이너를 실행한다. 볼륨 설정과 포트 연결, 자동 재시작 옵션을 사용했다.
```
$ docker run -d \
> -v /home/kevin/registry_data:/var/lib/registry \
> -p 5000:5000 \
> --restart=always \
> --name=local-registry \
> registry
```

컨테이너를 조회한다.
```
$ docker ps | grep registry
432f7b13e63e   registry            "/entrypoint.sh /etc..."   About a minute ago   Up About a
minute    0.0.0.0:5000->5000/tcp   local-registry
```

컨테이너와 호스트가 포트로 잘 연결되었는지 확인한다.
```
$ sudo netstat -nlp | grep 5000
tcp        0      0 0.0.0.0:5000            0.0.0.0:*               LISTEN      2746/docker-
proxy
```

도커 프락시 정보를 확인한다.
```
$ ps -ef | grep 2746 | grep -v grep
root      2746  1313  0 12:23 ?        00:00:00 /usr/bin/docker-proxy -proto tcp -host-ip
0.0.0.0 -host-port 5000 -container-ip 172.17.0.15 -container-port 5000
```

```
# 저장소를 curl을 이용하여 조회해 본다.
$ curl -XGET localhost:5000/v2/_catalog
{"repositories":[]}

# 4.3절의 실습 4-5에서 생성했던 goapp을 프라이빗 레지스트리에 업로드해 본다.
# 도커 허브에 올리는 방식처럼 주소 지정을 위한 태그 설정이 필요하다.
# 프라이빗 레지스트리는 기본적으로 인증을 지원하지 않으므로 필요하다면 Nginx/Apache를 통해서 SSL(443) 구현이
가능하다.
$ docker image tag goapp:1.0 192.168.56.100:5000/goapp:1.0

$ docker push 192.168.56.100:5000/goapp:1.0
The push refers to repository [192.168.56.104:5000/goapp]
ba3cc50fadf1: Pushed
1.0: digest: sha256:1b15517ef4397aea3d2d0bda07a6d4134348c876c9b7e61cf3ad8001595a047f size: 527

# 업로드된 이미지와 태그를 조회한다.
$ curl -XGET localhost:5000/v2/_catalog
{"repositories":["goapp"]}

$ curl -XGET localhost:5000/v2/goapp/tags/list
{"name":"goapp","tags":["1.0"]}

# 만일 연결이 가능한 인프라의 다른 클라이언트가 있거나 가상머신의 다른 호스트가 있다면 다운로드가 가능한지 확인
해 본다.
$ docker pull 192.168.56.100:5000/goapp:1.0
```

4.5.2 도커 레지스트리 웹 GUI 컨테이너 연결

프라이빗 레지스트리 구성은 그리 어렵지 않지만, 조회 때마다 curl을 이용하여 정확한 주소를 인지
해야만 가능하다. 이런 부분을 웹에서 쉽게 검색할 수 있다. 그림 4-27은 웹 GUI 인터페이스를 제공
하는 hyper/docker-registry-web 이미지다.

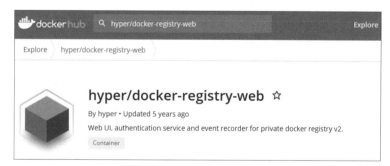

그림 4-27 **웹 GUI 인터페이스를 제공하는 도커 이미지**

현재 구동 중인 registry 컨테이너와 이 이미지를 연결(--link)하여 웹 인터페이스로 조회해 본다.

```
# hyper/docker-registry-web 이미지를 다운로드하고 조회한다.
$ docker pull hyper/docker-registry-web

$ docker images | grep registry
registry                        latest          2d4f4b5309b1    9 months ago    26.2MB
hyper/docker-registry-web       latest          0db5683824d8    4 years ago     599MB

# hyper/docker-registry-web 이미지를 registry 컨테이너와 연결해서 사용하려면 필요한 옵션들이 있다.
# -p: hyper/docker-registry-web 이미지의 내장 포트 8080과 호스트 8080에 연결한다.
# --link: registry 컨테이너명을 이용하면 내부 API를 통해 연결된다.
# -e: 필수 환경 변수 REGISTRY_URL, REGISTRY_NAME 작성이 필요하다.
$ docker run -it -d -p 8080:8080 --name registry-web \
> --link local-registry \
> -e REGISTRY_URL=http://192.168.56.100:5000/v2 \
> -e REGISTRY_NAME=192.168.56.100:5000 \
> --restart=always \
> hyper/docker-registry-web

# 컨테이너를 조회한다.
$ docker ps | grep registry
f5f3247556e6    hyper/docker-registry-web    "start.sh"                      About a minute ago  Up
About a minute    0.0.0.0:8080->8080/tcp    registry-web
432f7b13e63e    registry                     "/entrypoint.sh /etc..."  25 minutes ago    Up
25 minutes        0.0.0.0:5000->5000/tcp    local-registry
```

웹을 통해 간편하게 이미지 정보를 조회할 수 있다.

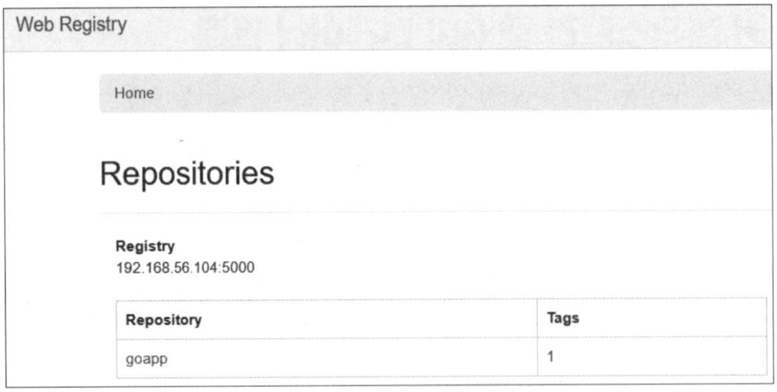

그림 4-28 **웹 GUI 인터페이스 접속**

앞서 업로드한 goapp 이미지를 선택한 후 태그 1.0을 클릭하면 이미지 세부 정보를 확인할 수 있다.
curl보다 간편하게 프라이빗 레지스트리에 업로드된 이미지를 검색할 수 있지만, 아쉽게도 인증 방식
이 없고 단조로운 패턴이 믿음직스럽지는 않다.

4.5.3 오픈 소스 컨테이너 레지스트리 소개

CNCF[15]에는 여러 가지 오픈 소스로 등록된 컨테이너 레지스트리 프로젝트가 소개되어 있다. 그림 4-29는 우리가 사용한 도커 레지스트리와 함께 사용 가능한 컨테이너 레지스트리 도구를 보여준다.

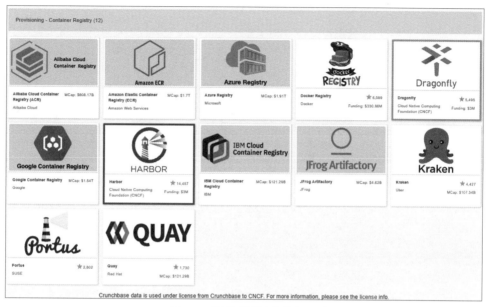

그림 4-29 **CNCF 컨테이너 레지스트리**

바탕이 회색으로 된 도구는 약간의 비용이 드는 유료이고, 하버HARBOR와 같은 도구는 오픈 소스로 자유롭게 사용할 수 있다. 필자가 기업에 구축했던 오픈 소스 레지스트리는 하버와 넥서스3Nexus3다. 이러한 도구는 도커 레지스트리가 갖는 단점인 CLI 기반을 벗어나 웹 기반의 GUI를 제공하고, 사용자 접근에 대한 인증과 이미지 암호화 등의 고급 기능도 포함한다. 인프라에서 이미지 관리의 효율성을 높이기 위해 이러한 도구를 권장한다.

4장에서는 컨테이너 개발환경 구성을 위한 Dockerfile에 대해 살펴봤다. 다음 장에서는 이렇게 개발한 이미지를 이용해 공통성이 있는 서버 환경을 동시에 컨테이너로 실행할 수 있도록 정의하는 docker-compose 도구에 대해 알아볼 것이다. 마이크로서비스 아키텍처는 이런 공통성을 모듈화하고 각 컨테이너의 의존성을 최소화하여 모놀리식 환경과 다르게 결합 해제된 서버 환경을 제공한다. 도커 컴포즈를 활용하면 마이크로서비스 아키텍처 기반의 애플리케이션 개발 및 테스트 구현에 도움이 된다.

---

15 참고 https://landscape.cncf.io

CHAPTER

05

도커 컴포즈 도구를 이용한
다중 컨테이너 애플리케이션
서비스 배포

5.1 도커 컴포즈

도커 컴포즈docker-compose는 공통성을 갖는 컨테이너 애플리케이션 스택을 야믈YAML[1] 코드로 정의하는 정의서이며 그것을 실행하기 위한 다중 컨테이너 실행 도구다.

여기서 공통성이 무엇인지 알아보기 위해 하나의 웹 애플리케이션을 생성하는 3-티어 환경을 예로 들어보자. 애플리케이션 데이터를 저장하기 위해 MySQL 데이터베이스를 설정하고, API 애플리케이션 설정을 위해 백엔드 단에 플라스크나 Node를 생성한다. 그리고 사용자 인터페이스(프런트엔드) 구성을 위해 리액트React, 앵귤러Angular 등의 웹 프레임워크를 선택해서 구성할 수 있다.

그림 5-1 **도커 컴포즈 다중 컨테이너 애플리케이션의 예**

이러한 공통의 목적을 갖는 애플리케이션 스택을 도커 컴포즈 야믈 코드로 정의해서 한 번에 서비스를 올리고 관리할 수 있는 도구가 도커 컴포즈다. 도커 컴포즈로 실행된 컨테이너는 독립된 기능을 가지며 공통 네트워크로 구성되기 때문에 컨테이너 간 통신이 쉽다. 이렇게 도커 컴포즈는 공통성 있는 컨테이너들을 포함하여 쉽고 빠른 런타임 환경을 제공한다.

도커 컴포즈는 테스트, 개발, 운영의 모든 환경에서 구성이 가능한 오케스트레이션 도구 중 하나다. 다만, 다양한 관리 기능을 갖고 있지 않기 때문에 테스트와 개발환경에 적합하다. 실제 운영 환경은 많은 관리적 요소가 필요하기 때문에 도커 스웜이나 쿠버네티스와 같은 오케스트레이션 도구가 가지고 있는 자동 확장, 모니터링, 복구 등의 운영에 필요한 기능과 함께 사용하는 것을 권장한다.

5.1.1 도커 컴포즈 설치

도커 컴포즈는 운영체제별로 설치하는 방법이 조금씩 다르다. 여기서는 호스트 운영체제로 사용하고 있는 Ubuntu 리눅스 기반으로 도커 컴포즈를 설치해 본다. 기본적인 설치 방법은 도커 도큐먼트에 나오는 설치 방법을 따른다.[2]

---

1   YAML(YAML Ain't Markup Language)의 원래 뜻은 '또 다른 마크업 언어(Yet Another Markup Language)'였으나, YAML의 핵심은 문서 마크업이 아닌 데이터 직렬화에 있다는 것을 상징하기 위해 변경되었다(위키피디아 참고).

2   참고 *https://docs.docker.com/compose/install/*

리눅스 환경에서는 깃허브에 저장되어 있는 최신 버전의 도커 컴포즈 저장소에서 설치 파일을 내려받아 설치한다.

```
# 깃허브에 저장된 현재 호스트 운영체제에 맞는 최신 버전의 도커 컴포즈3 실행 파일을 절대경로(/usr/local/bin)에
설치한다.
$ sudo curl -L https://github.com/docker/compose/releases/download/1.29.2/docker-compose-
$(uname -s)-$(uname -m) -o /usr/local/bin/docker-compose

# 실행 권한을 설정하고 절대경로 문제로 발생하는 실행 오류를 대비하기 위해 심벌릭 링크를 설정한다. 필자가 사용하는 계정은
kevin이고, 도커 컴포즈 파일의 소유권을 지정한다.
$ sudo chmod +x /usr/local/bin/docker-compose

$ sudo ln -s /usr/local/bin/docker-compose /usr/bin/docker-compose

$ sudo chown kevin /usr/local/bin/docker-compose

# 설치된 도커 컴포즈를 확인한다.
$ docker-compose --version
docker-compose version 1.29.2, build 07737305

$ docker-compose version
docker-compose version 1.29.2, build 07737305
docker-py version: 5.0.0
CPython version: 3.7.10
OpenSSL version: OpenSSL 1.1.0l 10 Sep 2019

# 참고 버전 변경을 위한 재설치 및 삭제 시 원본과 링크 파일을 삭제한다.
$ sudo rm /usr/local/bin/docker-compose

$ sudo rm /usr/bin/docker-compose
```

도커 컴포즈는 다중 컨테이너 애플리케이션 실행을 위해 사용하지만 간단한 비교를 위해 하나의 컨테이너를 docker run이 아닌 도커 컴포즈로 실행해 보자.

3장의 실습 3-6 '데이터베이스의 데이터 지속성 유지'를 MariaDB로 변경해서 테스트한다. 이 실습에서 사용했던 도커 명령어를 그대로 코드화한다.

```
# 먼저 도커 명령어로 실행한 3장의 예를 살펴보자. 자세한 설명은 3장을 참고한다.
$ docker run -it --name=mysql-vtest \
> -p 3306:3306 \
> --restart=always \
> -e MYSQL_ROOT_PASSWORD=mhylee \
> -e MYSQL_DATABASE=dockertest \
> -v ${PWD}/db-data:/var/lib/mysql -d \
```

---

3   *https://github.com/docker/compose/releases*에 접속하면 도커 컴포즈 최신 버전을 확인할 수 있다.

```
> mysql:5.7
```

\# 도커 컴포즈 야믈 코드를 작성해 본다. 자세한 설명은 다음 절의 야믈 코드 작성에서 다룬다.
\# 도커 컴포즈 야믈 코드 파일명: docker-compose.yaml, docker-compose.yml, compose.yaml, compose.yml

```
$ mkdir mariadb_app && cd $_
mariadb_app$ vi docker-compose.yaml
version: '3.3'
services:
  mydb:
    image: mariadb:10.4.6
    restart: always
    environment:
      - MYSQL_ROOT_PASSWORD=mypassword
      - MYSQL_DATABASE=appdb
    volumes:
      - ./db-data:/var/lib/mysql
    ports:
      - '3306:3306'
```

\# 도커 컴포즈 명령어로 야믈 코드를 실행하여 컨테이너로 서비스한다.
\# 이때 첫 번째 라인에는 앞서 설명했던 자체 네트워크가 생성된 것을 확인할 수 있다.

```
mariadb_app$ docker-compose up
Creating network "mariadb_app_default" with the default driver
Pulling mydb (mariadb:10.4.6)...
10.4.6: Pulling from library/mariadb
7413c47ba209: Pull complete
...
Creating mariadb_app_mydb_1 ... done
Attaching to mariadb_app_mydb_1
mydb_1  | Initializing database
mydb_1  |
mydb_1  |
mydb_1  | PLEASE REMEMBER TO SET A PASSWORD FOR THE MariaDB root USER !
mydb_1  | To do so, start the server, then issue the following commands:
mydb_1  |
mydb_1  | '/usr/bin/mysqladmin' -u root password 'new-password'
mydb_1  | '/usr/bin/mysqladmin' -u root -h  password 'new-password'
...
mydb_1  | 2021-04-14  6:42:15 0 [Note] InnoDB: Buffer pool(s) load completed at 210414
6:42:15
mydb_1  | 2021-04-14  6:42:15 0 [Note] Reading of all Master_info entries succeeded
mydb_1  | 2021-04-14  6:42:15 0 [Note] Added new Master_info '' to hash table
mydb_1  | 2021-04-14  6:42:15 0 [Note] mysqld: ready for connections.
mydb_1  | Version: '10.4.6-MariaDB-1:10.4.6+maria~bionic'  socket: '/var/run/mysqld/mysqld.
sock'  port: 3306  mariadb.org binary distribution
```

\# 다른 터미널을 열어 도커 컴포즈 명령어인 ps 명령을 통해 생성된 컨테이너 정보를 조회한다.

```
mariadb_app$ docker-compose ps
       Name                   Command              State            Ports
-----------------------------------------------------------------------------
mariadb_app_mydb_1   docker-entrypoint.sh mysqld    Up     0.0.0.0:3306->3306/tcp
```

\# docker run 명령으로 데이터의 지속성을 확인했던 것을 여기서도 확인해 본다.

```
mariadb_app$ docker exec -it mariadb_app_mydb_1 bash
root@dda9085367f8:/# mysql -uroot -p
```

```
Enter password: (mypassword)
Welcome to the MariaDB monitor.  Commands end with ; or \g.
Your MariaDB connection id is 8
Server version: 10.4.6-MariaDB-1:10.4.6+maria~bionic mariadb.org binary distribution

Copyright (c) 2000, 2018, Oracle, MariaDB Corporation Ab and others.

Type 'help;' or '\h' for help. Type '\c' to clear the current input statement.

MariaDB [(none)]> show databases;
+--------------------+
| Database           |
+--------------------+
| appdb              |
| information_schema |
| mysql              |
| performance_schema |
+--------------------+
4 rows in set (0.001 sec)

MariaDB [(none)]> use appdb;
Database changed

MariaDB [appdb]> create table item (item_id int, item_name varchar(10));
Query OK, 0 rows affected (0.014 sec)

MariaDB [appdb]> insert into item values (20,'docker-ce');
Query OK, 1 row affected (0.007 sec)

MariaDB [appdb]> select * from item;
+---------+-----------+
| item_id | item_name |
+---------+-----------+
|      20 | docker-ce |
+---------+-----------+
1 row in set (0.007 sec)

MariaDB [appdb]> exit;
Bye
root@dda9085367f8:/# ls -l /var/lib/mysql/appdb/
total 104
-rw-rw---- 1 mysql mysql    65 Apr 14 06:42 db.opt
-rw-rw---- 1 mysql mysql   476 Apr 14 06:55 item.frm
-rw-rw---- 1 mysql mysql 98304 Apr 14 06:55 item.ibd
root@dda9085367f8:/# exit
exit

# 볼륨을 통해 호스트 경로와 연결된 자료를 확인한다.
mariadb_app$ sudo ls -l db-data/appdb/
total 104
-rw-rw---- 1 999 docker    65  4월 14 15:42 db.opt
-rw-rw---- 1 999 docker   476  4월 14 15:55 item.frm
-rw-rw---- 1 999 docker 98304  4월 14 15:55 item.ibd

# 도커 컴포즈 down은 생성했던 것과 반대로 서비스를 모두 내리고 네트워크도 회수한다.
```

```
mariadb_app$ docker-compose down
Stopping mariadb_app_mydb_1 ... done
Removing mariadb_app_mydb_1 ... done
Removing network mariadb_app_default

# 데이터 영속성을 위한 볼륨 기능을 확인하기 위해 다시 도커 컴포즈를 백그라운드(-d)로 실행한다.
mariadb_app$ docker-compose up -d
Creating network "mariadb_app_default" with the default driver
Creating mariadb_app_mydb_1 ... done

mariadb_app$ docker-compose ps
        Name                    Command              State          Ports
-------------------------------------------------------------------------------
mariadb_app_mydb_1    docker-entrypoint.sh mysqld    Up      0.0.0.0:3306->3306/tcp

mariadb_app$ docker exec -it mariadb_app_mydb_1 bash
root@7a7025e69287:/# mysql -uroot -p
Enter password:

MariaDB [(none)]> show databases;

MariaDB [appdb]> show tables;

MariaDB [appdb]> select * from item;
+---------+-----------+
| item_id | item_name |
+---------+-----------+
|      20 | docker-ce |
+---------+-----------+
1 row in set (0.002 sec)

# 기존 데이터를 그대로 유지하고 있다.

# 도커 컴포즈로 실행한 서비스 또한 컨테이너. 컨테이너 세부 정보를 살펴본다.
mariadb_app$ docker inspect mariadb_app_mydb_1
```

눈여겨볼 것은 docker-compose up 명령을 수행하면 자체 기본 네트워크가 생성된다는 것이다. 위 실습은 하나의 컨테이너만 포함하고 있지만 여러 개의 다중 컨테이너 설정인 경우 docker-compose up과 동시에 가장 먼저 기본 네트워크를 **디렉터리명_default** 이름으로 생성한다.

```
# 도커 네트워크를 조회한다.
mariadb_app$ docker network ls
NETWORK ID      NAME                 DRIVER     SCOPE
cbbc2984f61c    bridge               bridge     local
98403413f171    mariadb_app_default  bridge     local
...
```

이후 도커 컴포즈에 포함된 다중 컨테이너를 구동하고, 이 네트워크에 컨테이너 서비스를 연결하게 된다. 이 기본 네트워크를 통해 IP가 아닌 서비스명(컨테이너명)으로 서비스 간 통신을 할 수 있다.

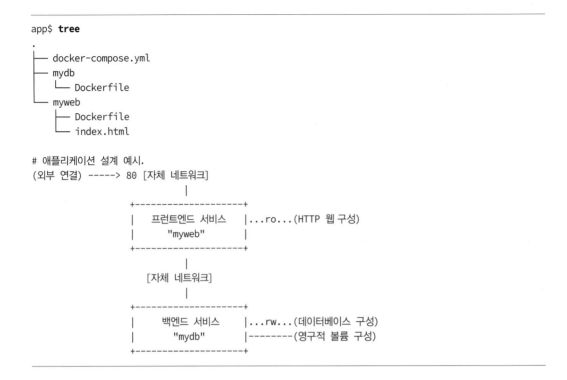

```
app$ tree
.
├── docker-compose.yml
├── mydb
│   └── Dockerfile
└── myweb
    ├── Dockerfile
    └── index.html


# 애플리케이션 설계 예시.
(외부 연결) -----> 80 [자체 네트워크]
                         |
            +--------------------+
            |    프런트엔드 서비스    |...ro...(HTTP 웹 구성)
            |       "myweb"      |
            +--------------------+
                      |
              [자체 네트워크]
                      |
            +--------------------+
            |    백엔드 서비스      |...rw...(데이터베이스 구성)
            |       "mydb"       |--------(영구적 볼륨 구성)
            +--------------------+
```

예를 들어, 위와 같은 구조로 애플리케이션 컨테이너 myweb과 mydb 서비스를 구동했다고 가정하자. myweb 서비스와 mydb 서비스는 자동으로 생성된 자체 네트워크에 함께 할당되어 서비스를 시작하게 되고, mydb 서비스가 myweb 서비스에 ping 명령을 수행하면 서비스가 포함된 내부 네트워크와 IP 정보를 출력한다. 3장에서 다루었던 도커 네트워크의 기능이 도커 컴포즈에서도 동일하게 적용된다.

```
app$ docker-compose exec mydb ping myweb
PING myweb (172.21.0.3) 64(98) bytes of data.
64 bytes from mariadb_app_myweb_1.mariadb_app_default (172.21.0.3): icmp_seq=1 ttl=64 time=0.145 ms
64 bytes from mariadb_app_myweb_1.mariadb_app_default (172.21.0.3): icmp_seq=2 ttl=64 time=0.087 ms
64 bytes from mariadb_app_myweb_1.mariadb_app_default (172.21.0.3): icmp_seq=3 ttl=64 time=0.099 ms
...
```

도커 컴포즈의 네트워크는 기본적으로 위 실습과 같이 자체 생성되지만 사용자가 지정 네트워크를 설정할 수도 있다. 다음 실습에서 이러한 도커 컴포즈의 네트워크 기능을 추가로 더 확인해 볼 것이다.

5.1.2 도커 컴포즈 야믈 코드 작성

이 절에서는 도커 컴포즈 야믈 코드 작성 방법에 대해 알아본다. 기본적인 야믈 문법과 작성법을 숙지하면 도커 컴포즈뿐만 아니라 쿠버네티스, 오픈스택, 클라우드 서비스 환경에서도 큰 도움이 된다.

특히, 컨테이너 관리 표준 도구인 쿠버네티스는 거의 모든 오브젝트를 야믈 코드로 작성해서 실행하기 때문에 도커 이후 공부하게 될 쿠버네티스 입문에도 도움을 받을 수 있다.

야믈 코드는 사용자가 쉽게 읽고 쓸 수 있는 텍스트 구조로 되어 있다. 다양한 프로그래밍 언어가 야믈 코드를 사용하는 이유는 해당 프로그래밍 언어의 라이브러리를 포함하고 있고, 명령어를 명령줄에서 사용하는 것보다 유연하게 사용할 수 있어 보다 복잡한 구조의 애플리케이션을 완성할 수 있기 때문이다.

유사한 JSON 형식과 비교해 보자. JSON 형식은 많은 프로그래밍 언어에서 사용 중이고 데이터를 처리하기 위한 형식으로 REST API 방식을 사용한다. 표현 방식으로 중괄호(｛｝)와 큰따옴표(" ")를 사용해 키:값의 계층형 구조로 작성된다.

야믈 코드도 이와 유사한 구조를 갖지만 들여쓰기를 통해 계층을 나누며 공백 수로 블록을 구분한다. 이때 야믈은 계층의 정확성을 공백 수로 판단하기 때문에 공백 맞추기에 민감해야 한다.

야믈 코드와 JSON 코드의 특징을 간단히 비교해 보자.

YAML	JSON
YAML Ain't Markup Language	JavaScript Object Notation
주석 사용 가능	주석 사용 불가
한글 등의 유니코드를 그대로 사용 가능	한글 등의 멀티 바이트 문자는 인코딩 수행
주로 환경 구성 등의 설정 파일 작성 시 사용	주로 API 작성 시 사용

<pre>version: '3.8'
services:
  mydb:
    image: mariadb:10.4.6</pre>
	<pre>{
	  "version": "3.8",
	  "services":
	  {
	    "mydb":
	    {
	      "image": "mariadb:10.4.6"
	    }
	  }
	}</pre>

야믈 코드의 계층 구조는 부모-자식 간의 레벨을 들여쓰기로 엄격하게 구분해야 한다. 다음 예시는 들여쓰기를 통해 레벨을 구분하는 예다. 주의할 것은 들여쓰기를 탭이 아닌 공백으로 정확히 구분해야 한다는 점이다.

```
# 정상
부모:
    자식-1: 첫 번째 자식 레벨
```

```
        자식-2:
            자식-2-1: 설정값
            자식-2-2: 설정값

# 에러1
자식-1:
    자식-1-1: 설정값
    자식-1-1: 설정값
 자식-2: <-- error
    자식-2-1: 설정값
    자식-2-2: 설정값

# 에러2
자식-1:
    자식-1-1: 설정값
    자식-1-1: 설정값
자식-2:
    자식-2-1: 설정값
        자식-2-2: 설정값 <-- error
```

도커 컴포즈에 사용되는 야믈 코드는 docker-compose.yaml(또는 docker-compose.yml) 파일로 작성한다. 해당 프로젝트의 최상위 디렉터리에 위치하며 하위 프로그램의 설정과 연관성을 코드화한다. docker-compose.yaml의 큰 구조는 다음과 같다.

```
version: "3.8"
services:
  서비스명1:
    # 애플리케이션 설정값 정의1
  서비스명2:
    # 애플리케이션 설정값 정의2
...
networks:
  # 네트워크 설정, 미지정 시 자동 생성
volumes:
  # 볼륨 설정
```

도커 컴포즈 야믈 코드는 위에서 아래로 처리되는 직렬 구조다. 일반적으로 설계상 가장 먼저 실행되어야 하는 애플리케이션을 먼저 작성하고, 이와 의존성을 갖는 데이터베이스 및 하위 애플리케이션을 작성한다. 또는 클러스터 환경을 야믈 코드로 작성하는 경우 마스터 노드를 먼저 작성하고 그다음 데이터 노드를 이어서 작성하면 된다. 그다음 전체 애플리케이션에 필요한 네트워크, 볼륨, 캐시 등의 기반 환경까지 야믈 코드에 모두 설정할 수 있다. 따라서 서비스 전체를 하나의 도커 컴포즈 야믈 코드로 작성할 수 있는 것이다.

이제 단계별 작성 방법을 살펴보자.

1 버전 정의

야믈 코드 첫 줄은 버전을 명시한다.

```
version: '3.8'
```

컴포즈 버전은 도커 엔진 릴리스와 연관된다. 아래 표를 참고한다.

표 5-1 **도커 컴포즈 및 도커 엔진 호환**

컴포즈 버전	도커 엔진 릴리스	컴포즈 버전	도커 엔진 릴리스
3.8	19.03.0 ∼	3.1	1.13.1 ∼
3.7	19.03.0 ∼	3.0	1.13.0 ∼
3.6	18.02.0 ∼	2.4	17.12.0 ∼
3.5	17.12.0 ∼	2.3	17.06.0 ∼
3.4	17.09.0 ∼	2.2	1.13.0 ∼
3.3	17.06.0 ∼	2.1	1.12.0 ∼
3.2	17.04.0 ∼	2.0	1.10.0 ∼

버전에 따라 약간씩 기능과 옵션에 차이가 있다. 자세한 사항은 도커 도큐먼트[4]를 참고한다.

버전 선택은 도커 엔진 릴리스에 적합한 버전을 선택하는데, 만일 버전이 맞지 않으면 아래와 같은 에러 메시지가 발생한다. 도커 버전 및 도커 컴포즈 버전 업데이트 속도가 잦은 편이니 종종 도커 도큐먼트를 참고하여 버전 변화를 참고하기 바란다.

```
ERROR: Version in "./docker-compose.yml" is unsupported. You might be seeing this error because
you're using the wrong Compose file version. Either specify a supported version (e.g "2.2" or
"3.3") and place your service definitions under the 'services' key, or omit the 'version' key
and place your service definitions at the root of the file to use version 1.
For more on the Compose file format versions, see https://docs.docker.com/compose/compose-file/
```

이 에러의 원인은 몇 가지로 예상할 수 있다.

- 작성한 버전과 현재 도커 컴포즈 또는 도커 엔진 릴리스가 적합하지 않은 경우
- 도커 컴포즈 도구가 오래된 경우(새로운 버전으로 업데이트 필요)
- 버전 문제가 아닌 들여쓰기의 공백 수가 하위 레벨과 맞지 않은 경우

---

4   *https://docs.docker.com/compose/compose-file/compose-versioning/*

2 서비스 정의

도커 컴포즈를 통해 실행할 서비스를 정의한다. 도커 컴포즈는 컨테이너 대신 서비스 개념을 사용한다. 상위의 **version** 명령과 동일 레벨로 작성되며 다중 컨테이너 서비스 실행을 목적으로 하기 때문에 복수형으로 작성되는 것에 유의한다. 도커 컴포즈로 함께 실행된 모든 서비스는 docker-compose 명령을 통해 통합 관리된다.

```
version: '3.8'
services:
```

services 하위에는 실행될 컨테이너 서비스를 작성하고, 하위 레벨에 도커 명령 실행과 유사하게 컨테이너 실행에 필요한 옵션을 작성하면 된다.

```
version: '3.8'
services:
myweb:
  image: nginx:latest
mydb:
  image: mariadb:10.4.6
```

프로젝트에서 별도 이미지 개발 없이 도커 허브에서 제공하는 오피셜 이미지를 사용하는 경우에는 **image: nginx:latest**와 같이 작성한다.

프로젝트에 필요한 애플리케이션 개발을 위해 Dockerfile을 작성하여 컨테이너를 실행하는 경우에는 미리 빌드해서 이미지명:태그를 명시해도 되지만 다음과 같이 **build** 옵션을 사용하면 도커 컴포즈 실행과 함께 이미지가 빌드된다.

```
version: '3.8'
services:
  web:
  build: .
```

build 옵션은 이미지 빌드에 필요한 Dockerfile의 경로를 지정하고, docker-compose.yaml 파일과 동일 경로에 위치한 경우에는 ':'을 이용해 Dockerfile이 같은 경로에 있음을 명시한다. 또는 Dockerfile의 위치와 파일명이 다른 경우 **context**와 **dockerfile** 옵션을 이용해 세부 내용을 정의할 수 있다.

```
version: '3.8'
services:
```

```
web:
  build:
    context: .
    dockerfile: ./compose/pyfla/Dockerfile-py
```

services 하위 옵션으로 이미지를 선택하는 build와 함께 해당 서비스에 필요한 옵션을 명시할 수 있다.

- **container_name**: 생략 시 자동으로 부여. "디렉터리명_서비스명_n". docker run의 --name 옵션과 동일.

- **ports**: 서비스 내부 포트와 외부 호스트 포트를 지정하여 바인드. 외부 노출 포트 지정. docker run의 -p 옵션과 동일.

- **expose**: 호스트 운영체제와 직접 연결하는 포트를 구성하지 않고, 서비스만 포트를 노출. 필요 시 링크로 연결된 서비스와 서비스 간의 통신만 사용.

- **networks**: 최상위 레벨의 networks에 정의된 네트워크 이름을 작성. docker run의 --net(--network) 옵션과 동일.

- **volumes**: 서비스 내부 디렉터리와 호스트 디렉터리를 연결하여 데이터 지속성 설정. docker run의 -v(--volume) 옵션과 동일.

- **environment**: 서비스 내부 환경 변수 설정. 환경 변수가 많은 경우에는 파일(*.env)로 만들어 env_file 옵션에 파일명을 지정(env_file: ./envfile.env). docker run의 -e 옵션과 동일.

- **command**: 서비스가 구동 이후 실행할 명령어 작성. docker run의 마지막에 작성되는 명령어.

- **restart**: 서비스 재시작 옵션 지정(no: 수동 재시작, always: 컨테이너 수동 제어를 제외하고 항상 재시작, on-failure: 오류가 있을 시 재시작). docker run의 --restart 옵션과 동일.

- **depends_on**: 서비스 간의 종속성을 의미하며 먼저 실행해야 하는 서비스를 지정하여 순서 지정. 이 옵션에 지정된 서비스가 먼저 시작됨.

이 외에도 도커에서 사용했던 자원 관리 옵션과 네트워크 관련 옵션도 많이 제공된다.[5] 애플리케이션의 세부적인 설정을 위해 살펴보는 것을 권장한다.

3 네트워크 정의

다중 컨테이너들이 사용할 최상위 네트워크 키를 정의하고 이하 하위 서비스 단위로 이 네트워크를 선택할 수 있다.

---

5 참고 *https://github.com/compose-spec/compose-spec/blob/master/spec.md#services-top-level-element*

- 아무런 **networks** 옵션도 지정하지 않으면 자체 기본 네트워크가 자동으로 생성된다.
- 최상위 레벨에 **networks** 지정 시 해당 이름의 네트워크가 생성되고, 대역은 172.x.x.x로 자동으로 할당되며 기본 드라이버는 브리지로 지정된다.
- 도커에서 생성한 기존 네트워크를 지정하는 경우에는 **externel** 옵션에 네트워크 이름을 작성한다.

```
$ docker network ls
NETWORK ID     NAME        DRIVER     SCOPE
cbbc2984f61c   bridge      bridge     local
75ab3337b782   host        host       local
04f2d452caae   none        null       local
c16c2791e81d   vswitch-ap  bridge     local

$ vi docker-compose.yaml

version: "3.9"
services:
  # ...
networks:
  default:
    external:
      name: vswitch-ap
```

4 볼륨 정의

데이터의 지속성을 유지하기 위해 최상위 레벨에 볼륨을 정의하고, 서비스 레벨에서 볼륨명과 서비스 내부의 디렉터리를 바인드한다. docker volume create와 동일하게 도커가 관리하는 가상 영역 (/var/lib/docker/volume)에 자동 배치된다. **docker volume ls** 명령을 통해서 확인 가능하고, **docker volume inspect 볼륨명**으로 세부 디렉터리 경로까지 알 수 있다.

```
$ vi docker-compose.yaml

version: "3.9"
services:
  mydb:
    image: mysql:5.7
    container_name: mysql_app
    volumes:
      - db_data:/var/lib/mysql
    ...
  myweb:
    depends_on:
      - mydb
    image: wordpress:latest
    container_name: wordpress_app
```

```
    volumes:
      - web_data:/var/www/html
    ...
volumes:
  db_data: {}                     # {} 생략 가능, 도커가 관리하는 볼륨 생성을 의미.
  web_data: {}
```

최상위 레벨에 volumes를 정의하지 않고 서비스 하위 레벨에 호스트의 절대경로와 컨테이너의 디렉터리 경로를 직접 사용하는 바인드 마운트 방식도 가능하다.

```
$ vi docker-compose.yaml

version: "3.9"
services:
  ...
  myweb:
    depends_on:
      - mydb
    image: wordpress:latest
    container_name: wordpress_app
    volumes:
      - web_data:/var/www/html
      - /home/kevin/my_wp/myweb-log:/var/log

# 생성된 볼륨을 조회한다.
$ docker inspect \
> --format="{{ .HostConfig.Binds }}" \
> wordpress_app
[my_wp_web_data:/var/www/html:rw /home/kevin/my_wp/myweb-log:/var/log:rw]
```

5 도커 명령어와 도커 컴포즈 야믈 코드 비교

지금까지의 도커 컴포즈 야믈 코드 옵션은 대부분 도커 명령어를 바탕으로 이루어진다는 것을 알아차렸을 것이다. 도커 컴포즈 야믈 코드를 빠르게 숙지하려면 먼저 도커 명령어를 충분히 다루고 접근하는 것을 권장한다.

위 예시에서 사용한 도커 컴포즈 야믈 코드를 도커 도큐먼트에서 제공하는 워드프레스 예시[6]를 업데이트하여 도커 명령과 도커 컴포즈로 작성하여 비교해 보자.

다음은 데이터베이스 단은 mysql:8.0을 이용하고, 프런트엔드 웹 단은 wordpress:5.7 이미지를 이용한 웹 애플리케이션 서비스 구성에 필요한 옵션들이다.

---

6   참고 https://github.com/docker/awesome-compose/tree/master/wordpress-mysql

요구사항	도커 명령	도커 컴포즈 옵션
컨테이너(서비스)명	--name	container_name:
포트 연결	-p	ports:
네트워크 구성	--net	networks:
재시작	--restart	restart:
볼륨	-v (--volume)	volumes:
환경 변수	-e	environment:
컨테이너 간 연결	--link 컨테이너명:서비스명	depends_on:
이미지	이미지명	image:

구성 실습 1 도커 명령어

3장에서 배운 도커 명령어를 갖고 위 요구사항에 맞는 연결된 구조의 컨테이너 서비스를 실행해 본다.

```
# 필요한 볼륨을 생성하고 조회한다.
$ docker volume create mydb_data

$ docker volume create myweb_data

$ docker volume ls
DRIVER      VOLUME NAME
local       mydb_data
local       myweb_data

$ docker inspect --type volume mydb_data
[
    {
        "CreatedAt": "2021-04-23T12:41:47+09:00",
        "Driver": "local",
        "Labels": null,
        "Mountpoint": "/var/lib/docker/volumes/mydb_data/_data",
        "Name": "mydb_data",
        "Options": null,
        "Scope": "local"
    }
]

$ docker inspect --type volume myweb_data
[
    {
        "CreatedAt": "2021-04-23T11:25:54+09:00",
        "Driver": "local",
        "Labels": null,
        "Mountpoint": "/var/lib/docker/volumes/myweb_data/_data",
        "Name": "myweb_data",
        "Options": null,
```

```
            "Scope": "local"
        }
]
```

두 컨테이너 서비스를 동일 네트워크에 지정하기 위해 네트워크를 생성한다.
$ **docker network create myapp-net**

$ **docker network ls**
```
NETWORK ID      NAME            DRIVER      SCOPE
cbbc2984f61c    bridge          bridge      local
75ab3337b782    host            host        local
3850883068eb    myapp-net       bridge      local
...
```

$ **docker network inspect myapp-net**
```
[
    {
        "Name": "myapp-net",
        "Id": "3850883068ebadaf526158b26709fc0358e03b086265e072bef9e17ea66af697",
        "Created": "2021-04-23T11:25:44.855198594+09:00",
        "Scope": "local",
        "Driver": "bridge",
        "EnableIPv6": false,
        "IPAM": {
            "Driver": "default",
            "Options": {},
            "Config": [
                {
                    "Subnet": "192.168.32.0/20",
                    "Gateway": "192.168.32.1"
                }
            ]
        },
        "Internal": false,
        "Attachable": false,
        "Ingress": false,
        "ConfigFrom": {
            "Network": ""
        },
        "ConfigOnly": false,
        "Containers": {},
        "Options": {},
        "Labels": {}
    }
]
```

첫 번째 컨테이너, mysql:8.0을 필요 옵션과 함께 실행한다.
$ **docker run -itd **
> **--name=mysql_app **
> **-v mydb_data:/var/lib/mysql **
> **--restart=always **
> **-p 3306:3306 **

```
> --net=myapp-net \
> -e MYSQL_ROOT_PASSWORD=password# \
> -e MYSQL_DATABASE=wpdb \
> -e MYSQL_USER=wpuser \
> -e MYSQL_PASSWORD=wppassword \
> mysql:8.0

# 두 번째 컨테이너, wordpress:5.7을 첫 번째 컨테이너와 연결하고 필요 옵션을 지정한다.
$ docker run -itd \
> --name=wordpress_app \
> -v myweb_data:/var/www/html \
> -v ${PWD}/myweb-log:/var/log \
> --restart=always \
> -p 8888:80 \
> --net=myapp-net \
> -e WORDPRESS_DB_HOST=mysql_app:3306 \
> -e WORDPRESS_DB_NAME=wpdb \
> -e WORDPRESS_DB_USER=wpuser \
> -e WORDPRESS_DB_PASSWORD=wppassword \
> --link mysql_app:mysql \
> wordpress:5.7

# 실행된 컨테이너를 조회한다.
$ docker ps
CONTAINER ID   IMAGE          COMMAND              CREATED          STATUS          PORTS                              NAMES
14216c55c816   wordpress:5.7  "docker-entrypoint.s..."  About a minute ago  Up About a minute  0.0.0.0:8888->80/tcp              wordpress_app
ecc51b6d630e   mysql:8.0      "docker-entrypoint.s..."  2 minutes ago    Up 2 minutes    0.0.0.0:3306->3306/tcp, 33060/tcp  mysql_app
```

웹 브라우저를 이용해 프런트엔드의 wordpress 컨테이너에 접근해 본다.

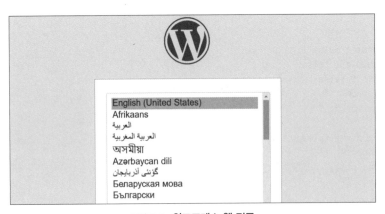

그림 5-2 워드프레스 웹 접근

여기서는 웹 접속까지만 설명한다. 한국어를 선택하고 입력한 도커 명령 옵션을 이용해 간단한 웹 사이트를 생성할 수 있다.

구성 실습 1과 동일한 다중 컨테이너 서비스를 도커 컴포즈 야믈 코드를 작성하여 비교해 보자.

```
~$ mkdir my_wp && cd $_
my_wp$ vi docker-compose.yml


version: "3.9"
services:
  # 첫 번째 서비스 정의.
  mydb:
    # 도커 허브에서 제공하는 mysql:8.0 이미지 선택.
    image: mysql:8.0
    # 서비스 컨테이너 이름 지정.
    container_name: mysql_app
    # 최상위 레벨에 정의 mydb_data 볼륨 지정.
    volumes:
      - mydb_data:/var/lib/mysql
    # 수동 제어를 제외한 컨테이너 종료 시 자동 재시작.
    restart: always
    # 호스트 운영체제와 컨테이너의 3306 포트를 바인드한다.
    # workbench 같은 클라이언트 도구와 연결하기 위해 필요하다.
    ports:
      - "3306:3306"
    # 최상위 레벨에 정의한 backend-net을 기본 네트워크로 지정한다.
    networks:
      - backend-net
    # 서비스가 사용할 환경 변수를 지정한다.
    environment:
      MYSQL_ROOT_PASSWORD: password#
      MYSQL_DATABASE: wpdb
      MYSQL_USER: wpuser
      MYSQL_PASSWORD: wppassword
  # 두 번째 서비스를 작성한다.
  myweb:
    # myweb 서비스가 실행되기 전에 mydb 서비스를 먼저 실행하는 의존성을 설정한다.
    depends_on:
      - mydb
    # wordpress:5.7 이미지를 지정한다.
    image: wordpress:5.7
    # 서비스 컨테이너 이름을 지정한다.
    container_name: wordpress_app
    # 호스트 운영체제의 8888 포트와 컨테이너의 80 포트를 바인드한다.
    ports:
      - "8888:80"
    # backend-net으로 mydb 서비스와 동일 네트워크로 지정하고,
    # 외부 연결을 위한 네트워크를 위해 fronetend-net 지정을 가정한다.
    # docker network connect ~ 명령으로 두 번째 네트워크를 추가하는 것과 같다.
    networks:
      - backend-net
      - frontend-net
    # 컨테이너 데이터 지속성을 위해 도커 볼륨 기법과 바인드 마운트 기법을 사용한다.
```

```
    volumes:
      - myweb_data:/var/www/html
      - ${PWD}/myweb-log:/var/log \
    # 수동 제어를 제외한 컨테이너 종료 시 자동 재시작한다.
    restart: always
    # 서비스가 사용할 환경 변수를 지정한다.
    environment:
      WORDPRESS_DB_HOST: mydb:3306
      WORDPRESS_DB_USER: wpuser
      WORDPRESS_DB_PASSWORD: wppassword
      WORDPRESS_DB_NAME: wpdb

# 도커 컴포즈 애플리케이션이 사용할 네트워크 생성. docker network create와 동일하다.
networks:
  frontend-net: {}
  backend-net: {}

# 도커 컴포즈 애플리케이션이 사용할 볼륨 생성. docker volume create와 동일하다.
volumes:
  mydb_data: {}
  myweb_data: {}

# 생성한 도커 컴포즈 야믈 코드를 백그라운드(-d)로 실행한다.
my_wp$ docker-compose up -d
Creating network "my_wp_backend-net" with the default driver
Creating network "my_wp_frontend-net" with the default driver
Creating volume "my_wp_mydb_data" with default driver
Creating volume "my_wp_myweb_data" with default driver
Creating mysql_app ... done
Creating wordpress_app ... done

# 실행된 다중 컨테이너 서비스를 조회한다.
my_wp$ docker-compose ps
      Name                   Command            State              Ports
-----------------------------------------------------------------------------------
mysql_app         docker-entrypoint.sh mysqld    Up     0.0.0.0:3306->3306/tcp, 33060/tcp
wordpress_app     docker-entrypoint.sh apach ... Up     0.0.0.0:8888->80/tcp
```

웹 브라우저를 이용해 프런트엔드의 wordpress 컨테이너에 접근해 보면 그림 5-2와 같다. 접속 후 간단한 사이트를 생성하고 mydb 서비스에 직접 접속해 본다. 테이블과 데이터가 생성된 것을 조회할 수 있다.

```
my_wp$ docker exec -it mysql_app mysql -uroot -p
Enter password: (password#)

mysql> show databases;
+--------------------+
| Database           |
```

```
+--------------------+
...
| wpdb               |
+--------------------+
5 rows in set (0.00 sec)

mysql> use wpdb;

mysql> show tables;
+--------------------+
| Tables_in_wpdb     |
+--------------------+
| wp_commentmeta     |
| wp_comments        |
| wp_links           |
| wp_options         |
| wp_postmeta        |
| wp_posts           |
| wp_term_relationships |
| wp_term_taxonomy   |
| wp_termmeta        |
| wp_terms           |
| wp_usermeta        |
| wp_users           |
+--------------------+
12 rows in set (0.01 sec)

mysql> select * from wp_users;
+----+-----------+--------------------------------------+-------------+----------------+-------------------------------+--
--------------------+----------------------------------------+-------------+--------------+--
| ID | user_login | user_pass                           | user_nicename | user_email     | user_url                      |
user_registered      | user_activation_key                  | user_status | display_name |
+----+-----------+--------------------------------------+-------------+----------------+-------------------------------+--
--------------------+----------------------------------------+-------------+--------------+--
|  1 | kevin.lee | $P$BwBJCdjuCJ94l7bYL03de3vSoFMiXJ. | kevin-lee   | dbgurum@naver.com | http://192.168.56.101:8888 |
2021-04-23 06:04:37  | 1619157906:$P$B4601DKu62tKJAj0em1h/hpsuHA.Wc1 |           0 | kevin.lee    |
+----+-----------+--------------------------------------+-------------+----------------+-------------------------------+--
--------------------+----------------------------------------+-------------+--------------+--
1 row in set (0.00 sec)

mysql> exit
```

전체 구성을 살펴보면 **myweb**은 프런트엔드 역할을 하는 워드프레스를 사용한다. 워드프레스는 오픈 소스 저작물 관리 시스템이며 자체적으로 제공하는 템플릿을 이용해 빠른 웹 사이트 생성을 가능하게 한다. 생성된 모든 데이터는 자동으로 API를 통해 **mydb** 서비스인 MySQL 데이터베이스로 전송되어 데이터 관리가 이루어진다.

도커 컴포즈는 여러 번의 도커를 정의하고 실행하지 않고, 관련 애플리케이션을 야믈 코드 파일로 한 번에 구성하여 내부 환경 구성과 속성을 실행할 수 있다. 또한 도커 컴포즈는 설정값을 캐싱하기 때문에 재시작 시 변경이 없다면 캐싱된 정보를 그대로 사용하여 빠른 서비스 실행을 보장할 수 있다.

야믈 코드에 포함된 애플리케이션은 동일 네트워크에 포함되기 때문에 복잡한 연결 구성 없이 쉽게 API 통신이 가능하다는 장점도 있다.

5.1.3 도커 컴포즈 명령어

도커 컴포즈 야믈 코드는 다양한 도커 컴포즈 명령어를 통해 애플리케이션의 실행, 관리, 제거까지 할 수 있다. 도커 컴포즈 명령어는 도커 명령어와 크게 다르지 않기 때문에 도커 명령어에 익숙하다면 쉽게 적용할 수 있다.

도커 컴포즈 명령어를 조회해 보면 약 25개의 하위 명령어를 갖고 있다.

```
$ docker-compose -help
...
Commands:
  build      Dockerfile을 이용한 빌드 또는 재빌드
  config     도커 컴포즈 구성 파일의 내용 확인
  create     서비스 생성
  down       도커 컴포즈 자원(컨테이너, 네트워크, 볼륨)을 일괄 정지 후 삭제
  events     컨테이너에서 실시간으로 이벤트 정보를 수신
  exec       실행 중인 컨테이너에 명령 실행
  help       도움말
  images     사용된 이미지 정보
  kill       도커 킬 명령과 동일, 실행 중인 컨테이너 강제 정지
  logs       컨테이너의 실행 로그 정보를 보여줌
  pause      컨테이너 서비스 일시 정지
  port       포트 바인딩된 외부로 연결된 포트 출력
  ps         실행 중인 컨테이너 서비스 출력
  pull       서비스 이미지 가져오기
  push       서비스 이미지 올리기
  restart    컨테이너 서비스 재시작
  rm         정지된 컨테이너 서비스 제거
  run        실행 중인 컨테이너에 일회성 명령어 실행
  scale      컨테이너 서비스에 대한 컨테이너 수 설정(확장, 축소)
  start      컨테이너 서비스 시작
  stop       컨테이너 서비스 중지
  top        실행 중인 프로세스 출력
  unpause    컨테이너 서비스 일시 정지 해제
  up         컨테이너 서비스 생성과 시작(옵션 활용)
  version    버전 정보 표시 및 종료
```

4.3절의 실습 4-4의 예제로 사용했던 파이썬, 플라스크 예제를 활용해서 도커 컴포즈 명령어 사용을 위한 간단한 애플리케이션을 생성해 보자. 이 예제는 파이썬 플라스크 웹 애플리케이션을 빌드하고, 플라스크의 웹 프레임워크로 웹 페이지를 만들고 레디스redis 인메모리 데이터베이스에서 웹 페이지 액세스 카운트를 캐시하여 페이지에 출력한다.

```
$ mkdir -p flask_redis && cd $_

# 우선 4.3절에서 사용했던 소스 코드를 그대로 복사한다.
flask_redis$ ls
app  Dockerfile

flask_redis$ vi app/py_app.py
import time
import redis
from flask import Flask

py_app = Flask(__name__)
db_cache = redis.Redis(host='redis', port=6379)

def web_hit_cnt():
    return db_cache.incr('hits')

@py_app.route('/')
def python_flask():
    cnt = web_hit_cnt()

    return '''<h1 style="text-align:center; color:deepskyblue;">docker-compose application:
FlasK & Redis</h1>
    <p style="text-align:center; color:deepskyblue;">Good container service.</p>
    <p style="text-align:center; color:deepskyblue;">Web access count : {} times</p>'''.
format(cnt)

if __name__ == '__main__':
    py_app.run(host='0.0.0.0', port=9000, debug=True)

flask_redis$ vi app/requirements.txt
Flask
redis

flask_redis$ vi Dockerfile
FROM python:3.8-alpine
RUN apk update && \
        apk add --no-cache \
        bash
RUN apk add --update build-base python3-dev py-pip
ENV LIBRARY_PATH=/lib:/usr/lib
ENV FLASK_APP=py_app
ENV FLASK_ENV=development
EXPOSE 9000
WORKDIR /py_app
COPY ./app/ .
RUN pip install -r requirements.txt
ENTRYPOINT ["python"]
CMD ["py_app.py"]

flask_redis$ vi docker-compose.yaml
version: '3'
services:
  redis:
    image: redis:6-alpine
    ports:
      - 6379:6379
    restart: always
```

```
  flask:
    build: .
    ports:
      - 9000:9000
    depends_on:
      - redis
    restart: always
```

flask_redis$ **tree -a**

```
.
├── app
│   ├── py_app.py
│   └── requirements.txt
├── docker-compose.yaml
├── Dockerfile
└── .dockerignore
```

생성한 야믈 코드를 실행하기 위해 up 명령어를 사용한다.
-d 옵션을 사용하면 화면에 실행 로그가 기록되지 않고 백그라운드로 실행한다.
flask_redis$ **docker-compose up**
Creating network "flask_redis_default" with the default driver
Creating flask_redis_redis_1 ... done
Creating flask_redis_flask_1 ... done
Attaching to flask_redis_redis_1, flask_redis_flask_1
redis_1 | 1:C 27 Apr 2021 01:49:14.772 # oO0OoO0OoO0Oo Redis is starting oO0OoO0OoO0Oo
redis_1 | 1:C 27 Apr 2021 01:49:14.772 # Redis version=6.2.2, bits=64, commit=00000000,
modified=0, pid=1, just started
redis_1 | 1:C 27 Apr 2021 01:49:14.772 # Warning: no config file specified, using the default
config. In order to specify a config file use redis-server /path/to/redis.conf
redis_1 | 1:M 27 Apr 2021 01:49:14.774 * monotonic clock: POSIX clock_gettime
redis_1 | 1:M 27 Apr 2021 01:49:14.776 * Running mode=standalone, port=6379.
redis_1 | 1:M 27 Apr 2021 01:49:14.776 # Server initialized
redis_1 | 1:M 27 Apr 2021 01:49:14.776 # WARNING overcommit_memory is set to 0! Background
save may fail under low memory condition. To fix this issue add 'vm.overcommit_memory = 1' to
/etc/sysctl.conf and then reboot or run the command 'sysctl vm.overcommit_memory=1' for this
to take effect.
redis_1 | 1:M 27 Apr 2021 01:49:14.776 * Ready to accept connections
flask_1 | * Serving Flask app "py_app" (lazy loading)
flask_1 | * Environment: development
flask_1 | * Debug mode: on
flask_1 | * Running on http://0.0.0.0:9000/ (Press CTRL+C to quit)
flask_1 | * Restarting with stat
flask_1 | * Debugger is active!
flask_1 | * Debugger PIN: 171-745-847
flask_1 | 172.20.0.1 - - [27/Apr/2021 01:49:31] "GET / HTTP/1.1" 200 -
flask_1 | 172.20.0.1 - - [27/Apr/2021 01:49:34] "GET / HTTP/1.1" 200 -
flask_1 | 192.168.56.1 - - [27/Apr/2021 01:49:53] "GET / HTTP/1.1" 200 -
flask_1 | 192.168.56.1 - - [27/Apr/2021 01:49:53] "GET /favicon.ico HTTP/1.1" 404 -
flask_1 | 192.168.56.1 - - [27/Apr/2021 01:49:59] "GET / HTTP/1.1" 200 -
flask_1 | 192.168.56.1 - - [27/Apr/2021 01:49:59] "GET / HTTP/1.1" 200 -

다른 터미널을 이용해 컨테이너 서비스를 조회한다.
flask_redis$ **docker-compose ps**
       Name   Command   State   Ports
----
flask_redis_flask_1   python py_app.py   Up   0.0.0.0:9000->9000/tcp
flask_redis_redis_1   docker-entrypoint.sh redis ... Up   0.0.0.0:6379->6379/tcp
```
```

```
# 플라스크 웹 페이지 접속 여부를 확인한다.
flask_redis$ curl localhost:9000

    <h1 style="text-align:center; color:deepskyblue;">Docker container application: Python &
FlasK!</h1>
        <p style="text-align:center; color:deepskyblue;">This is micro web framework for running
Flask inside Docker.</p>
```

그림 5-3 플라스크 & 레디스 웹 접근

1 docker-compose up

up은 컴포즈 야믈 코드에 있는 이미지를 이용해 컨테이너 서비스를 실행한다.

```
$ docker-compose up --help
Usage: up [options] [--scale SERVICE=NUM...] [--] [SERVICE...]
...
Options:
    -d, --detach                Detached mode: Run containers in the background,
                                print new container names. Incompatible with
                                --abort-on-container-exit.
...
```

도움말 내용을 살펴보면 docker-compose up에는 부가적인 옵션이 많다. 이 중에 자주 사용하는
몇 가지 옵션을 살펴보겠다.

표 5-2 docker-compose up 옵션

옵션	설명
-d, --detach	백그라운드로 컨테이너 서비스를 실행하고, 새로 생성된 컨테이너 이름을 화면에 출력한다. 이 옵션을 사용하지 않으면 화면에 컨테이너 로그가 지속적으로 출력되고 Ctrl+C를 이용해 멈추게 되면 모든 애플리케이션 컨테이너가 정지되므로 사용을 권장한다.
--build	컨테이너 서비스를 시작하기 전에 이미지를 빌드한다. Dockerfile이나 기타 소스 코드 변동이 있는 경우 재빌드에 사용된다.
--force-recreate	도커 컴포즈 야믈 코드 및 이미지가 변경되지 않은 경우에도 컨테이너를 다시 생성한다.
-t, --timeout TIMEOUT	현재 실행 중인 컨테이너를 종료하는 경우, 이 시간(초)을 이용해 타임아웃이 발생한다(기본값: 10).
--scale SERVICE=NUM	컨테이너 서비스의 개수를 지정 수만큼 확장한다.

만일 docker-compse.yaml 파일명이 다른 경우에는 Dockerfile과 같이 -f 옵션을 이용하여 다른 야
믈 파일명을 지정해서 실행할 수 있다.

만일 동시에 들어오는 워크로드가 많아지는 경우 --scale 옵션을 이용해 현재 실행 중인 컨테이너
서비스 수를 확장할 수 있다. 지금 예제는 연결되는 포트가 정해져 있어서 스케일 옵션을 사용하면
오류가 발생한다. 옵션 없이 간단한 야믈 코드로 스케일 옵션을 사용해 본다.

```
scale_up$ vi docker-compose.yaml
version: '3.8'
services:
  server_web:
    image: httpd:2
  server_db:
    image: redis:6-alpine

scale_up$ docker-compose up -d
...
Creating scale_up_server_web_1 ... done
Creating scale_up_server_db_1  ... done

scale_up$ docker-compose ps
        Name                     Command              State     Ports
----------------------------------------------------------------------------
scale_up_server_db_1     docker-entrypoint.sh redis ...   Up    6379/tcp
scale_up_server_web_1    httpd-foreground                 Up    80/tcp

scale_up$ docker-compose up --scale server_db=3 --scale server_web=3 -d
Creating scale_up_server_db_2  ... done
Creating scale_up_server_db_3  ... done
Creating scale_up_server_web_2 ... done
Creating scale_up_server_web_3 ... done

# 다른 터미널을 이용해 조회한다.
scale_up$ docker-compose ps
        Name                     Command              State     Ports
----------------------------------------------------------------------------
scale_up_server_db_1     docker-entrypoint.sh redis ...   Up    6379/tcp
scale_up_server_db_2     docker-entrypoint.sh redis ...   Up    6379/tcp
scale_up_server_db_3     docker-entrypoint.sh redis ...   Up    6379/tcp
scale_up_server_web_1    httpd-foreground                 Up    80/tcp
scale_up_server_web_2    httpd-foreground                 Up    80/tcp
scale_up_server_web_3    httpd-foreground                 Up    80/tcp

scale_up$ docker-compose down
Stopping scale_up_server_web_2 ... done
Stopping scale_up_server_web_3 ... done
Stopping scale_up_server_db_2  ... done
Stopping scale_up_server_db_3  ... done
Stopping scale_up_server_db_1  ... done
```

```
Stopping scale_up_server_web_1 ... done
Removing scale_up_server_web_2 ... done
Removing scale_up_server_web_3 ... done
Removing scale_up_server_db_2  ... done
Removing scale_up_server_db_3  ... done
Removing scale_up_server_db_1  ... done
Removing scale_up_server_web_1 ... done
Removing network scale_up_default

# 축소도 가능하다.
scale_up$ docker-compose up --scale server_db=1 --scale server_web=1 -d

scale_up$ docker-compose ps
        Name                    Command             State      Ports
--------------------------------------------------------------------------
scale_up_server_db_1    docker-entrypoint.sh redis ...   Up     6379/tcp
scale_up_server_web_1   httpd-foreground                 Up     80/tcp

# 한 서비스만 확장하는 것도 가능하다.
scale_up$ docker-compose up --scale server_web=3 -d

scale_up$ docker-compose ps
        Name                    Command             State      Ports
--------------------------------------------------------------------------
scale_up_server_db_1    docker-entrypoint.sh redis ...   Up     6379/tcp
scale_up_server_web_1   httpd-foreground                 Up     80/tcp
scale_up_server_web_2   httpd-foreground                 Up     80/tcp
scale_up_server_web_3   httpd-foreground                 Up     80/tcp
```

2 docker-compose down

up 명령과 반대로, 정의된 컨테이너 서비스, 볼륨, 네트워크 모두를 정지시킨 후 삭제한다.

```
flask_redis$ docker-compose down
Stopping flask_redis_flask_1 ... done
Stopping flask_redis_redis_1 ... done
Removing flask_redis_flask_1 ... done
Removing flask_redis_redis_1 ... done
Removing network flask_redis_default
```

삭제 시 **--rmi all**을 사용하면 사용된 모든 이미지를 함께 삭제하고, **--volumes(-v)** 옵션을 사용하면 도커 컴포즈 파일에 정의한 볼륨도 함께 삭제한다.

3 docker-compose stop 서비스명

stop은 멀티 컨테이너 서비스 중 특정 컨테이너를 중지시킬 때 사용한다.

```
flask_redis$ docker-compose ps
        Name                 Command              State            Ports
--------------------------------------------------------------------------------
flask_redis_flask_1    python py_app.py           Up      0.0.0.0:9000->9000/tcp
flask_redis_redis_1    docker-entrypoint.sh redis ...  Up  0.0.0.0:6379->6379/tcp

flask_redis$ docker-compose stop redis
Stopping flask_redis_redis_1 ... done

flask_redis$ docker-compose ps
        Name                 Command              State            Ports
--------------------------------------------------------------------------------
flask_redis_flask_1    python py_app.py           Up      0.0.0.0:9000->9000/tcp
flask_redis_redis_1    docker-entrypoint.sh redis ...  Exit 0
```

이 애플리케이션 서비스는 플라스크 웹을 통해 액세스되면 그 횟수를 레디스에서 받아서 화면에 처리하는 코드를 갖고 있다. 그러나 레디스 서비스를 중지시켰기 때문에 웹 화면에서 재시도하면 기존 실행처럼 접근 횟수가 화면에 출력되지 않고 오류 메시지가 출력된다.

4 docker-compose start 서비스명

start는 정지된 컨테이너 서비스를 실행한다.

```
flask_redis$ docker-compose start redis
Starting redis ... done

flask_redis$ docker-compose ps
        Name                 Command              State            Ports
--------------------------------------------------------------------------------
flask_redis_flask_1    python py_app.py           Up      0.0.0.0:9000->9000/tcp
flask_redis_redis_1    docker-entrypoint.sh redis ...  Up  0.0.0.0:6379->6379/tcp
```

실행 중인 웹 화면에서도 정상적으로 액세스 횟수를 출력해 준다.

5 docker-compose logs

logs는 docker-compose up -d로 실행한 경우 화면에 애플리케이션 로그를 출력해 준다. 이때 -f 옵션을 사용하면 실시간 접근 로그를 계속 출력하게 된다.

```
flask_redis$ docker-compose logs -f
Attaching to flask_redis_flask_1, flask_redis_redis_1
redis_1  | 1:C 27 Apr 2021 03:22:53.366 # oO0o0O0o0O0o Redis is starting oO0o0O0o0O0o
redis_1  | 1:C 27 Apr 2021 03:22:53.366 # Redis version=6.2.2, bits=64, commit=00000000,
modified=0, pid=1, just started
...
```

docker-compose up으로 실행한 상태에서 Ctrl+C를 입력하면 실행 중인 컨테이너가 모두 정지되고 삭제되지만, docker-compose logs -f로 실행 중인 상태에서 Ctrl+C를 입력해도 애플리케이션에는 영향을 주지 않고 화면 출력만 종료된다.

6 docker-compose ps

도커 명령어 docker ps는 모든 도커 컨테이너를 보여주지만, docker-compose ps는 도커 컴포즈에 정의된 모든 서비스 컨테이너 목록을 조회할 수 있다. 주의할 것은 docker-compose 명령은 야믈 파일이 있는 디렉터리에서 실행해야 해당 컨테이너 서비스를 보여준다는 점이다.

```
flask_redis$ docker-compose ps
        Name                Command              State           Ports
----------------------------------------------------------------------------------
flask_redis_flask_1    python py_app.py            Up      0.0.0.0:9000->9000/tcp
flask_redis_redis_1    docker-entrypoint.sh redis ...   Up      0.0.0.0:6379->6379/tcp

# 야믈 파일에 작성된 서비스명만 출력할 경우 --services 옵션을 사용한다.
flask_redis$ docker-compose ps --services
redis
flask
```

7 docker-compose config

config는 도커 컴포즈 야믈 파일에 설정을 확인할 때 사용한다.

```
flask_redis$ docker-compose config
services:
  flask:
    build:
      context: /home/kevin/LABs/flask_redis
    depends_on:
      redis:
        condition: service_started
    ports:
    - published: 9000
      target: 9000
    restart: always
  redis:
    image: redis
    ports:
    - published: 6379
      target: 6379
    restart: always
version: '3'
```

⑧ docker-compose pause

pause는 도커 컴포즈 애플리케이션 컨테이너를 일시 정지시킨다.

```
flask_redis$ docker-compose pause
Pausing flask_redis_redis_1 ... done
Pausing flask_redis_flask_1 ... done

flask_redis$ docker-compose ps
        Name              Command              State            Ports
--------------------------------------------------------------------------------
flask_redis_flask_1   python py_app.py         Paused   0.0.0.0:9000->9000/tcp
flask_redis_redis_1   docker-entrypoint.sh redis ...   Paused   0.0.0.0:6379->6379/tcp
```

⑨ docker-compose unpause

unpause는 일시 정지된 컨테이너 서비스를 다시 동작시킨다.

```
flask_redis$ docker-compose unpause
Unpausing flask_redis_flask_1 ... done
Unpausing flask_redis_redis_1 ... done

flask_redis$ docker-compose ps
        Name              Command              State            Ports
--------------------------------------------------------------------------------
flask_redis_flask_1   python py_app.py         Up       0.0.0.0:9000->9000/tcp
flask_redis_redis_1   docker-entrypoint.sh redis ...   Up       0.0.0.0:6379->6379/tcp
```

⑩ docker-compose port [options] [--] 서비스 공개 포트

port 옵션은 해당 컨테이너 서비스의 공개된 포트 정보를 확인한다.

```
flask_redis$ docker-compose port flask 9000
0.0.0.0:9000

flask_redis$ docker-compose port redis 6379
0.0.0.0:6379
```

기타 도커 컴포즈 명령어는 도움말(--help)을 통해 추가적으로 확인할 수 있다.

5.1.4 도커 컴포즈 애플리케이션 로드 밸런스 구성

이번 실습은 140쪽, 3.2절의 'nginx를 이용한 컨테이너 로드 밸런스 구축'에서 사용했던 도커 명령어 방식의 로드 밸런스를 도커 컴포즈로 재구성해 본다.

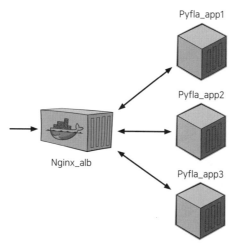

Pyfla_app1

Pyfla_app2

Nginx_alb

Pyfla_app3

그림 5-4 **도커 컴포즈로 구성한 애플리케이션 로드 밸런스**

3장에서 다룬 로드 밸런스는 nginx를 웹 서버가 아닌 프락시로 구성하고 애플리케이션은 PHP로 구성하여 3개의 PHP 컨테이너로 웹 접속을 처리했다. 이번 절에서는 유사한 방식을 이용하되 애플리케이션을 앞서 다룬 파이썬과 플라스크를 재사용해 본다.

```
# 작성한 소스 코드를 복사하여 내부 구조를 확인한다.
$ mkdir -p alb && cd $_

# 각각의 애플리케이션 컨테이너를 독립된 디렉터리로 구분한다.
alb$ mkdir nginx_alb  pyfla_app1  pyfla_app2  pyfla_app3

alb$ cd nginx_alb/

alb/nginx_alb$ vi Dockerfile
FROM nginx
RUN rm /etc/nginx/conf.d/default.conf
COPY nginx.conf /etc/nginx/conf.d/default.conf

alb/nginx_alb$ vi nginx.conf
upstream web-alb {
    server 172.17.0.1:5001;
    server 172.17.0.1:5002;
    server 172.17.0.1:5003;
}

server {
    location / {
        proxy_pass http://web-alb;
    }
}

nginx_alb$ cd ../pyfla_app1
alb/pyfla_app1$ vi Dockerfile
```

```
FROM python:3
COPY ./requirements.txt /requirements.txt
WORKDIR /
RUN pip install -r requirements.txt
COPY . /
ENTRYPOINT [ "python3" ]
CMD [ "pyfla_app1.py" ]
```

alb/pyfla_app1$ **vi pyfla_app1.py**
```
from flask import request, Flask
import json

app1 = Flask(__name__)

@app1.route('/')
def hello_world():
    return 'Web Application [1]' + '\n'

if __name__ == '__main__':
    app1.run(debug=True, host='0.0.0.0')
```

alb/pyfla_app1$ **vi requirements.txt**
```
Flask==1.1.1
```

pyfla_app2, pyfla_app3 디렉터리에도 동일하게 작성하고 웹 소스에서 숫자만 변경한다.

alb$ **tree -a**
```
.
├── docker-compose.yml
├── nginx_alb
│   ├── Dockerfile
│   └── nginx.conf
├── pyfla_app1
│   ├── Dockerfile
│   ├── pyfla_app1.py
│   └── requirements.txt
├── pyfla_app2
│   ├── Dockerfile
│   ├── pyfla_app2.py
│   └── requirements.txt
└── pyfla_app3
    ├── Dockerfile
    ├── pyfla_app3.py
    └── requirements.txt

4 directories, 12 files
```

앞서 작성한 독립된 컨테이너 서비스를 하나의 도커 컴포즈 파일로 묶어서 한꺼번에 애플리케이션을 실행한다.
alb$ **vi docker-compose.yml**
```
version: '3'
services:
  pyfla_app1:
    build: ./pyfla_app1
    ports:
    - "5001:5000"
```

```
  pyfla_app2:
    build: ./pyfla_app2
    ports:
    - "5002:5000"
  pyfla_app3:
    build: ./pyfla_app3
    ports:
    - "5003:5000"
  nginx:
    build: ./nginx_alb
    ports:
    - "8080:80"
    depends_on:
      - pyfla_app1
      - pyfla_app2
      - pyfla_app3
```

alb$ **docker-compose up --build**

alb$ **docker-compose ps**
```
        Name                    Command              State          Ports
-----------------------------------------------------------------------------------
alb_nginx_1            /docker-entrypoint.sh ngin ...   Up      0.0.0.0:8080->80/tcp
alb_pyfla_app1_1       python3 pyfla_app1.py            Up      0.0.0.0:5001->5000/tcp
alb_pyfla_app2_1       python3 pyfla_app2.py            Up      0.0.0.0:5002->5000/tcp
alb_pyfla_app3_1       python3 pyfla_app3.py            Up      0.0.0.0:5003->5000/tcp
```

```
# 웹 접근 확인을 위해 curl을 이용해 접근 테스트를 한다. 수행할 때마다 컨테이너 1,2,3을 번갈아 가며 접속하는
라운드 로빈 방식의 로드 밸런스가 구현된다.
alb$ curl localhost:8080
Web Application [1]

alb$ curl localhost:8080
Web Application [2]

alb$ curl localhost:8080
Web Application [3]

alb$ curl localhost:8080
Web Application [1]

alb$ curl localhost:8080
Web Application [2]

alb$ curl localhost:8080
Web Application [3]
```

alb$ **docker-compose down**
```
Stopping alb_nginx_1       ... done
Stopping alb_pyfla_app2_1 ... done
Stopping alb_pyfla_app1_1 ... done
Stopping alb_pyfla_app3_1 ... done
Removing alb_nginx_1       ... done
Removing alb_pyfla_app2_1 ... done
```

```
Removing alb_pyfla_app1_1 ... done
Removing alb_pyfla_app3_1 ... done
Removing network alb_default
```

도커 컴포즈는 여러 컨테이너 서비스의 의존성과 함께 다양한 설정을 하나의 파일로 작성해서 수행할 수 있어서 다중 컨테이너 애플리케이션 배포에 유용하게 사용할 수 있다.

도커 컴포즈는 개발 및 테스트 단계에 적합한 오케스트레이션 도구 중 하나다. 실제 운영에서는 관리적 요소가 많이 필요하다. 리소스 관리 및 로드 밸런스 등의 고급 오케스트레이션 기능을 사용하려면 쿠버네티스나 도커에서 제공하는 도커 스웜을 이용하여 관리적 측면까지 고려해야 한다.

CHAPTER

06

AWS 클라우드를 활용한
컨테이너 서비스 배포

6.1 AWS 클라우드 ECS

6.1.1 AWS 컨테이너 오케스트레이션 도구

여기까지 많은 컨테이너 서비스를 사용해 보면서 아마도 도커의 매력을 어느 정도 알게 되었을 것이다. 그러나 컨테이너를 위한 이미지 생성부터 서비스 배포까지 다양한 방법을 사용하면서 단순한 도커 명령어로 컨테이너를 배포하고 관리하기에는 무언가 아쉬운 점이 있다. 단일 컨테이너보다는 다중 컨테이너 애플리케이션 서비스를 빠르고 간편하게 배포하고도 싶고, 컨테이너 서비스 관리를 위한 확장성 있는 기능과 유연성도 바랄 것이다. 컨테이너의 생성과 종료, 자동 배치 및 복제, 로드 밸런싱, 클러스터링, 장애 복구, 스케줄링 등에 대한 요구를 채워 줄 수 있는 것이 바로 컨테이너 오케스트레이션 도구다. 사용자는 컨테이너 오케스트레이션 도구를 통해 컨테이너 구성 개시, 업데이트, 상태 모니터링, 장애 조치 과정 등을 자동화할 수 있다.

다음은 대표적인 컨테이너 오케스트레이션 도구다.

- **구글, 쿠버네티스**Kubernetes
- **도커, 스웜**Swarm
- **아파치, 메소스**Mesos
- **하시코프, 노마드**Nomad
- **아마존, 엘라스틱 컨테이너 서비스**ECS, **엘라스틱 쿠버네티스 서비스**EKS

이번 장에서는 AWS 클라우드에서 제공하는 컨테이너 오케스트레이션 도구인 엘라스틱 컨테이너 서비스Elastic Container Service, ECS를 이용한 컨테이너 서비스 배포를 다룰 것이다. 아마존 ECS는 AWS 클라우드의 완전 관리형 서비스로 안정적으로 확장 가능하며 배포 속도도 빠르다.

아마존 ECS는 중앙 관리 서비스를 통해 빠르게 클러스터 상태를 확인할 수 있고, 컨테이너 애플리케이션 서비스의 리소스 요구와 가용성 요구사항을 한눈에 파악할 수 있다. 아마존 ECS 기반 애플리케이션은 간단한 API 호출을 이용하여 컨테이너 애플리케이션 운영 및 관리를 손쉽게 할 수 있으며, 단일 컨테이너부터 수천 개의 컨테이너까지 복잡한 과정 없이 확장할 수 있다. 이를 통해 개발자는 마이크로서비스 기반의 다중 컨테이너 애플리케이션 설계, 구축 및 실행에 집중할 수 있다.

아마존 ECS는 크게 두 가지 호스팅 방법을 갖는다. 첫째는 서버를 두지 않고 클라우드 인프라에서 애플리케이션을 호스팅하는 파게이트Fargate 서버리스 방식이고, 둘째는 관리적 측면을 강화하기 위해 아마존 EC2Elastic Compute Cloud(엘라스틱 컴퓨트 클라우드) 인스턴스를 서버로 구성한 도커 기반 서비스 인프라를 호스팅하는 방식이다.

여기서는 아마존 EC2 기반의 ECS 서비스를 이용해서 컨테이너 서비스 운영, 배포, 관리를 수행하고, 컨테이너에 사용하는 빌드한 도커 이미지는 ECRElastic Container Registry(엘라스틱 컨테이너 레지스트리) 저장소에 올려두고 사용한다. ECR은 도커 허브와 같은 역할을 하며 공용, 개인용 저장소를 생성할 수 있다.

6.1.2 AWS 클라우드 가입

대부분의 클라우드 서비스 제공업체는 회원 가입 시 사용할 수 있는 무료 계정을 제공한다. 신규 사용자가 익숙할 수 있도록 일정 기간이나 비용(크레딧)을 제공하여 사용자의 숙련 기간을 제공하는 것이다.

- 아마존 웹 서비스AWS, 12개월간 무료로 사용 가능한 프리 티어

  https://aws.amazon.com/ko/free

- 구글Google, $300 크레디트를 90일간 사용 가능한 무료 체험판

  https://cloud.google.com/free

- 마이크로소프트Microsoft, 12개월간 사용 가능한 무료 서비스

  https://azure.microsoft.com/ko-kr/free

아마존 웹 서비스 무료 '버전인 프리 티어에 가입해 보자.

그림 6-1 AWS 프리 티어 가입

'무료 계정 만들기'를 통해 프리 티어에 가입한다. 가입 방법은 AWS에서 제공하는 절차[1]에 따라 진행하면 된다. 필수로 이메일 계정과 해외 결제가 가능한 신용카드가 필요하다. 1달러의 결제와 환불을 통해 신용카드 검증을 수행하고, 가입이 완료되면 상단에 있는 관리 콘솔에 로그인하여 여러 가지 서비스를 둘러보는 것으로 AWS 사용을 시작할 수 있다.

가입 시 사용한 계정을 루트 계정이라고 한다. 관리자라고 생각하면 된다. 일반적으로 업무에 사용되는 계정은 AWS의 사용자 계정인 IAM_{Identity & Access Management}을 생성하여 적합한 권한 부여를 통해 사용한다.

6.2 AWS 클라우드 EC2 + Docker + ECR 구성해 보기

이번 절에서는 AWS 가입 계정을 이용해 다음과 같은 작업을 구성해 보자.

- AWS 클라우드에 서버 구성하기 ➡ EC2
- 구성된 서버에 도커 설치하기 ➡ Docker
- Dockerfile을 이용해 이미지 생성하기
- 생성된 이미지를 AWS 클라우드 컨테이너 이미지 저장소에 업로드_{push}하기 ➡ ECR

6.2.1 도커 컨테이너를 위한 서버 구성: AWS EC2 인스턴스

아마존에서 제공하는 대표적인 서버 인스턴스가 EC2다. EC2는 확장 가능한 컴퓨팅 서비스를 제공하여 빠르게 애플리케이션을 개발하고 배포할 수 있는 클라우드의 가상 서버 환경이다.

이 서버 환경에 2장에서 배운 도커를 설치하고 AWS에서 제공하는 이미지 저장소인 ECR에 Dockerfile로 빌드한 이미지를 업로드해 보자. 앞서 가입한 본인의 AWS 계정을 이용하여 구성해 본다.

가입한 계정으로 AWS 관리 콘솔(*https://aws.amazon.com/ko/console/*)에 로그인한다.

1 　참고　 *https://aws.amazon.com/ko/premiumsupport/knowledge-center/create-and-activate-aws-account/*

그림 6-2 AWS 관리 콘솔 로그인

별도의 AWS 사용자 계정인 IAM을 생성하지 않고, 처음 가입 시 사용한 본인 계정(루트 계정)으로 접속하면 된다.

상단의 서비스를 클릭하면 전체 서비스 목록이 나오는데 그중에서 EC2 서비스를 선택한다.

그림 6-3 AWS 서비스 검색

좌측의 [인스턴스] 메뉴의 첫 번째 [인스턴스] 메뉴를 클릭한다. 그리고 우측 상단의 [인스턴스 시작] 버튼을 눌러 EC2 인스턴스 생성을 시작한다.

그림 6-4 EC2 인스턴스와 생성

다음은 AMI 선택 단계다. AMI Amazon Machine Image는 가상화에 사용되는 운영체제 및 소프트웨어를 사전에 구성하여 이미지화한 템플릿이다. 사용할 운영체제를 기준으로 AMI를 선택하면 된다. 여기서는 무료 버전(프리 티어)으로 사용할 수 있는 [Amazon Linux, 64비트(x86)]를 선택한다.

그림 6-5 **AMI 이미지 선택**

인스턴스 유형 선택은 사용할 서버의 사양을 선택하는 단계다. 마찬가지로 프리 티어로 사용 가능한 인스턴스 유형을 선택한다. 여기서는 [t2.micro]를 선택하고 하단의 [다음: 인스턴스 세부 정보 구성]을 클릭한다.

그림 6-6 **인스턴스 유형 선택**

인스턴스 세부 정보 구성은 클라우드 내부의 격리된 네트워크 공간인 VPC_{Virtual Private Cloud} 및 네트워크 설정 옵션이다. 여기서는 기본값으로 채우고 [다음: 스토리지 추가]를 클릭한다.

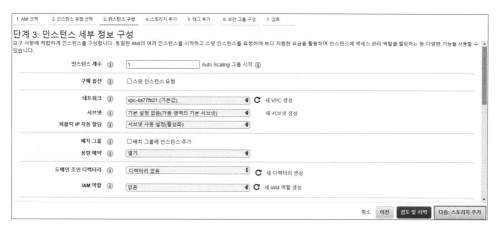

그림 6-7 **클라우드 네트워크 구성**

EC2 인스턴스는 클라우드 공간의 가상 서버와 같다. 이 서버의 스토리지를 구성하는 단계다. 이 과정에서는 기본값(범용 SSD, 8GB)으로만 사용할 것이다. [다음: 태그 추가]를 클릭한다.

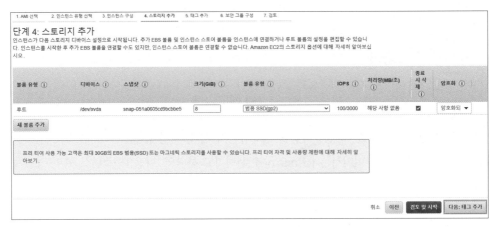

그림 6-8 **EC2 인스턴스 스토리지 구성**

태그는 EC2 인스턴스 생성 후 식별할 수 있는 이름을 넣는 것이 일반적이다. 사용자 정의 방식으로 키는 **Name**을 넣고 값은 **docker-EC2**라고 입력한다. [다음: 보안 그룹 구성]을 클릭한다.

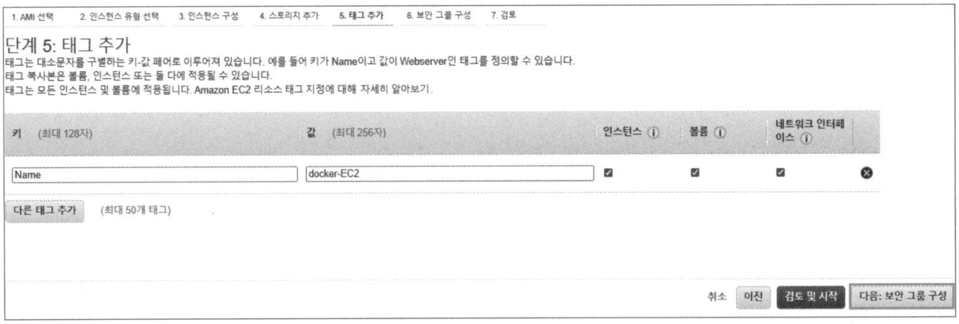

그림 6-9 **태그 추가**

보안 그룹 구성은 서버 방화벽과 같다. 특히 EC2 인스턴스가 구성되면 원격 접속할 SSH 프로토콜과 22번 포트를 어떤 IP 대역에서 접근할 것인지를 우선 설정해 주어야 한다. 보안 그룹 구성은 EC2 인스턴스 구성 후에도 편집할 수 있다. 이후 도커를 설치하고 Nginx 기반의 컨테이너 서비스를 연결하려면 호스트와 컨테이너 간의 연결 포트를 사용자 지정으로 추가 구성해야 한다. 여기서는 새 보안 그룹명으로 **ECS-sg**를 작성하고 **ECS security group.**을 설명으로 추가한다. 그림 6-10처럼 기본값으로 보안 그룹을 생성하고 [검토 및 시작]을 클릭한다.

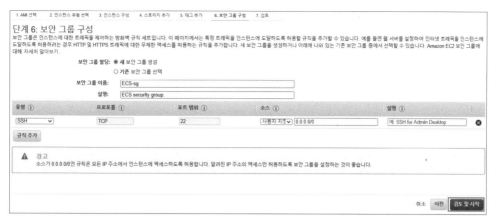

그림 6-10 **보안 그룹 구성**

전체 단계를 검토하는 요약 내용이 화면에 나온다. 확인 후 [시작하기]를 클릭하면 인스턴스 생성이 시작된다. 경고 내용은 무시하고 넘어간다.

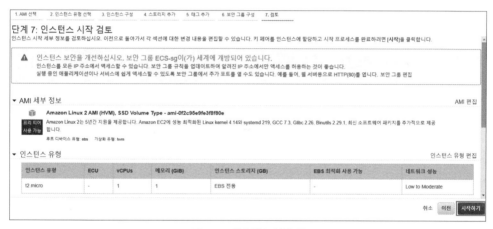

그림 6-11 **인스턴스 시작 검토**

생성 시작을 선택하면 원격 접속 도구를 이용한 접속 시 사용할 키 페어를 생성하는 과정이 나온다. 이 과정에서 새 키 페어(ECS-key)를 생성하고, 사용자 컴퓨터에 보관한다. 그림 6-12와 같이 [새 키 페어 생성]을 선택하고, 키 페어 이름은 **ECSexam-key**라고 작성한다. [키 페어 다운로드]를 선택하면 **ECSexam-key.pem**이 로컬 컴퓨터에 다운로드된다. 이후 내려받은 키 페어를 프라이빗 키로 변환해서 아마존 EC2 인스턴스에 암호 없이 접속하게 된다. 하단에 게시된 안내 정보에 나와 있는 파일 관리의 중요성에 대해 반드시 숙지한다. [인스턴스 시작] 버튼을 클릭하여 인스턴스 생성을 시작한다.

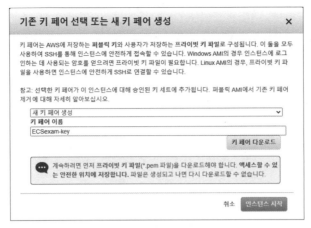

그림 6-12 **키 페어 생성**

시작 상태 내용을 확인하고 [인스턴스 보기]를 클릭하면 생성 중인 인스턴스를 확인할 수 있다. 상태 검사의 초기화 과정이 생성 중이라는 의미이고, 몇 분의 시간이 지나면 생성 완료된다.

그림 6-13 **인스턴스 생성 시작**

그림 6-14는 최종 EC2 인스턴스 완료 화면이다. 상태 검사에 **2/2개 검사 통과**가 나온다.

그림 6-14 **인스턴스 생성 완료**

생성된 인스턴스 ID를 클릭해 보면 서버에 대한 접속 정보와 보안 그룹 및 상태 정보를 확인할 수 있다. 제공되는 퍼블릭 IPv4 주소 및 DNS 정보를 이용하여 원격 접속을 할 수 있다.

그림 6-15 **생성된 인스턴스 요약 정보**

생성한 인스턴스에 원격 서버 접속 도구인 Putty를 이용하여 키 변환
과 접속을 수행한다. 검색 엔진을 이용하여 **putty download**를 조회
하면 내려받을 수 있는 putty 사이트로 연결된다.

Putty 프로그램을 각자 설치한다. 설치 후 윈도우의 시작을 클릭하면
설치된 putty 프로그램을 찾아서 PuTTYgen을 연다.

PuTTYgen을 이용하여 EC2 인스턴스 생성 시 다운로드한 퍼블릭 키
(ECSexam-key.pem)를 프라이빗 키로 변환한다.

그림 6-16 **Puttygen 선택**

그림 6-17 **Puttygen으로 프라이빗 키 생성**

[Load] 버튼을 클릭하여 다운로드한 키를 찾아간다. 이때 파일 확장자를 모든 파일로 변경하면 내려받은 키가 보인다.

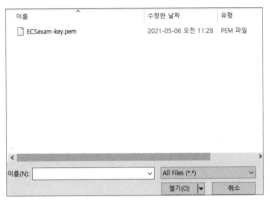

그림 6-18 **퍼블릭 키 선택**

성공적으로 로드가 끝났음을 알리는 성공 메시지가 나오면, [확인] 버튼을 클릭한다.

마지막으로 [Save private key]를 선택하여 프라이빗 키를 저장한다. 경고 메시지가 나오면 [예] 버튼을 클릭하고, 프라이빗 키를 저장할 경로를 선택한다. 최종 생성 파일은 **ECSexam-key.ppk**로 저장한다. 생성 작업이 끝나면 상단의 [X] 버튼을 클릭하여 Puttygen을 종료한다.

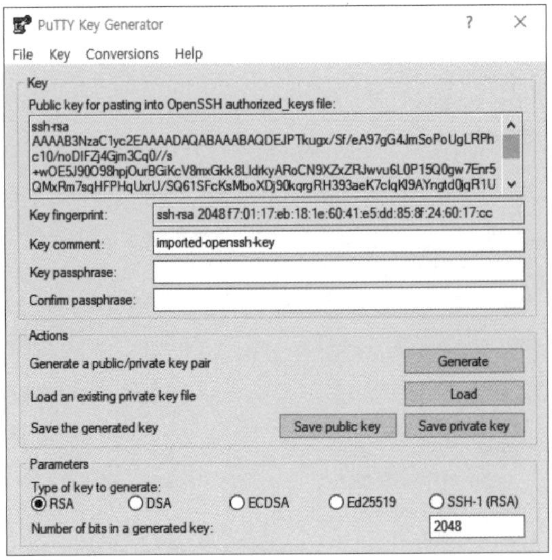

그림 6-19 **프라이빗 키 저장**

Putty 프로그램을 실행하여 EC2 인스턴스에 접속해 보자. Putty를 열어서 접근할 주소와 포트를 입력한다. 그림 6-15의 인스턴스 요약 정보 중 퍼블릭 IPv4 DNS 정보를 복사하여 주소 입력란에 붙여

넣는다. SSH를 이용한 접속을 기본으로 한다. 주소 값을 저장해 두면 다음 접속 시 저장한 접속 이름을 로드하여 쉽게 접속할 수 있다.

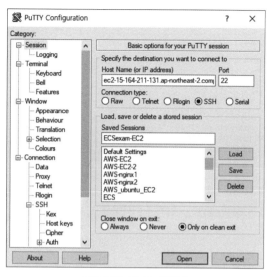

그림 6-20 **Putty 연결 1**

Putty 좌측 메뉴 중 [Connection] ➡ [SSH] ➡ [Auth]에서 생성한 프라이빗 키를 선택하여 연결한다. 프라이빗 키를 저장하면 EC2 인스턴스 접속 시 암호 없이 접속할 수 있다. 마찬가지로 키 연결까지 저장하면 다음번 접근 시 키 연결 없이 바로 사용할 수 있다.

그림 6-21 **Putty 연결 2**

모든 구성이 완료되면 하단의 [Open]을 클릭한다. 접속이 성공하면 SSH의 암호화 키를 이용한 접근을 요청하는 메시지 박스가 나온다. [예] 버튼을 클릭하여 접속한다. Amazon Linux로 EC2 인스턴스를 생성한 경우 기본 사용자 계정은 **ec2-user**다.

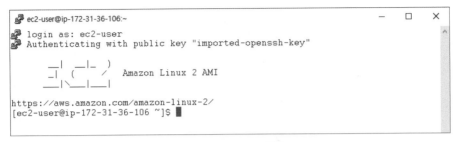

그림 6-22 **ec2-user 접속**

EC2 인스턴스 생성과 연결까지 완료했다. 이제 이 서버에 도커를 생성하고, 4장에서 다룬 예제를 이용해 이미지를 생성해 보자.

6.2.2 EC2 인스턴스에 도커 설치 및 테스트

접속된 원격 접속 터미널에서 도커를 설치한다.

```
# 패키지 원격 설치 도구인 YUM을 업데이트한다.
[ec2-user@ip-172-31-36-106 ~]$ sudo yum update -y

# YUM을 이용해 docker를 설치한다.
[ec2-user@ip-172-31-36-106 ~]$ sudo yum install -y docker

# 리눅스 계정인 ec2-user에 docker 사용 시 sudo를 붙이지 않고도 사용할 수 있게 한다.
[ec2-user@ip-172-31-36-106 ~]$ sudo usermod -aG docker ec2-user

# docker 데몬 부팅 시 자동 시작 서비스로 등록하고 재시작한 뒤 EC2를 재시작한다.
[ec2-user@ip-172-31-36-106 ~]$ sudo systemctl enable docker

[ec2-user@ip-172-31-36-106 ~]$ sudo systemctl restart docker

[ec2-user@ip-172-31-36-106 ~]$ sudo reboot

# 재시작을 확인한 뒤 putty를 재접속한 다음 docker version의 서버(Server:)를 통해 정상 동작하는 도커를 확인
한다.
[ec2-user@ip-172-31-36-106 ~]$ docker version
Client: Docker Engine - Community
 Version:           20.10.10
 API version:       1.41
 Go version:        go1.16.9
```

```
Git commit:        b485636
Built:             Mon Oct 25 07:42:59 2021
OS/Arch:           linux/amd64
Context:           default
Experimental:      true

Server: Docker Engine - Community
 Engine:
  Version:          20.10.10
  API version:      1.41 (minimum version 1.12)
  Go version:       go1.16.9
  Git commit:       e2f740d
  Built:            Mon Oct 25 07:41:08 2021
  OS/Arch:          linux/amd64
  Experimental:     false
 containerd:
  Version:          1.4.11
  GitCommit:        5b46e404f6b9f661a205e28d59c982d3634148f8
 runc:
  Version:          1.0.2
  GitCommit:        v1.0.2-0-g52b36a2
 docker-init:
  Version:          0.19.0
  GitCommit:        de40ad0
```

```
# 4.3.1절의 실습 4-2 예제를 통해 테스트한다.
[ec2-user@ip-172-31-36-106 ~]$ mkdir LABs && cd $_

# git 패키지를 설치한다. 이미 설치가 완료된 경우 already 메시지가 출력된다.
[ec2-user@ip-172-31-36-106 LABs]$ sudo yum -y install git

# 4장 실습에서 제공했던 필자의 git을 다운로드한다.
[ec2-user@ip-172-31-36-106 LABs]$ git clone https://github.com/brayanlee/webapp.git

[ec2-user@ip-172-31-36-106 LABs]$ ls
webapp
[ec2-user@ip-172-31-36-106 LABs]$ cd webapp/
[ec2-user@ip-172-31-36-106 webapp]$ ls
webapp.tar.gz

# Dockerfile을 작성하고 빌드한다.
[ec2-user@ip-172-31-36-106 webapp]$ mkdir dockerfiles && cd dockerfiles
[ec2-user@ip-172-31-36-106 dockerfiles]$ vi Dockerfile
#베이스 이미지를 작성한다.
FROM ubuntu:14.04

# 작성자 정보를 입력한다.
MAINTAINER "kevin-lee <hylee@dshub.cloud>"

# 이미지를 설명한다.
LABEL "purpose"="container web application practice."
```

```
# apt 업데이트 후 필요한 패키지를 설치한다.
RUN apt-get update && apt-get -y install apache2 \
                                          vim \
                                          curl
# 내려받은 웹 소스 압축 파일을 아파치의 기본 웹 페이지 경로에 복사한다.
# ADD 명령어는 압축 파일을 해제하여 경로에 복사하는 장점이 있다.
ADD webapp.tar.gz /var/www/html

# 해당 경로로 이동한다. 이후 컨테이너 실행 시 기본 경로로 설정된다.
WORKDIR /var/www/html

# 컨테이너의 80번 포트를 열어준다.
EXPOSE 80

# 컨테이너 실행 시 자동으로 아파치 데몬을 실행한다.
CMD /usr/sbin/apachectl -D FOREGROUND
```

```
[ec2-user@ip-172-31-36-106 dockerfiles]$ cd ..
[ec2-user@ip-172-31-36-106 webapp]$ DOCKER_BUILDKIT=1 docker build -t webapp:ecr1.0 -f ./
dockerfiles/Dockerfile .
```

```
# 생성된 이미지를 조회한다.
[ec2-user@ip-172-31-36-106 webapp]$ docker images | grep ecr
webapp         ecr1.0    763171463333    3 minutes ago    264MB
```

```
# 컨테이너 생성을 통해 테스트한다.
[ec2-user@ip-172-31-36-106 webapp]$ docker run -itd -p 10000:80 --name=webapp_ecr
webapp:ecr1.0
```

```
[ec2-user@ip-172-31-36-106 webapp]$ docker ps | grep webapp
df54e9eaf83b    webapp:ecr1.0    "/bin/sh -c '/usr/sb…"    8 seconds ago    Up 7 seconds
0.0.0.0:10000->80/tcp    webapp_ecr
```

```
# 웹 접근이 가능한지 확인한다.
[ec2-user@ip-172-31-36-106 webapp]$ curl localhost:10000
<html>

<head>
  <meta charset="utf-8">
  <title>Docker Container Web Application</title>
  <meta name="viewport" content="width=device-width, initial-scale=1">
  <meta http-equiv="X-UA-Compatible" content="IE=edge" />
  <link rel="stylesheet" href="./css/bootstrap.css">
</head>

<body>
  <nav class="navbar navbar-expand-sm" style="background-color:#2684FF;">
    <a class="navbar-brand" href="https:///hub.docker.com" target="_blank"
style="color:#fff;">
        <img src="./pngs/docker_logo.png">Docker Container Application by kevin.lee "hylee@
dshub.cloud"</a>
  </nav>
```

```
  <div class="container" style="padding:20px 0 0 0">
    <div class="row">
      <img src="./pngs/docker.png" style="width:100%"/>
    </div>
  </div>
</body>

</html>
```

여기까지 AWS에서 제공하는 EC2 인스턴스 환경에 도커를 설치하고 이미지 빌드와 컨테이너 테스트를 수행했다. 최종 결과에서 나온 결과를 웹 브라우저에서 확인하기 위해 그림 6-15의 EC2 인스턴스가 제공하는 퍼블릭 IPv4 주소나 DNS를 이용한다. 현재 보안 그룹 정보는 그림 6-23과 같이 좌측 메뉴의 [보안 그룹] ➡ [ECS-sg]를 선택하여 인바운드 규칙을 확인한다.

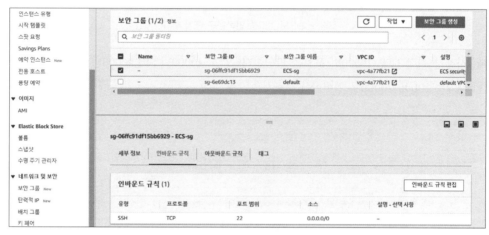

그림 6-23 **보안 그룹 수정**

하지만 위 실습은 10000번 포트를 사용하고 있기 때문에 EC2 인스턴스에 연결된 보안 그룹에 10000번 포트를 열어주어야 현재 컴퓨터의 웹 브라우저에서 접근이 가능하다.

[인바운드 규칙 편집]을 클릭하여 규칙을 추가한다. 사용자 지정 TCP 규칙의 포트 범위에 **10000**을 추가하고 소스 IP는 모든 접속 허용인 [0.0.0.0/0]을 선택하고 규칙을 저장한다.

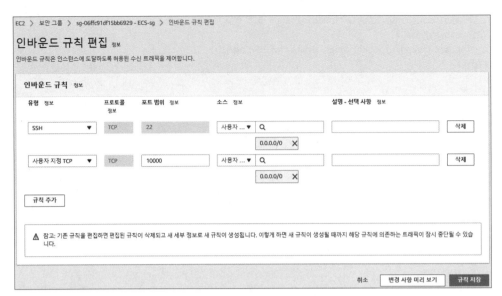

그림 6-24 보안 그룹 인바운드 규칙 추가

추가된 사용자 지정 TCP, 10000번 포트를 확인한다. 또한, 10000번부터 20000번까지의 포트 범위를
지정할 때에는 **10000-20000**을 입력한다.

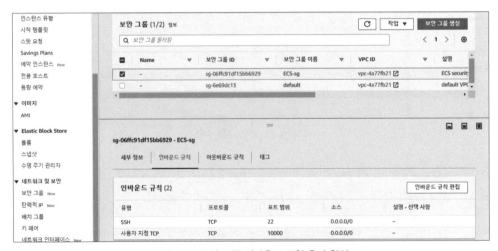

그림 6-25 보안 그룹 인바운드 규칙 추가 확인

웹 브라우저에 EC2 인스턴스의 퍼블릭 IPv4 DNS 주소:10000으로 테스트한다.

그림 6-26 **EC2 기반의 도커 테스트 확인**

6.2.3 AWS 기반의 이미지 저장소(ECR) 생성

ECR은 도커 이미지를 제공하는 AWS의 개별 이미지 저장소다. 이 영역에 생성한 이미지를 업로드하여 사용할 수 있다. 이 저장소에 이미지를 배포하려면 aws 시스템 접근이 필요하다.

다음과 같은 단계로 아마존 사용자 계정(IAM)을 생성한다.

① 서비스 목록에서 IAM을 검색해서 IAM 페이지로 이동한다.

② 좌측 [사용자]를 선택하고 [사용자 생성]을 클릭한다.

③ 사용자 이름(ecsuser)을 입력하고 액세스 유형을 프로그래밍 방식 액세스로 선택한 뒤 [다음: 권한]을 클릭한다.

④ 권한 설정은 [기존 정책 직접 연결]을 선택하고 첫 번째 정책인 [AdministratorAccess]를 선택한다.

⑤ 태그 설정은 아무 입력 없이 넘어간다.

⑥ 마지막으로 [사용자 생성]을 클릭하고 생성된 사용자 이름을 선택한다.

⑦ [보안 자격 증명] 탭을 선택하여 중간에 [액세스 키 만들기]를 클릭한다.

⑧ 팝업으로 제공된 화면에서 .csv 파일 다운로드를 클릭한다.

⑨ 다운로드된 .csv 파일을 열면 접근 키 값이 나온다.

다음 작업을 진행한다.

```
# 생성한 계정을 통해 자격증명 작업을 수행한다. .csv 파일의 키를 순서대로 입력한다.
  - 접근 키(Access Key)
  - 보안 키(Secret Key)
  - 리전(Region): 서울 리전(ap-northeast-2) 지정
  - 출력 방식(output format): json(반드시 소문자로 해야 한다.)
[ec2-user@ip-172-31-36-106 webapp]$ aws configure
AWS Access Key ID [****************user]: AKIAQKTG55MWUSCLKA40
AWS Secret Access Key [****************KA40]: wudJ5bHey3x9CzIBXpQQbWZjWFaakRLZyYxkcr3D
Default region name [ap-northeast-2]: ap-northeast-2
Default output format [json]: json

# 구성 내용을 확인한다.
[ec2-user@ip-172-31-36-106 webapp]$ cat ~/.aws/config
[default]
output = json
region = ap-northeast-2

[ec2-user@ip-172-31-36-106 webapp]$ cat ~/.aws/credentials
[default]
aws_access_key_id = AKIAQKTG55MWUSCLKA40
aws_secret_access_key = wudJ5bHey3x9CzIBXpQQbWZjWFaakRLZyYxkcr3D

# ECR 저장소에 로그인하기 위해 aws ecr 명령으로 접속 정보를 취득한다.
# 경고 메시지는 암호화되지 않은 상태로 config.json 파일에 인코딩(Base64) 값으로 저장됨을 의미하며, 반드시
Login Succeeded를 확인한다.

[ec2-user@ip-172-31-36-106 webapp]$ aws ecr get-login-password --region ap-northeast-2 |
docker login -u AWS --password-stdin 022764448557.dkr.ecr.ap-northeast-2.amazonaws.com
WARNING! Your password will be stored unencrypted in /home/ec2-user/.docker/config.json.
Configure a credential helper to remove this warning. See
https://docs.docker.com/engine/reference/commandline/login/#credentials-store

Login Succeeded
```

이제 AWS의 이미지 저장소인 ECR 서비스로 이동하여 저장소를 먼저 생성하여 주소 정보인 URI[2]
를 복사한다. 또는 콘솔을 이용하지 않고 aws 명령어를 통해 다음과 같이 생성해도 무관하다.

```
# aws cli를 통해 ECR 저장소를 생성할 수 있다.
[ec2-user@ip-172-31-36-106 ~]$ aws ecr create-repository --repository-name "webapp"
{
    "repository": {
        "repositoryUri": "022764448557.dkr.ecr.ap-northeast-2.amazonaws.com/webapp",
        "imageScanningConfiguration": {
            "scanOnPush": false
        },
        "encryptionConfiguration": {
            "encryptionType": "AES256"
        },
```

---

2   통합 자원 식별자(Uniform Resource Identifier, URI)는 인터넷에 있는 자원을 나타내는 유일한 주소다.

```
        "registryId": "022764448557",
        "imageTagMutability": "MUTABLE",
        "repositoryArn": "arn:aws:ecr:ap-northeast-2: 022764448557:repository/webapp",
        "repositoryName": "webapp",
        "createdAt": 1632367095.0
    }
}
```

그림 6-27은 아마존 관리 콘솔에서 생성하는 작업이다.

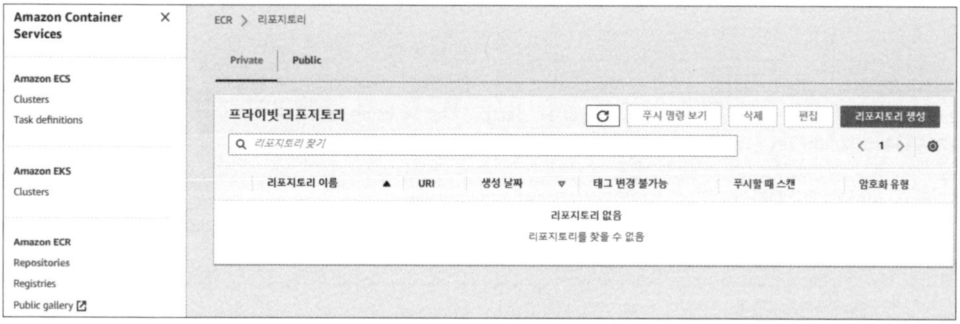

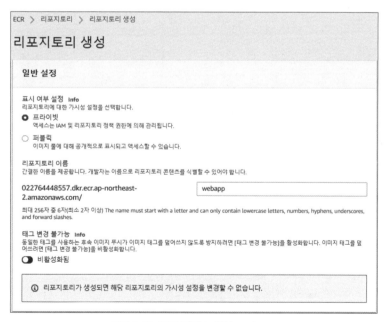

그림 6-27 **ECR 저장소 생성**

[리포지토리 생성] 버튼을 클릭하고, **webapp** 저장소를 생성한다. 다른 옵션은 기본값으로 한다.

그림 6-28 **ECR 저장소 생성, webapp**

아마존 ECR에 리포지토리(저장소)가 생성됐다.

그림 6-29 **ECR 저장소 생성 완료**

\# 도커 허브에 업로드했던 방식처럼 태그를 설정한다. 이때 ECR 연결 주소는 리포지토리에 제공되는 URI 주소를 사용한다.
```
[ec2-user@ip-172-31-36-106 webapp]$ docker image tag webapp:ecr1.0 \
> 022764448557.dkr.ecr.ap-northeast-2.amazonaws.com/webapp:ecr1.0
```

\# ECR에 push하여 업로드한다.
```
[ec2-user@ip-172-31-36-106 webapp]$ docker push 022764448557.dkr.ecr.ap-northeast-2.amazonaws.
com/webapp:ecr1.0
```

업로드가 끝나면 관리 콘솔에서 업로드된 이미지를 확인한다.

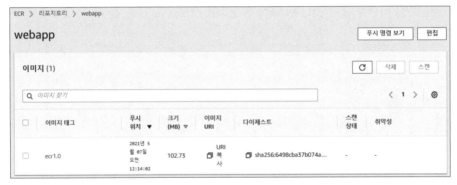

그림 6-30 **이미지 업로드 완료**

관리 콘솔과 aws 명령을 통해 조회할 수 있다.

```
[ec2-user@ip-172-31-36-106 webapp]$ aws ecr list-images --repository-name=webapp
{
    "imageIds": [
        {
            "imageTag": "ecr1.0",
            "imageDigest": "sha256:6498cba37b074aebbfe2549e1f1a42e4515d6bd18414ebb23c712675ddc
4549d"
        }
    ]
}
```

이전 Dockerfile 챕터에서 수행했던 이미지를 EC2 인스턴스에 생성해 보고 추가로 ECR에 업로드하는 연습을 해본다.

6.3 AWS 클라우드 ECS 구성 워크숍

아마존 ECS는 컨테이너 애플리케이션 서비스를 위한 배포, 관리를 손쉽게 조정할 수 있고, 클러스터 기반으로 운영되기 때문에 로드 밸런싱 및 자동 규모 조정 등 여러 유연성 있는 서비스를 통한 자동화된 컨테이너 배치와 확장이 가능한 완전 관리형 컨테이너 오케스트레이션 서비스다.

다음은 일반적인 아마존 EC2 기반의 ECS를 사용하기 위한 작업 순서다.

1. **컨테이너 관리 방식 지정**: 도커를 설치하고 컨테이너 환경을 제공하기 위한 환경을 서버리스 방식으로 하면 Fargate를 선택하고, 일반 서버 방식으로 하면 EC2 인스턴스를 선택한다.

2. **작업 정의 구성**: 도커 컨테이너 애플리케이션을 위한 템플릿 구성으로 도커 이미지, 사용되는 컨테이너 수, 컨테이너에 할당되는 자원에 대한 내용을 만든다. 이 작업 정의는 서비스 단계에서 활용된다.

3. **클러스터 구성**: 컨테이너 서비스 및 인스턴스의 논리적 그룹으로 아마존 EC2 인스턴스, VPC 네트워크, 보안 그룹, IAM 사용자 구성 등을 처리하는 AWS CloudFormation[3] 스택을 생성한다.

4. **아마존 ECS 서비스 구성**: 도커 컴포즈와 같이 다중 컨테이너 서비스 실행을 위한 구성으로 작업 정의 인스턴스를 실행 및 관리하여 문제 있는 작업은 ECS 서비스에 의해 유지관리된다.

5. **서비스 확인**: 구성한 서비스를 확인하는 단계로, 웹 서비스인 경우에는 웹 브라우저에서 확인하며 데이터베이스 서비스인 경우에는 해당 데이터베이스의 클라이언트 도구로 확인한다.

위 작업 순서대로 AWS 클라우드 기반의 ECS 오케스트레이션 도구를 구성해 본다.

6.3.1 AWS ECS 워크숍: 작업 순서

워크숍은 Nginx 웹 서비스 기반의 장고Django 애플리케이션 서비스를 AWS ECS 기반으로 구현하는 작업이다.

작업 순서는 다음과 같다.

---

3   AWS CloudFormation은 AWS 리소스(사용할 서비스)를 템플릿 파일로 작성하고, CloudFormation이 이를 분석해서 AWS 리소스를 생성한다. 이렇게 생성된 리소스를 AWS CloudFormation 스택이라고 한다.

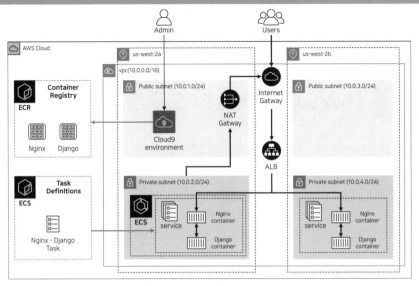

그림 6-31 ECS 전체 서비스 구조

Route Table

Destination	Target	Subnet Associated
10.0.0.0/16	Local	10.0.1.0/24
0.0.0.0/0	Internet Gateway	10.0.3.0/24

Destination	Target	Subnet Associated
10.0.0.0/16	Local	10.0.2.0/24
0.0.0.0/0	NAT Gateway	10.0.4.0/24

Security Group

Security Group	Type	Protocol	Port	Source
ecs-sg-alb	HTTP	TCP	80	0.0.0.0/0
ecs-sg-instance	HTTP	TCP	80	ecs-sg-alb

그림 6-32 ECS 전체 서비스 라우팅 테이블 및 보안 그룹

- 사용자 관점의 설계 설명

1) Admin

- 관리자는 ECS를 EC2 + 네트워크 기반의 클러스터로 구성
- 개발환경을 AWS Cloud9 개발 도구를 이용해 작업
- ECR 저장소에 서비스 환경인 Nginx와 Django 도커 이미지를 저장
- ECS 작업정의서 작성
- ECS 서비스를 통해 애플리케이션 로드 밸런서 기반으로 각 서비스 분산 배치

2) Users

- 사용자는 인터넷 게이트웨이 ➡ 애플리케이션 로드 밸런서(ALB)를 통해 Nginx 웹 서비스 접근
- 애플리케이션 로드 밸런서는 사용자의 요청을 부하율을 고려하여 분산 배치 수행
- 내부 서비스에서의 외부 데이터 요청을 NAT 게이트웨이를 통해 수행
- 요청의 회신은 사용자 접근 처리와 동일하게 인터넷 게이트웨이를 통해 수신

참고. 설계도는 draw.io 프로그램을 통해 작성함

작업		내용
인프라 구성	VPC 생성	가상 프라이빗 클라우드는 사용자가 정의한 가상 네트워크로 AWS 리소스를 배치하는 보안의 기본 영역이다.
	서브넷 생성	VPC의 IP 주소 할당 범위를 정의한다.
	Internet Gateway 생성	VPC 내에 있는 리소스와 인터넷 간의 통신을 수행하기 위한 게이트웨이다.
	NAT Gateway 생성	프라이빗 서브넷 영역의 인스턴스(서비스)를 인터넷 영역에 연결하거나 인터넷 영역에서 해당 인스턴스에 직접 연결을 하지 못하도록 한다.
	라우트 테이블 생성	서브넷, 게이트웨이의 네트워크 트래픽이 전송되는 경로를 결정하는 데 사용되는 라우팅 규칙 정보를 기록한다.
	보안 그룹 생성	인바운드, 아웃바운드 트래픽을 제어하는 가상의 방화벽 역할을 수행한다. 필요에 따라 포트, 프로토콜 등을 추가 및 제거할 수 있다.
	애플리케이션 로드 밸런서 생성	HTTP, HTTPS를 통해 들어오는 패킷이 연결된 인스턴스에 부하 분산을 수행한다.
AWS Cloud9 도구를 이용한 환경 구성	IAM 역할 생성	IAM 역할은 AWS 사용자에게 부여할 권한(정책)을 지정하여 해당 사용자의 자격 증명을 수행한다.
	Cloud9 환경 생성	AWS에서 제공하는 개발환경으로 브라우저에서 코드 작성, 실행, 디버깅할 수 있는 클라우드 기반 통합 개발 환경이다.
ECR 구성	저장소 생성	컨테이너 이미지를 도커 허브가 아닌 AWS 자체의 컨테이너 이미지 저장소를 생성하여 저장할 수 있다.
	도커 이미지 빌드	Dockerfile을 통해 애플리케이션 인프라 환경을 개발하여 도커 컨테이너 서비스에 사용할 이미지를 빌드(생성)한다.
	도커 이미지 업로드	생성한 AWS ECR에 빌드한 도커 이미지를 업로드(push)한다.
ECS 구성	ECS 클러스터 생성	ECS 환경 구성의 시작이다. EC2+네트워크 기반의 클러스터를 구성하여 서비스를 배포할 수 있다.
	ECS 작업 정의 생성	도커 이미지를 통해 컨테이너를 실행하기 위해 리소스, 환경, 볼륨, IAM 역할 등을 정의한다.
	ECS 서비스 생성	서비스를 사용하면 지정된 수의 작업 정의 인스턴스를 동시에 실행하고 유지관리할 수 있다.
웹 서비스 배포 테스트		구성된 ECS 환경에서 Nginx, Django 애플리케이션 서비스를 실행한다. 본 실습은 제자 이규민 외 3명이 파일럿 프로젝트로 수행했던 AWS 기반의 인공지능 앱 프로젝트를 리빌딩하여 사용한다. 서비스 내용은 폐가구 처리 애플리케이션 "애벌래"의 프런트엔드 웹 페이지 부분을 실습으로 배포하기 위해 샘플링하여 제공된다.

6.3.2 AWS ECS 워크숍: 인프라 구성

웹 서비스를 배포하기 위해 VPC, Subnet, Internet Gateway, NAT Gateway, Route Table, Security Group, ALB 등의 기본 인프라를 구성한다.

ⅠⅠⅠⅠⅠ 가상 프라이빗 클라우드(VPC) 생성

❶ AWS VPC로 이동한 후 왼쪽 메뉴 항목에서 [VPC]를 선택하고 오른쪽 상단의 [VPC 생성] 버튼을 클릭한다.

그림 6-33-1 **VPC 생성**

❷ VPC 생성에 필요한 정보를 입력한다.

2-1 VPC 설정

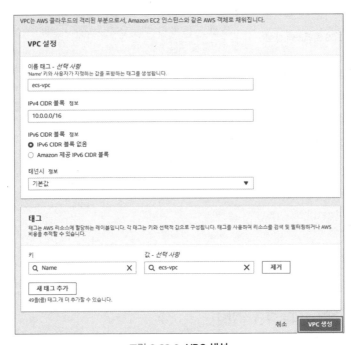

그림 6-33-2 **VPC 생성**

이름 태그	ecs-vpc
IPv4 CIDR 블록	10.0.0.0/16
IPv6 CIDR 블록	IPv6 CIDR 블록 없음
테넌시	기본값

❸ 하단의 [VPC 생성] 버튼을 클릭한다.

❹ VPC 생성을 확인한다.

그림 6-33-3 **VPC 생성**

▌▌▌▌▌ 서브넷 생성

외부 연결이 가능한 2개의 퍼블릭 서브넷Public Subnet과 외부 연결이 차단되는 프라이빗 서브넷Private Subnet을 ecs-vpc에 생성한다.

❶ AWS VPC로 이동한 후 왼쪽 메뉴 항목에서 [서브넷]을 선택하고 오른쪽 상단의 [서브넷 생성] 버튼을 클릭한다.

그림 6-34-1 **서브넷 생성**

② 서브넷 생성에 필요한 정보를 입력한다.

2-1 VPC

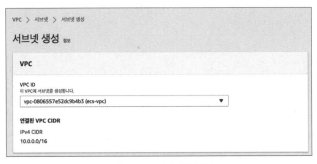

그림 6-34-2 **서브넷 생성**

VPC ID	ecs-vpc 선택

2-2 서브넷 설정

서브넷 설정
서브넷의 CIDR 블록 및 가용 영역을 지정합니다.

1/1개 서브넷

서브넷 이름
'Name' 키와 사용자가 지정하는 값을 포함하는 태그를 생성합니다.

    ecs-public-subnet-1

이름은 최대 256자까지 입력할 수 있습니다.

가용 영역 정보
서브넷이 상주할 영역을 선택합니다. 선택하지 않으면 Amazon이 자동으로 선택합니다.

    아시아 태평양 (서울) / ap-northeast-2a   ▼

IPv4 CIDR 블록 정보

    🔍 10.0.1.0/24   ✕

▼ 태그 - 선택 사항

키   값 - 선택 사항

    🔍 Name   ✕   🔍 ecs-public-subnet-1   ✕   제거

    새 태그 추가

49를(을) 태그 개 더 추가할 수 있습니다.

    제거

    새 서브넷 추가

그림 6-34-3 **퍼블릭 서브넷 생성**

서브넷 이름	ecs-public-subnet-1
가용 영역	ap-northeast-2a
IPv4 CIDR 블록	10.0.1.0/24

[새 서브넷 추가] 클릭 후 아래의 정보 입력을 반복하여 총 2개의 퍼블릭 서브넷과 2개의 프라이빗 서브넷을 구성한다.

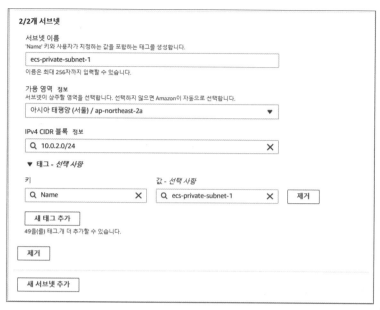

그림 6-34-4 **프라이빗 서브넷 생성**

서브넷 이름	ecs-private-subnet-1
가용 영역	ap-northeast-2a
IPv4 CIDR 블록	10.0.2.0/24

계속해서 [새 서브넷 추가]를 클릭하여 아래와 같이 두 번째 가용 영역인 ap-northeast-2c에 퍼블릭, 프라이빗 서브넷을 추가해 준다.

서브넷 이름	ecs-public-subnet-2	서브넷 이름	ecs-private-subnet-2
가용 영역	ap-northeast-2c	가용 영역	ap-northeast-2c
IPv4 CIDR 블록	10.0.3.0/24	IPv4 CIDR 블록	10.0.4.0/24

❸ 하단의 [서브넷 생성] 버튼을 클릭한다.

그림 6-34-5 **서브넷 생성**

④ 서브넷 생성을 확인한다.

그림 6-34-6 **서브넷 생성 확인**

|||||| 인터넷 게이트웨이 생성

VPC 내부의 인스턴스가 인터넷과 통신할 수 있도록 인터넷 게이트웨이Internet gateway를 생성한다.

① AWS VPC로 이동한 후 왼쪽 메뉴 항목에서 [인터넷 게이트웨이]를 선택하고 오른쪽 상단의 [인터넷 게이트웨이 생성] 버튼을 클릭한다.

그림 6-35-1 **인터넷 게이트웨이 생성**

② 인터넷 게이트웨이 생성에서 정보를 입력한다.

2-1 인터넷 게이트웨이 설정

그림 6-35-2 인터넷 게이트웨이 생성

이름 태그	ecs-internet-gateway

③ 하단의 [인터넷 게이트웨이 생성] 버튼을 클릭한다.

④ 생성된 인터넷 게이트웨이의 상태를 보면 연결되지 않은 Detached라는 것을 알 수 있다. 앞서 생성한 ecs-vpc에 연결하기 위해 오른쪽 상단의 [작업]에서 [VPC에 연결]을 클릭한다.

그림 6-35-3 인터넷 게이트웨이 생성

⑤ VPC에 연결에 필요한 정보를 입력한다.

5-1 VPC

그림 6-35-4 인터넷 게이트웨이 생성

사용 가능한 VPC	ecs-vpc 선택

⑥ 하단의 [인터넷 게이트웨이 연결] 버튼을 클릭한다.

⑦ 상태가 Attached로 변경되어 VPC와 연결되었음을 확인한다.

그림 6-35-5 인터넷 게이트웨이 생성

IIIII NAT Gateway 생성

프라이빗 서브넷에 있는 인스턴스가 인터넷과 통신할 수 있도록 NAT 게이트웨이를 생성한다.

❶ AWS VPC로 이동한 후 왼쪽 메뉴 항목에서 [NAT 게이트웨이]를 선택하고 오른쪽 상단의 [NAT 게이트웨이 생성] 버튼을 클릭한다.

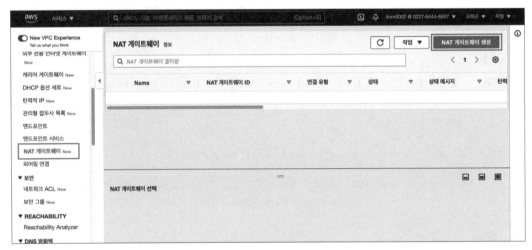

그림 6-36-1 NAT 게이트웨이 생성

❷ NAT 게이트웨이 생성에 필요한 정보를 입력한다.

2-1 NAT 게이트웨이 설정

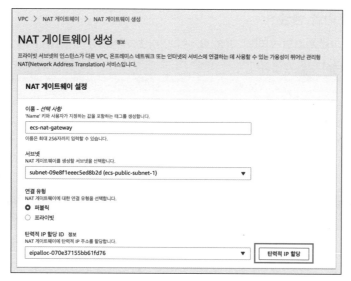

그림 6-36-2 **NAT 게이트웨이 생성**

이름	ecs-nat-gateway
서브넷	ecs-public-subnet-1
연결 유형	퍼블릭
탄력적 IP 할당 ID	**[탄력적 IP 할당]** 버튼을 클릭한다.

❸ 하단의 [NAT 게이트웨이 생성] 버튼을 클릭한다.

❹ NAT 게이트웨이 생성을 확인한다. 생성 직후 Pending 상태에서 대략 1분 정도 뒤에 Available로 변경된다.

그림 6-36-3 **NAT 게이트웨이 생성**

그림 6-36-4 **NAT 게이트웨이 생성**

ⅢⅢ 라우트 테이블 생성

VPC 내부에 있는 인스턴스의 인터넷 연결 요청이 인터넷 게이트웨이와 NAT 게이트웨이로 전달될 수 있도록 라우팅 테이블을 생성한다.

퍼블릭 서브넷은 인터넷 게이트웨이와 프라이빗 서브넷은 NAT 게이트웨이와 연결한다.

❶ AWS VPC로 이동한 후 왼쪽 메뉴 항목에서 [라우팅 테이블]을 선택하고 오른쪽 상단의 [라우팅 테이블 생성] 버튼을 클릭한다.

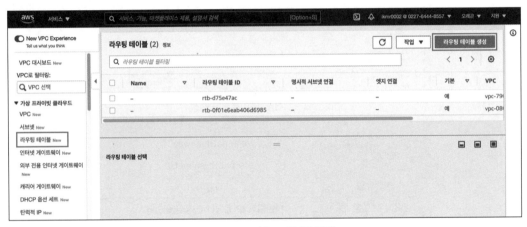

그림 6-37-1 **라우트 테이블 생성**

❷ 라우팅 테이블 생성에 필요한 정보를 입력한다.

2-1 라우팅 테이블 설정

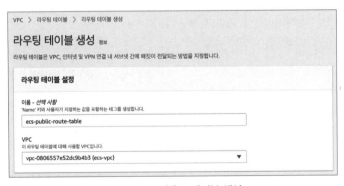

그림 6-37-2 **라우트 테이블 생성**

이름	ecs-public-route-table
VPC	**ecs-vpc** 선택

❸ 하단의 [라우팅 테이블 생성] 버튼을 클릭한다.

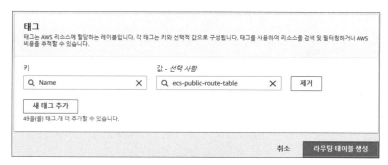

그림 6-37-3 **라우트 테이블 생성**

❹ 화면에 나오는 라우팅 테이블의 정보 중 라우팅 항목에서 [라우팅 편집] 버튼을 클릭한다.

그림 6-37-4 **라우트 테이블 생성**

❺ 라우팅 편집에서 [라우팅 추가] 버튼을 클릭한다. 대상에는 모든 IP를 허용하는 [0.0.0.0/0]을 선택하고, 두 번째 대상에는 [인터넷 게이트웨이]를 선택하여 생성한 **igw-xxx** 정보를 선택한다.

그림 6-37-5 **라우트 테이블 생성**

대상	0.0.0.0/0
대상	**ecs-internet-gateway** 선택

⑥ 하단의 [변경 사항 저장] 버튼을 클릭한다.

⑦ 서브넷 연결 항목에서 [서브넷 연결 편집] 버튼을 클릭한다.

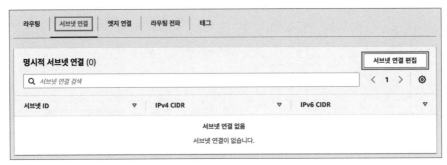

그림 6-37-6 **라우트 테이블 생성**

⑧ 서브넷 연결 편집에서 정보를 입력한다.

8-1 이용 가능한 서브넷

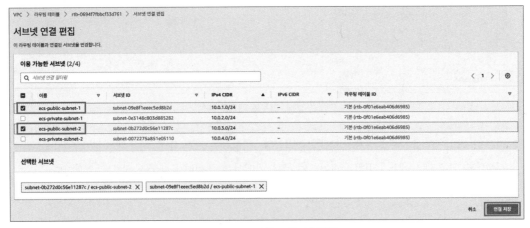

그림 6-37-7 **라우트 테이블 생성**

ecs-public-subnet-1, ecs-public-subnet-2 선택

⑨ 하단의 [연결 저장] 버튼을 클릭한다.

⑩ 프라이빗 서브넷과 NAT 게이트웨이를 연결하기 위한 라우팅 테이블도 위와 같은 과정으로 생성한다.

10-1 라우팅 테이블 설정

이름	ecs-private-route-table
VPC	ecs-vpc 선택

10-2 라우팅 편집

대상	0.0.0.0/0
대상	**ecs-nat-gateway** 선택

10-3 이용 가능한 서브넷

ecs-private-subnet-1, ecs-private-subnet-2 선택

⓫ 라우팅 테이블 생성을 확인한다.

	Name	▼	라우팅 테이블 ID	▼	명시적 서브넷 연결	엣지 연결	기본	▼	VPC	▼
☐	ecs-public-route-table		rtb-0110991e174c39d78		2 서브넷	–	아니요		vpc-00820e326627f4252 | ecs-vpc	
☐	ecs-private-route-table		rtb-012953d9fea46ac77		2 서브넷	–	아니요		vpc-00820e326627f4252 | ecs-vpc	
☐	–		rtb-070acf4d4defa6020		–	–	예		vpc-00820e326627f4252 | ecs-vpc	
☐	–		rtb-7629681d		–	–	예		vpc-5a902831	

그림 6-37-8 **라우트 테이블 생성**

|||||| 보안 그룹 생성

VPC 내부의 인스턴스 보안을 위해 보안 그룹security group을 생성한다. 각 보안 그룹에 속한 인스턴스는 인바운드 규칙에서 허용된 트래픽만 접근할 수 있다.

애플리케이션 로드 밸런서(ALB)가 외부의 HTTP 요청을 수신하기 위한 보안 그룹과 ECS에서 생성한 웹 서비스 인스턴스가 ALB로부터 오는 트래픽만 수신하기 위한 보안 그룹을 생성한다.

❶ AWS VPC로 이동한 후 왼쪽 메뉴 항목에서 [보안 그룹]을 선택하고 오른쪽 상단의 [보안 그룹 생성] 버튼을 클릭한다.

그림 6-38-1 **보안 그룹 생성**

② 보안 그룹 생성에서 정보를 입력한다.

2-1 기본 세부 정보

그림 6-38-2 **보안 그룹 생성**

보안 그룹 이름	ecs-sg-alb
설명	allow http. (임의로 입력 가능)
VPC	ecs-vpc

2-2 인바운드 규칙

그림 6-38-3 **보안 그룹 생성**

규칙 추가 클릭 후 아래의 정보를 입력한다.

유형	HTTP
소스	사용자 지정, 0.0.0.0/0

③ 스크롤을 내려 하단의 [보안 그룹 생성] 버튼을 클릭한다.

④ ecs-sg-instance 보안 그룹도 위와 같은 과정으로 생성한다.

4-1 기본 세부 정보

그림 6-38-4 **보안 그룹 생성**

보안 그룹 이름	ecs-sg-instance
설명	allow traffic from alb(설명은 사용자 임의로 입력 가능)
VPC	ecs-vpc

4-2 인바운드 규칙

그림 6-38-5 **보안 그룹 생성**

[규칙 추가] 클릭 후 아래의 정보를 입력한다. 프라이빗 영역으로 트래픽을 보내기 위해 퍼블릭 영역의 보안 그룹인 [ecs-sg-alb]를 선택하여 보안 그룹 체이닝을 구성한다.

유형	HTTP
소스	사용자 지정, 드롭 다운에서 **ecs-sg-alb** 선택

하단의 [보안 그룹 생성] 버튼을 클릭한다.

⑤ 보안 그룹 생성을 확인한다.

	Name	보안 그룹 ID	보안 그룹 이름	VPC ID	설명	소유자
☐	ecs-sg-alb	sg-053e18a2595507901	ecs-sg-alb	vpc-00820e326627f4252	allow http.	59468233
☐	ecs-sg-alb ☑	sg-0db40d05804b1891d	ecs-sg-instance	vpc-00820e326627f4252	allow traffic from alb	59468233

그림 6-38-6 **보안 그룹 생성**

ⅢⅢⅢ 애플리케이션 로드 밸런서(ALB) 생성

외부로부터 오는 요청을 분배하고 배포된 웹 서비스에 전달하기 위해 ALB_{Application Load Balancer}를 생성한다.

❶ AWS EC2로 이동한 후 왼쪽 메뉴 항목에서 [로드 밸런서]를 선택하고 왼쪽 상단의 [Load Balancer 생성] 버튼을 클릭한다.

그림 6-39-1　애플리케이션 로드 밸런서 생성

❷ 로드 밸런서 유형 선택에서 애플리케이션 로드 밸런서의 [생성] 버튼(현재는 '창조하다'라고 되어 있음)을 클릭한다.

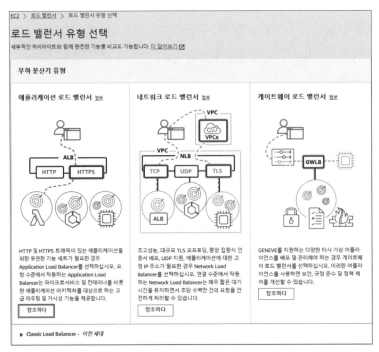

그림 6-39-2　애플리케이션 로드 밸런서 생성

❸ Load Balancer 구성에서 정보를 입력한다.

3-1 기본 구성

부하 분산기 이름을 **ecs-alb**로 입력한다. 제도sheme는 외부 연결이 가능한 [인터넷 연결]Internet-facing로 하고 IP 주소 타입은 [IPv4]를 선택한다.

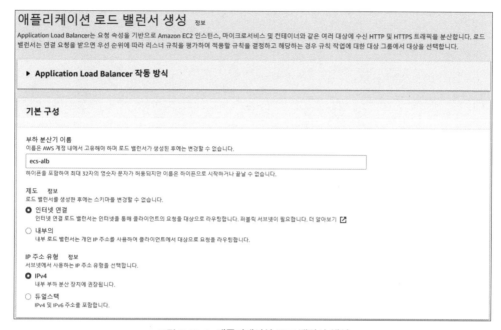

그림 6-39-3 **애플리케이션 로드 밸런서 생성**

이름	ecs-alb

3-2 네트워크 연결Network Mapping

부하 분산기는 외부 인터넷 망으로 연결되기 때문에 사전에 구성한 VPC(ecs-vpc)를 선택하면 2개의 가용 영역 ap-northeast-2a와 ap-northeast-2c가 제공된다. 이때 외부 연결이 가능한 [퍼블릭 서브넷]을 선택해야 한다. 그렇지 않고 [프라이빗 서브넷]을 선택하면 경고 메시지가 출력된다.

그림 6-39-4 **애플리케이션 로드 밸런서 생성**

VPC	ecs-vpc
가용 영역	ap-northeast-2a, ap-northeast-2c 선택 후 각각 ecs-public-subnet-1, ecs-public-subnet-2 선택

3-3 보안 그룹

보안 그룹은 앞서 생성한 외부 연결이 가능한 [ecs-sg-alb]를 선택한다. 기본으로 선택된 보안 그룹은 해제한다.

그림 6-39-5 **애플리케이션 로드 밸런서 생성**

3-4 리스너 및 라우팅

리스너는 구성한 프로토콜과 포트를 사용하여 연결 요청을 확인하는 과정이다. 리스너가 수신한 트래픽은 대상 그룹으로 라우팅된다. 태그에는 이름$_{Name}$ 키와 ecs-alb 값으로 채운다.

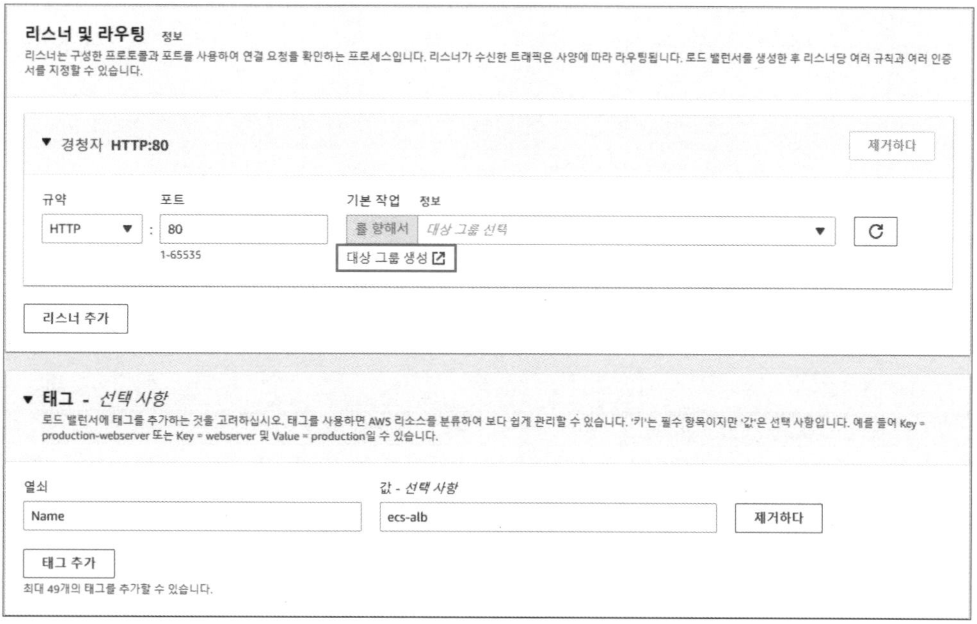

리스너 및 라우팅 정보

리스너는 구성한 프로토콜과 포트를 사용하여 연결 요청을 확인하는 프로세스입니다. 리스너가 수신한 트래픽은 사양에 따라 라우팅됩니다. 로드 밸런서를 생성한 후 리스너당 여러 규칙과 여러 인증서를 지정할 수 있습니다.

▼ 경청자 **HTTP:80**   제거하다

규약   포트   기본 작업 정보

HTTP ▼ : 80   를 향해서 *대상 그룹 선택*   ▼   C

            1-65535   대상 그룹 생성 ↗

리스너 추가

▼ **태그 - *선택 사항***

로드 밸런서에 태그를 추가하는 것을 고려하십시오. 태그를 사용하면 AWS 리소스를 분류하여 보다 쉽게 관리할 수 있습니다. '키'는 필수 항목이지만 '값'은 선택 사항입니다. 예를 들어 Key = production-webserver 또는 Key = webserver 및 Value = production일 수 있습니다.

열쇠   값 - *선택 사항*

Name   ecs-alb   제거하다

태그 추가

최대 49개의 태그를 추가할 수 있습니다.

그림 6-39-6 **애플리케이션 로드 밸런서 생성**

이때 대상 그룹을 선택하지 않으면 다음으로 넘어갈 수가 없기 때문에 [대상 그룹 생성] 버튼을 마우스 오른쪽 클릭하여 다른 탭으로 브라우저를 생성하여, 대상 그룹 생성을 먼저 해야 한다.

3-5 대상 그룹 생성

대상 유형 선택에서 특정 VPC 내에서 동작하는 인스턴스 로드 밸런싱 지원을 위한 [인스턴스]를 선택하고, 대상 그룹 이름으로 **ecs-target-group**을 입력하고 VPC가 [ecs-vpc]로 선택되어 있는지 확인하거나 직접 선택한다.

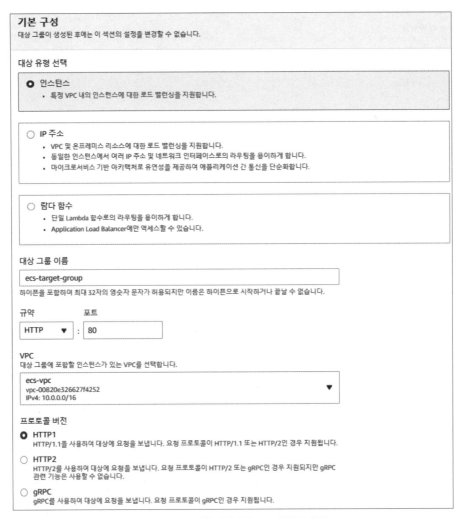

기본 구성
대상 그룹이 생성된 후에는 이 섹션의 설정을 변경할 수 없습니다.

대상 유형 선택

◉ **인스턴스**
  • 특정 VPC 내의 인스턴스에 대한 로드 밸런싱을 지원합니다.

○ **IP 주소**
  • VPC 및 온프레미스 리소스에 대한 로드 밸런싱을 지원합니다.
  • 동일한 인스턴스에서 여러 IP 주소 및 네트워크 인터페이스로의 라우팅을 용이하게 합니다.
  • 마이크로서비스 기반 아키텍처로 유연성을 제공하여 애플리케이션 간 통신을 단순화합니다.

○ **람다 함수**
  • 단일 Lambda 함수로의 라우팅을 용이하게 합니다.
  • Application Load Balancer에만 액세스할 수 있습니다.

대상 그룹 이름

ecs-target-group

하이픈을 포함하여 최대 32자의 영숫자 문자가 허용되지만 이름은 하이픈으로 시작하거나 끝날 수 없습니다.

규약   **포트**

HTTP ▼ : 80

VPC
대상 그룹에 포함할 인스턴스가 있는 VPC를 선택합니다.

ecs-vpc
vpc-00820e326627f4252
IPv4: 10.0.0.0/16   ▼

프로토콜 버전

◉ **HTTP1**
  HTTP/1.1을 사용하여 대상에 요청을 보냅니다. 요청 프로토콜이 HTTP/1.1 또는 HTTP/2인 경우 지원됩니다.

○ **HTTP2**
  HTTP/2를 사용하여 대상에 요청을 보냅니다. 요청 프로토콜이 HTTP/2 또는 gRPC인 경우 지원되지만 gRPC
  관련 기능은 사용할 수 없습니다.

○ **gRPC**
  gRPC를 사용하여 대상에 요청을 보냅니다. 요청 프로토콜이 gRPC인 경우 지원됩니다.

그림 6-39-7 **애플리케이션 로드 밸런서 생성**

하단의 상태 확인은 등록된 대상의 상태를 점검하기 위한 일종의 헬스 체크 기능이다. 기본값으로
두고, 태그에서 열쇠에는 **Name**을, 값에는 **ecs-target-group**을 입력하고 [다음] 버튼을 클릭한다.

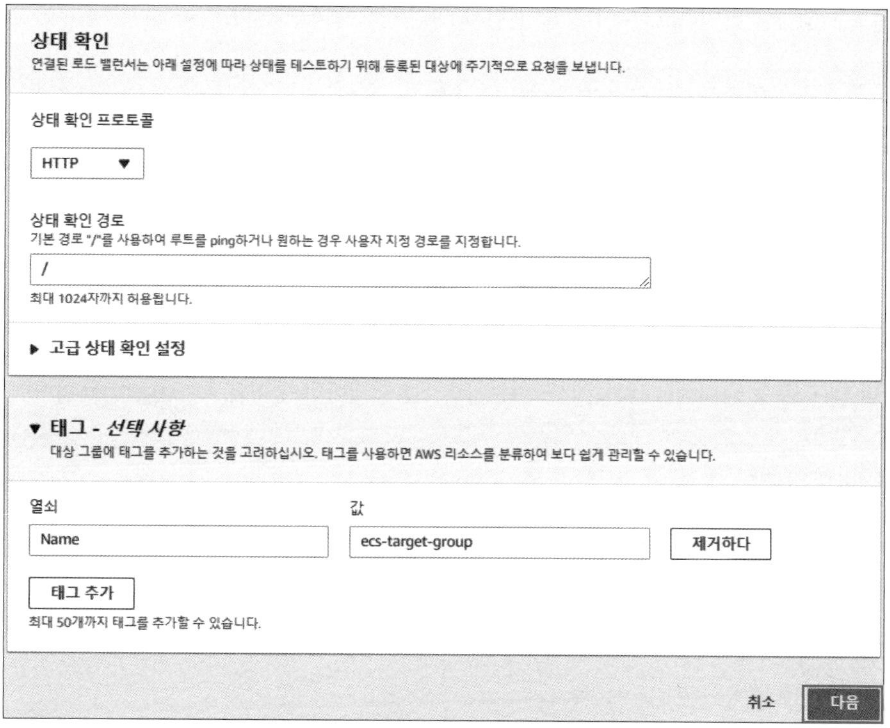

상태 확인

연결된 로드 밸런서는 아래 설정에 따라 상태를 테스트하기 위해 등록된 대상에 주기적으로 요청을 보냅니다.

상태 확인 프로토콜

HTTP ▼

상태 확인 경로

기본 경로 "/"를 사용하여 루트를 ping하거나 원하는 경우 사용자 지정 경로를 지정합니다.

/

최대 1024자까지 허용됩니다.

▶ 고급 상태 확인 설정

▼ 태그 - 선택 사항

대상 그룹에 태그를 추가하는 것을 고려하십시오. 태그를 사용하면 AWS 리소스를 분류하여 보다 쉽게 관리할 수 있습니다.

열쇠   값

Name   ecs-target-group   제거하다

태그 추가

최대 50개까지 태그를 추가할 수 있습니다.

취소   다음

그림 6-39-8 애플리케이션 로드 밸런서 생성

등록 대상Register targets과 대상Targets은 아무것도 설정하지 않고 [다음]을 클릭해 넘어간다.

그림 6-39-9 애플리케이션 로드 밸런서 생성

대상 그룹 생성을 확인하고, 다시 로드 밸런서 생성 창으로 돌아간다.

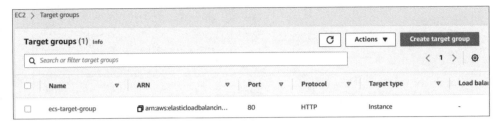

그림 6-39-10 **애플리케이션 로드 밸런서 생성**

리스너 및 라우팅 화면에서 [리프레시] 버튼(⟳)을 클릭하면 생성한 ecs-target-group이 나온다.

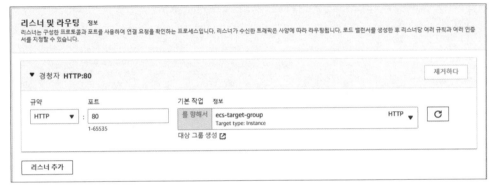

그림 6-39-11 **애플리케이션 로드 밸런서 생성**

로드 밸런서 생성의 요약을 확인한 뒤 [로드 밸런서 생성]을 클릭한다.

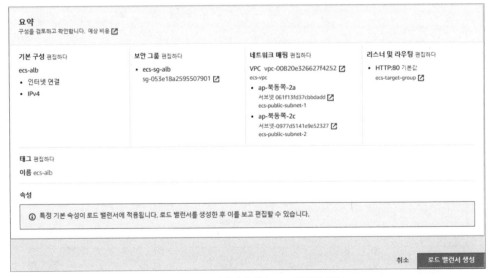

그림 6-39-12 **애플리케이션 로드 밸런서 생성**

로드 밸런서 성공 메시지가 상단에 출력되면 [로드 밸런서 보기] 버튼을 클릭한다.

애플리케이션 로드 밸런서 ecs-alb 생성을 확인한다. 생성 직후에는 **프로비저닝 중** 메시지가 나오고 대략 1분 뒤에 **활성** 상태로 변경된다.

그림 6-39-13 **애플리케이션 로드 밸런서 생성**

6.3.3 AWS ECS 워크숍: AWS Cloud9 도구를 이용한 개발 환경 구성

배포될 웹 서비스의 도커 컨테이너 이미지를 빌드하고 업로드push하기 위해 AWS에서 제공하는 개발 환경인 Cloud9(클라우드 나인) 환경을 생성해 보자.

IAM 역할(Roles) 생성

Cloud9 환경에서 사용하는 EC2 인스턴스가 ECR에 접근해 컨테이너 이미지를 올릴 수 있도록 하기 위해 **AmazonEC2ContainerRegistryFullAccess** 권한 정책을 가진 IAM을 생성한다.

❶ AWS IAM으로 이동한 후 왼쪽 메뉴 항목에서 [역할]을 선택하고 왼쪽 상단의 [역할 만들기] 버튼을 클릭한다.

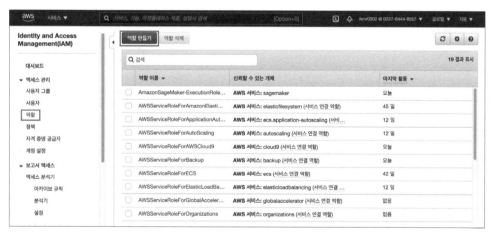

그림 6-40-1 **IAM 역할 생성**

❷ 신뢰할 수 있는 유형의 개체 선택에서 [AWS 서비스] 선택, 사용 사례 선택에서 [EC2] 선택 후 오른쪽 하단의 [다음: 권한] 버튼을 클릭한다.

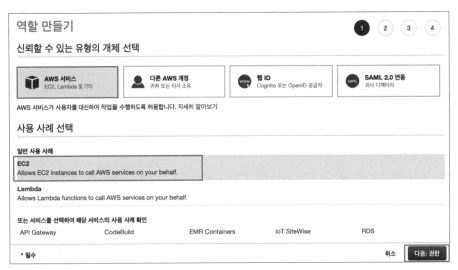

그림 6-40-2 **IAM 역할 생성**

❸ 권한 정책 연결에서 정책 필터에 **AmazonEC2ContainerRegistryFullAccess**를 입력하고, 해당 정책 선택 후 오른쪽 하단의 [다음: 태그] 버튼을 클릭한다.

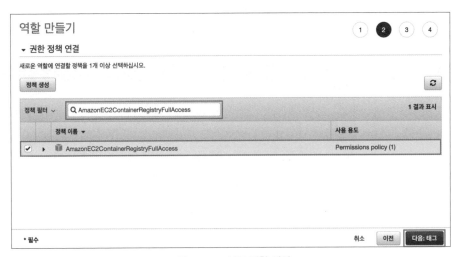

그림 6-40-3 **IAM 역할 생성**

④ 태그를 추가한다.

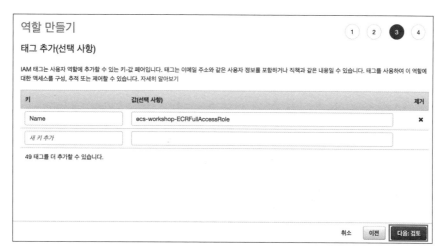

그림 6-40-4 **IAM 역할 생성**

키	Name
값	ecs-workshop-ECRFullAccessRole

입력 후 오른쪽 하단의 [다음: 검토] 버튼을 클릭한다.

⑤ 검토를 수행한다.

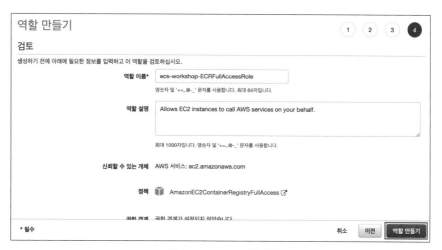

그림 6-40-5 **IAM 역할 생성**

역할 이름	ecs-workshop-ECRFullAccessRole

입력 후 오른쪽 하단의 [역할 만들기] 버튼을 클릭한다.

IIIII Cloud9 환경 생성

AWS 커맨드 라인 인터페이스CLI 등의 AWS 서비스를 활용하기 위한 환경environment이 구성되어 있고, IAM 역할을 부여하여 ECR 등의 AWS 서비스에 접근이 용이하다.

❶ AWS Cloud9으로 이동한 후 오른쪽의 [Create environment] 버튼을 클릭한다.

그림 6-41-1 **Cloud9 환경 구성**

❷ Name environment에서 정보를 입력한다.

2-1 Environment name and description

그림 6-41-2 **Cloud9 환경 구성**

Name	ecs-workshop
Description	cloud9 environment for ecs-workshop(임의로 입력 가능)

입력 후 오른쪽 하단의 [Next step] 버튼을 클릭한다.

❸ Configure settings에 필요한 정보를 입력한다.

3-1 Environment settings

모두 기본 설정값 그대로 둔 후 스크롤을 내려 하단의 [Network settings (advanced)]를 클릭한다.

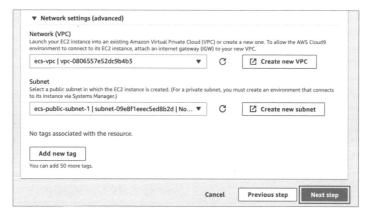

그림 6-41-3 **Cloud9 환경 구성**

Network (VPC)	ecs-vpc
Subnet	ecs-public-subnet-1

선택 후 오른쪽 하단의 [Next step] 버튼을 클릭한다.

❹ Review 단계에서 내용 검토 후 오른쪽 하단의 [Create environment] 버튼을 클릭한다.

그림 6-41-4 **Cloud9 환경 구성**

❺ 새 창을 띄운 뒤 AWS EC2로 이동한 후 왼쪽 메뉴 항목에서 [인스턴스]를 선택하고, aws-cloud9-ecs-workshop 인스턴스를 선택한 후 오른쪽 상단의 [작업] ➡ [보안] ➡ [IAM 역할 수정] 버튼을 클릭한다.

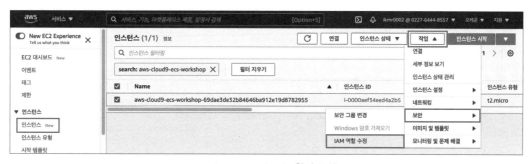

그림 6-41-5 **Cloud9 환경 구성**

6 IAM 역할 수정에서 필요한 정보를 입력한다.

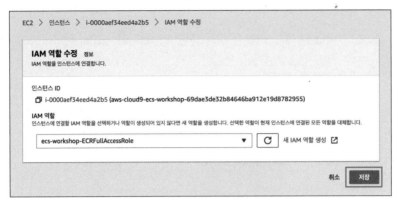

그림 6-41-6 **Cloud9 환경 구성**

IAM 역할	ecs-workshop-ECRFullAccessRole

선택 후 오른쪽 하단의 [저장] 버튼을 클릭한다.

7 Cloud9 environment 창으로 돌아온 후 오른쪽 상단의 톱니바퀴 모양을 눌러 [Preferences] ➡
[AWS SETTINGS] ➡ [Credentials] ➡ [AWS managed temporary credentials off]를 차례로 처리
한다. 이 설정은 임시 자격 증명을 제거하는 작업이다.

그림 6-41-7 **Cloud9 환경 구성**

8 Preferences 탭을 닫은 후 기존의 임시 자격 증명temporay credentials을 삭제한다.

```
$ rm -vf ${HOME}/.aws/credentials
```

9 현재 Cloud9 environment가 ecs-workshop-ECRFullAccessRole을 사용하는지 확인한다.

```
$ aws sts get-caller-identity --query Arn | grep ecs-workshop
```

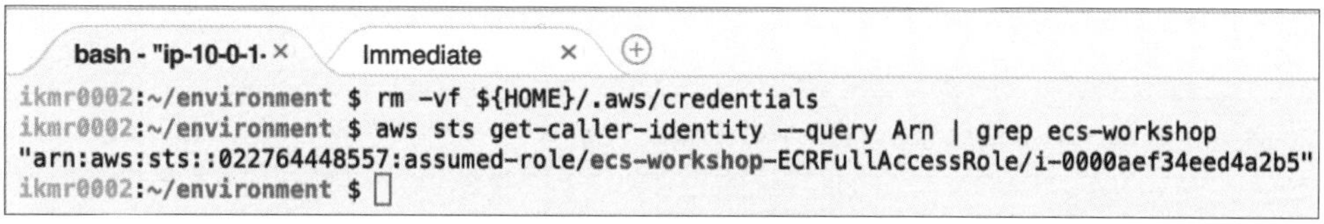

```
bash - "ip-10-0-1- ×        Immediate        ×    +
ikmr0002:~/environment $ rm -vf ${HOME}/.aws/credentials
ikmr0002:~/environment $ aws sts get-caller-identity --query Arn | grep ecs-workshop
"arn:aws:sts::022764448557:assumed-role/ecs-workshop-ECRFullAccessRole/i-0000aef34eed4a2b5"
ikmr0002:~/environment $ 
```

그림 6-41-8 **Cloud9 환경 구성**

⑩ default region을 us-west-2로 설정하고 확인한다.

```
$ aws configure set default.region us-west-2
$ aws configure get default.region
```

```
ikmr0002:~/environment $ aws configure set default.region us-west-2
ikmr0002:~/environment $ aws configure get default.region
us-west-2
ikmr0002:~/environment $ 
```

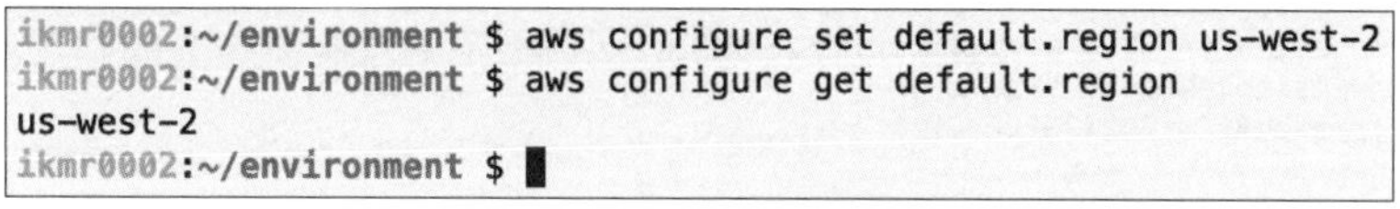

그림 6-41-9 **Cloud9 환경 구성**

6.3.4 AWS ECS 워크숍: 도커 이미지 저장소 ECR 구성

컨테이너 이미지를 저장하기 위한 이미지 저장소 ECR을 생성한 다음, Dockerfile을 빌드한 후에 Repositories에 컨테이너 이미지를 업로드push하는 작업을 수행한다.

▌▌▌▌▌ 저장소 생성

컨테이너 이미지를 저장하기 위한 저장소repositories를 CLI 기반으로 생성한다.

❶ Django 저장소를 생성한다.

```
$ aws ecr create-repository --repository-name "django"
```

```
ikmr0002:~/environment/ecs-workshop $ aws ecr create-repository --repository-name "django"
{
    "repository": {
        "repositoryUri": "022764448557.dkr.ecr.us-west-2.amazonaws.com/django",
        "imageScanningConfiguration": {
            "scanOnPush": false
        },
        "encryptionConfiguration": {
            "encryptionType": "AES256"
        },
        "registryId": "022764448557",
        "imageTagMutability": "MUTABLE",
        "repositoryArn": "arn:aws:ecr:us-west-2:022764448557:repository/django",
        "repositoryName": "django",
        "createdAt": 1624262664.0
    }
}
```

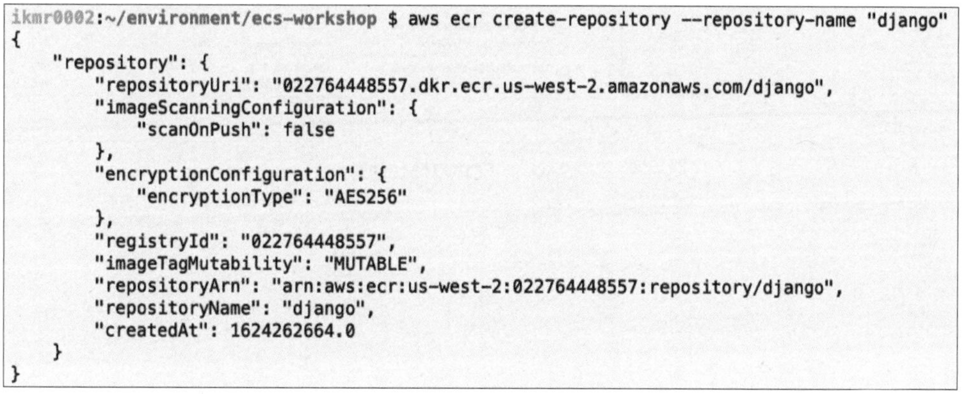

그림 6-42-1 **ECR 저장소 생성**

❷ Nginx 저장소를 생성한다.

```
$ aws ecr create-repository --repository-name "nginx"
```

```
ikmr0002:~/environment/ecs-workshop $ aws ecr create-repository --repository-name "nginx"
{
    "repository": {
        "repositoryUri": "022764448557.dkr.ecr.us-west-2.amazonaws.com/nginx",
        "imageScanningConfiguration": {
            "scanOnPush": false
        },
        "encryptionConfiguration": {
            "encryptionType": "AES256"
        },
        "registryId": "022764448557",
        "imageTagMutability": "MUTABLE",
        "repositoryArn": "arn:aws:ecr:us-west-2:022764448557:repository/nginx",
        "repositoryName": "nginx",
        "createdAt": 1624262904.0
    }
}
```

그림 6-42-2 ECR 저장소 생성

output의 repositoryUri 중 **022764448557.dkr.ecr.us-west-2.amazonaws.com** 부분은 추후에 Dockerfile을 빌드한 후 컨테이너 이미지를 ECR에 업로드push할 때 사용되므로 복사해 둔다.

❸ AWS ECS로 이동한 후 왼쪽 메뉴 항목에서 [Repositories]를 선택하고 생성한 리포지토리를 확인 한다.

그림 6-42-3 ECR 저장소 생성

ⅠⅠⅠⅠⅠ 도커 이미지 빌드

Dockerfile을 빌드하여 컨테이너 이미지를 생성한다. 아래 구조와 같이 디렉터리 단위로 생성 관련 파일을 저장해 둔다.

❶ 애플리케이션 폴더 구조를 확인한다.

그림 6-43-1 **도커 이미지 빌드**

❷ [ecs-workshop] 폴더로 이동한다.

```
$ cd ecs-workshop
```

❸ [django] 폴더로 이동 후 Dockerfile을 확인한다.

```
$ cd Django
$ cat Dockerfile
```

```
ikmr0002:~/environment/ecs-workshop $ cd django
ikmr0002:~/environment/ecs-workshop/django $ cat Dockerfile
FROM ubuntu:18.04
RUN apt-get update && \
    apt install -y software-properties-common &&\
    apt-get install --no-install-recommends -y \
    python3.8 python3-pip python3.8-dev &&\
    apt-get install gcc -y
RUN /usr/bin/python3.8 -m pip install --upgrade pip
RUN ln -s /usr/bin/python3.8 /usr/bin/python

RUN pip install -U setuptools
RUN pip install django==3.2 asgiref==3.3.3 gunicorn==20.0.4 setproctitle==1.1.10

COPY ./app /app
RUN chown -R root:root /app
RUN chmod -R +x /app/bin
RUN chmod -R +x /app/cmd

WORKDIR /app/larva
RUN echo yes | python manage.py collectstatic

WORKDIR /app

VOLUME /app

ENTRYPOINT [ "/app/cmd/start" ]
```

그림 6-43-2 **도커 이미지 빌드**

④ 장고Django Dockerfile을 빌드한다.

```
$ docker build -t django .
```

```
ikmr0002:~/environment/ecs-workshop/django $ docker build -t django .
Sending build context to Docker daemon  18.91MB
Step 1/15 : FROM ubuntu:18.04
 ---> 7d0d8fa37224
Step 2/15 : RUN apt-get update &&    apt install -y software-properties-common &&    apt-get install --no-install-recommends -y    py
thon3.8 python3-pip python3.8-dev &&    apt-get install gcc -y
 ---> Using cache
 ---> 6835ee7cca87
Step 3/15 : RUN /usr/bin/python3.8 -m pip install --upgrade pip
 ---> Using cache
 ---> bc7c43025017
Step 4/15 : RUN ln -s /usr/bin/python3.8 /usr/bin/python
 ---> Using cache
 ---> f04e0994eb8c
Step 5/15 : RUN pip install -U setuptools
 ---> Using cache
```

그림 6-43-3 **도커 이미지 빌드**

⑤ [nginx] 폴더로 이동 후 Dockerfile을 확인한다.

```
$ cd ..
$ cd nginx
$ cat Dockerfile
```

```
ikmr0002:~/environment/ecs-workshop/django $ cd ..
ikmr0002:~/environment/ecs-workshop $ cd nginx
ikmr0002:~/environment/ecs-workshop/nginx $ cat Dockerfile
FROM nginx
WORKDIR /etc/nginx/
RUN rm /etc/nginx/conf.d/default.conf
COPY nginx.conf /etc/nginx/conf.d/
EXPOSE 80
```

그림 6-43-4 **도커 이미지 빌드**

⑥ nginx Dockerfile을 빌드한다.

```
$ docker build -t nginx .
```

```
ikmr0002:~/environment/ecs-workshop/nginx $ docker build -t nginx .
Sending build context to Docker daemon   7.68kB
Step 1/5 : FROM nginx
latest: Pulling from library/nginx
69692152171a: Pull complete
30afc0b18f67: Pull complete
596b1d696923: Pull complete
febe5bd23e98: Pull complete
8283eee92e2f: Pull complete
351ad75a6cfa: Pull complete
Digest: sha256:6d75c99af15565a301e48297fa2d121e15d80ad526f8369c526324f0f7ccb750
Status: Downloaded newer image for nginx:latest
 ---> d1a364dc548d
Step 2/5 : WORKDIR /etc/nginx/
 ---> Running in 36a6e3ff7be9
Removing intermediate container 36a6e3ff7be9
 ---> bcb0e11ec03f
Step 3/5 : RUN rm /etc/nginx/conf.d/default.conf
 ---> Running in 99afe84b7d77
Removing intermediate container 99afe84b7d77
 ---> 7c55991af92d
Step 4/5 : COPY nginx.conf /etc/nginx/conf.d/
 ---> a09711adc4ca
Step 5/5 : EXPOSE 80
 ---> Running in 9c207e4ec7f1
Removing intermediate container 9c207e4ec7f1
 ---> dfc8f11a1a80
Successfully built dfc8f11a1a80
Successfully tagged nginx:latest
```

그림 6-43-5 **도커 이미지 빌드**

⑦ django, nginx 컨테이너 이미지 생성을 확인한다.

```
$ docker images
```

```
ikmr0002:~/environment/ecs-workshop/nginx $ docker images
REPOSITORY       TAG        IMAGE ID       CREATED          SIZE
nginx            latest     7af8b3554b12   7 seconds ago    133MB
django           latest     136ede40ac23   27 seconds ago   544MB
```

그림 6-43-6 **도커 이미지 빌드**

ⅠⅠⅠⅠⅠ 도커 이미지 업로드

생성된 컨테이너 이미지에 **tag**를 생성한 후 ECR에 업로드_{push}한다.

❶ [ecs-workshop] 폴더로 이동한다.

```
$ cd ..
```

❷ AWS ECR Registries에 대한 Docker client 인증을 수행한다.

```
$ aws ecr get-login-password --region us-west-2 | docker login --username AWS --password-
stdin 022764448557.dkr.ecr.us-west-2.amazonaws.com
```

```
ikmr0002:~/environment/ecs-workshop $ aws ecr get-login-password --region us-west-2 | docker login --username AWS --password-stdin 022764448557.dkr.ecr.us-west-2.amazonaws.com
WARNING! Your password will be stored unencrypted in /home/ec2-user/.docker/config.json.
Configure a credential helper to remove this warning. See
https://docs.docker.com/engine/reference/commandline/login/#credentials-store

Login Succeeded
```

그림 6-44-1 **도커 이미지 업로드**

❸ ECR에 컨테이너 이미지를 push하기 위해서는 repositoryUri 정보가 필요하다.

• repositoryUri 형식

```
{Account ID}.dkr.ecr.{Region}.amazonaws.com/{Repository name}:{Tag}
```

참고 이 실습 예제에서는 022764448557.dkr.ecr.us-west-2.amazonaws.com/{Repository name}:latest로 사용

• Account ID 확인하는 법(CLI)

```
$ aws sts get-caller-identity --query Account --output text
```

• Account ID 확인하는 법(AWS Console)

AWS Console 상단에 있는 계정 주소를 클릭하고 내 계정을 확인한다.

그림 6-44-2 도커 이미지 업로드

④ 장고Django 이미지에 tag 추가 후 ECR에 업로드한다.

```
$ docker tag django:latest 022764448557.dkr.ecr.us-west-2.amazonaws.com/django:latest
$ docker push 022764448557.dkr.ecr.us-west-2.amazonaws.com/django:latest
```

```
ikmr0002:~/environment/ecs-workshop $ docker tag django:latest 022764448557.dkr.ecr.us-west-2.amazonaws.com/django:latest
ikmr0002:~/environment/ecs-workshop $ docker push 022764448557.dkr.ecr.us-west-2.amazonaws.com/django:latest
The push refers to repository [022764448557.dkr.ecr.us-west-2.amazonaws.com/django]
56f10a5c4982: Pushed
a2b07277ecd8: Pushed
723838207ca7: Pushed
a900770b85b3: Pushed
80eada22f118: Pushed
d1b9978a68f8: Pushed
c58945b7c0cf: Pushed
68fde37a80ce: Pushed
2878429a440f: Pushed
6666b25e1de5: Pushed
8f8f0266f834: Pushed
latest: digest: sha256:a9f08998646d29134b18a68c7a21269154de7b03e0e74e97b7d68493da80d0a7 size: 2631
```

그림 6-44-3 도커 이미지 업로드

⑤ nginx 이미지에 tag 추가 후 ECR에 업로드한다.

```
$ docker tag nginx:latest 022764448557.dkr.ecr.us-west-2.amazonaws.com/nginx:latest
$ docker push 022764448557.dkr.ecr.us-west-2.amazonaws.com/nginx:latest
```

```
ikmr0002:~/environment/ecs-workshop $ docker tag nginx:latest 022764448557.dkr.ecr.us-west-2.amazonaws.com/nginx:latest
ikmr0002:~/environment/ecs-workshop $ docker push 022764448557.dkr.ecr.us-west-2.amazonaws.com/nginx:latest
The push refers to repository [022764448557.dkr.ecr.us-west-2.amazonaws.com/nginx]
ffb4695a90d9: Pushed
3c4135820021: Pushed
075508cf8f04: Pushed
5c865c78bc96: Pushed
134e19b2fac5: Pushed
83634f76e732: Pushed
766fe2c3fc08: Pushed
02c055ef67f5: Pushed
latest: digest: sha256:1843bb776e81a374cb0d158d41deeda24edda346d856ddf25babffadf282a622 size: 1985
```

그림 6-44-4 도커 이미지 업로드

6 django, nginx 이미지의 tag 생성을 확인한다.

```
ikmr0002:~/environment/ecs-workshop $ docker images
REPOSITORY                                          TAG       IMAGE ID       CREATED         SIZE
nginx                                               latest    7af8b3554b12   2 minutes ago   133MB
022764448557.dkr.ecr.us-west-2.amazonaws.com/nginx  latest    7af8b3554b12   2 minutes ago   133MB
django                                              latest    136ede40ac23   3 minutes ago   544MB
022764448557.dkr.ecr.us-west-2.amazonaws.com/django latest    136ede40ac23   3 minutes ago   544MB
```

그림 6-44-5 **도커 이미지 업로드**

7 django, nginx 컨테이너 이미지 ECR의 업로드를 확인한다.

AWS ECS로 이동한 후 왼쪽 메뉴 항목에서 [Repositories]를 클릭하고, 리포지토리 이름(django 또는 nginx) 클릭 후 latest 태그로 이미지 저장을 확인한다.

그림 6-44-6 **도커 이미지 업로드**

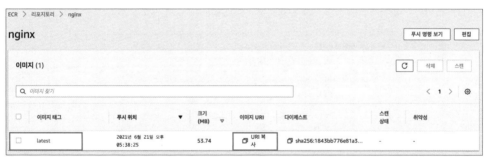

그림 6-44-7 **도커 이미지 업로드**

다음에 이어지는 ECS Task Definition 생성에서 django와 nginx의 이미지 URI가 사용되므로 복사해 둔다.

6.3.5 AWS ECS 워크숍: ECS 환경 구성

작업 순서는 다음과 같다.

❶ EC2 인스턴스 기반으로 컨테이너가 서비스될 수 있도록 클러스터를 구성한다.

❷ ECR에 저장된 컨테이너 이미지로 작업 정의를 구성한다.

❸ 클러스터에서 구성된 작업 정의로 서비스를 생성한다.

❹ nginx + django 컨테이너 기반의 웹 애플리케이션 서비스를 확인한다.

▍▍▍▍▍ ECS 클러스터 생성

❶ AWS ECS로 이동한 후 왼쪽 메뉴 항목에서 [클러스터]를 선택하고 중앙의 [클러스터 생성] 버튼을 클릭한다.

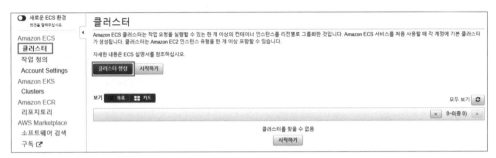

그림 6-45-1 **ECS 환경 구성**

❷ 클러스터 템플릿 선택에서 [EC2 Linux + 네트워킹]을 선택한 후 오른쪽 하단의 [다음 단계] 버튼을 클릭한다.

그림 6-45-2 **ECS 환경 구성**

❸ 클러스터 구성에서 필요한 정보를 입력한다.

3-1 클러스터 구성

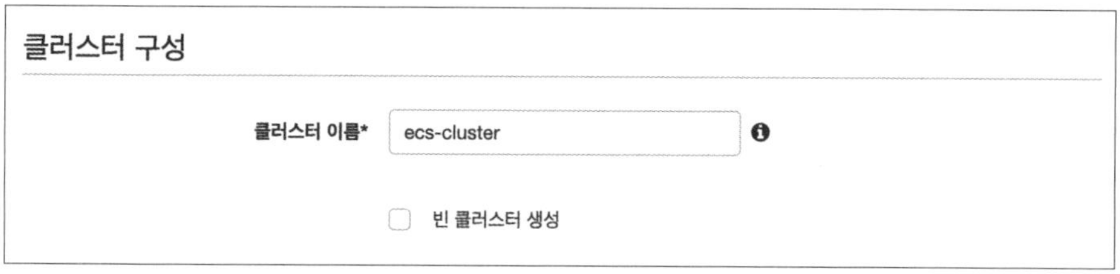

클러스터 구성

| 클러스터 이름* | ecs-cluster | ❶ |

빈 클러스터 생성

그림 6-45-3 **ECS 환경 구성**

클러스터 이름	ecs-cluster

3-2 인스턴스 구성

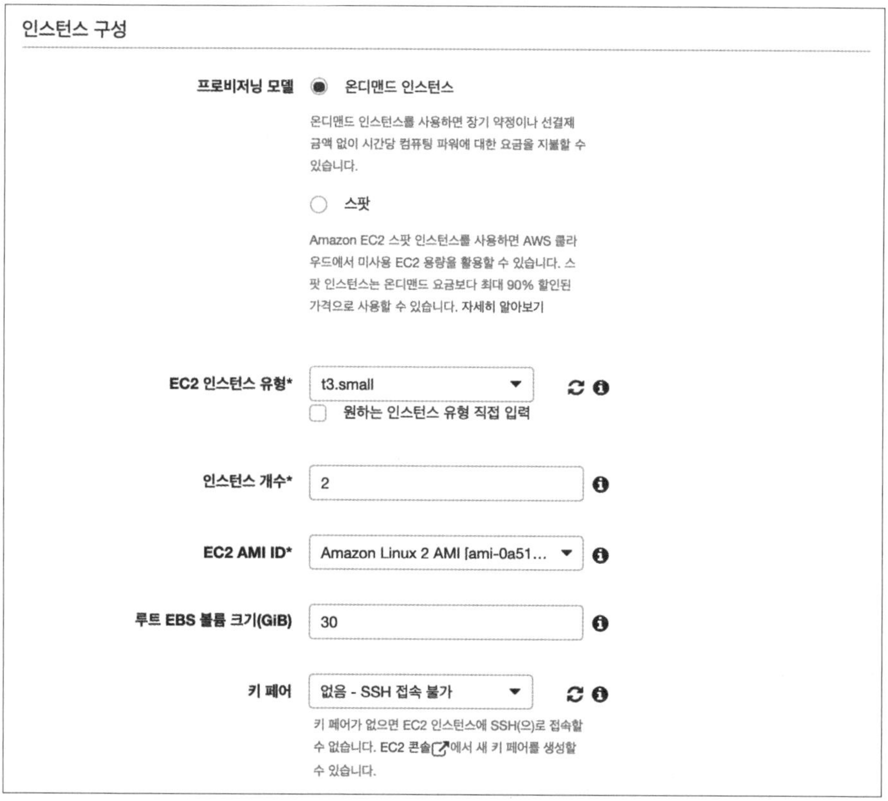

인스턴스 구성

프로비저닝 모델 ◉ 온디맨드 인스턴스

온디맨드 인스턴스를 사용하면 장기 약정이나 선결제 금액 없이 시간당 컴퓨팅 파워에 대한 요금을 지불할 수 있습니다.

○ 스팟

Amazon EC2 스팟 인스턴스를 사용하면 AWS 클라우드에서 미사용 EC2 용량을 활용할 수 있습니다. 스팟 인스턴스는 온디맨드 요금보다 최대 90% 할인된 가격으로 사용할 수 있습니다. 자세히 알아보기

EC2 인스턴스 유형* | t3.small ▾ | ↻ ❶
☐ 원하는 인스턴스 유형 직접 입력

인스턴스 개수* | 2 | ❶

EC2 AMI ID* | Amazon Linux 2 AMI [ami-0a51... ▾ | ❶

루트 EBS 볼륨 크기(GiB) | 30 | ❶

키 페어 | 없음 - SSH 접속 불가 ▾ | ↻ ❶

키 페어가 없으면 EC2 인스턴스에 SSH(으)로 접속할 수 없습니다. EC2 콘솔⧉에서 새 키 페어를 생성할 수 있습니다.

그림 6-45-4 **ECS 환경 구성**

EC2 인스턴스 유형	t3.small(임의로 입력 가능)
인스턴스 개수	2

3-3 네트워킹

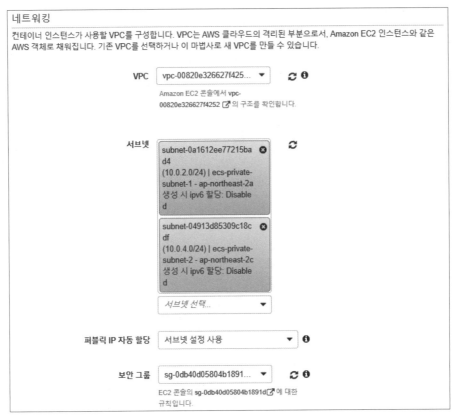

네트워킹

컨테이너 인스턴스가 사용할 VPC를 구성합니다. VPC는 AWS 클라우드의 격리된 부분으로서, Amazon EC2 인스턴스와 같은
AWS 객체로 채워집니다. 기존 VPC를 선택하거나 이 마법사로 새 VPC를 만들 수 있습니다.

VPC vpc-00820e326627f425... ▼

Amazon EC2 콘솔에서 vpc-
00820e326627f4252 ☑ 의 구조를 확인합니다.

서브넷 subnet-0a1612ee77215ba
d4
(10.0.2.0/24) | ecs-private-
subnet-1 - ap-northeast-2a
생성 시 ipv6 할당: Disable
d

subnet-04913d85309c18c
df
(10.0.4.0/24) | ecs-private-
subnet-2 - ap-northeast-2c
생성 시 ipv6 할당: Disable
d

서브넷 선택... ▼

퍼블릭 IP 자동 할당 서브넷 설정 사용 ▼

보안 그룹 sg-0db40d05804b1891... ▼

EC2 콘솔의 **sg-0db40d05804b1891d**☑ 에 대한
규칙입니다.

그림 6-45-5 **ECS 환경 구성**

VPC	ecs-vpc
서브넷	ecs-private-subnet-1, ecs-private-subnet-2
보안 그룹	ecs-sg-instance

컨테이너 인스턴스 IAM 역할은 선택되어 있는 ecsInstanceRole을 기본값으로 둔다.

컨테이너 인스턴스 IAM 역할

Amazon ECS 컨테이너 에이전트는 사용자를 대신하여 Amazon ECS API 작업을 호출하므로 에이전트가 사용자에게 속한다는 것을 서비스가 알기 위해서는 에이전트를 실행하는 컨테이너 인스턴스에 ecsInstanceRole IAM 정책과 역할이 필요합니다. ecsInstanceRole이 아직 없는 경우, AWS가 생성할 수 있습니다.

컨테이너 인스턴스 IAM 역할   ecsInstanceRole   ⓘ

컨테이너 인스턴스에서 새 ARN 및 리소스 ID 형식을 수신하려면 루트 사용자가 컨테이너 인스턴스 IAM 역할을 옵트인 해야 합니다. 옵트인 후 다시 시도하십시오.

Tags

키	값
Name	ecs-cluster
키 추가	값 추가

CloudWatch 컨테이너 인사이트

CloudWatch 컨테이너 인사이트는 컨테이너식 애플리케이션 및 마이크로서비스를 위한 모니터링 및 문제 해결 솔루션입니다. 이 솔루션은 CPU, 메모리, 디스크 및 네트워크 같은 컴퓨팅 사용률과 컨테이너 다시 시작 실패 같은 진단 정보를 수집, 집계 및 요약 하여 클러스터 관련 문제를 격리하고 빠르게 해결하는 데 도움을 줍니다. ☐ 자세히 알아보기

CloudWatch 컨테이너 인사이트   ☐ 컨테이너 인사이트 활성화

*필수   취소   이전   생성

그림 6-45-6 **ECS 환경 구성**

키	Name
값	ecs-cluster

입력 후 오른쪽 하단의 [생성] 버튼을 클릭한다.

생성 과정이 보이고 ECS 클러스터 – ECS 인스턴스 IAM 정책 – CloudFormation 스택이 모두 생성 완료로 변경되면 상단의 [클러스터 보기] 버튼을 클릭한다.

❹ 생성된 클러스터의 상태 ACTIVE를 확인한다.

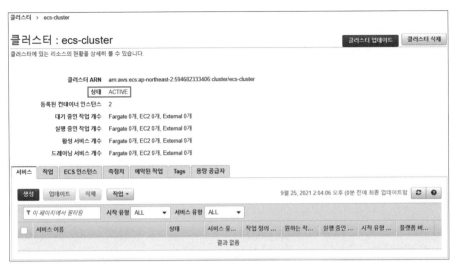

그림 6-45-7 **ECS 환경 구성**

||||| **ECS 작업 정의 생성**

❶ AWS ECS로 이동한 후 왼쪽 메뉴 항목에서 [작업 정의]를 선택하고 중앙의 [새 작업 정의 생성]
버튼을 클릭한다.

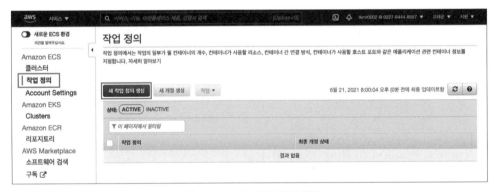

그림 6-46-1 **ECS 작업 정의 생성**

❷ 시작 유형 호환성 선택에서 [EC2]를 선택한다.

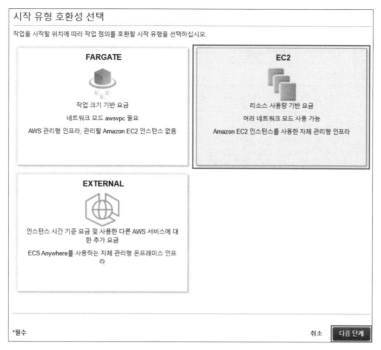

그림 6-46-2 **ECS 작업 정의 생성**

❸ 오른쪽 하단의 [다음 단계] 버튼을 클릭한다.

❹ 작업 및 컨테이너 정의 구성에서 필요한 정보를 입력한다.

4-1 작업 및 컨테이너 정의 구성

그림 6-46-3 **ECS 작업 정의 생성**

작업 정의 이름	ecs-task

4-2 스크롤을 내려 볼륨에서 [볼륨 추가] 버튼을 클릭한다.

그림 6-46-4 **ECS 작업 정의 생성**

4-3 볼륨 추가

nginx 컨테이너가 django 컨테이너의 [/app] 폴더 내부에 있는 socket 파일에 접근해야 통신이 가능하므로 두 컨테이너가 공유할 볼륨을 추가한다.

그림 6-46-5 **ECS 작업 정의 생성**

이름	socket_volume
볼륨 유형	Bind Mount

입력 후 추가 버튼을 클릭한다.

4-4 컨테이너 정의에서 [컨테이너 추가] 버튼을 클릭한다.

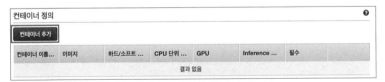

그림 6-46-6 **ECS 작업 정의 생성**

4-5 컨테이너 추가에서 django 컨테이너 정보를 입력한다.

- 표준

그림 6-46-7 **ECS 작업 정의 생성**

컨테이너 이름	django
이미지	022764448557.dkr.ecr.us-west-2.amazonaws.com/django:latest
메모리 제한(MiB)	하드 제한, 500

- 고급 컨테이너 구성 — 스토리지 및 로깅

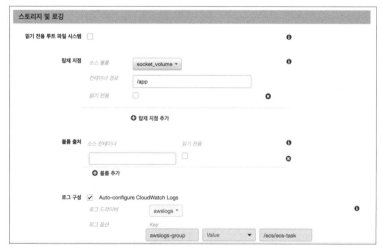

그림 6-46-8 **ECS 작업 정의 생성**

탑재 지점	소스 볼륨	socket_volume
	컨테이너 경로	/app
로그 구성		체크

nginx 컨테이너와 [/app] 폴더를 공유하기 위해 django 컨테이너의 [/app] 폴더를 socket_volume 에 탑재한다.

- 오른쪽 하단의 [추가] 버튼을 클릭하여 django 컨테이너를 추가한다.

4-6 다시 [컨테이너 추가] 버튼을 클릭한 후 컨테이너 추가에서 nginx 컨테이너 정보를 입력한다.

- 표준

그림 6-46-9 **ECS 작업 정의 생성**

컨테이너 이름		nginx
이미지		022764448557.dkr.ecr.us-west-2.amazonaws.com/nginx:latest
메모리 제한(MiB)		하드 제한, 500
포트 매핑	호스트 포트	80
	컨테이너 포트	80
	프로토콜	tcp

- 고급 컨테이너 구성 ― 시작 종속 관계 순서

django 컨테이너가 실행된 후 nginx 컨테이너를 실행한다.

그림 6-46-10 **ECS 작업 정의 생성**

컨테이너 이름	django
상태	START

- 고급 컨테이너 구성 ― 스토리지 및 로깅

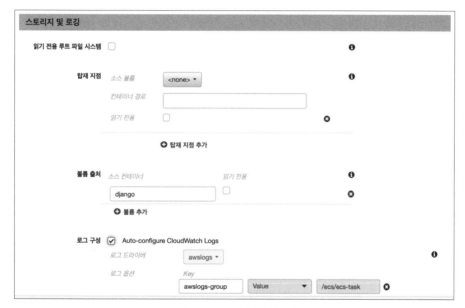

그림 6-46-11 **ECS 작업 정의 생성**

볼륨 출처	소스 컨테이너	django
로그 구성	체크	

django 컨테이너가 공유하는 [/app] 폴더를 사용하기 위해 볼륨 출처를 django 컨테이너로 지정한다.

- 오른쪽 하단의 [추가] 버튼을 클릭하여 nginx 컨테이너를 추가한다.

4-7 컨테이너 정의 생성을 확인한다.

그림 6-46-12 **ECS 작업 정의 생성**

⑤ 오른쪽 하단의 [생성] 버튼을 클릭한다.

⑥ 작업 정의 생성을 확인한다.

그림 6-46-13 **ECS 작업 정의 생성**

ECS 서비스 생성

❶ AWS ECS로 이동한 후 왼쪽 메뉴 항목에서 [클러스터]를 선택하고 생성되어 있는 클러스터에서 [ecs-cluster]를 클릭한다.

그림 6-47-1 **ECS 서비스 생성**

생성된 ecs-cluster 정보와 함께 하단의 서비스 탭의 [생성] 버튼을 클릭한다.

그림 6-47-2 ECS 서비스 생성

2 서비스 구성에서 필요한 정보를 입력한다.

2-1 서비스 구성

그림 6-47-3 ECS 서비스 생성

시작 유형	EC2	
작업 정의	패밀리	ecs-task
	개정	1 (latest)

클러스터	ecs-cluster
서비스 이름	ecs-service
서비스 유형	REPLICA
작업 개수	2

③ 나머지는 기본값으로 두고 오른쪽 하단의 [다음 단계] 버튼을 클릭한다.

④ 네트워크 구성에서 필요한 정보를 입력한다.

4-1 상태 검사 유예 기간

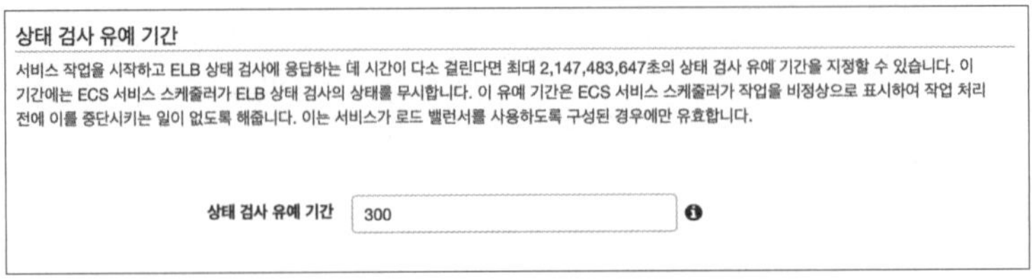

상태 검사 유예 기간

서비스 작업을 시작하고 ELB 상태 검사에 응답하는 데 시간이 다소 걸린다면 최대 2,147,483,647초의 상태 검사 유예 기간을 지정할 수 있습니다. 이 기간에는 ECS 서비스 스케줄러가 ELB 상태 검사의 상태를 무시합니다. 이 유예 기간은 ECS 서비스 스케줄러가 작업을 비정상으로 표시하여 작업 처리 전에 이를 중단시키는 일이 없도록 해줍니다. 이는 서비스가 로드 밸런서를 사용하도록 구성된 경우에만 유효합니다.

상태 검사 유예 기간   300   ❶

그림 6-47-4 ECS 서비스 생성

상태 검사 유예 기간	300

4-2 로드 밸런싱

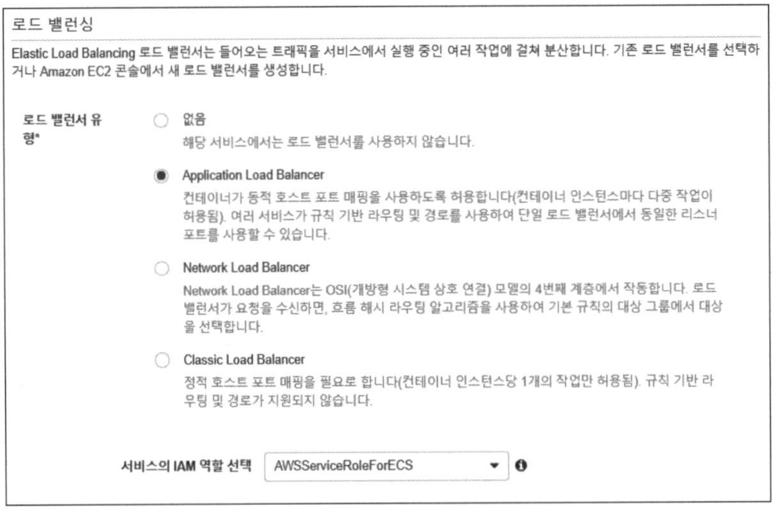

로드 밸런싱

Elastic Load Balancing 로드 밸런서는 들어오는 트래픽을 서비스에서 실행 중인 여러 작업에 걸쳐 분산합니다. 기존 로드 밸런서를 선택하거나 Amazon EC2 콘솔에서 새 로드 밸런서를 생성합니다.

로드 밸런서 유형*

○ 없음
해당 서비스에서는 로드 밸런서를 사용하지 않습니다.

● Application Load Balancer
컨테이너가 동적 호스트 포트 매핑을 사용하도록 허용합니다(컨테이너 인스턴스마다 다중 작업이 허용됨). 여러 서비스가 규칙 기반 라우팅 및 경로를 사용하여 단일 로드 밸런서에서 동일한 리스너 포트를 사용할 수 있습니다.

○ Network Load Balancer
Network Load Balancer는 OSI(개방형 시스템 상호 연결) 모델의 4번째 계층에서 작동합니다. 로드 밸런서가 요청을 수신하면, 흐름 해시 라우팅 알고리즘을 사용하여 기본 규칙의 대상 그룹에서 대상을 선택합니다.

○ Classic Load Balancer
정적 호스트 포트 매핑을 필요로 합니다(컨테이너 인스턴스당 1개의 작업만 허용됨). 규칙 기반 라우팅 및 경로가 지원되지 않습니다.

서비스의 IAM 역할 선택   AWSServiceRoleForECS ▼   ❶

그림 6-47-5 ECS 서비스 생성

로드 밸런서 유형	Application Load Balancer
서비스의 IAM 역할 선택	AWSServiceRoleForECS
로드 밸런서 이름	ecs-alb

4-3 로드 밸런싱할 컨테이너에서 [로드 밸런서에 추가] 버튼을 클릭한다. 로드 밸런싱할 컨테이너 영역에서 작업 정의에서 생성한 컨테이너 정보를 확인할 수 있다.

그림 6-47-6 **ECS 서비스 생성**

4-4 로드 밸런싱할 컨테이너

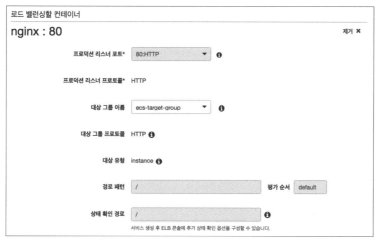

그림 6-47-7 **ECS 서비스 생성**

프로덕션 리스너 포트	80:HTTP
대상 그룹 이름	ecs-target-group

5 스크롤을 내려 오른쪽 하단의 [다음 단계] 버튼을 클릭한다.

6 Auto Scaling에서 [원하는 서비스 개수를 조정하지 마십시오.] 선택 후 오른쪽 하단의 [다음 단계] 버튼을 클릭한다.

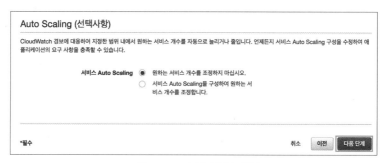

그림 6-47-8 **ECS 서비스 생성**

⑦ 검토에서 구성 내용 검토 후 오른쪽 하단의 [서비스 생성] 버튼을 클릭한다.

⑧ 서비스 생성 완료를 기다린 후 오른쪽 하단의 [서비스 보기] 버튼을 클릭한다.

그림 6-47-9 **ECS 서비스 생성**

⑨ 클러스터 정보 중 하단의 서비스 항목에서 ecs-service 생성을 확인한다.

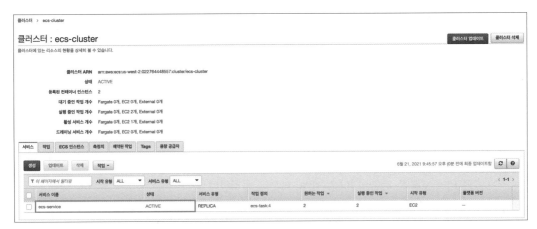

그림 6-47-10 **ECS 서비스 생성**

⑩ 클러스터 정보 중 하단의 작업 항목에서 작업이 모두 RUNNING 상태인지 확인한다.

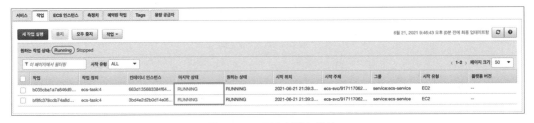

그림 6-47-11 **ECS 서비스 생성**

6.3.6 AWS ECS 워크숍: 웹 서비스 배포 테스트

ECS를 통해 컨테이너 기반으로 배포된 nginx + django 웹 서비스에 접속 테스트를 수행한다.

❶ AWS EC2로 이동한 후 왼쪽 메뉴 항목에서 [로드 밸런서]를 선택하고, [ecs-alb] 선택 후 하단의 정보 중 설명 항목에서 DNS 이름 값을 복사한다.

그림 6-48-1 ECS 기반 웹 서비스 배포 테스트

❷ 인터넷 브라우저를 통해 복사해 둔 ecs-alb의 DNS 이름으로 접속해 배포된 웹 서비스가 화면에 배포되는지 확인한다.

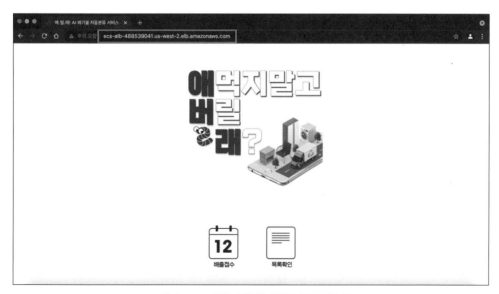

그림 6-48-2 ECS 기반 웹 서비스 배포 테스트

여기까지 AWS ECS 기반의 웹 서비스 배포를 워크숍으로 진행하여 서비스 실행을 확인했다. 다른 클라우드에도 유사한 서비스가 있으므로 AWS에서 수행했던 경험을 잘 활용하여 업무에서 사용하는 클라우드에도 적용해 보기를 권한다.

맺는말

긴 여행을 마친 기분이다. 도커를 실무에서 다룰 때 필요한 것은 바로 업무에 투입되어 애플리케이션 배포를 하는 것일 것이다. 하지만 도커의 구조와 기본 명령어 등의 활용을 제대로 이해하지 못한 채로 이미지 생성과 컨테이너 서비스 배포인 IaC(코드로서의 인프라) 작성을 시작한다면 그 의미를 이해하기 위해 매우 긴 시간을 투자해야 할 것이다.

기초적 지식은 누구나 갖춰야 할 사항이다. 더욱이 컨테이너 서비스를 위한 도커를 통해서 오케스트레이션 도구인 스웜이나 쿠버네티스 운영, 클라우스 서비스까지 넘어가기 위해서는 필수적이다.

이 책을 통해 탄탄한 기초 실력을 쌓아 더 위로 올라갈 수 있는 기반을 마련하기를 바란다.

APPENDIX

A

도커 스웜 모드 클러스터 활용

A.1 다중 호스트 기반의 도커 스웜 모드 클러스터

A.1.1 도커 스웜 모드 개요

도커 스웜 모드_{Docker Swarm mode}는 물리적 서버 클러스터를 통해 컨테이너를 확장하기 위한 도커 고유의 플랫폼으로 여러 서버에 걸쳐 간단한 분산 워크로드를 구현할 수 있다. 도커는 여러 서버 클러스터에 컨테이너화된 애플리케이션 기반의 마이크로서비스를 배포하여 다양한 런타임 환경에서 애플리케이션의 효율성과 가용성을 유지하도록 개발되었다. 도커 스웜 모드는 동일한 컨테이너를 공유하는 여러 클러스터 내의 노드에서 애플리케이션을 원활하게 실행할 수 있도록 하는 도커 자체 컨테이너 오케스트레이션 도구다. 클러스터화된 각 서버의 도커 엔진을 통해 자원을 마치 하나의 서버처럼 풀링하여 스웜[1]을 형성한다. 도커 스웜 모드는 도커 1.12 버전에 별도의 도커 클래식 스웜 엔진에서 도커 엔진으로 통합되어 기본 도커 오케스트레이션 도구 모델로 사용되기 시작했다.

A.1.2 도커 스웜 모드 오케스트레이션 도구의 주요 기능

다중 서버 환경의 오케스트레이션 기능은 말 그대로 여러 대의 서버와 여러 개의 서비스를 통합 관리하는 작업을 의미하며, 대부분의 오케스트레이션 도구 기능은 스케줄링, 클러스터링, 로깅, 모니터링, 롤링 업데이트, 서비스 디스커버리와 같은 작업을 수행한다. 이러한 기능을 보유한 오케스트레이션 도구 중 하나인 도커 스웜 모드는 컨테이너 확장성 및 관리적 효율성을 제공하기 위해 만들어졌다. 다음은 도커에서 제시하는 도커 스웜 모드의 주요 기능이다.

▥ 도커 엔진과 통합된 다중 서버 클러스터 환경

도커 엔진에 포함된 도커 스웜 모드를 통해 별도의 오케스트레이션 도구를 설치하지 않아도 컨테이너 애플리케이션 서비스를 배포하고 관리할 수 있다.

▥ 역할이 분리된 분산 설계

다중 서버를 클러스터에 합류시키면 모든 도커 스웜 모드의 노드는 각각 다른 역할을 수행하게 된다.

- 매니저 노드_{manager node}
- 리더 노드_{leader node}
- 작업자 노드_{worker node}

---

1   스웜(swarm)은 우리말로 '무리', '떼'라는 의미를 갖는다. 클러스터의 의미처럼 여러 대의 서버를 네트워크로 묶어 마치 하나의 서버처럼 작동한다는 뜻에서 한 무리라는 의미의 스웜이 사용됐다.

클러스터에 연결된 서버의 역할은 단일 관리자 환경이면 매니저 노드(리더 노드)와 작업자 노드로 분리하여 각 역할에 따른 전문적 관리를 수행한다. 또한, 다중 매니저 노드로 구성하게 되면 그중 하나를 리더 매니저 노드로 구성하여 나머지 매니저 노드와 작업자 노드를 관리[2]하도록 한다. 매니저 노드는 클러스터의 관리 역할로 컨테이너 스케줄링 서비스 및 상태 유지 등을 제공하고, 작업자 노드는 컨테이너를 실행하는 역할만 수행하게 된다. 여기서 잠깐, 오케스트레이션 도구의 표준인 쿠버네티스와 한 가지 비교하자면 쿠버네티스의 매니저 노드인 마스터 노드는 기본적으로 작업자 노드의 전체적인 관리만 수행하고 서비스 컨테이너는 수행하지 않지만(변경 가능), 도커 스웜 모드의 매니저 노드는 작업자 노드의 역할인 서비스 컨테이너도 수행할 수 있다.

다만, 관리 역할을 수행하는 노드의 부하를 고려해서 각 역할은 분리해 사용하는 것을 권장한다. 매니저 노드에 서비스 컨테이너를 수행하지 않도록 역할 분리를 수행하는 방법은 도커 서비스 생성 시 --constraint node.role!=manager 옵션을 사용하여 매니저 노드는 서비스 컨테이너를 수행하지 않도록 제외시킬 수 있다.

▌▌▌▌ 서비스 확장과 원하는 상태 조정

도커 스웜 모드에서 서비스 생성 시 안정적인 서비스를 위해 중복(복제, Replicas 옵션)된 서비스 배포를 할 수 있고, 초기 구성 후 스웜 관리자를 통해 애플리케이션 가용성에 영향을 주지 않고도 서비스 확장 및 축소를 수행할 수 있다. 이렇게 배포된 서비스는 매니저 노드를 통해 지속적으로 모니터링된다. 만일, 사용자가 요청한 상태와 다르게 서비스 장애(노드 장애 및 서비스 실패 등)가 생길 경우 장애가 발생한 서비스를 대체할 새로운 복제본을 자동으로 생성하여 사용자 요구를 지속하게 된다. 이것을 요구상태 관리desire state management라고 한다. 대부분의 오케스트레이션 도구는 요구상태 관리를 기본 목적으로 한다.

▌▌▌▌ 서비스 스케줄링

스케줄링scheduling 기능은 우리가 구성한 도커 스웜 모드 클러스터 내의 노드에 작업task 단위의 서비스 컨테이너를 배포하는 작업을 말한다. 이전의 도커 클래식 스웜 엔진의 노드 선택 전략은 다음과 같고, swarm manage --strategy (option) 방식을 통해 선택했다.

- 모든 작업자 노드에 균등하게 할당하는 spread(분산) 전략
- 작업자 노드의 자원 사용량을 고려하여 할당하는 binpack(자원대비) 전략
- 임의의 노드에 할당하는 random(무작위) 전략

---

2 만일 리더 노드로 지정된 관리자 노드에 장애가 생기면 다른 관리자를 새로운 리더 노드로 선출(promote)하여 서비스를 지속한다. 이때 관리자 노드 중 어떤 노드를 리더로 선출할지는 'Raft 합의 알고리즘'을 통해 결정한다.

도커 스웜 모드는 단일 옵션으로 **고가용성 분산 알고리즘**_{HA spread algorithm}을 사용한다.

이 방식은 생성되는 서비스의 복제본을 분산 배포하기 위해 현재 복제본이 가장 적은 작업자 노드 중에서 이미 스케줄링된 다른 서비스 컨테이너 수가 가장 적은 작업자 노드를 우선 선택한다.

▏▎▍ 로드 밸런싱

도커 스웜 모드를 초기화(docker swarm init 명령)하면 자동으로 생성되는 네트워크 드라이버 중하나가 인그레스 네트워크_{ingress network}다. 이것은 인그레스 네트워크를 통해 서비스의 노드 간 로드밸런싱_{load balancing}과 외부에 서비스를 노출하기 위해 사용되는 오버레이 네트워크_{overlay network}다.

또한, 도커 스웜 모드는 서비스 컨테이너에 PublishedPort(--publish 〈published port〉:〈container port〉 옵션)를 자동으로 할당(30000~32767)하거나 수동 노출할 포트를 구성할 수 있고, 서비스 컨테이너가 포트를 오픈하면 동시에 모든 노드에서 동일한 포트가 오픈되기 때문에 클러스터에 합류되어있는 어떤 노드에 요청을 전달해도 실행 중인 서비스 컨테이너에 자동 전달된다. 이것은 모든 노드가스웜 모드의 라우팅 메시_{routing mesh}에 참여하기 때문이다. 간단히 말하면, 작업자 노드 1에 nginx 웹서비스 컨테이너가 실행 중이라고 가정하면 작업자 노드 2에서 노출된 포트로 접속해도 작업자 노드1의 nginx 웹 서비스에 접속이 가능한 것이다. 바로 인그레스 네트워크를 통해 자동 로드 밸런싱이수행되는 것이다. 이것은 A.3절의 워크숍을 통해 실습해 본다.

▏▎▍ 서비스 검색

도커 스웜 모드는 서비스 검색을 위해 자체 DNS 서버를 통한 서비스 검색 기능을 제공한다.

도커 스웜 모드 매니저 노드는 클러스터에 합류된 모든 노드의 서비스에 고유한 DNS 이름을 할당하고, 할당된 DNS 이름은 도커 스웜 모드에 내장된 DNS 서버를 통해 스웜 모드에서 실행 중인 모든컨테이너를 조회할 수 있게 된다. 이것을 **서비스 디스커버리**_{service discovery}라고 한다.

▏▎▍ 롤링 업데이트

도커 스웜 모드 매니저 노드를 통해 현재 실행 중인 서비스 컨테이너의 업데이트를 노드 단위로 점진적으로 적용할 수 있는 롤링 업데이트_{rolling update}를 할 수 있다. 롤링 업데이트는 각 작업자 노드에서실행 중인 서비스 컨테이너를 노드 단위의 지연적 업데이트를 수행하는 것이다.

예를 들어, 3개의 작업자 노드를 사용하는 환경에서 nginx:1.19 버전으로 운영 중인 서비스 컨테이너가 있다고 가정하자. 이때 nginx를 1.21 버전으로 업데이트를 수행한다면 한 작업자 노드에서nginx:1.19 서비스 컨테이너를 중지하고, nginx:1.21 버전의 새로운 서비스 컨테이너를 생성한다. 이후 업데이트 지연 시간(옵션: --update-delay 초)만큼 대기한 뒤 다른 작업자 노드에서 동일한 작업을 반복 수행하여 업데이트를 마무리하게 된다. 이를 통해 서비스 지속성을 갖게 된다. 결국 롤링 업데이트는 새 버전 서비스 컨테이너를 하나씩 늘려가고 이전 버전 서비스 컨테이너를 하나씩 줄여가는 방식인 것이다.

만약 업데이트가 실패할 경우, 다양한 기능을 통해 재시도 및 업데이트 중지 등을 수행할 수도 있고, 잘못된 업데이트를 취소하기 위해 롤백rollback 기능도 제공된다.

A.2 도커 스웜 모드 클러스터 구성

A.2.1 도커 스웜 모드 구성을 위한 서버 구성

도커 스웜 모드 구성을 위해 앞서 사용했던 Oracle VirtualBox 기반의 우분투 이미지를 복제하여 3개로 만든 뒤 스웜 모드 클러스터를 위한 서버 구성을 수행한다. 서버 구성은 다음과 같다.

표 A-1 서버 기본 구성

노드	운영체제	CPU	Memory	IP 주소
swarm-manager	Ubuntu 18.04	4 core	4 GB	192.168.56.100
swarm-worker1	Ubuntu 18.04	2 core	4 GB	192.168.56.101
swarm-worker2	Ubuntu 18.04	2 core	4 GB	192.168.56.102

작업자 노드(swarm-work)의 수는 사용 중인 컴퓨터의 사양을 고려해서 추가 및 변경할 수 있다. 다만, 서비스 컨테이너 수행을 위해 작업자 노드는 최소 사양인 CPU 2 core, Memory 2 GB 이상을 권장한다.

다음은 Oracle VirtualBox에서 사용하고 있던 도커 호스트 이미지를 복제하는 과정이다.

❶ 사용 중인 도커 호스트를 중지shutdown하고, 복제를 수행한다.

그림 A-1 도커 호스트 이미지 복제

② 복제 구성에 필요한 내용을 다음과 같이 변경하고, [다음]을 클릭한다.

- **머신 이름 변경**: swarm-worker1(머신 이름은 스웜 모드 구성에 맞게 설정하는 사용자 지정이다.)
- **MAC 주소 정책 변경**: [모든 네트워크 어댑터의 새 MAC 주소 생성]을 선택해 새로운 주소를 할당받도록 한다.

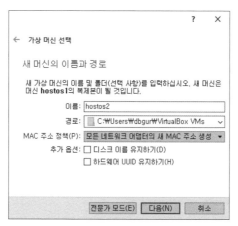

그림 A-2 **이미지 복제 이름 및 MAC 주소 정책 변경**

③ 복제 방식을 선택한다. 완전한 복제를 선택하여 기존 이미지의 모든 것을 복제한다.

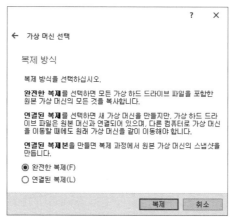

그림 A-3 **완전한 복제**

이러한 방식으로 원하는 작업자 노드 수만큼 복제를 수행하면 된다.

복제가 완료되면 각 노드에 접속하여 호스트명과 IP 주소를 수동으로 할당하여 각 노드가 충돌하지 않도록 서버 구성을 해야 한다. 이 실습에서는 모든 노드의 호스트명을 노드의 역할로 구분하여 사용한다.

```
# 현재 서버의 IP 주소를 확인한다. 복제 후 자동으로 원본 서버와 다른 IP가 할당되지만 이 실습에서는 아래 /etc/hosts
의 호스트명과 IP로 수동 구성을 수행한다.
~$ ifconfig -a
…
enp0s8: flags=4163<UP,BROADCAST,RUNNING,MULTICAST>  mtu 1500
        inet 192.168.56.6  netmask 255.255.255.0  broadcast 192.168.56.255
        inet6 fe80::ed4c:f455:712b:1a6a  prefixlen 64  scopeid 0x20<link>
        inet6 fe80::387f:e9c5:2ee2:dd33  prefixlen 64  scopeid 0x20<link>
        ether 08:00:27:9d:88:fb  txqueuelen 1000  (Ethernet)
…

# IP 주소 변경은 우분투 데스크톱의 네트워크 매니저를 통해 쉽게 변경 가능하고, 다음은 수동으로 구성하는 작업이다. 우분투
버전에 따라 네트워크 서비스명이 networking, network로 다를 수 있다.
~$ sudo systemctl stop network

~$ sudo ifconfig enp0s8 192.168.56.100

~$ sudo systemctl start network

# 수동으로 호스트명을 변경한다.
~$ sudo hostnamectl set-hostname swarm-manager
~$ cat /etc/hostname
swarm-manager

~$ sudo vi /etc/hosts
127.0.0.1       localhost
127.0.1.1       swarm-manager
192.168.56.100  swarm-manager
192.168.56.101  swarm-worker1
192.168.56.102  swarm-worker2

~$ sudo reboot
```

위 작업을 모든 복제 서버에 접속하여 표 A-1과 같이 수행하여 도커 스웜 모드 클러스터에 합류시킬
준비를 한다.

A.2.2 도커 스웜 모드 초기 연결 구성: swarm init와 swarm join

ⅠⅠⅠⅠⅠ 도커 스웜 모드 초기화

docker swarm init [옵션][3] 명령을 통해 도커 스웜 초기화를 수행한다. 이 작업은 도커 엔진 1.24 이
상에서만 구성 가능하며, 이 작업을 수행하는 서버가 자동으로 관리자 역할을 수행하는 매니저 노드
가 된다.

---

3   도커 스웜 초기화 작업에 사용되는 옵션의 종류는 도커 도큐먼트(*https://docs.docker.com/engine/reference/commandline/swarm_init*)를 참고한다.

```
# 현재 스웜 모드 상태를 조회한다.
# inactive 상태는 현재 스웜 모드가 활성화되지 않았음을 알 수 있다.
swarm-manager:~$ docker info | grep Swarm
 Swarm: inactive

# --advertise-addr에는 도커 스웜 모드의 노드가 매니저 노드에 접근하기 위한 IP를 입력한다.
swarm-manager:~$ docker swarm init --advertise-addr 192.168.56.100
Swarm initialized: current node (5n8o2k2ennj8vlutyvnb9vfm2) is now a manager.
To add a worker to this swarm, run the following command:

docker swarm join --token SWMTKN-1-1v7hhbu51bar1c2trix4jc0hyn0yvjikau4gqgl7hek3drr7rl-
7fibqmhdm53lat5173jrncea9 192.168.56.100:2377

To add a manager to this swarm, run 'docker swarm join-token manager' and follow the
instructions.

# 초기화 작업의 결과에서 제공되는 docker swarm join --token … 내용은 작업자 노드에 복사하고 붙여넣기하여 작업자
노드를 매니저 노드와 하나의 클러스터로 합류시킬 수 있다.

swarm-manager:~$ sudo netstat -nlp | grep dockerd
tcp6      0      0 :::888               :::*              LISTEN     987/dockerd
tcp6      0      0 :::7070              :::*              LISTEN     987/dockerd
tcp6      0      0 :::2377              :::*              LISTEN     987/dockerd
tcp6      0      0 :::7946              :::*              LISTEN     987/dockerd
tcp6      0      0 :::80                :::*              LISTEN     987/dockerd
udp6      0      0 :::7946              :::*                         987/dockerd
unix  2      [ ACC ]     STREAM     LISTENING     28673     987/dockerd          /var/run/
docker/metrics.sock
unix  2      [ ACC ]     STREAM     LISTENING     29604     987/dockerd          /var/run/
docker/libnetwork/c52a778d5faa.sock
unix  2      [ ACC ]     STREAM     LISTENING     29694     987/dockerd          /var/run/
docker/swarm/control.sock
```

도커 스웜 모드의 매니저 노드의 기본 포트는 2377을 사용하고, 작업자 노드 간의 통신은 7946/tcp, 7946/udp를 사용한다. 또한, 스웜 모드에서 사용하는 인그레스 오버레이 네트워크는 4789/tcp, 4789/udp를 사용하므로 방화벽 사용 시 추가하여야 한다.

도커 스웜 모드 작업자 노드 연결

앞 절에서 생성된 조인 토큰을 복사하여 작업자 노드의 프롬프트에 붙여넣기한다. 조인 토큰은 작업자 노드가 매니저 노드와 함께 클러스터에 합류할 수 있도록 하는 비밀 키다.

```
# 다음 작업은 동일한 조인 키를 이용해 작업자 노드 수만큼 반복 수행한다.
# swarm worker1 설정
swarm-worker1:~$ docker swarm join --token SWMTKN-1-1v7hhbu51bar1c2trix4jc0hyn0yvjikau4gqgl7he
k3drr7rl-7fibqmhdm53lat5173jrncea9 192.168.56.100:2377
This node joined a swarm as a worker.
```

```
# swarm worker2 설정
swarm-worke2:~$ docker swarm join --token SWMTKN-1-1v7hhbu51bar1c2trix4jc0hyn0yvjikau4gqgl7hek
3drr7rl-7fibqmhdm53lat5173jrncea9 192.168.56.100:2377
This node joined a swarm as a worker.
```

스웜 매니저 노드에서 제공된 토큰token은 외부에 노출되지 않도록 관리해야 한다. 또한, 언제든 확인 및 재생성하여 사용할 수 있다.

```
# 만일 최초 생성된 조인 키를 분실한 경우 조회 가능하다.
swarm-manager:~$ docker swarm join-token worker
To add a worker to this swarm, run the following command:

    docker swarm join --token SWMTKN-1-346f60kg2ioh0x7gci3yab46hu2zyt7eknma4vqu4wz0agfq2z-
244gdb3ul5vymcnv45jf3n8cl 192.168.56.100:2377

# 다중 매니저 노드를 구성하는 경우에는 매니저 노드 추가에 대한 조인 키도 조회 가능하다.
swarm-manager:~$ docker swarm join-token manager
To add a manager to this swarm, run the following command:

 docker swarm join --token SWMTKN-1-346f60kg2ioh0x7gci3yab46hu2zyt7eknma4vqu4wz0agfq2z-
1evbesi0jlywssn4987qr03k2 192.168.56.100:2377

# 노드 연결 구성이 끝나면 매니저 노드에서 작업자 노드의 연결을 확인할 수 있다.
swarm-manager:~$ docker node ls
ID                          HOSTNAME        STATUS      AVAILABILITY    MANAGER STATUS    ENGINE
VERSION
nyyy0l9dynvzh6u3s7elyluvj * swarm-manager   Ready       Active          Leader
20.10.7
bdzb03iwmjjulyhac6slm4i9u   swarm-worker1   Ready       Active
20.10.7
55tz1sh2iuk70nz8ri2jfsbvt   swarm-worker2   Ready       Active
20.10.7

# 위 결과를 보면 모든 노드의 호스트명과 상태, 매니저 노드가 어떤 호스트인지 등을 알 수 있다.

# 도커 스웜 모드 초기화 이후 스웜 모드 상태를 조회하면 활성화 상태와 노드에 관한 정보 및 오케스트레이션 정보까지 도커 스
웜 모드에 대한 세부 정보를 확인할 수 있다.
swarm-manager:~$ docker info
…
Swarm: active
  NodeID: nyyy0l9dynvzh6u3s7elyluvj
  Is Manager: true
  ClusterID: t7qjbw35rl71iogz5bv9fszik
  Managers: 1
  Nodes: 3
  Default Address Pool: 10.0.0.0/8
  SubnetSize: 24
  Data Path Port: 4789
```

```
Orchestration:
 Task History Retention Limit: 5
Raft:
 Snapshot Interval: 10000
 Number of Old Snapshots to Retain: 0
 Heartbeat Tick: 1
 Election Tick: 10
Dispatcher:
 Heartbeat Period: 5 seconds
CA Configuration:
 Expiry Duration: 3 months
 Force Rotate: 0
Autolock Managers: false
Root Rotation In Progress: false
Node Address: 192.168.56.100
Manager Addresses:
 192.168.56.100:2377
…
```

모든 연결 구성이 끝난 후 새롭게 구성된 도커 스웜 모드 네트워크를 확인할 수 있다.
```
swarm-manager:~$ docker network ls
NETWORK ID         NAME               DRIVER           SCOPE
37117fc4df70       bridge             bridge           local
35ecd33cc994       docker_gwbridge    bridge           local
e9a91d7b5860       host               host             local
t9hq4e76jb3d       ingress            overlay          swarm
9a67edfef71e       none               null             local
```

새롭게 생성된 인그레스 오버레이 네트워크는 A.1.2절에서 설명하였고, docker_gwbridge 네트워크는 오버레이 네트워크를 개별 도커 데몬의 물리적 네트워크에 연결하는 브리지 네트워크라고 보면 된다.

참고 작업 1

운영 중 노드의 확장을 위해 새로운 토큰이 필요한 경우 다음 명령을 통해 새로 발급할 수 있다.

```
# --rotate 플래그를 사용하여 새 조인 토큰을 생성한다.
swarm-manager:~$ docker swarm join-token --rotate worker
Successfully rotated worker join token.

To add a worker to this swarm, run the following command:

    docker swarm join --token SWMTKN-1-346f60kg2ioh0x7gci3yab46hu2zyt7eknma4vqu4wz0agfq2z-
1kq4kg04eafbff6uczgyvygud 192.168.56.100:2377

# 조인 토큰만 새로 발급하는 경우에는 --quiet 옵션을 사용한다.
swarm-manager:~$ docker swarm join-token -q worker
SWMTKN-1-346f60kg2ioh0x7gci3yab46hu2zyt7eknma4vqu4wz0agfq2z-1kq4kg04eafbff6uczgyvygud
```

만일 작업자 노드에서 다음과 같은 에러가 발생한다면 방화벽 구성 등의 서버 설정을 확인할 필요가
있다.

```
swarm-worker1:~$ docker swarm join --token SWMTKN-1-1v7hhbu51bar1c2trix4jc0hyn0yvjikau4gqgl7he
k3drr7rl-7fibqmhdm53lat5173jrncea9 192.168.56.100:2377
Error response from daemon: rpc error: code = Unavailable desc = connection error: desc =
"transport: Error while dialing dial tcp 192.168.56.100:2377: connect: no route to host"

# 현재 도커 스웜 모드를 사용하는 운영체제는 우분투이므로 다음 명령을 사용한다.
swarm-manager:~$ sudo ufw disable
Firewall stopped and disabled on system startup

swarm-manager:~$ sudo ufw status
Status: inactive

swarm-manager:~$ sudo systemctl stop firewalld.sevice
```

작업자 노드의 오류 및 새로 구성을 위해 스웜 노드를 제거해야 한다면 leave 명령을 통해 노드를 제
거할 수 있다. 새로운 조인 토큰을 생성해서 다시 작업자 노드를 연결할 수 있다.

```
# 현재 도커 스웜 모드를 사용하는 운영체제는 우분투다.
swarm-manager:~$ docker swarm leave swarm-worker2
Node left the default swarm.

또는,

swarm-worker2:~$ docker swarm leave
Node left the default swarm.
```

A.2.3 도커 스웜 모드 모니터링을 위한 구성

이번 절은 서비스 컨테이너 사용 전 도커 스웜 모드를 모니터링할 수 있는 두 가지 도구를 구성해 본다.

▐▐▐▐ 도커 스웜 모드 시각화 도구

도커 스웜 모드 클러스터는 여러 호스트와 서비스를 처리하는 오케스트레이션 도구다. 따라서, 도커
스웜 명령을 통한 조회보다 시각적 피드백이 더욱 유용하다.

```
# 매니저 노드에 시각화 도구 서비스를 생성한다. 내장된 8080 포트와 docker.sock을 연결하여 실시간으로 생성하는 모든 서
비스를 확인할 수 있다.
swarm-manager:~$ docker service create \
> --name=viz_swarm \
> --publish=7070:8080 \
> --constraint=node.role==manager \
> --mount=type=bind,src=/var/run/docker.sock,dst=/var/run/docker.sock \
> dockersamples/visualizer

# 실행 결과는 http://(매니저노드IP)192.168.56.100:8080으로 연결하여 확인한다.
swarm-manager:~$ sudo netstat -nlp | grep 7070
tcp6        0        0 :::7070                  :::*                    LISTEN      987/dockerd
```

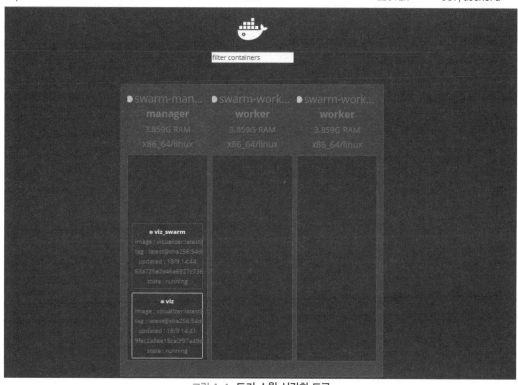

그림 A-4 도커 스윔 시각화 도구

생성된 시각화_{visualizer} 도구를 통해 생성되는 모든 서비스를 웹에서 직접 확인할 수 있기 때문에 운영
되고 있는 서비스 컨테이너에 대한 정보를 실시간으로 확인할 수 있다.

⦀⦀ 도커 스윔 모드 모니터링을 위한 스윔피트 구성

도커 스윔피트_{swarmpit}는 도커 스윔 모드를 관리하기 위해 제공되는 GUI 도구다. swarmpit.io를 통해
사용 방법 및 설정 등을 알 수 있다.

```
# 도커 스웜피트를 컨테이너로 실행한다.
swarm-manager:~$ docker run -it --rm \
> --name swarmpit-installer \
> --volume /var/run/docker.sock:/var/run/docker.sock \
> swarmpit/install:1.9
...
b9c8c9392f78: Pull complete
1dc4870df7ac: Pull complete
Digest: sha256:9f96cca213242c03bc1888dccd27ee397401eea1a909201290809dd34a6a8337
Status: Downloaded newer image for swarmpit/install:1.9
```

```
Welcome to Swarmpit
Version: 1.9
Branch: 1.9


Preparing dependencies
7.67.0-r0: Pulling from lucashalbert/curl
e6b0cf9c0882: Pull complete
d2c6e56efa25: Pull complete
a88a2526a191: Pull complete
Digest: sha256:d30a7ac1114b667e95976461f1b5c345fbc7545a6787cd890d134c76b6b99849
Status: Downloaded newer image for lucashalbert/curl:7.67.0-r0
docker.io/lucashalbert/curl:7.67.0-r0
DONE.


Preparing installation
Cloning into 'swarmpit'...
remote: Enumerating objects: 20570, done.
remote: Counting objects: 100% (187/187), done.
remote: Compressing objects: 100% (130/130), done.
remote: Total 20570 (delta 75), reused 127 (delta 46), pack-reused 20383
Receiving objects: 100% (20570/20570), 6.48 MiB | 6.10 MiB/s, done.
Resolving deltas: 100% (12263/12263), done.
Note: switching to '91987c59bc3209120f6fe514c14572129771e60b'.

You are in 'detached HEAD' state. You can look around, make experimental
changes and commit them, and you can discard any commits you make in this
state without impacting any branches by switching back to a branch.

If you want to create a new branch to retain commits you create, you may
do so (now or later) by using -c with the switch command. Example:

  git switch -c <new-branch-name>

Or undo this operation with:

  git switch -
```

Turn off this advice by setting config variable advice.detachedHead to false

DONE.

Application setup
Enter stack name [swarmpit]: **swarmpit**
Enter application port [888]: **888**
Enter database volume driver [local]: **local**
Enter admin username [admin]: **admin**
Enter admin password (min 8 characters long): **pass123#**

Application deployment
Creating network swarmpit_net
Creating service swarmpit_app
Creating service swarmpit_db
Creating service swarmpit_influxdb
Creating service swarmpit_agent
DONE.

Starting swarmpit.........DONE.
Initializing swarmpit...DONE.

Summary
Username: admin
Password: pass123#
Swarmpit is running on port :888

Enjoy :)

도커 스웜피트는 도커 스택(docker stack)으로 구동되며 app, agent, db, influxdb의 4개 스택으로 구성되어 있다.
swarm-manager:~$ **docker stack ps swarmpit**

ID	NAME	IMAGE	NODE	DESIRED STATE	CURRENT STATE
ERROR	PORTS				
qu2up3r72bvs	swarmpit_agent.55tz1sh2iuk70nz8ri2jfsbvt	swarmpit/agent:2.2	swarm-worker2	Running	Running 52 seconds ago
ql8e553litgk	swarmpit_agent.bdzb03iwmjjulyhac6slm4i9u	swarmpit/agent:2.2	swarm-worker1	Running	Running 53 seconds ago
jvsz4ixi6eib	swarmpit_agent.nyyy0l9dynvzh6u3s7elyluvj	swarmpit/agent:2.2	swarm-manager	Running	Running 52 seconds ago
n1cqx8xv955h	swarmpit_app.1	swarmpit/swarmpit:1.9	swarm-manager	Running	Running 48 seconds ago
r87e6p9krbp7	swarmpit_db.1	couchdb:2.3.0	swarm-worker1	Running	Running 59 seconds ago
y2w9o2swi61w	swarmpit_influxdb.1	influxdb:1.7	swarm-manager	Running	Running 32 seconds ago

구성된 서비스 정보를 조회한다.
swarm-manager:~$ **docker service ls**

ID	NAME	MODE	REPLICAS	IMAGE	PORTS
uh8op1j3xt0q	swarmpit_agent	global	3/3	swarmpit/agent:2.2	
tueae3tqeo6s	swarmpit_app	replicated	1/1	swarmpit/swarmpit:1.9	*:888->8080/tcp
roehrhdocfej	swarmpit_db	replicated	1/1	couchdb:2.3.0	
j9w3tn46v47j	swarmpit_influxdb	replicated	1/1	influxdb:1.7	
6bfiov7gjmi0	viz_swarm	replicated	1/1	dockersamples/visualizer:latest	*:7070->8080/tcp

도커 스웜피트에 접속해 본다. 주소는 *http://매니저노드IP:888*이
고, 암호는 앞에서 설정한 것처럼 admin/pass123#이다.

접속하면 현재 사용 중인 모든 클러스터 노드의 서비스 컨테이너 정보를 확인할 수 있다. (다음 화면은
여러 서비스를 실행하고 있는 화면이다.)

Service	Replicas	Ports	
swarmpit_app swarmpit/swarmpit:1.9	1 / 1	888 [tcp]	RUNNING
swarmpit_agent swarmpit/agent:2.2	3 / 3		RUNNING
swarmpit_influxdb influxdb:1.7	1 / 1		RUNNING
swarmpit_db couchdb:2.3.0	1 / 1		RUNNING
rolling_nginx2 nginx:1.21	4 / 4		RUNNING
rolling_nginx nginx:1.21	3 / 3		RUNNING
global_nginx nginx:1.19	3 / 3		RUNNING
webservice nginx:1.21	3 / 3	8100 [tcp]	RUNNING
viz_swarm dockersamples/visualizer:latest	1 / 1	7070 [tcp]	RUNNING

그림 A-6 **도커 스웜피트 서비스 조회 화면**

스웜피트는 다양한 메뉴를 가지고 있으며 대시보드를 통해 전체 자원 사용량을 체크할 수 있다.

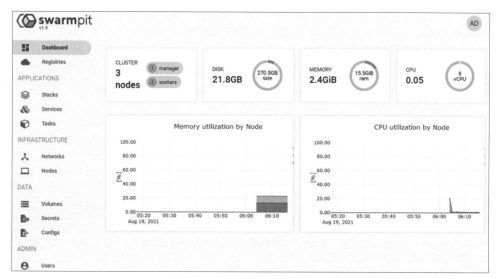

그림 A-7 도커 스웜 모드 자원 사용량 확인

또한, 현재 실행 중인 특정 서비스의 세부 정보까지 확인할 수 있다.

그림 A-8 도커 스웜피트 서비스 상세 화면

이렇게 해서 도커 스웜 모드 클러스터 구성과 모니터링을 위한 구성까지 마무리했다.

이제, 간단한 서비스 배포를 만들어 보자.

```
# 'docker service create' 명령으로 서비스를 생성해 보자. 도커 엔진을 이용한 docker run과 같은 방식과 유사하다.
# 이 서비스 컨테이너는 알파인셸(ash)을 이용해 3초 간격으로 특정 문장을 계속 실행한다.
swarm-manager:~$ docker service create \
> --name swarm-start \
> alpine:3 \
> /bin/ash -c "while true; do echo 'Docker Swarm mode Start.'; sleep 3; done"
nf73if35ilhoej7ff9ezvw5qk
overall progress: 1 out of 1 tasks
1/1: running
verify: Service converged

# 'docker service ls' 명령으로 생성된 서비스 목록을 조회한다.
swarm-manager:~$ docker service ls
ID              NAME          MODE          REPLICAS    IMAGE                   PORTS
nf73if35ilho    swarm-start   replicated    1/1         alpine:3

# 'docker service ps {ID | NAme}' 생성된 서비스에서 실행 중인 컨테이너 정보를 조회한다. 현재 서비스 컨테이너가
어떤 노드에서 실행 중인지 알 수 있다.
swarm-manager:~$ docker service ps swarm-start
ID            NAME            IMAGE       NODE            DESIRED STATE   CURRENT STATE          ERROR    PORTS
uch96puhgi84  swarm-start.1   alpine:3    swarm-worker2   Running         Running 15 seconds ago

# 'docker service logs -f {ID}' 3초 간격으로 실행 중인 문장 정보를 조회한다. 중지는 ctrl+c로 수행한다.
swarm-manager:~$ docker service logs -f uch96puhgi84
...
swarm-start.1.uch96puhgi84@swarm-worker2     | Docker Swarm mode Start.
swarm-start.1.uch96puhgi84@swarm-worker2     | Docker Swarm mode Start.
swarm-start.1.uch96puhgi84@swarm-worker2     | Docker Swarm mode Start.
^C

# 단일 서버에서 도커 엔진을 통해 컨테이너를 배포하는 방식과 유사하지만, 다중 호스트 기반의 클러스터 환경에서 구현된다는
것을 알 수 있고, 복제 기능을 사용하면 다중 호스트에 안정적인 이중화 서비스 컨테이너도 구현할 수 있다.

# 서비스를 삭제하고, 확인한다.
swarm-manager:~$ docker service rm swarm-start
swarm-start

swarm-manager:~$ docker service ls
```

여기까지 도커 스웜 모드를 구축해 보았다. 도커 스웜 모드 클러스터가 갖는 장점은 다양한 오케스
트레이션 기능을 구현할 수 있다는 것이다. 다음 절의 워크숍을 통해 알아보자.

A.3 도커 스웜 모드 워크숍

A.2절에서 구성한 도커 스웜 모드 클러스터 환경을 이용해 서비스 컨테이너를 생성하고 스웜이 가지고 있는 다양한 기능을 각 워크숍을 통해 간단히 활용해 보자.

A.3.1 도커 스웜 모드 워크숍 1:
nginx를 이용한 서비스 컨테이너 배포와 관리

도커 스웜 모드 클러스터는 서비스 컨테이너를 복제 모드로 배포할 경우 구성된 모든 클러스터 노드에서 접속이 가능하다. 서비스 컨테이너 생성 시 노출할 포트를 --publish 옵션으로 구성할 수 있고, 서비스 컨테이너가 포트를 오픈하면 동시에 모든 노드에서 동일한 포트가 오픈되기 때문에 클러스터에 합류된 어떤 노드에 요청을 전달해도 실행 중인 서비스 컨테이너에 자동 전달된다. 이것은 모든 노드가 스웜 모드의 라우팅 메시에 참여하기 때문이다.

바로 인그레스 네트워크를 통해 자동 로드 밸런싱을 수행하는 것이다.

```
# nginx를 2개의 복제본으로 클러스터 노드에 배포한다.
swarm-manager:~$ docker service create \
> --name web-alb \
> --constraint node.role==worker \
> --replicas 2 \
> --publish 8001:80 \
> nginx
9zxufl7k01zxx2v5qtu5p5mi3
overall progress: 2 out of 2 tasks
1/2: running
2/2: running
verify: Service converged

# --name: 서비스명 지정.
# --constraint node.role: 서비스가 생성될 노드 타입 지정, manager or worker
# 참고 "--constraint node.hostname==노드명" 지정 시 해당 노드에 생성
# --replicas: 복제 서비스 수.
# --publish: (-p) 연결할 포트 번호와 컨테이너 포트 지정

# 생성된 서비스와 서비스 컨테이너를 조회한다. 2개의 서비스 컨테이너가 각 작업자 노드 1, 2에 배치된 것을 알 수 있다.
swarm-manager:~$ docker service ls
ID            NAME        MODE         REPLICAS   IMAGE             PORTS
9zxufl7k01zx  web-alb     replicated   2/2        nginx:latest      *:8001->80/tcp

swarm-manager:~$ docker service ps web-alb
ID            NAME        IMAGE          NODE          DESIRED STATE   CURRENT STATE        ERROR    PORTS
d3q39lisciuv  web-alb.1   nginx:latest   swarm-worker1 Running         Running 4 minutes ago
m0xol41ek0db  web-alb.2   nginx:latest   swarm-worker2 Running         Running 4 minutes ago
```

\# 시각화 도구를 통해 확인해 본다.

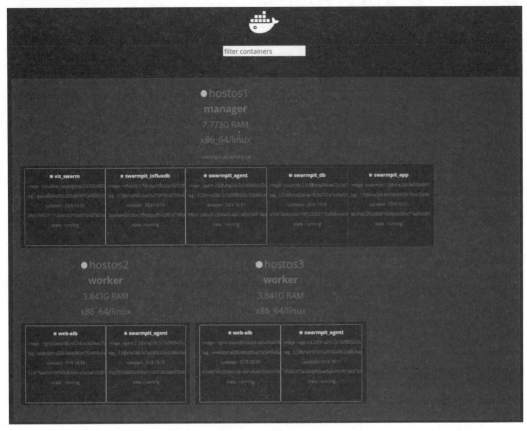

그림 A-9 **시각화 도구를 이용한 서비스 배포 확인**

\# 현재는 사용률은 거의 없지만 스웜피트 모니터링 도구를 통해 서비스 컨테이너를 확인해 본다.

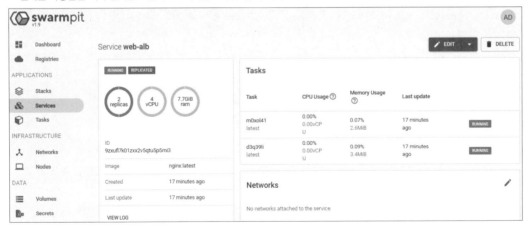

그림 A-10 **스웜피트 모니터링 도구를 이용한 서비스 확인**

설명한 바와 같이 8001 포트를 클러스터에 합류되어 있는 모든 노드가 오픈했는지 확인한다.

```
swarm-manager:~$ sudo netstat -nlp | grep 8001
tcp6       0      0 :::8001              :::*              LISTEN     987/dockerd

swarm-worker1:~$ sudo netstat -nlp | grep 8001
tcp6       0      0 :::8001              :::*              LISTEN     987/dockerd

swarm-worker2:~$ sudo netstat -nlp | grep 8001
tcp6       0      0 :::8001              :::*              LISTEN     987/dockerd
```

현재 매니저 노드를 제외한 작업자 노드 1, 2에 배포되어 있지만, 라우팅 메시를 통해 모든 노드에서 접근이 가능한 것을 확인해 본다. 배포된 노드에 간단한 index.html을 만들어서 로드 밸런싱을 확인해 본다.

```
swarm-worker1:~$ vi index.html
<h1> Hi~ docker swarm 1. </h1>


swarm-worker1:~$ docker ps
CONTAINER ID    IMAGE            COMMAND              CREATED         STATUS         PORTS      NAM  ES
62ef8745d393    nginx:latest     "/docker-entrypoint.…"  30 minutes ago  Up 30 minutes  80/tcp     web  -alb.2.m0x
ol41ek0dbe23okarn6hgjn


swarm-worker1:~$ docker cp index.html web-alb.2.m0xol41ek0dbe23okarn6hgjn:/usr/share/nginx/
html/index.html


swarm-worker2:~$ vi index.html
<h1> Hi~ docker swarm 2. </h1>


swarm-worker2:~$ docker ps
CONTAINER ID    IMAGE            COMMAND              CREATED         STATUS         PORTS
NAMES
b24f75ea0c87    nginx:latest     "/docker-entrypoint.…"  32 minutes ago  Up 32 minutes  80/tcp
web-alb.1.d3q39lisciuv259awstaj9tpb


swarm-worker2:~$ docker cp index.html web-alb.1.d3q39lisciuv259awstaj9tpb:/usr/share/nginx/
html/index.html
```

클러스터의 어떤 노드에서든 아래와 같이 조회를 수행해 보면 배포된 서비스 컨테이너에 로드 밸런싱으로 교차 접근하는 것을 알 수 있고, 배포되지 않은 매니저 노드에서도 연결되는 것을 알 수 있다.

```
swarm-manager:~$ curl 192.168.56.100:8001
<h1> Hi~ docker swarm 1. </h1>
swarm-manager:~$ curl 192.168.56.100:8001
<h1> Hi~ docker swarm-2. </h1>
swarm-manager:~$ curl 192.168.56.100:8001
<h1> Hi~ docker swarm 1. </h1>
swarm-manager:~$ curl 192.168.56.100:8001
<h1> Hi~ docker swarm-2. </h1>

swarm-manager:~$ curl 192.168.56.101:8001
<h1> Hi~ docker swarm 1. </h1>
swarm-manager:~$ curl 192.168.56.101:8001
<h1> Hi~ docker swarm-2. </h1>

swarm-manager:~$ curl 192.168.56.102:8001
<h1> Hi~ docker swarm-2. </h1>
swarm-manager:~$ curl 192.168.56.102:8001
<h1> Hi~ docker swarm 1. </h1>
```

워크숍 1에서는 클러스터 노드에 배포된 서비스가 라우팅 메시로 구성되어 로드 밸런싱으로 접근을 수행하는 것을 직접 확인해 봤다.

현재 배포된 서비스는 언제든 scale 옵션을 이용해 동적 확장 및 축소가 가능하다. 앞서 생성한 web-alb(web application load balance) 서비스를 이용해 수행해 보자.

```
# scale 옵션을 이용해 web-alb 서비스를 3개로 확장해 본다.
swarm-manager:~$ docker service scale web-alb=3
web-alb scaled to 3
overall progress: 3 out of 3 tasks
1/3: running
2/3: running
3/3: running
verify: Service converged

swarm-manager:~$ docker service ls
ID           NAME       MODE         REPLICAS   IMAGE            PORTS
9zxufl7k01zx web-alb    replicated   3/3        nginx:latest     *:8001->80/tcp

swarm-manager:~$ docker service ps web-alb
ID           NAME       IMAGE          NODE            DESIRED STATE   CURRENT STATE          ERROR   PORTS
d3q39lisciuv web-alb.1  nginx:latest   swarm-worker1   Running         Running 49 minutes ago
m0xol41ek0db web-alb.2  nginx:latest   swarm-worker2   Running         Running 49 minutes ago
e1d6tk6001ct web-alb.3  nginx:latest   swarm-manager   Running         Running 15 seconds ago
```

시각화 도구를 통해서도 확인할 수 있다. 만일 현재 노드 수보다 많은 복제본으로 확장할 경우는 특정 노드에 추가 배치를 수행한다.

```
# scale 옵션을 이용해 web-alb 서비스를 노드 수보다 많은 네 개로 확장해 본다.
swarm-manager:~$ docker service scale web-alb=4
web-alb scaled to 4
overall progress: 4 out of 4 tasks
1/4: running
2/4: running
3/4: running
4/4: running
verify: Service converged

swarm-manager:~$ docker service ps web-alb
ID           NAME       IMAGE          NODE            DESIRED STATE   CURRENT STATE          ERROR   PORTS
d3q39lisciuv web-alb.1  nginx:latest   swarm-worker1   Running         Running 49 minutes ago
m0xol41ek0db web-alb.2  nginx:latest   swarm-worker2   Running         Running 49 minutes ago
e1d6tk6001ct web-alb.3  nginx:latest   swarm-manager   Running         Running 15 seconds ago
02qe2dwac1q1 web-alb.4  nginx:latest   swarm-worker2   Running         Running 9 seconds ago
```

이번에는 축소를 수행해 보자.

```
# scale 옵션을 이용해 web-alb 서비스를 2개로 축소한다.
swarm-manager:~$ docker service scale web-alb=2
web-alb scaled to 2
overall progress: 2 out of 2 tasks
1/2: running
2/2: running
verify: Service converged


swarm-manager:~$ docker service ps web-alb
ID            NAME        IMAGE         NODE           DESIRED STATE   CURRENT STATE          ERROR      PORTS
d3q39lisciuv  web-alb.1   nginx:latest  swarm-worker1  Running         Running 55 minutes ago
m0xol41ek0db  web-alb.2   nginx:latest  swarm-worker2  Running         Running 55 minutes ago
```

스웜 모드 클러스터에는 복제(--replicas) 및 전역 서비스 유형이 있다. 앞서 수행한 작업은 복제 모드다.

전역(--mode global) 옵션을 사용하면 스웜 모드 스케줄러는 클러스터에 합류된 모든 노드에 무조건 서비스 컨테이너를 배포한다.

```
# 전역 모드의 서비스를 생성한다.
swarm-manager:~$ docker service create \
> --name global_nginx \
> --mode global \
> nginx
0srksl9c4hndd4aobb77iidcc
overall progress: 3 out of 3 tasks
bdzb03iwmjju: running
55tz1sh2iuk7: running
nyyy0l9dynvz: running
verify: Service converged


swarm-manager:~$ docker service ls
ID            NAME               MODE        REPLICAS   IMAGE                             PORTS
0srksl9c4hnd  global_nginx       global      3/3        nginx:latest
uh8op1j3xt0q  swarmpit_agent     global      3/3        swarmpit/agent:2.2
tueae3tqeo6s  swarmpit_app       replicated  1/1        swarmpit/swarmpit:1.9             *:888->8080/tcp
roehrhdocfej  swarmpit_db        replicated  1/1        couchdb:2.3.0
j9w3tn46v47j  swarmpit_influxdb  replicated  1/1        influxdb:1.7
6bfiov7gjmi0  viz_swarm          replicated  1/1        dockersamples/visualizer:latest  *:7070->8080/tcp
9zxufl7k01zx  web-alb            replicated  2/2        nginx:latest                     *:8001->80/tcp


swarm-manager:~$ docker service ps global_nginx
ID            NAME                                               IMAGE         NODE           DESIRED STATE   CURRENT STATE
ERROR     PORTS
qfpl5efrkm7s  global_nginx.55tz1sh2iuk70nz8ri2jfsbvt             nginx:latest  swarm-worker2  Running         Running 18 seconds ago
ap661qngfbsf  global_nginx.bdzb03iwmjjulyhac6slm4i9u             nginx:latest  swarm-worker1  Running         Running 18 seconds ago
r2wvlwqk10g0  global_nginx.nyyy0l9dynvzh6u3s7elyluvj             nginx:latest  swarm-manager  Running         Running 19 seconds ago
```

현재 스웜 모드 클러스터는 3개의 노드로 구성되어 있다. 만약 작업자 노드 3번을 추가하게 되면 전역 모드로 생성한 global_nginx는 자동으로 추가된 작업자 노드 3번에도 추가되어 4개의 서비스로 자동 확장된다.

참고로, 노드 추가 작업은 매니저 노드에서 다음과 같이 수행한다.

```
swarm-manager:~$ docker swarm join-token worker
To add a worker to this swarm, run the following command:

    docker swarm join --token SWMTKN-1-346f60kg2ioh0x7gci3yab46hu2zyt7eknma4vqu4wz0agfq2z-
1kq4kg04eafbff6uczgyvygud 192.168.56.201:2377

# 추가로 준비된 작업자 노드 3번에서 위에서 생성된 코드를 실행한다.
swarm-worker3:~$ docker swarm join --token SWMTKN-1-346f60kg2ioh0x7gci3yab46hu2zyt7eknma4vqu4w
z0agfq2z-1kq4kg04eafbff6uczgyvygud 192.168.56.201:2377

# 수행한 서비스를 모두 삭제한다.
swarm-manager:~$ docker service ls
ID              NAME            MODE        REPLICAS    IMAGE                           PORTS
0srksl9c4hnd    global_nginx    global      3/3         nginx:latest
9zxufl7k01zx    web-alb         replicated  2/2         nginx:latest                    *:8001->80/tcp

swarm-manager:~$ docker service rm global_nginx web-alb
global_nginx
web-alb

swarm-manager:~$ docker service ls
```

A.3.2 도커 스웜 모드 워크숍 2: 서비스 유지관리를 위한 기능

기본적으로 대부분의 오케스트레이션 도구는 **장애 복구** 기능을 내장하고 있다. 도커 스웜 모드 클러스터에서는 장애 대비를 할 수 있는 복제 모드(--replicas) 기능을 제공하고, 배포된 서비스 장애 및 노드의 장애가 발생하면 자동으로 복제 수만큼의 서비스를 맞추어 장애에 대한 자동 복구를 수행한다.

또한, 패키지 버전 변경 수행 시 서비스를 중단하지 않고 롤링 업데이트 기능을 사용하면 새 버전 서비스 컨테이너는 하나씩 늘려가고 이전 버전 서비스 컨테이너는 하나씩 줄여가는 방식으로 버전 업데이트를 수행할 수 있다. 또한, 업데이트가 실패할 경우 다양한 기능을 통해 재시도 및 업데이트 중지 등을 선택 수행할 수도 있고, 잘못된 업데이트를 취소하기 위해 롤백 기능도 제공된다.

다음 실습을 통해 확인해 보자.

```
# A.3.1절의 워크숍에서 수행했던 서비스를 샘플로 생성한다.
swarm-manager:~$ docker service create \
> --name web-alb \
> --replicas 3 \
> --publish 8001:80 \
> nginx
j8o6hmue22s562otgy4ts01tt
```

```
overall progress: 3 out of 3 tasks
1/3: running
2/3: running
3/3: running
verify: Service converged


swarm-manager:~$ docker service ls
j8o6hmue22s5   web-alb              replicated   3/3         nginx:latest
*:8001->80/tcp


swarm-manager:~$ docker service ps web-alb
ID             NAME        IMAGE          NODE            DESIRED STATE   CURRENT STATE                ERROR        PORTS
svd6rl6hhlsa   web-alb.1    nginx:latest   swarm-manager   Running         Running about a minute ago
d1n0j8pd3ql9   web-alb.2    nginx:latest   swarm-worker1   Running         Running about a minute ago
slh385fp7pir   web-alb.3    nginx:latest   swarm-worker2   Running         Running about a minute ago
```

\# 컨테이너가 생성된 작업자 노드에서 해당 컨테이너를 삭제하여 장애를 유발한다.

```
swarm-worker1:~$ docker ps
CONTAINER ID   IMAGE          COMMAND                CREATED         STATUS         PORTS      NAMES
c7d44f07999f   nginx:latest   "/docker-entrypoint.…"  3 minutes ago   Up 3 minutes   80/tcp
web-alb.3.slh385fp7pircvwahl6q83ib5


swarm-worker1:~$ docker rm -f web-alb.3.slh385fp7pircvwahl6q83ib5
web-alb.3.slh385fp7pircvwahl6q83ib5
```

\# 매니저 노드에서 장애를 유발한 서비스를 조회해 보면 삭제된 서비스 컨테이너는 shutdown 상태가 되었고, 새로 서비스 컨테
이너를 생성한 것을 확인할 수 있다.

```
swarm-manager:~$ docker service ps web-alb
ID             NAME          IMAGE          NODE            DESIRED STATE   CURRENT STATE        ERROR
PORTS
svd6rl6hhlsa   web-alb.1      nginx:latest   swarm-manager   Running         Running 4 minutes ago
d1n0j8pd3ql9   web-alb.2      nginx:latest   swarm-worker1   Running         Running 4 minutes ago
ovd7s8r823q8   web-alb.3      nginx:latest   swarm-worker2   Ready           Ready 3 seconds ago
slh385fp7pir    \_ web-alb.3  nginx:latest   swarm-worker2   Shutdown        Failed 3 seconds ago    "task: non-zero exit (137)"


swarm-manager:~$ docker service ps web-alb
ID             NAME          IMAGE          NODE            DESIRED STATE   CURRENT STATE            ERROR
PORTS
svd6rl6hhlsa   web-alb.1      nginx:latest   swarm-manager   Running         Running 5 minutes ago
d1n0j8pd3ql9   web-alb.2      nginx:latest   swarm-worker1   Running         Running 5 minutes ago
ovd7s8r823q8   web-alb.3      nginx:latest   swarm-worker2   Running         Running about a minute ago
slh385fp7pir    \_ web-alb.3  nginx:latest   swarm-worker2   Shutdown        Failed about a minute ago   "task: non-zero exit (137)"
```

장애가 발생한 web-alb.3에 대해 자동 복구가 이루어졌고, 여전히 생성 시 설정했던 복제본 수를 유
지하는 것을 알 수 있다. 장애 코드 137은 비정상 종료를 의미한다.

이번에는 롤링 업데이트와 롤백을 수행해 보자.

\# 현재 스웜 모드 상태를 조회한다.
```
swarm-manager:~$ docker service create \
> --name my-database \
> --replicas 3 \
> redis:6.0-alpine
t9bk1j27yi30ifb5m250f4z47
```

```
overall progress: 3 out of 3 tasks
1/3: running
2/3: running
3/3: running
verify: Service converged
```

```
swarm-manager:~$ docker service ls
ID              NAME          MODE          REPLICAS    IMAGE                    PORTS
t9bk1j27yi30    my-database   replicated    3/3         redis:6.0-alpine
```

```
swarm-manager:~$ docker service ps my-database
ID             NAME            IMAGE              NODE             DESIRED STATE    CURRENT STATE           ERROR    PORTS
ovhviov4gm6r   my-database.1   redis:6.0-alpine   swarm-manager    Running          Running 43 seconds ago
dvota6l6664l   my-database.2   redis:6.0-alpine   swarm-worker1    Running          Running 43 seconds ago
i3l5j713753c   my-database.3   redis:6.0-alpine   swarm-worker2    Running          Running 43 seconds ago
```

```
swarm-manager:~$ docker service update \
> --image redis:6.2.5-alpine \
> my-database
my-database
overall progress: 3 out of 3 tasks
1/3: running
2/3: running
3/3: running
verify: Service converged
```

```
swarm-manager:~$ docker service ps my-database
ID             NAME              IMAGE                NODE             DESIRED STATE    CURRENT STATE          ERROR
PORTS
kodgptwqi7id   my-database.1     redis:6.2.5-alpine   swarm-manager    Ready            Preparing 1 second ago
ovhviov4gm6r    \_ my-database.1 redis:6.0-alpine     swarm-manager    Shutdown         Running 1 second ago
dvota6l6664l   my-database.2     redis:6.0-alpine     swarm-worker1    Running          Running 2 minutes ago
i3l5j713753c   my-database.3     redis:6.0-alpine     swarm-worker2    Running          Running 2 minutes ago
```

```
swarm-manager:~$ docker service ps my-database
ID             NAME              IMAGE                NODE             DESIRED STATE    CURRENT STATE          ERROR
PORTS
kodgptwqi7id   my-database.1     redis:6.2.5-alpine   swarm-manager    Running          Running 1 second ago
ovhviov4gm6r    \_ my-database.1 redis:6.0-alpine     swarm-manager    Shutdown         Shutdown 6 seconds ago
htyrbd84eznb   my-database.2     redis:6.2.5-alpine   swarm-worker1    Ready            Preparing 1 second ago
dvota6l6664l    \_ my-database.2 redis:6.0-alpine     swarm-worker1    Shutdown         Running 1 second ago
i3l5j713753c   my-database.3     redis:6.0-alpine     swarm-worker2    Running          Running 2 minutes ago
```

```
swarm-manager:~$ docker service ps my-database
ID             NAME              IMAGE                NODE             DESIRED STATE    CURRENT STATE          ERROR
PORTS
kodgptwqi7id   my-database.1     redis:6.2.5-alpine   swarm-manager    Running          Running 9 seconds ago
ovhviov4gm6r    \_ my-database.1 redis:6.0-alpine     swarm-manager    Shutdown         Shutdown 14 seconds ago
htyrbd84eznb   my-database.2     redis:6.2.5-alpine   swarm-worker1    Running          Running 3 seconds ago
dvota6l6664l    \_ my-database.2 redis:6.0-alpine     swarm-worker1    Shutdown         Shutdown 7 seconds ago
lw7esaby98af   my-database.3     redis:6.2.5-alpine   swarm-worker2    Running          Preparing 2 seconds ago
i3l5j713753c    \_ my-database.3 redis:6.0-alpine     swarm-worker2    Shutdown         Shutdown 1 second ago
```

롤링 업데이트 수행 과정을 보면, 첫 번째 작업 대상을 shutdown한 뒤 새로운 작업을 준비ready, 실행 running으로 반복하는 것을 확인할 수 있다. 바로 작업 교체 방식으로 업데이트를 수행하는 것이다.

롤링 업데이트에는 다음과 같은 추가 기능이 있다.

```
--update-failure-action, --update-max-failure-ratio,
--update-monitor, --update-order, --update-parallelism
```

이 중 서비스 업데이트 수행 시 각 작업에 대한 업데이트 시간 간격을 설정할 수 있고, 업데이트 수행 작업을 동시에 여러 개 수행할 수 있는 기능이 있다.

다음 실습은 redis:6.0-alpine 버전을 redis:6.2.5-alpine 버전으로 업데이트한다.

```
# 생성된 서비스의 상태 정보를 조회(inspect)해 보면, 생성에 사용한 정보 및 업데이트 상태, 롤백 상태 등의 정보를 확인할
수 있다. 다음은 기본값이다.
swarm-manager:~$ docker service inspect --pretty my-database

ID:             t9bk1j27yi30ifb5m250f4z47
Name:           my-database
Service Mode:   Replicated
 Replicas:      3
UpdateStatus:
 State:         completed
 Started:       4 minutes ago
 Completed:     4 minutes ago
 Message:       update completed
Placement:
UpdateConfig:
 Parallelism:   1
 On failure:    pause
 Monitoring Period: 5s
 Max failure ratio: 0
 Update order:      stop-first
RollbackConfig:
 Parallelism:   1
 On failure:    pause
 Monitoring Period: 5s
 Max failure ratio: 0
 Rollback order:    stop-first
ContainerSpec:
 Image:         redis:6.2.5-alpine@sha256:fa785f9bd167b94a6b30210ae32422469f4b0f805f4df12733c2
f177f500d1ba
 Init:          false
Resources:
Endpoint Mode:  vip

swarm-manager:~$ docker service create \
> --name my-database2 \
> --replicas 4 \
> --update-delay 10s \
> --update-parallelism 2 \
> redis:6.0-alpine
4o1umobngu8m2tf0kf0i4p5rr
overall progress: 4 out of 4 tasks
```

```
1/4: running
2/4: running
3/4: running
4/4: running
verify: Service converged
```

```
# 변경된 정보를 조회해 본다.
swarm-manager:~$ docker service inspect --pretty my-database2
```

```
ID:              4o1umobngu8m2tf0kf0i4p5rr
Name:            my-database2
Service Mode:    Replicated
 Replicas:       4
Placement:
UpdateConfig:
 Parallelism:    2
 Delay:          10s
 On failure:     pause
 Monitoring Period: 5s
 Max failure ratio: 0
 Update order:         stop-first
RollbackConfig:
 Parallelism:    1
 On failure:     pause
 Monitoring Period: 5s
 Max failure ratio: 0
 Rollback order:      stop-first
ContainerSpec:
 Image:          redis:6.0-alpine@sha256:61f3e955fbef87ea07d7409a48a48b069579e32f37d2f310526017d68e9983b7
 Init:           false
Resources:
Endpoint Mode:   vip
```

```
# 이와 같은 설정으로 업데이트가 수행되는지 확인해 보자.
swarm-manager:~$ docker service update \
> --image redis:6.2.5-alpine \
> my-database2
my-database2
overall progress: 4 out of 4 tasks
1/4: running
2/4: running
3/4: running
4/4: running
verify: Service converged
```

```
swarm-manager:~$ docker service ps my-database2
ID            NAME               IMAGE               NODE            DESIRED STATE   CURRENT STATE
ERROR    PORTS
cg3wlrb0pqw7  my-database2.1     redis:6.0-alpine    swarm-worker1   Running         Running 5 minutes ago
khcy20uxoe5a  my-database2.2     redis:6.2.5-alpine  swarm-worker1   Ready           Ready less than a second ago
8wh6ctht7eu2  \_ my-database2.2  redis:6.0-alpine    swarm-worker1   Shutdown        Running less than a second ago
whmyqlv9ucua  my-database2.3     redis:6.0-alpine    swarm-worker2   Running         Running 5 minutes ago
0nmxc5k6jffj  my-database2.4     redis:6.2.5-alpine  swarm-manager   Ready           Ready less than a second ago
3g8360izkgga  \_ my-database2.4  redis:6.0-alpine    swarm-manager   Shutdown        Running less than a second ago
```

```
swarm-manager:~$ docker service ps my-database2
ID             NAME                IMAGE               NODE             DESIRED STATE   CURRENT STATE
ERROR      PORTS
8clyer6a2z1h   my-database2.1      redis:6.2.5-alpine  swarm-worker2    Running         Running less than a second ago
cg3wlrb0pqw7    \_ my-database2.1  redis:6.0-alpine    swarm-worker1    Shutdown        Shutdown 1 second ago
khcy20uxoe5a   my-database2.2      redis:6.2.5-alpine  swarm-worker1    Running         Running 12 seconds ago
8wh6ctht7eu2    \_ my-database2.2  redis:6.0-alpine    swarm-worker1    Shutdown        Shutdown 13 seconds ago
ktgj0md39q0t   my-database2.3      redis:6.2.5-alpine  swarm-worker2    Running         Running less than a second ago
whmyqlv9ucua    \_ my-database2.3  redis:6.0-alpine    swarm-worker2    Shutdown        Shutdown 1 second ago
0nmxc5k6jffj   my-database2.4      redis:6.2.5-alpine  swarm-manager    Running         Running 12 seconds ago
3g8360izkgga    \_ my-database2.4  redis:6.0-alpine    swarm-manager    Shutdown        Shutdown 13 seconds ago
```

설정한 옵션과 같이 2개의 작업을 동시에 수행하고, 10초 간격으로 업데이트 작업을 수행하는 것을 알 수 있다.

만약 버전 업데이트가 잘못되었다면 롤백을 통해 기존 버전으로 되돌릴 수 있다.

```
# rollback 명령을 이용해 redis:6.0-alpine 버전으로 되돌린다.
swarm-manager:~$ docker service rollback my-database2
my-database2
rollback: manually requested rollback
overall progress: rolling back update: 4 out of 4 tasks
1/4: running
2/4: running
3/4: running
4/4: running
verify: Service converged
```

```
swarm-manager:~$ docker service ps my-database2
ID             NAME                IMAGE               NODE             DESIRED STATE   CURRENT STATE                    ERROR
PORTS
rgswxz43mcqz   my-database2.1      redis:6.0-alpine    swarm-worker2    Running         Running about a minute ago
8clyer6a2z1h    \_ my-database2.1  redis:6.2.5-alpine  swarm-worker2    Shutdown        Shutdown about a minute ago
cg3wlrb0pqw7    \_ my-database2.1  redis:6.0-alpine    swarm-worker1    Shutdown        Shutdown 5 minutes ago
drlj1mrle0zt   my-database2.2      redis:6.0-alpine    swarm-worker1    Running         Running about a minute ago
khcy20uxoe5a    \_ my-database2.2  redis:6.2.5-alpine  swarm-worker1    Shutdown        Shutdown about a minute ago
8wh6ctht7eu2    \_ my-database2.2  redis:6.0-alpine    swarm-worker1    Shutdown        Shutdown 5 minutes ago
oqb2vf6kgyg5   my-database2.3      redis:6.0-alpine    swarm-worker2    Running         Running about a minute ago
ktgj0md39q0t    \_ my-database2.3  redis:6.2.5-alpine  swarm-worker2    Shutdown        Shutdown about a minute ago
whmyqlv9ucua    \_ my-database2.3  redis:6.0-alpine    swarm-worker2    Shutdown        Shutdown 5 minutes ago
ffiac9v0miw0   my-database2.4      redis:6.0-alpine    swarm-manager    Running         Running about a minute ago
0nmxc5k6jffj    \_ my-database2.4  redis:6.2.5-alpine  swarm-manager    Shutdown        Shutdown about a minute ago
3g8360izkgga    \_ my-database2.4  redis:6.0-alpine    swarm-manager    Shutdown        Shutdown 5 minutes ago
```

롤백 작업은 이전 작업으로 되돌아가는 것이다. 그렇다면 과연 이전, 그 이전 어느 시점까지 롤백이 가능할까? docker info로 조회한 결과 중 Task History Retention Limit: 5 값을 확인할 수 있다. 이 값을 이전 버전의 결과를 보존하는 값으로 보면 된다.

```
# swarm update를 통해 보존 값 변경을 할 수 있다.
swarm-manager:~$ docker info
```

```
...
Swarm: active
...
Orchestration:
    Task History Retention Limit: 5
...

# 버전 업데이트가 자주 발생한다면 그 보관 수를 늘릴 수 있다.
swarm-manager:~$ docker swarm update --task-history-limit 10
Swarm updated.

swarm-manager:~$ docker info
...
Swarm: active
...
Orchestration:
    Task History Retention Limit: 10
...
```

만약 특정 노드의 계획된 유지관리(하드웨어 교체 및 정기 유지보수 작업 등)를 수행하기 위해 업데이트 등의 작업에서 제외해야 하는 경우가 있다. 도커 스웜 모드에서는 이러한 작업을 드레인drain(배출하다) 모드라고 한다. 드레인의 의미처럼 해당 노드를 현재 클러스터에서 임시로 배제한다는 의미다.

```
# 드레인 모드 실습을 위해 nginx 서비스를 생성해 보자.
swarm-manager:~$ docker service create \
> --name my-web \
> --replicas 3 \
> nginx:1.19
g8v0x9l4j2fth1o7un92dnw3o
overall progress: 3 out of 3 tasks
1/3: running
2/3: running
3/3: running
verify: Service converged

swarm-manager:~$ docker service ps my-web
ID            NAME       IMAGE        NODE             DESIRED STATE    CURRENT STATE                 ERROR    PORTS
yy86uek07i59  my-web.1   nginx:1.19   swarm-worker1    Running          Running about a minute ago
kqnod8u6k9em  my-web.2   nginx:1.19   swarm-worker2    Running          Running about a minute ago
inmt4m49av18  my-web.3   nginx:1.19   swarm-manager    Running          Running about a minute ago
```

```
# nginx:1.19를 nginx:1.21 버전으로 업데이트를 수행하려고 한다. 그러나 작업자 노드 2번 서버에 문제가 있어 업데이트에
서 제외시키고자 한다.
swarm-manager:~$ docker node ls
ID                          HOSTNAME         STATUS   AVAILABILITY   MANAGER STATUS   ENGINE VERSION
nyyy0l9dynvzh6u3s7elyluvj * swarm-manager    Ready    Active         Leader           20.10.7
bdzb03iwmjjulyhac6slm4i9u   swarm-worker1    Ready    Active                          20.10.7
55tz1sh2iuk70nz8ri2jfsbvt   swarm-worker2    Ready    Active                          20.10.7

swarm-manager:~$ docker node update --availability drain swarm-worker2
```

```
swarm-manager:~$ docker node ls
ID                              HOSTNAME         STATUS    AVAILABILITY   MANAGER STATUS   ENGINE VERSION
nyyy0l9dynvzh6u3s7elyluvj *     swarm-manager    Ready     Active         Leader           20.10.7
bdzb03iwmjjulyhac6slm4i9u       swarm-worker1    Ready     Active                          20.10.7
55tz1sh2iuk70nz8ri2jfsbvt       swarm-worker2    Ready     Drain                           20.10.7
```

\# 해당 작업자 노드 2에서 실행 중이던 서비스는 shutdown되었고, 다른 노드로 해당 작업이 이전된 것을 확인할 수 있다.
```
swarm-manager:~$ docker service ps my-web
ID             NAME          IMAGE         NODE            DESIRED STATE   CURRENT STATE              ERROR   PORTS
yy86uek07i59   my-web.1      nginx:1.19    swarm-worker1   Running         Running 6 minutes ago
lmaa6mm9icgf   my-web.2      nginx:1.19    swarm-worker1   Running         Running about a minute ago
kqnod8u6k9em   \_ my-web.2   nginx:1.19    swarm-worker2   Shutdown        Shutdown about a minute ago
inmt4m49av18   my-web.3      nginx:1.19    swarm-manager   Running         Running 6 minutes ago
```

\# 현재 실행 중인 my-web에 업데이트를 수행한다.
```
swarm-manager:~$ docker service update \
> --image nginx:1.21 \
> my-web
my-web
overall progress: 3 out of 3 tasks
1/3: running
2/3: running
3/3: running
verify: Service converged
```

```
swarm-manager:~$ docker service ps my-web
ID             NAME          IMAGE         NODE            DESIRED STATE   CURRENT STATE            ERROR   PORTS
w7ca5n6a0ets   my-web.1      nginx:1.21    swarm-worker1   Running         Running 33 seconds ago
yy86uek07i59   \_ my-web.1   nginx:1.19    swarm-worker1   Shutdown        Shutdown 34 seconds ago
umh8v7pxrnk1   my-web.2      nginx:1.21    swarm-worker1   Running         Running 35 seconds ago
lmaa6mm9icgf   \_ my-web.2   nginx:1.19    swarm-worker1   Shutdown        Shutdown 36 seconds ago
kqnod8u6k9em   \_ my-web.2   nginx:1.19    swarm-worker2   Shutdown        Shutdown 4 minutes ago
z12nf46wt16o   my-web.3      nginx:1.21    swarm-manager   Running         Running 37 seconds ago
inmt4m49av18   \_ my-web.3   nginx:1.19    swarm-manager   Shutdown        Shutdown 38 seconds ago
```

\# 다시 활성 모드(active)로 변경해 준다. 아쉽지만, 이전된 작업이 다시 돌아오지 않는다.
```
swarm-manager:~$ docker node update --availability active swarm-worker2
swarm-worker2
```

\# 수동으로 scale을 이용하여 축소와 확장을 수행하여 재분배(rebalance)를 수행한다.
```
swarm-manager:~$ docker service scale my-web=1
my-web scaled to 1
overall progress: 1 out of 1 tasks
1/1: running
verify: Service converged
```

```
swarm-manager:~$ docker service ps my-web
ID             NAME          IMAGE         NODE            DESIRED STATE   CURRENT STATE            ERROR   PORTS
w7ca5n6a0ets   my-web.1      nginx:1.21    swarm-worker1   Running         Running 4 minutes ago
yy86uek07i59   \_ my-web.1   nginx:1.19    swarm-worker1   Shutdown        Shutdown 4 minutes ago
lmaa6mm9icgf   my-web.2      nginx:1.19    swarm-worker1   Shutdown        Shutdown 4 minutes ago
kqnod8u6k9em   \_ my-web.2   nginx:1.19    swarm-worker2   Shutdown        Shutdown 8 minutes ago
inmt4m49av18   my-web.3      nginx:1.19    swarm-manager   Shutdown        Shutdown 4 minutes ago
```

```
swarm-manager:~$ docker service scale my-web=3
my-web scaled to 3
overall progress: 3 out of 3 tasks
```

```
1/3: running
2/3: running
3/3: running
verify: Service converged

swarm-manager:~$ docker service ps my-web
ID              NAME           IMAGE        NODE             DESIRED STATE   CURRENT STATE          ERROR     PORTS
w7ca5n6a0ets    my-web.1       nginx:1.21   swarm-worker1    Running         Running 4 minutes ago
yy86uek07i59    \_ my-web.1    nginx:1.19   swarm-worker1    Shutdown        Shutdown 4 minutes ago
4k9tmpx739f4    my-web.2       nginx:1.21   swarm-worker2    Running         Running 8 seconds ago
lmaa6mm9icgf    \_ my-web.2    nginx:1.19   swarm-worker1    Shutdown        Shutdown 4 minutes ago
kqnod8u6k9em    \_ my-web.2    nginx:1.19   swarm-worker2    Shutdown        Shutdown 8 minutes ago
u6zbg5hk13b7    my-web.3       nginx:1.21   swarm-manager    Running         Running 7 seconds ago
inmt4m49av18    \_ my-web.3    nginx:1.19   swarm-manager    Shutdown        Shutdown 4 minutes ago
```

지금까지 도커 스웜 모드에서 운영하는 서비스 유지관리를 위한 기능을 살펴봤다.

A.3.3 도커 스웜 모드 워크숍 3: 도커 스웜 스택을 이용한 애플리케이션 서비스 구성

도커 스웜 스택swarm stack은 클러스터 환경에 여러 서비스를 묶어서 생성하는 하나의 스택 공간을 생성하는 것이다. 도커 스택은 분산 애플리케이션의 최상위 계층이다.

일반적으로 상호 연관성 및 의존성(종속성)이 있는 서비스를 하나의 스택으로 그룹화하여 함께 조정orchestration할 수 있도록 구성한다.

이 실습은 다음과 같이 프런트엔드(3000번 포트), 백엔드(8000번 포트), 데이터베이스(27017번포트)의 3-tier 모델을 사전에 제작하여 스택으로 배포한다.

- **프런트엔드 계층**: 웹 애플리케이션을 호스팅한다.
- **백엔드 계층**: API를 호스팅한다.
- **데이터베이스 계층**: 데이터베이스를 호스팅한다.

일반적으로 프런트엔드로 사용되는 웹 애플리케이션 계층은 외부 연결에 사용하기 위한 포트를 노출한다. 동시에 프런트엔드 계층은 데이터베이스 계층에 직접 연결하지 않고 중간 계층인 백엔드 계층과 통신하도록 구성한다. 따라서, 백엔드 계층만이 데이터베이스 계층과 통신되도록 구성하게 된다.

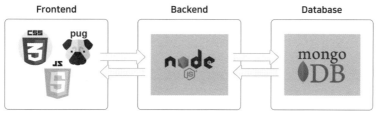

| Frontend | Backend | Database |

그림 A-11 **3-tier 구성 모델**

Dailylog라는 주제로 도커 스웜 스택 배포를 수행해 보자.

```
# 스택에서 사용할 클러스터 네트워크인 오버레이를 생성한다.
swarm-manager:~$ docker network create --driver overlay dailylog-net
mm1hwunoyql2f27vzaad0eqcc

swarm-manager:~$ docker network ls
NETWORK ID      NAME                 DRIVER    SCOPE
cd1ae47b748d    bridge               bridge    local
mm1hwunoyql2    dailylog-net         overlay   swarm

swarm-manager:~$ mkdir dailylog && cd $_
swarm-manager:/dailylog$ vi daily-log.yaml

version: '3.9'
services:
  mongodb:
    image: dbgurum/dailylog:db_1.0    # mongodb를 이용한 이미지다.
    ports:
      - "17017:27017"    # mongodb의 기본 포트 27017을 외부 17017로 연결한다.
    networks:
      - dailylog-net    # 사전에 생성한 오버레이 네트워크를 지정한다.
    deploy:
      placement:
        constraints: [node.role != manager ]    # 매니저 노드가 아닌 노드에 배치한다.
      restart_policy:
        condition: on-failure    # 정상 종료(code=0)가 아닌 장애 발생 시 재시작 조건
        max_attempts: 3    # 재시작 시도 최대 횟수
        delay: 10s         # 재시작 시도 사이의 지연 시간(초)
        window: 120s       # 재시작 정책을 평가하는 데 사용되는 기간(초)

  frontend:
    image: dbgurum/dailylog:front_1.0
    ports:
      - "3000:8000"    # 백엔드의 8000번 포트를 외부 노출 3000번 포트로 연결한다.
    networks:
      - dailylog-net
    environment:
      - PORT=8000
      - DAILYLOG_API_ADDR=backend:8000
    deploy:
      replicas: 2
```

```
          placement:
            constraints: [node.role != manager ]
          restart_policy:
            condition: on-failure
            max_attempts: 3
            delay: 10s
            window: 120s
        depends_on:
          - backend

    backend:
      image: dbgurum/dailylog:back_1.0
      networks:
        - dailylog-net
      environment:
        - PORT=8000
        - DAILYLOG_DB_ADDR=mongodb:27017
      deploy:
        replicas: 2
        placement:
          constraints: [node.role != manager ]
        restart_policy:
          condition: on-failure
          max_attempts: 3
          delay: 10s
          window: 120s
        depends_on:
          - mongodb

networks:
  dailylog-net:
    external: true     # 스택 코드 외부에서 생성한 오버레이 네트워크임을 의미.
```

```
swarm-manager:/dailylog$ docker stack deploy --compose-file daily-log.yaml dailylog
Creating service dailylog_mongodb
Creating service dailylog_frontend
Creating service dailylog_backend
```

```
swarm-manager:/dailylog$ docker service ls
ID              NAME                MODE          REPLICAS    IMAGE                          PORTS
hwommi7nytg0    dailylog_backend    replicated    2/2         dbgurum/dailylog:back_1.0
j3ds3bb8pt05    dailylog_frontend   replicated    2/2         dbgurum/dailylog:front_1.0     *:3000->8000/tcp
mfxia2stv2kc    dailylog_mongodb    replicated    1/1         dbgurum/dailylog:db_1.0        *:17017->27017/tcp
```

```
swarm-manager:/dailylog$ docker stack ps dailylog
ID              NAME                  IMAGE                         NODE            DESIRED STATE   CURRENT STATE
ERROR    PORTS
m6j9ujytb8x9    dailylog_backend.1    dbgurum/dailylog:back_1.0     swarm-worker2   Running         Running 9 seconds ago
rlnphf5nrubt    dailylog_backend.2    dbgurum/dailylog:back_1.0     swarm-worker1   Running         Preparing 10 seconds ago
k0v0629v5mjt    dailylog_frontend.1   dbgurum/dailylog:front_1.0    swarm-worker2   Running         Running 14 seconds ago
e209kfzfld1s    dailylog_frontend.2   dbgurum/dailylog:front_1.0    swarm-worker1   Running         Preparing 14 seconds ago
m4aicufavqmg    dailylog_mongodb.1    dbgurum/dailylog:db_1.0       swarm-worker2   Running         Running 17 seconds ago
```

연결 방식은 다음과 같다.

- 데이터베이스인 mongodb의 기본 포트 27017을 데이터베이스 외부 클라이언트 연결을 위해 17017에 연결한다.
- 백엔드는 데이터베이스 서비스 mongodb의 27017에 연결하고, 백엔드 8000번 포트를 오픈한다.
- 프런트엔드는 백엔드 서비스인 backend 8000번에 연결하고, 3000번 포트로 외부 연결을 수행한다.

웹 브라우저로 클러스터에 합류된 어떤 노드의 IP든 상관없이 3000번 포트로 연결해 본다. *http://nodeIP:3000*으로 접속한다.

그림 A-12 **dailylog 워크숍 화면 1**

Date에는 접속한 날짜가 출력되고 Title과 Content를 입력하고 [완료]Done를 누르면 그림 A-13과 같이 출력된다.

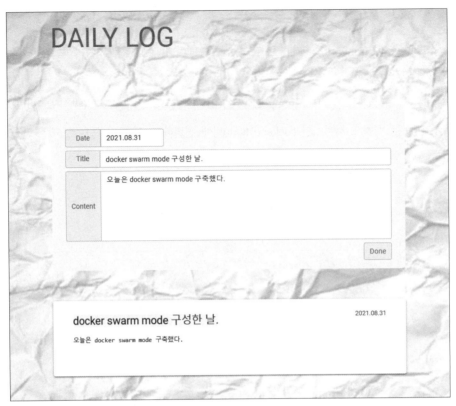

그림 A-13 **dailylog 워크숍 화면 2**

Dailylog 스택과 같이 자주 사용되는 웹 애플리케이션 모델을 스웜 모드로 쉽게 구성하고 배포할 수 있다. 이러한 웹 애플리케이션의 빠른 배포와 통합, 즉 CI/CD 기능을 활용하면 서비스 실행 중에도 빠르게 변경 정보를 업데이트할 수 있을 것이다. 젠킨스Jenkins와 같은 도구가 대표적이다. 본 환경에 젠킨스를 설치하고 연결하면 완벽한 웹 애플리케이션 서비스 배포와 관리를 할 수 있을 것이다.

여기까지가 부록 도커 스웜 모드 내용이다. 도커 스웜 모드의 모든 기능을 보여주지는 못했지만 기본 기능부터 하나씩 다루어보면 업무에 어떤 식으로 적용할지를 쉽게 판단할 수 있다.

찾아보기